सुन्दर के स्वप्न

आरम्भिक आधुनिकता, दादूपंथ और सुन्दरदास की कविता

'भक्ति-मीमांसा' शृंखला की चौथी पुस्तक

शृंखला सम्पादक

पुरुषोत्तम अग्रवाल

सुन्दर के स्वप्न

आरम्भिक आधुनिकता, दादूपंथ और सुन्दरदास की कविता

दलपत सिंह राजपुरोहित

राजकमल प्रकाशन

मूल्य : ₹795

पहला संस्करण : 2022

दूसरा संस्करण : 2023

प्रकाशक : राजकमल प्रकाशन प्रा. लि.
1-बी, नेताजी सुभाष मार्ग, दरियागंज
नई दिल्ली-110 002

शाखाएँ : अशोक राजपथ, साइंस कॉलेज के सामने, पटना-800 006
पहली मंजिल, दरबारी बिल्डिंग, महात्मा गांधी मार्ग, प्रयागराज-211 001
36 ए, शेक्सपियर सरणी, कोलकाता-700 017

वेबसाइट : www.rajkamalprakashan.com
ई-मेल : info@ rajkamalprakashan.com

मुद्रक : बी.के. ऑफसेट
नवीन शाहदरा, दिल्ली-110 032

SUNDAR KE SWAPN
Arambhik aadhunikta, dadupanth aur sundardas ki kavita
by Dalpat Singh Rajpurohit

शृंखला सम्पादक की ओर से

भक्ति मीमांसा शृंखला की यह चौथी पुस्तक है।

जेएनयू में अध्यापन करते हुए मैंने 2005 में तय कर लिया था कि अब शोध-कार्य केवल भक्ति साहित्य से सम्बन्धित ही कराना है, सो भी इस तरह कि अब तक जिन कवियों या रचनाओं पर ध्यान नहीं दिया गया है, उन पर काम हो, पुरानी पोथियों और पांडुलिपियों पर ध्यान दिया जाए। ऐसा तय करने की वजह यह थी कि भक्ति सम्बन्धी अध्ययन एक तरह की फ़ार्मूलाबन्दी में फँसता चला गया है। पहले से तय कर लिए गए, अपने मनचाहे ढाँचों में हर कवि और हर रचना को ढाला जा सकता है, न तो उनकी संवेदना पर ध्यान देने की ज़रूरत समझी जाती है, न उनमें निहित ऐतिहासिक संकेतों की ओर। ज़रूरत इस बात की है कि भक्ति (और निस्सन्देह रीति) के प्रमुख कवियों पर नए सिरे से ध्यान दिया जाए। आ. रामचन्द्र शुक्ल, आ. हजारीप्रसाद द्विवेदी, डॉ. रामविलास शर्मा, डॉ. वासुदेव शरण अग्रवाल, डॉ. माताप्रसाद गुप्त, आ. परशुराम चतुर्वेदी, डॉ. नामवर सिंह, डॉ. मुजीब रिज़वी, गोविंद रजनीश, शारलोत वादिवेल, मोनिका हॉर्स्टमान, डेविड लोरेंजन, जॉन एस. हौली, लिंडा हेस , विनांद कैल्वर्त और अन्य कई विद्वानों के काम पर पुनर्विचार करते हुए, अन्य स्रोतों की खोज की जाए, इस समय सामान्य रूप से स्वीकृत निष्कर्षों पर इस खोज की रोशनी में पुनर्विचार किया जाए।

ऐसा पुनर्विचार करने के लिए साहित्यिक पाठ-विधियों और ऐतिहासिक शोध-विधियों का सन्तुलित संगम पहली शर्त है। हर

साहित्यिक रचना शाश्वत इस अर्थ में होती है कि उसे रचे जाने के सैकड़ों साल बाद की पीढ़ी भी अपनी संवेदना के हिसाब से पढ़ सकती है, अपने समय के अनुसार उसकी व्याख्या कर सकती है; लेकिन रचना में अपनी व्याख्या के अनुसार अर्थ पढ़ने की छूट वहीं तक ली जा सकती है, जहाँ तक कि वह रचना के अपने मंतव्य के साथ ज़्यादती न करे। यह ध्यान रखना चाहिए कि साहित्यिक ही नहीं, सामान्य सन्दर्भ में भी शब्दों के अर्थ सन्दर्भ पर निर्भर करते हैं। जहाँ प्रयोग किया जा रहा है, जिस रचना में और जिस समय में प्रयोग किया जा रहा है, वहाँ के प्रति संवेदनशील रहे बिना शब्द का अर्थ नहीं अनर्थ ही किया जा सकता है; उस पर अपने फ़ार्मूले के अनुकूल आशय चिपकाया जा सकता है। यदि आप ठान लें कि कबीर को लगभग नाथपंथी सिद्ध करना है, तो आप खसम के सीधे (और कबीर की कविता में सन्दर्भ से भी पुष्ट) अर्थ—पति, स्वामी—की पूर्ण उपेक्षा कर, 'खसम' का अर्थ 'ख' (यानी आकाश) के समान भी सिद्ध कर सकते हैं, जैसा कि आ. हजारीप्रसाद द्विवेदी अपनी प्रसिद्ध पुस्तक में करते हैं। कबीर 'सहज' सरीखे शब्दों को उन पर थोप दी गई पारिभाषिकता से मुक्त करते हैं, द्विवेदी जी कवि के सहज शब्दों को फिर से पारिभाषिक बना देते हैं।

जिस समय रचना की गई, जैसी शब्दावली में उसके प्राथमिक पाठक दुनिया के बारे में सोचते थे, इसका ध्यान रखे बिना की गई व्याख्या व्याख्या नहीं, रचना के साथ अतिचार ही कही जा सकती है। आपकी इच्छा हो सकती है कि कबीर नास्तिक होते, लेकिन अपनी सारी जीवनपरकता के बावजूद कबीर इस जीवन की सार्थकता परमात्मा को कण-कण में देखने, अपने राम को इसी जीवन में पाने में ही देखते हैं, भगवान के अस्तित्व को नकारने में नहीं। वे नास्तिको वेदनिंदक: के अर्थ में तो नास्तिक हैं, परमात्मा के अस्तित्व को नकारने के अर्थ में नहीं।

भक्ति-काव्य में व्यक्त संवेदना कहीं से भी जबदी हुई मनोवृत्ति की सूचना नहीं देती। तुलसीदास जैसे कंज़रवेटिव कवि भी अपने वर्तमान से असन्तुष्ट होकर मनोवांछित समाज की कल्पना करते हैं, उसे रामराज्य का नाम देते हैं। उस युग को टीका-युग कहने में उस युग की मौलिक चिन्ता के प्रति जो अवहेलना व्यंजित होती है, उससे

भी मुक्त होना परमावश्यक है। देशभाषाओं में ही नहीं, संस्कृत में भी यह समय केवल दोहराव का नहीं, समकालीन प्रश्नों पर विचार का भी समय है। देशभाषाओं में निर्गुणपंथी संत तो तत्कालीन समाज की आलोचना के साथ ही, डॉ. नामवर सिंह के शब्दों में, 'अनुभवसम्मत विवेकवाद' पर आधारित नई ज्ञान-मीमांसा ही प्रस्तावित करते हैं। ऐसे मूलगामी प्रोजेक्ट के साथ ये कवि जिस समाज में लोकप्रिय होते हैं वह समाज नये विचारों के प्रति, नई पद्धतियों के प्रति वैसा उदासीन नहीं रहा हो सकता, जैसा मान लिया गया है।

अपने स्वयं के शोध और समाज-कर्म (एक्टिविज़्म) के कारण उपरोक्त बातें मेरे मन में बहुत समय से उठ रही थीं। इन्हें व्यवस्थित काम के ज़रिये परखने के इरादे से ही फ़ैसला किया कि जिस भी छात्र-छात्रा को मेरे साथ रिसर्च करनी है, उसे भक्ति पर ही करनी होगी, प्रचलित मान्यताओं से जिरह करने के इरादे से, उपलब्ध फ़ार्मूलों को नकारने के साहस के साथ करनी होगी। ज़ाहिर है कि इस तरह का काम अब तक गम्भीर अध्ययन से बाहर रखे गए रचनाकारों, पंथों, अनुयायियों, संरक्षकों और समर्थकों पर ठीक से ध्यान देकर ही किया जा सकता है। इसके लिए पुरानी पोथियों पर ध्यान देना, पांडुलिपियों की खोज करना अनिवार्य है। युवा शोधार्थियों को अपनी-अपनी रुचि के अनुसार इस काम में लगना चाहिए।

सो, 2005 का अकादमिक सत्र शुरू होते ही मैंने घोषणा कर दी थी कि जिसे भी मेरे साथ काम करना है, भक्ति साहित्य पर ही करना होगा। सौभाग्य से, मैं छात्रों के बीच बहुत लोकप्रिय था। यह घोषणा मुझे पसन्द करने वाले अनेक छात्रों को बहुत घातक प्रतीत हुई। वे मेरे साथ काम करना चाहते थे, लेकिन, आधुनिक साहित्य के किसी विषय पर या फिर कबीर में दलित चेतना, मीरां का नारीवाद जैसे 'हिट' विषयों पर। मेरा रुझान भक्ति साहित्य के ज़रिये आरम्भिक आधुनिक कालीन भारत की सामाजिक-आर्थिक संरचना और तत्कालीन मनोवृत्तियों के अध्ययन की ओर था। मेरे लिए—निष्कर्ष पहले, प्रमाण बाद में, और विश्लेषण की तो ख़ैर ज़रूरत ही नहीं—वाली पद्धति पूरी तरह अस्वीकार्य थी।

अनेक छात्र-छात्राएँ रुष्ट हुए, 'स्टूडेंट्स राइट्स' की याद दिलाई, मैंने पलटकर याद दिलाया, राइट्स तो फ़ैकल्टी के भी हैं। आपको

जो विषय रुचता है, उसी पर काम कीजिए, लेकिन अपनी रुचि आप मेरे शोध-कार्यक्रम पर कैसे थोप सकते हैं? मेरे साथ काम करना है तो भक्ति ही...। एक सज्जन तो बाक़ायदा भूख-हड़ताल की धमकी देने लगे थे कि काम तो आपके साथ ही करना है...और भक्ति पर नहीं करना है। उन्हें जल्दी ही समझ आ गया कि यह धमकी चलने वाली नहीं है।

मेरे इस निर्णय के बाद जिन लोगों ने मेरा 'इमोशनल अत्याचार' झेलकर, भक्ति पर काम किया, उनमें से दलपत के अलावा, टायलर विलियम्स और सुधा रंजनी के काम विशेष रूप से उल्लेखनीय हैं। टायलर ने पांडुलिपियों के अध्ययन से सिद्ध किया कि आरम्भिक आधुनिक काल के पाठकों और संकलनकर्ताओं के लिए निर्गुण और सगुण कवियों के बीच विभाजन रेखाएँ उतनी स्पष्ट नहीं थीं जितनी कि हिन्दी साहित्य के अकादमिक अध्ययन में मान ली गई हैं। सुधा रंजनी ने बिहार के दरिया साहब पर काम किया, जिनका रचना-काल अठारहवीं सदी का है। उनके बारे में टैबू प्रचलित रहा है कि ग़ैर दरियापंथी उनकी रचना को देख तक नहीं सकता। देखेगा तो कष्ट पाएगा। बीसवीं सदी के मध्य में श्री धर्मेन्द्र शास्त्री ने जो काम उन पर किया, उसके बाद सुधा पहली व्यक्ति हैं जिन्होंने इस टैबू से टकराने का साहस किया, दरिया साहब तथा उनके पंथ के बारे में महत्त्वपूर्ण खोजों के साथ विचारोत्तेजक विश्लेषण प्रस्तुत किए। सुधा रंजनी की पुस्तक भी भक्ति मीमांसा सीरीज़ में शीघ्र प्रकाश्य है।

दलपत का अपना मन उस वक़्त, समकालीन कविता पर एम. फ़िल. का काम करने का ही था, लेकिन करना पड़ा गोपालदास की सर्वंगी पर; लेकिन जब किया तो दलपत ने काम बेहतरीन किया। 1627 ई. में संकलित इस सर्वंगी की विशेषता का, गोपालदास के चयन-विवेक का विश्लेषण, अल्पज्ञात कवियों के बारे में तर्कसंगत क़यास—ये सब मिलकर दलपत द्वारा किए गए अध्ययन को विशिष्ट बनाते हैं। गोपालदास दादूपंथी थे। संत-काव्य को सुरक्षित रखने, लिपिबद्ध करने में दादूपंथ का योगदान अतुलनीय है। भक्ति साहित्य का कोई भी अध्येता दादूपंथी साधुओं, गृहस्थों और महंतों के प्रति कृतज्ञता अनुभव किए बिना रह नहीं सकता।

गोपालदास की सर्वंगी के अध्ययन के बाद, दलपत ने दादूपंथ

में शोध-रुचि बनाए रखी, यह मेरे लिए निजी प्रसन्नता का विषय है। इस किताब में उन्होंने महत्त्वपूर्ण दादूपंथी कवि, विद्वान सुन्दरदास का विस्तृत, विचारोत्तेजक अध्ययन प्रस्तुत किया है।

आरम्भिक आधुनिक काल में विकसित हुए निर्गुणी पंथों में दादूपंथ बहुत विशिष्ट है। स्वयं दादू जी का सम्मान तो उनके समकालीन भद्रलोक (इलीट) के बीच बहुत था ही, उनके पंथ में भी इस तबके के बहुत से लोग सक्रिय थे। दादू जी से भेंट के लिए बादशाह अकबर की उत्सुकता दादूपंथी स्रोतों में दर्ज की गई है। दादू के प्रत्यक्ष शिष्य जन गोपाल द्वारा रचित 'दादू जनम-लीला' (1620 ई.) के अनुसार अकबर ने दादू को मिलने का न्योता महाराणा भगवंत दास के ज़रिये भेजा था। जन गोपाल सम्पन्न व्यापारी (महाजन) होने के साथ ही बहुत सुसंस्कृत व्यक्ति भी थे। उनकी यह रचना कई कारणों से अत्यन्त महत्त्वपूर्ण है। इसका अंग्रेज़ी अनुवाद विनांद कैल्वर्त कर चुके हैं। इसके साथ, जन गोपाल की कुछ अन्य रचनाओं का ऐतिहासिक-साहित्यिक विश्लेषण डेविड लोरेंजन और मैंने किया है, जो कि शीघ्र ही प्रकाशित होगा। दादू के एक अन्य प्रत्यक्ष शिष्य रज्जब भी कुलीन पठान और सुशिक्षित व्यक्ति थे।

सुन्दरदास (1596-1689) इसी विशिष्टता का एक और उदाहरण हैं। वे अकेले संत कवि हैं, जिन्होंने आ. शुक्ल की प्रशंसा इन शब्दों में पाई, "निर्गुण पंथियों में ये ही ऐसे व्यक्ति हुए हैं, जिन्हें समुचित शिक्षा मिली थी और जो काव्य-कला की रीति आदि से अच्छी तरह परिचित थे।...संत तो ये थे ही पर कवि भी थे।" आ. द्विवेदी भी उन्हें 'शास्त्रीय ढंग के एकमात्र निर्गुणिया कवि' कहते हैं। जैसा कि आप इस पुस्तक में देखेंगे, सुन्दरदास 'ज्ञान-समुंद्र' नामक ग्रंथ में, "अद्वैत-वेदांत को भक्ति, योग आदि दर्शन के साथ समाहित करते हैं।" आगे चलकर भी, दादूपंथी विद्वान निश्चलदास (1791-1863) के वेदांत विषयक ग्रंथ 'विचार-सागर' को भी तब से लेकर अब तक हिन्दी के ही नहीं, संस्कृत और अंग्रेज़ी के विद्वज्जगत में भी भरपूर सम्मान मिला है। निर्गुण संतों को अपने समय में उपेक्षित, हाशिए की आवाज़ें मानने वालों के लिए हिन्दी ही नहीं, अन्य भाषाओं में भी उपलब्ध ऐसे अनगिनत तथ्य अपनी मान्यताओं पर पुनर्विचार का अवसर तो उपलब्ध कराते ही हैं।

ऐसे तथ्यों में झलकती ऐतिहासिक सांकेतिकता के व्यवस्थित, तत्कालीन भक्ति रचनाओं और शासकीय, अशासकीय दस्तावेज़ों, किंवदंतियों, लोकमान्यताओं के विश्लेषण पर अध्ययन के इरादे से ही यह भक्ति मीमांसा शृंखला आरम्भ की गई है। इसका विचार 'अकथ कहानी प्रेम की : कबीर की कविता और उनका समय' के प्रकाशन (2009) के तुरन्त बाद ही मन में आया था। पहली पुस्तक थी, डेविड लॉरेंजन के निबन्धों का संग्रह, 'निर्गुण संतों के स्वप्न'। उसके बाद रमण सिन्हा की 'रामचरितमानस : पाठ, लीला, चित्र, संगीत' और जॉन एस. हौली की 'भक्ति के तीन स्वर' प्रकाशित हुईं। अब यह चौथी पुस्तक आपके हाथों में है। इतनी लम्बी अवधि में केवल चार पुस्तकों के प्रकाशन की एक वजह तो ज़ाहिर है कि मेरी अपनी व्यस्तताओं से सम्बन्धित है, लेकिन उससे कहीं ज़्यादा बड़ी वजह है यह सम्पादकीय प्रतिज्ञा कि इस शृंखला में केवल वे ही पुस्तकें स्थान पाएँगी जो शोध और गम्भीर लेखन के कड़े प्रतिमानों पर खरी उतरती हों; जिनमें पांडुलिपियों के अध्ययन के आधार पर कोई नया पहलू रेखांकित करने की कोशिश की गई हो। भक्ति-मीमांसा में नई, लेकिन कड़े प्रतिमानों पर खरी उतरने में सक्षम व्याख्याओं का स्वागत है, मनमानी व्याख्याओं और हवाइयों का नहीं।

आज जबकि, राजनैतिक कारणों से भक्त शब्द का भयानक अवमूल्यन हो गया है, तब भक्ति-संवेदना के प्रश्नों पर गम्भीर विचार करना और भी ज़रूरी है। यह नहीं चलेगा कि आप अपनी मनचीती राजनीति के लिए भक्त कवियों को खींचतान कर इस्तेमाल करें तो ठीक, आपका विरोधी करे तो बेठीक। भक्ति पर काम करते समय यह भी ध्यान रखने की ज़रूरत है कि भक्ति रचनाओं का काल 'जबदी हुई मनोवृत्ति' वाला मध्यकाल नहीं, बल्कि भारतीय जीवनानुभव के आधार पर विकसित हो रही, देशभाषाओं में अभिव्यक्ति पा रही देशज आधुनिकता का काल था। यह भक्ति के लोकवृत्त के विकास का काल था। देशभाषाओं में व्यक्त हो रही आधुनिकता की चर्चा विभिन्न रूपों में पहले भी होती रही है, लेकिन भक्ति के लोकवृत्त की बात पहले-पहल 'अकथ कहानी प्रेम की : कबीर की कविता और उनका समय' (राजकमल प्रकाशन, 2009) में ही की गई है। इस पुस्तक के प्रकाशन से लेकर आज तक मैं इन दो बुनियादी बातों—देशज आधुनिकता

और भक्ति का लोकवृत्त—पर ध्यान देने का आग्रह करता रहा हूँ।

इस आग्रह के कुछ पहलुओं को यहाँ दोहरा लेना उचित होगा।

आधुनिकता और प्रबोधन का अन्तर ध्यान में रखना चाहिए। इतिहास-क्रम में प्रबोधन आधुनिकता के पीछे ही आता है। आधुनिक होने के पहले कोई समाज प्रबुद्ध नहीं हो सकता। कुछ व्यक्ति प्रबुद्ध हो सकते हैं, ऐसे लोग अपने वक़्त से आगे कहलाते हैं, लेकिन प्रबोधन के मूल्यों का व्यापक समाज में प्रचार तो आधुनिकता के बाद ही हो सकता है। यूरोप में आरम्भिक आधुनिक काल शुरू हुआ पन्द्रहवीं सदी में। प्रबोधन (एनलाइटेनमेंट) का दौर शुरू हुआ सत्रहवीं सदी से। इसी अर्थ में यूरोपीय प्रबोधन से वंचित लोग—क्या अकबर क्या कबीर और क्या तुकाराम अपने वक़्त से आगे और आधुनिक (अर्थात् प्रबुद्ध) चित्त के निकट कहे जाते हैं। प्रबोधन के मूल्य हैं—व्यक्ति-सत्ता की स्वीकृति, सहिष्णुता और विवेक। बोलचाल में आधुनिक और प्रबुद्ध घुलमिल जाते हैं। आधुनिक का अर्थ हो जाता है विवेकपरक, व्यक्ति-सत्ता स्वीकार करने वाला, सहिष्णु चित्त; और मध्यकालीन का मतलब व्यक्ति-सत्ता को नकारने वाला। प्रेमी जोड़े को फाँसी चढ़ाने का आदेश देने वाली पंचायत का व्यवहार मध्यकालीन और प्रेमी-प्रेमिका का आधुनिक।

माना जाता है कि कबीर स्वयं प्रबुद्ध भले ही रहे हों, लेकिन उनका समाज आधुनिक नहीं था, उनके विचारों के प्रसार के लिए सामाजिक आधार नहीं था। सामाजिक आधार के अन्तर के हवाले से ही माना जाता है कि कुछ आपत्तिजनक बातें करने के बावजूद प्रोटेस्टेंट चर्च के संस्थापक लूथर कुल मिलाकर आधुनिक ही थे। दूसरी ओर, मुक्तिबोध के मन में कबीर को लेकर और दिलीप चित्रे के मन में तुकाराम को लेकर विस्मय बना रहता है कि मध्यकाल के ये कवि अपनी संवेदना में इतने आधुनिक क्योंकर हो गए?

अनकहा, कई बार कहा भी, उत्तर यही है कि ऐसे कवि अपने वक़्त से आगे थे। अपने वक़्त में तो वे हाशिए की आवाज़ भर थे, उनकी बात व्यापक रूप से सुनी गई अंग्रेज़ी राज की स्थापना के साथ आई औपनिवेशिक आधुनिकता के बाद ही।

ऐसी स्थिति में सवाल बनता है : कैसा रहा होगा वह समाज और कैसा रहा होगा उसका परम्पराबोध, उसका स्मृति-कोष और

ज्ञानकांड, जिसने हर तरह की रूढ़ियों के आलोचक कबीर को, हिन्दू या इस्लामी परम्परा भर को नहीं, बल्कि संगठित धर्म मात्र को नकारने वाले कबीर को इतना व्यापक सम्मान दिया, इतने लगाव के साथ याद रखा; जिसमें कबीर को ही ज्ञान-मीमांसा का प्रमुख प्रमाण मानने वाले दादू को बादशाह अकबर से लेकर राजस्थान के भद्रलोक तक में इतनी मान्यता प्राप्त हुई? जिसे हम आधुनिकता का पूर्वाभास कहते हैं, वह क्या कबीर, दादू और तुकाराम के समय में हवा से टपक पड़ा था? इन तथा इनके जैसे अन्य कवियों की रचना ने जिस 'अस्तित्वगत संकट' को अभिव्यक्ति दी, उस संकट को इनके अपने श्रोता और प्रशंसक महसूस करते थे या नहीं? जिस ऊँच-नीच से ये कवि क्रुद्ध थे, उस ऊँच-नीच से वैसे ही क्रुद्ध हुए बिना ही क्या यह सम्भव था कि लोग न केवल इनके विचारों की सराहना करें, बल्कि स्वयं भी इनके सरीखी बानियाँ रचने लगें।

कबीर, दादू और तुकाराम जैसे 'आधुनिकता का पूर्वाभास' देने वाले कवियों और जन गोपाल, सुन्दरदास जैसे उनके प्रशंसकों को क्या निरवधि काल और विपुला पृथ्वी से आशा करनी पड़ी कि कभी कोई समानधर्मा उत्पन्न होगा, जो उन्हें सराहेगा, उनके महत्त्व की 'खोज' करेगा; या उनके अपने 'स्तब्ध मनोवृत्ति' वाले तथाकथित 'मध्यकाल' में ही उन्हें विपुल श्रोता समुदाय और व्यापक सामाजिक सम्मान प्राप्त हुआ?

तुकाराम को विवश किया गया कि वे अपना काव्य स्वयं जलार्पित कर दें। कबीर को विवश किया गया कि वे अपनी काशी नगरी छोड़कर चले जाएँ। जिनका प्रभाव केवल हाशिए तक सीमित हो,उनके साथ ऐसा व्यवहार करने की आवश्यकता समाज-सत्ता को नहीं पड़ा करती। दूसरी ओर, कबीर की रचनाएँ जतनपूर्वक सुरक्षित रखी गईं दादूपंथी, निरंजनपंथी साधुओं, गृहस्थों के द्वारा। इन गृहस्थों ने उस ज़माने में जबकि प्रिंटिंग प्रेस उपलब्ध नहीं थी, ऐसी अनेक रचनाओं की दर्जनों प्रतियाँ तैयार करवा के सुनिश्चित किया कि ये रचनाएँ कुछ चुनिंदा लोगों तक ही सीमित न रह जाएँ। ऐसे ही लोगों के प्रयत्नों के फलस्वरूप सत्रहवीं सदी के आरम्भ में 'आदिग्रंथ' का संकलन सम्भव हुआ जिसे आज निर्गुणपंथी कविता के मूल रूप के प्राचीनतम स्रोतों में गिना जाता है। प्रिंटिंग प्रेस न होने के बावजूद

आरम्भिक आधुनिक कालीन भारत में व्यापक स्तर पर पांडुलिपियों के ज़रिये पुस्तक संस्कृति का प्रसार होना इस बात का एक और संकेत है कि वह जबदी हुई मनोवृत्ति का नहीं, ज्ञान के प्रति उत्सुकता और उसके संरक्षण का काल था। ऐसा भी नहीं कि यह उत्सुकता केवल धार्मिक विषयों तक सीमित थी। उस काल में उपलब्ध इहलोकपरक रचनाओं का प्रचार-प्रसार अपने आप में विचारोत्तेजक अध्ययन का विषय है।

किंवदंतियों से ही नहीं, साहित्यिक, ऐतिहासिक साक्ष्यों से भी मालूम पड़ता है कि कबीर, दादू और पीपा के समय में वर्णाश्रम के सैद्धान्तिक निर्देशों, जन्मजात ऊँच-नीच के विचार को वास्तविक सामाजिक व्यवहार में ज़बरदस्त चुनौतियाँ मिल रही थीं। व्यापार का विस्तार होने के कारण व्यापार और दस्तकारी से जुड़ी जातियों की सामाजिक स्थिति में परिवर्तन आ रहा था। कुछ लोगों को ऐसी स्थिति कलियुग का प्रमाण लगती थी, वे इससे बहुत संतप्त रहते थे। 'रामचरितमानस' का उत्तरकांड ऐसे संताप से भरा पड़ा है। दूसरी ओर, पीपा का कहना है, 'जो कलि नाम कबीर न होते, तो लोक बेद और कलियुग मिलि भगति रसातल देते।'

भारतीय भाषा-संस्कार में धर्म आस्था-तंत्र से कहीं अधिक व्यक्तियों और वस्तुओं के स्वभाव और नैतिक प्रतिमानों की सूचना देने वाला शब्द है। इसी तरह, कलियुग केवल काल-बोधक शब्द नहीं, बल्कि नैतिक विघटन और विकृत मानस की सूचना देने वाला शब्द है। कबीर के प्रति पीपा की कृतज्ञता दिलचस्प है। उनके अनुसार कबीर ने भक्ति को लोक, वेद (यानी पारम्परिक धर्म-दृष्टि, नैतिकता बोध) और कलियुग (यानी नैतिक विघटन और विकृत मानस) के कुप्रभाव से बचा लिया। पीपा ही नहीं, उस समय के अन्य लोग भी, देशभाषाओं में व्यक्त भक्ति-संवेदना की इस महत्त्वाकांक्षा से वाक़िफ़ थे, बल्कि उसमें भागीदार थे कि भक्ति एक वैकल्पिक व्यक्तिगत और सामाजिक 'रहनी' (यानी जीवन-विधि) का प्रस्ताव बने। परम्परा से चले आ रहे धर्म-बोध और भक्ति-बोध की शब्दावली में रहते हुए भी केवल संवेदना ही नहीं, विचार के स्तर पर कुछ नया करे। निर्गुण ही नहीं, यह बात तुलसी, सूर, मीरां जैसे सगुण कवियों के बारे में भी सच है कि उनकी कविता आचार्यों द्वारा कर दिए गए ब्रह्म-निरूपण का जन-सुलभ मुहावरे में प्रचार करने के लिए नहीं रची गई है। वह

सचमुच स्वायत्त और नवाचार सम्पन्न 'निज ब्रह्म विचार' है।

दादूपंथी कवियों और विद्वानों ने न केवल इस निज ब्रह्म विचार को मगजी (यानी स्मृति में सुरक्षित) से काग़ज़ी रूप देकर आगे की पीढ़ियों के लिए सुरक्षित रखा, बल्कि सुन्दरदास, जन-गोपाल और निश्चलदास जैसे विद्वानों के माध्यम से इसे व्यवस्थित शास्त्रीय रूप भी दिया। यह करते समय उन्होंने न तो अनुभवसम्मत विवेकवाद की ज्ञान-मीमांसा छोड़ी, न देशभाषा को ही विमर्श का माध्यम बनाए रखने का आग्रह।

भक्ति के लोकवृत्त के निर्माण में दादूपंथ की भूमिका बहुत ही महत्त्वपूर्ण है।

दलपत सिंह राजपुरोहित इस पुस्तक में सुन्दरदास के व्यक्तित्व, कृतित्व पर ही नहीं, दादूपंथ के विकास के ऐतिहासिक सन्दर्भ पर भी विचार करते हैं। जॉन एस. हौली द्वारा प्रस्तावित 'नेटवर्क' धारणा उन्हें भक्ति के लोकवृत्त की धारणा से अधिक उपयोगी लगती है, जिसका उपयोग करते हुए वे दादूपंथ के विकास में एक तरफ़ राज-दरबारों, दूसरे व्यापारियों के नेटवर्क से मिले सहयोग और संरक्षण का विश्लेषण करते हैं। नेटवर्क की धारणा में वैचारिक संवेदना के सवाल भी पीछे छूट जाते हैं, और पंथों और भक्तों के अपने समुदाय से बाहर समूचे समाज पर भक्ति-संवेदना के प्रभावों का विश्लेषण भी नहीं हो पाता। आशा है, दलपत इस बात पर आगे चलकर विचार करेंगे। जो हो, उनकी यह बात सही है कि "दादूपंथी संत सत्रहवीं सदी में उन बौद्धिक विमर्शों में भाग लेते हैं जो रीति-कवियों, ब्राह्मण वर्ग, कुलीन वर्ग की राजशाही की अवधारणाओं में समानान्तर रूप से चल रहे थे। इसलिए दादूपंथ को एक 'निर्गुण-पंथ' या भक्ति-परिवेश से बाहर के साहित्यिक-राजनीतिक विमर्शों के सन्दर्भ में भी देखना चाहिए।"

दलपत ने सुन्दरदास और उनके दादूपंथ को व्यापक सामाजिक-सांस्कृतिक सन्दर्भ में देखने की कोशिश इस किताब में बख़ूबी की है। रचनात्मक स्रोतों के साथ उन्होंने अभिलेखों पर भी उचित ध्यान दिया है। मुझे विश्वास है कि 'सुन्दर के स्वप्न' पाठकों को पर्याप्त विचारोत्तेजना प्रदान करेगी।

—पुरुषोत्तम अग्रवाल

सुन्दर जागा स्वप्न से

तो 'सुन्दर के स्वप्न' आख़िरकार पाठकों के समक्ष प्रस्तुत है!

यूरोकेन्द्रित आधुनिकता के आने से पहले भी भारत में अपनी आधुनिकता रही है जिसे देशभाषा साहित्य को पढ़े बिना नहीं समझा जा सकता। भारत की इस 'आरम्भिक' आधुनिकता के अनेक रूपों को मध्यकाल में खोजा जाना चाहिए। 'आरम्भिक' आधुनिकता को भारत में व्यापार के बढ़ने, वर्णाश्रम के बन्धन शिथिल पड़ने व उसके परिणामस्वरूप उभर रहे नए समाज में निम्नवर्गीय संतों तथा स्त्री भक्तों की प्रतिष्ठा और भक्ति कविता की व्यापक लोक स्वीकृति से जोड़ा जाता है। पर सबसे अहम बात उस काल में लोक परम्पराओं और शास्त्र तथा उनसे जुड़ी संस्थाओं मसलन वाचिक परम्परा, मुग़ल-राजपूत दरबारी संस्कृति या भक्ति के सम्प्रदायों आदि के बीच हो रहे संवाद की पहचान करना भी है, जिससे 'आरम्भिक' आधुनिकता के व्यापक स्वरूप की पहचान हो सकती है। शर्त यह है कि इतिहास में स्थित हिन्दी कविता और भक्ति के बन रहे 'लोकवृत्त' को औपनिवेशिक शासन और राष्ट्रवादी आन्दोलन के प्रभाव में लिखे इतिहास ग्रंथों से बनी हमारी समझ से परे जाकर पढ़ा जाए। देशभाषा साहित्य को जब हम उसी के मानदंडों के साथ पढ़ेंगे तो जानेंगे कि मुग़ल-राजपूत दरबारी वर्ग एक तरफ़ देशभाषा साहित्य और भक्ति के मुख्य केन्द्रों को प्रश्रय दे रहा था वहीं दूसरी तरफ़ उनकी सुदृढ़ शासन व्यवस्था में व्यापारिक संस्कृति भी पहले से कहीं ज़्यादा विकसित हो रही थी। इसी ऐतिहासिक प्रक्रिया के फलस्वरूप नई पहचान लिये दरबारी वर्ग उभरता है जिसे सामन्ती या विलासी कहना चीज़ों को सरलीकृत

रूप से देखना होगा। भक्ति के प्रभाव-स्वरूप बन रही दरबारी वर्ग की यह नई अस्मिता ही वह वजह थी जिससे देवी और शैवोपासक राजपूत रजवाड़े वैष्णव भक्ति की ओर झुक रहे थे। साथ ही साथ मुग़ल और राजपूत दोनों वृंदावन में कृष्ण भक्ति के सम्प्रदायों को प्रश्रय देना शुरू करते हैं। उसी तरह बीकानेर के पृथ्वीराज राठौड़ एक ओर अकबर की मनसबदारी व्यवस्था का हिस्सा बनते हैं वहीं दूसरी ओर राजस्थानी या डिंगल के प्रधान कवि के रूप में स्थापित होते हैं। यही पृथ्वीराज भक्तमालों में संस्कृत और देशभाषा के पंडित ठहराए जाते हैं तो वार्ता ग्रंथों में प्रसिद्ध कृष्ण-भक्त। यह एक राजपूत सामंत की अनेक पहचानों का दिलचस्प उदाहरण है; लेकिन अकेला नहीं। ऐसी ही अस्मिता मारवाड़ के जसवंत सिंह की भी है। वे एक तरफ़ बनारस शिक्षित दादूपंथी संतों को भूमिदान के 'ख़ास रुक्के' लिखवाकर मारवाड़ में स्थापित करते हैं वहीं दूसरी तरफ़ रीति के आचार्य बनते हैं। वे ब्रजभाषा में अद्वैत वेदांत के अनेक ग्रंथ लिखते हैं तो संस्कृत के 'प्रबोधचन्द्रोदय' का ब्रज में रूपान्तर करते हैं। 'प्रबोधचन्द्रोदय' मुग़लकाल में अद्वैत-वेदांतियों के बीच काफ़ी लोकप्रिय ग्रंथ था। इन्हीं जसवंत सिंह के दरबार में लिखी 'ख्यात' और 'विगत' सत्रहवीं सदी में उभरती वणिक जातियों, व्यापारिक क़स्बों, हाट-बाज़ारों, खेती के तौर-तरीक़ों या कहें तो उस समय व्यापार की उन्नत दशा का बयान करती हैं। इस काल में हो रही शास्त्र और लोक के बीच आवाजाही ही वह कारण है जिसके तहत अद्वैत वेदांत दर्शन का भक्ति के साथ समन्वय होना शुरू होता है जो बाद में उन्नीसवीं सदी के सुधारवादी आन्दोलनों में बन रही हिन्दू धर्म की नई छवि का प्रधान दार्शनिक स्टैंड बनता है।

दादूपंथ सोलहवीं सदी के अन्तिम दो दशकों में अस्तित्व में आना शुरू हुआ था। यह संत-समुदाय जहाँ एक ओर मुग़ल-राजपूत प्रश्रय में विकसित हो रहा था व दरबारी संस्कृति में उभरते दार्शनिक नवाचारों से संवाद कर रहा था, वहीं दूसरी ओर उस काल के विस्तृत व्यापारिक नेटवर्क से भी गहरे में जुड़ा हुआ था। दादू (1544-1603 ई.) का यह पंथ भक्ति और रीति कविता के मिलन बिन्दुओं पर भी स्थित था। दादू की शिष्य परम्परा में मुस्लिम, ब्राह्मण, राजपूत, वणिक, जाट आदि विभिन्न वर्गों के संत आए। कुछ समय तक उनकी दो पुत्री-शिष्याएँ भी

दादूपंथ की मुख्य महंत बनीं। दादू की इसी शिष्य-परम्परा में एक ऐसा बौद्धिक संत-समुदाय अस्तित्व में आया जिसमें से कुछ संत बनारस से शिक्षित होकर राजस्थान के व्यापारिक मार्गों पर विकसित साम्भर, डीडवाना और फ़तेहपुर जैसे बड़े क़स्बों में स्थापित हुए। सुन्दरदास (1596-1689 ई.) इसी प्रबुद्ध वर्ग के प्रधान संत थे। अपने ब्रह्म को सुन्दरदास ने सूफ़ी मुहावरे में 'सुन्दर' कहा है—

संबाद पीर मुरीद का यह भेद पावै कोइ।
जो कहै सुन्दर सुनै सुन्दर उही सुन्दर होइ॥

कविता द्वारा साहित्यिक रूप से सुन्दर एवं सुरुचिपूर्ण संत समुदाय को रचने का 'स्वप्न' सुन्दरदास ने देखा था। सुन्दरदास के द्वारा 'सुन्दर' ब्रह्म के आत्मानुभव की साधना के लिए लिखी गई कविता और उनके समय का अध्ययन इस पुस्तक में है।

सुन्दरदास के ग्रंथों को 18वीं सदी के मध्य में शुरू हुई गुजरात की 'भुज काव्यशाला' या 'ब्रजभाषा पाठशाला' के पाठ्यक्रम में रखा गया था। इन ग्रंथों का अध्ययन उस काल की प्रचलित शिक्षा व्यवस्था का ज्ञान हमें करवाता है। सुन्दरदास की कविता को पांडुलिपि परम्परा में दरबारी वर्ग, जैन समुदाय, भक्ति आदि सम्प्रदायों में बहुत पढ़ा जाता था। उन्नीसवीं सदी में अस्तित्व में आए छापेखानों में हिन्दी प्रदेश के बाहर गुजरात और बम्बई में भी उनकी कविता बहुत छपी, जो उनकी कविता की व्यापक लोकप्रियता को दिखाता है। पांडुलिपि परम्परा में सुन्दरदास की छवि एक बहुभाषी ज्ञानी व अपर शंकराचार्य की थी जो कालान्तर में छापेखानों की संस्कृति और हिन्दी के इतिहास-ग्रंथों में एक निर्गुण संत के रूप में प्रचारित होती है जिसके वृहत्तर सन्दर्भों को इस किताब में देखा गया है।

यह किताब मेरी पीएच.डी. थीसिस का संशोधित एवं संवर्द्धित रूप है जिसे मैंने प्रेसीडेंसी विश्वविद्यालय, कोलकाता से पूरा किया था। पीएच.डी. के बाद इस पुस्तक का बड़ा हिस्सा 2019 ई. से 2021 ई. के बीच ऑस्टिन, टेक्सास में लिखा गया। अपनी थीसिस को किताब के रूप में प्रकाशित करना चाहिए यह विचार यूनिवर्सिटी ऑफ़ टेक्सास के एशियाई अध्ययन विभाग के अध्यक्ष व संस्कृतविद् डोनॉल्ड डेविस ने दिया जिसके लिए मैं उनका हृदय से आभारी हूँ।

संतबानी के 'सरवंगी' और 'पंचवाणी' सरीखे पुराने पाठों का जो अध्ययन जवाहरलाल नेहरू विश्वविद्यालय, नई दिल्ली में एम.ए. व एम. फ़िल. के दौरान शुरू किया वह पीएच.डी. में भी आगे बढ़ा जिसकी परिणति यह पुस्तक है। इस प्रक्रिया में पुरुषोत्तम अग्रवाल के चिन्तन की महती भूमिका है। एम.ए. के दौरान उनके साथ कबीर की कविता और उनके समय को विस्तार से पढ़ने से ही भक्ति आन्दोलन और तत्कालीन भारतीय समाज के बारे में समझ बढ़ी। साथ ही भक्ति कविता के पुराने पाठों पर शोध के महत्त्व की भी पहचान हुई। कबीर पर लिखे मेरे 'सेमिनार पेपर' की उन्होंने क्लास में प्रशंसा न की होती तो भक्ति कविता पर आगे शोध करने का साहस नहीं जुटा पाता। शोधकार्य 'अग्रवाल सर' के साथ करना है इतना तो मन में तय था लेकिन जब उनसे बात करने गया तो उन्होंने कहा था कि "मेरे साथ काम करना है तो भक्ति कविता पर ही करना होगा।" उस समय उनका कथन बहुत चुनौतीपूर्ण लगा लेकिन उस वाक्य ने उत्तर भारत में सांस्कृतिक रूप से सर्वाधिक महत्त्वपूर्ण एक बड़े कालक्रम को जानने, परखने का रास्ता खोला और मेरे अकादमिक जीवन की दिशा तय की। भक्ति, देशज आधुनिकता पर जारी पुरुषोत्तम जी के लेखन ने मुझे दादूपंथ और सुन्दरदास के काल को समझने के नए प्रस्थान-बिन्दु दिए। दादूपंथ पर ऐतिहासिक दृष्टि से शोधपरक कोई पुस्तक लिखी जानी चाहिए ऐसा विचार भी सम्भवतः मुझे तभी मिला।

अगर आप भक्ति कविता के अध्येता हों और जैक हौली जैसे विद्वान के साथ काम करने का अवसर मिल जाए तो फिर पूछना ही क्या। न्यूयॉर्क की कोलंबिया यूनिवर्सिटी में उनके साथ बिताया एक दशक मेरे अकादमिक जीवन की अमूल्य निधि है। रीति कविता पर ऐलिसन बुश का काम इस किताब की प्रेरणा बना। आज हमारे बीच उनका न होना हिन्दी जगत के लिए ऐसी क्षति है जिसे कभी भरा नहीं जा सकता। न्यूयॉर्क में फ्रांसिस प्रीचेट, शेल्डन पोलक और सुदीप्त कविराज से मिला स्नेह और सहारा मेरा पाथेय बना। राकेश रंजन और आफ़ताब अहमद ने इस किताब के कुछ हिस्सों को मन से सुना और इस काम के महत्त्व में मेरा विश्वास दुरुस्त किया।

यूनिवर्सिटी ऑफ़ हाइडेलबर्ग, जर्मनी की प्रोफ़ेसर मोनिका हॉर्स्टमान को भारतीय साहित्य, इतिहास और धार्मिक परम्पराओं के

ज्ञान का विशाल सागर कहें तो अतिशयोक्ति नहीं होगी। उनके साथ राजस्थान के संतों पर केन्द्रित एक किताब पर काम कर रहा हूँ जो शीघ्र प्रकाश्य है। मोनिका जी ने मेरी इस किताब के कुछ अध्याय पढ़े और दूसरे अध्याय को दादूपंथ पर हुए लेखन में 'माइलस्टोन' कहा जो मेरे लिए सदैव प्रेरक रहेगा। वैस्लियन यूनिवर्सिटी, अमेरिका के प्रोफ़ेसर विलियम पिंच का हृदय से आभार जिनके साथ 18वीं सदी के भारत और अनूपगिरि गोसाईं पर लिखी ब्रजभाषा कविताओं पर जल्द ही प्रकाशित होने वाली एक पुस्तक पर काम करने से हिन्दी की ऐतिहासिक कविता पर सोचने का नया दृष्टिकोण मिला। हायदी पाउल्स, इमरे बंघा और रूपर्ट स्नैल का लेखन भक्ति और रीतिकाल के अध्ययन के लिए अत्यन्त आवश्यक है। इन विद्वानों के कुछ आलेख मेरी पुस्तक की प्रेरणा बने।

जे.एन.यू. के दिनों से लेकर आज तक टाइलर विलियम्स के साथ मित्रता मेरी बहुत बड़ी उपलब्धि है। हिन्दी साहित्य और उसके इतिहास पर उनसे की गई हर बात असीम प्रेरक होती है और आगे काम करने हेतु नवीन ऊर्जा देती है। ठीक ऐसे ही मित्र ऐंड्रू ऑलेट, पैटन बर्चेट, जोएल ली, दीप्ति खेड़ा, दिव्या चेरियन, सोहिनी पिल्लई, क्रिस्टीन कर्वोस्की, सत्यार्थ अनिरुद्ध, रवि यादव, आदित्य गोयनका, अमरेन्द्र त्रिपाठी, सर्वेश मौर्य, विवेक शुक्ला, महात्मा पांडेय और नवनीत आचार्य हैं जिनसे इस पुस्तक पर निरन्तर चर्चाएँ होती रही हैं।

यूनिवर्सिटी ऑफ़ टेक्सॉस ऐट ऑस्टिन के प्रोफ़ेसर अकबर हैदर, सिंथिया टेलबट, ऑलिवर फ्राइबर्गर, अज़फ़र मुईन, मार्था सेल्बी, सुमित गुहा, इंद्राणी चटर्जी और किर्स्टन कैथर का आभार जिनसे साहित्य और इतिहास के अलावा अपने शिक्षण को सुधारने हेतु अनेक बातें सीखीं और भविष्य में भी सीखता रहूँगा। इसी यूनिवर्सिटी की हमारी लाइब्रेरियन मैरी रेडर का बहुत आभार जिनकी तत्परता से एक अध्येता के लिए सजग लाइब्रेरियन के महत्त्व को जाना।

जय नारायण व्यास विश्वविद्यालय, जोधपुर के पूर्व प्रोफ़ेसर देवेन्द्र कुमार सिंह गौतम पांडुलिपि पठन और संत साहित्य के विशेषज्ञ हैं। इस पुस्तक के लिखने के क्रम में उनसे हुई लम्बी चर्चाओं से मुझे बहुत लाभ मिला। प्रेसीडेंसी विश्वविद्यालय की प्रोफ़ेसर तनुजा मजुमदार का आभार जिनके निर्देशन में मैंने शोधकार्य पूरा किया था। वहीं के

डॉ. वेदरमण पांडेय से हुई लम्बी चर्चाओं ने मुझे रामविलास शर्मा के लेखन का मेरे काम के लिए महत्त्व समझाया। प्रेसीडेंसी के ही ऋषि जी तथा अनिंद्य गांगुली जी का आभार जिनके स्नेह से कोलकाता में घर जैसा महसूस हुआ। कुलदीप जी राजपुरोहित ने अपने गेस्ट हाउस को ही मेरा घर बना दिया जिससे कोलकाता में रहना आसान हुआ और बड़ा बाज़ार स्थित मारवाड़ी समाज के इतिहास को वहीं रहकर जाना।

संत कविता केवल अकादमिक विषय ही नहीं है बल्कि उसकी एक जीवन्त परम्परा भी है जिसे मैंने अपने पिताजी गुमानसिंह जी के साथ राजस्थान में घूमते हुए जाना। उनके फक्कड़ाना स्वभाव और भजन गायकी के कारण मेरे गाँव के आसपास के मठों, भजन प्रेमियों में उनकी ख़ासी पैठ है। उन्हीं ने मुझे कनफटे नाथ संत निर्भयनाथ जी से मिलवाया जिनका मठ मेरे गाँव के पास ही है। वे सुन्दरदास के सवैयों को अपने भजनों में बड़े अनूठे एवं कर्णप्रिय अन्दाज़ में गाते हैं। बड़े भाई प्रेमसिंह मेरे स्नेहिल आश्रय, अकादमिक मेंटर और मित्र एक साथ हैं। पत्नी वंदना के लिए आभार शब्द उचित नहीं होगा, उसने कई मुश्किल क्षणों से गुज़रने में मेरी मदद की। बेटी महिका की शिकायत कि पापा का 'होमवर्क' कभी ख़त्म ही नहीं होता अभी और बनी रहेगी, लेकिन यह ग्लानि ही रहेगी कि उसके बचपन में उसके साथ ज़्यादा समय नहीं बिता पाया। किताब समाप्त होते-होते पुत्र निरंजन का हमारे जीवन में आगमन हुआ जिससे अभी कुछ वर्षों तक वंदना और मैं 'बच्चे' ही बने रहेंगे।

दादूपंथ के विकासक्रम में सुन्दरदास के एक सदी में फैले जीवन और उनके बाद के समय को ऐतिहासिक दृष्टि से परखने की मेरी कोशिश है, आशा है आपको रुचे...

—दलपत सिंह राजपुरोहित

ऑस्टिन, अमेरिका
जुलाई, 2022

क्रम

अध्याय : एक

'आरम्भिक' आधुनिकता और हिन्दी का इतिहास

(i) 'आरम्भिक' आधुनिकता : अवधारणा और कुछ सवाल
(ii) भक्ति बनाम रीति की पहेली
(iii) दरबारी वर्ग, भक्ति और देशभाषा साहित्य
(iv) आरम्भिक आधुनिक काल : नए परिप्रेक्ष्य

(i) 'आरम्भिक' आधुनिकता : अवधारणा और कुछ सवाल

हिन्दी साहित्य के इतिहास में जिस युग को 'मध्यकाल' कहा गया है उसके लिए 'आरम्भिक आधुनिक' या 'आधुनिक काल' संज्ञा का प्रयोग भी होता आया है। आम तौर पर जिसे हम आधुनिक काल कहते हैं उससे पहले भी भारत में अपनी 'आरम्भिक' आधुनिकता रही है। इस आरम्भिक आधुनिकता को देशभाषा साहित्य के उत्थान, विदेशों के साथ समुद्री व्यापार का प्रचलन तथा भारत के भीतर वाणिज्य का बढ़ाव, साथ ही जनपदीय भाषाओं का आपसी प्रसार और भक्ति के उद्‌भव से जोड़ा गया है।[1] किसी समाज को मध्यकालीन कहने से केवल कालक्रम का ही बोध नहीं होता बल्कि यह अर्थ भी निकलता है कि वह समाज रूढ़िबद्ध और धर्मान्ध है, वहाँ विचारों का आदान-प्रदान नहीं होता, सामाजिक पदानुक्रम में लोगों को ऊपर उठने के अवसर नहीं होते, लेखकों, कवियों आदि में मौलिकता का अभाव होता है या कहें तो पूरा समाज एक 'जबदी हुई मनोवृत्ति' से ग्रसित होता है। इन्हीं पूर्वग्रहों के बरक्स हिन्दी में आरम्भिक आधुनिकता पर चर्चा करने वाले विचारकों ने इस काल को लोकजागरण या 'सोशल एटिट्यूड्स में आ रहे व्यापक परिवर्तनों' से जोड़ा है।[2] सा!हित्य ही नहीं समाज के इतिहास के सन्दर्भ में भी, ख़ासकर 1500 से 1800 ई. तक के काल के लिए 'आरम्भिक आधुनिक काल' संज्ञा का प्रचलन

अंग्रेज़ी में भी पिछले कुछ दशकों से बढ़ा है। वहाँ इसे 'अर्ली मॉडर्न पीरियड' कहा जाता है।[3] इतिहासकार जॉन रिचड्र्स ने तीन शताब्दियों (1500 से 1800 ई.) के दौरान दुनियाभर में चल रही मुख्यत: छह सामाजिक-आर्थिक प्रक्रियाओं पर चर्चा की है जो दक्षिण एशिया या भारत में भी समानान्तर रूप से चल रही थीं। इनमें वैश्विक समुद्री मार्गों का प्रचलन, एक सुदृढ़ वैश्विक अर्थव्यवस्था का उद्‌भव, और विशाल तथा टिकाऊ साम्राज्यों का अस्तित्व में आना प्रमुख है। साथ ही इन तीन शताब्दियों में दुनिया की आबादी का अभूतपूर्व रूप से बढ़ना या दुगुना हो जाना, लोगों की बसावट में विस्तार होना और नई तकनीकों तथा फ़सलों का दुनिया भर में प्रचलन आदि वे बड़ी सामाजिक-आर्थिक प्रक्रियाएँ थीं जो दुनिया भर तथा भारत में भी समानान्तर रूप से चल रही थीं।[4]

14वीं-15वीं सदी से ही भारत में व्यापार के बढ़ने, व्यापारियों-दस्तकारों की सामाजिक हैसियत को ताक़त मिलने और नगरों के उद्‌भव से भारतीय समाज का जो ऐतिहासिक विकास हो रहा था उसकी सांस्कृतिक अभिव्यक्ति भक्ति-काव्य में हुई। सामाजिक विकास की इस प्रक्रिया में पुरुषोत्तम अग्रवाल के अनुसार भक्ति के 'लोकवृत्त' (public sphere) ने प्रभावी भूमिका निभाई। कबीर इसी विकसित होते व्यापारी व दस्तकार वर्ग की आकांक्षाओं की आवाज़ थे।[5] कबीर और हिन्दी के अन्य कवि ही नहीं तुकाराम, नामदेव आदि की कविता में भी आधुनिक सी लगने वाली संवेदना प्रकट होती है। इन कवियों का अपने समय और समाज की लोकप्रिय आवाज़ बनना प्रकारान्तर से भारत की अपनी 'देशज' आधुनिकता (vernacular modernity) की अभिव्यक्ति थी।[6]

अंग्रेज़ों के आगमन से पहले भारत में अपनी आरम्भिक आधुनिकता होने पर जो विमर्श हुआ है उसने भारत के मध्यकालीन मानसिकता में जकड़े होने को नकारकर ब्रिटिश राज की स्थापना से पूर्व ही भारत के आधुनिक या 'आरम्भिक' आधुनिक होने का प्रस्ताव रखा है। इस विमर्श ने प्रभावशाली ढंग से 18वीं सदी के पूर्व वह सारी व्यापारिक तथा संवाद-आधारित ज्ञान की प्रक्रिया भारत में घटती दिखाई जो दुनिया की अन्य जगहों मसलन अरब और तुर्की दुनिया, चीन, यूरोप और अमेरिका में भी घट रही थी। व्यापार आधारित समाज और संवाद आधारित ज्ञान की प्रक्रिया किसी भी समाज के 'आधुनिक' होने का आधार थी, जिस 'आधुनिकता' पर केवल यूरोप का अधिकार होने का दावा औपनिवेशिक सत्ता तंत्र तथा उनके द्वारा विकसित-समर्थित ज्ञान कर रहा था। इसलिए आधुनिकता को यूरोप के द्वारा दुनिया के बाक़ी हिस्सों में फैलाई जाने वाली मान्यता के विरोध में ठीक ही कहा गया है कि "आधुनिकता ऐतिहासिक रूप से एक वैश्विक और दुनिया के अनेक

हिस्सों में एक साथ घटने वाली प्रक्रिया है, कोई वाइरस नहीं है जो एक जगह से दूसरी जगह में फैलता है।"[7]

'भारतेन्दु हरिश्चन्द्र और हिन्दी नवजागरण' की समस्याओं पर विचार करते हुए रामविलास शर्मा ने कुछ मानीख़ेज़ सवाल उठाए थे। उनके सवाल थे कि क्या भारत में आधुनिक काल अंग्रेजी राज कायम होने के पहले शुरू हुआ या बाद को? वे कहते हैं कि काल विभाजन की समस्या विशुद्ध साहित्य के इतिहास लेखन की समस्या नहीं है, उसका सीधा सम्बन्ध भारत में अंग्रेज़ी राज की भूमिका से है।[8] रामविलास जी के ये सवाल उपयुक्त इसलिए हैं कि भारतीय साहित्य और समाज के इतिहास में आधुनिक काल को अंग्रेज़ी राज के आगमन से जोड़ दिया गया है।

रामविलास जी विक्रम की 14वीं सदी में बाज़ारों की बढ़ती संस्कृति, व्यापारियों का उत्पादन पर नियंत्रण, राजशाही का इसमें योगदान आदि से विकसित हुई व्यापारिक पूँजीवाद की अवधारणा की चर्चा करते हैं। उनके अनुसार इसी वक़्त एक जनपद की भाषा का दूसरे जनपद में प्रसार हो रहा था। उनके अनुसार व्यापारिक पूँजीवाद के युग में जो भी साहित्य रचा जाता है, वह आधुनिक काल में रचा हुआ साहित्य है, उसमें प्रवृत्तियाँ या धाराएँ जो भी हों।[9] 13वीं-14वीं सदी में सामन्ती समाज का ढाँचा ढीला पड़ने लगा था, वर्णव्यवस्था शिथिल हो रही थी और लोग अपने ख़ानदानी पेशे छोड़कर नए पेशे अपनाने लगे थे।...तुर्क बादशाहों ने बाज़ार, तौलने के बाट, सिक्कों आदि के बारे में जो सुधार किए, उनसे सौदागरों को फ़ायदा पहुँचा। इस ज़माने में नई-नई मंडियाँ और नये-नये शहर आबाद हुए।[10] रामविलास जी जिस व्यापारिक हलचल की ओर इशारा कर रहे हैं वह प्रक्रिया भारत के धीरे-धीरे तत्कालीन विश्वव्यवस्था का हिस्सा बनने की है, जिसमें दिल्ली सल्तनत मुख्य भूमिका निभा रही थी। दिल्ली सल्तनत और इस्लाम के छत्र तले शक्तिशाली और पहले से स्थापित मंगोल भी आ गए थे, जो इस्लाम क़बूल कर चुके थे। अब इस्लामी दुनिया पूर्व में चीन की सीमाओं को और पश्चिम में पूर्वी यूरोप को छू रही थी। भारत भी इसी समय विकसित हो रही विश्वव्यवस्था का हिस्सा बनता है जिसे इब्नबतूता की यात्रा के ज़रिये बेहतर तरीक़े से समझा जा सकता है। कैथरीन ऐशर और सिंथिया टेलबट लिखती हैं कि इब्नबतूता उस अरब शहरी अभिजात वर्ग का हिस्सा था, जो वर्ग इस समय शहरों के विकास से पैदा हुआ था। इब्नबतूता इस्लामिक दुनिया के पश्चिमी छोर मोरक्को से निकला था जो उत्तरी अफ्रीका, अरब प्रायद्वीप, एशिया माइनर, फिलिस्तीन, सीरिया, इराक़, फ़ारस, मध्य एशिया, पूर्वी यूरोप और पूर्वी अफ्रीका के तटों की यात्रा करते हुए 1333 ई. में भारत पहुँचा था। भारत में वह मुहम्मद तुग़लक़ के दरबार में रहा। लगभग आठ साल के भारत प्रवास के बाद वह दिल्ली

सल्तनत की ओर से अपने चीन के मिशन के लिए निकल गया। इब्नबतूता द्वारा यात्रा किया गया यह भूभाग इन क्षेत्रों की आपस में आवाजाही को दिखाता है। कुल मिलाकर 13वीं और 14वीं सदियाँ व्यापार, जन-आवाजाही, तकनीकी और विचारों के संक्रमण की सदियाँ थीं।[11]

यूरोप के औद्योगिक पूँजीवाद से पहले भारत में व्यापारिक पूँजीवाद और उसके आर्थिक आधारों की पड़ताल करते हुए रामविलास जी मुग़ल काल में हुई अभूतपूर्व व्यापारिक उन्नति के बारे में लिखते हैं कि "मुग़ल काल केन्द्रबद्ध शासन था। इस शासन के मुख्य केन्द्र दिल्ली और आगरा थे। ये हिन्दीभाषी प्रदेश के व्यापारिक और सांस्कृतिक केन्द्र थे।...राजसत्ता की देखरेख में नाप-तोल, क्रय-विक्रय, भाव आदि के नियमन से, यातायात की सुविधा से, जागीरदारों और अन्य सामन्तों की निरंकुशता का दमन होने से व्यापार ने अभूतपूर्व उन्नति की। भारत का माल खरीदकर अपने देशों में बेचने के लिए दूर-दूर से विशेषकर इंग्लैंड से यहाँ व्यापारी आने लगे। व्यापार की इस प्रगति में सामन्ती राज्य-सत्ता ने भी सहायता की।[12] मुग़ल काल में व्यापार में वृद्धि, संस्कृतियों के समन्वय की जो हलचल भारत में शुरू हुई, वह यूरोप और दुनिया के अन्य भागों में भी चल रही थी, जिसमें 1500 ई. के आसपास यूरोप, अमेरिका और एशिया के बीच समुद्री मार्गों की खोज की मुख्य भूमिका थी। भौगोलिक रूप से घटती दूरियों, बाज़ार के विकास तथा राज-काज के नए तौर-तरीक़ों के बढ़ाव से दुनिया में बड़े साम्राज्यों की नींव पड़ी, जैसे मध्य-पूर्व के ओटोमन और सफ़ावी साम्राज्य, चीन का मिंग-क्विंग साम्राज्य और भारत का मुग़ल साम्राज्य।[13] इन्हीं सदियों में दुनिया की आबादी दुगुनी हो जाती है, अमरीकी फ़सलों का दुनिया में चलन बढ़ता है, नई तकनीक जैसे बारूद और काग़ज़ का प्रसार होता है।

वस्तुत: आरम्भिक आधुनिकता दुनिया में चल रही उन ऐतिहासिक प्रक्रियाओं में देखी जा सकती है जिनसे वैश्विक समाज एक-दूसरे के सम्पर्क में आए। मंगोलों का विश्व-विजय का सपना, यूरोपियन लोगों की समुद्री यात्राएँ, भारतीय वस्त्र-व्यापार का अन्य देशों में प्रसार आदि विश्व के आरम्भिक आधुनिक होने के प्रमाण हैं।[14] शेल्डन पोलक के अनुसार आधुनिकता एक प्रकार की चेतना या बोध के होने की शर्त है। जिसमें व्यक्ति-सत्ता का नया बोध तथा तर्कपूर्ण, संशय या सवाल करने वाले चित्त का उभरना, और एक नई ऐतिहासिक संवेदना का विकास होना आदि प्रमुख हैं। यूरोकेन्द्रित आधुनिकता से बाहर निकलकर उपर्युक्त सभी को 'आधुनिकता' का प्रमाण मानें तो भारत भी 'अर्ली मॉडर्न' दुनिया का हिस्सा बनता है।[15] सौदागरी पूँजीवाद के प्रभाव से दिल्ली सल्तनत काल में पैदा हुई और बाद में

मुग़ल काल में फली-फूली यह आरम्भिक आधुनिक संस्कृति जो स्वत: विकसित हो रही थी, अंग्रेज़ी सत्ता के आगमन से एक तरह से अवरुद्ध हो जाती है। आगे चलकर यूरोकेन्द्रित साहित्यिक-सामाजिक विमर्श में अंग्रेज़ी राज से सम्पर्क के पहले के भारत को मध्यकालीन या जड़ बता दिया जाता है।

रामविलास शर्मा ने आरम्भिक आधुनिक काल के जिस आर्थिक आधार पर विस्तृत चर्चा की थी, बाद के कुछ विचारकों ने ऐसी ही अवधारणाओं का पुनर्मूल्यांकन किया है और वे उस विमर्श को आगे भी ले गए हैं। औपनिवेशिक सत्ता और उसके द्वारा निर्मित-समर्थित ज्ञानकांड किस तरह सहज विकसित हो रहे सांस्कृतिक, आर्थिक या 'देशज आधुनिक' समाज की गति को अवरुद्ध करता है और उसे मध्यकालीन ठहराता है, उसका अध्ययन पुरुषोत्तम अग्रवाल ने अपनी कबीर सम्बन्धी पुस्तक में किया है।

पुरुषोत्तम अग्रवाल का कबीर सम्बन्धी चिन्तन आरम्भिक आधुनिक कालीन देशभाषा साहित्य, ख़ासकर कबीर आदि संत कवियों को नए ढंग से पढ़ने की दिशा में उठाया गया एक ठोस और ज़रूरी क़दम है। वे कहते हैं कि आधुनिक होना औद्योगीकरण से जुड़ा हुआ नहीं है जैसा कि उपनिवेशवादियों और उनके शासन को वैध ठहराने वालों का तर्क था। वरन् यह व्यापारिक संस्कृति और उसके द्वारा पैदा होने वाले नए विचारों और रुझानों से जुड़ा है जो भारत में यूरोप के साथ सम्पर्क से पहले उन्नत अवस्था में थे। ऐसा देशज आधुनिक भारत हमें देशभाषा स्रोतों में दिखाई देता है जिनसे आँख मूँदकर ही आरम्भिक आधुनिक भारत को जड़, मध्यकालीन या 'जबदी हुई मनोवृत्ति' का कहा जा सकता है। यहाँ तक कि यूरोप के सन्दर्भ में भी औद्योगीकरण तथा उससे उत्पन्न सामाजिक वर्गों और लोकवृत्त को ही आधुनिकता का पर्याय नहीं माना जाता, इसलिए वहाँ आधुनिकता 15वीं-16वीं सदियों से शुरू होती है, 18वीं-19वीं से नहीं। 'व्हाइट मैन्स बर्डन' की ग्रंथि से ग्रस्त साम्राज्यवादी लोग भारत को मध्यकालीन और जड़ ठहराने के अपने झूठ को वास्तविक बनाने और अपने शासन को वैध ठहराने में एक तरह से सफल हुए। उपनिवेशवादियों ने आरम्भिक आधुनिक समाजों में हो रहे संवाद को नकार कर भारत के यूरोप के साथ सम्पर्क को सभ्यताओं का संघर्ष बना दिया और भारत तथा अन्य ग़ैर-यूरोपीय समाजों को 'मध्यकालीन' और स्वयं को 'आधुनिक' सिद्ध किया। इस औपनिवेशिक ज्ञान कांड और सत्ता तंत्र ने सहज रूप में विकसित हो रहे भारतीय समाज को अपनी ही ज्ञान-परम्परा, व्यापारिक नेटवर्क या देशज आधुनिकता से काट दिया, "नहीं तो सिख समुदाय में स्त्रियों की बेहतर स्थिति; कबीर, रैदास, बसव, नानक जैसे अब्राह्मणों का बौद्धिक प्रभाव, राजस्थान

के बिश्नोइयों का पर्यावरण प्रेम, भारतीय इस्लाम के विशिष्ट सामाजिक व्यवहार, स्मार्त सार्वत्रिकता के स्थान पर विभिन्न क्षेत्रों की स्थानीय मान्यताओं की स्वीकृति, पीपा का कबीर वंदन, हेमू 'बक्काल' का ही नहीं, वर्णाश्रम-बाह्य गोंडों का भी राजा बनना—सब 'सोशल एटीट्यूड्स' में आ रहे व्यापक परिवर्तनों की ही सूचना दे रहा था, बता रहा था कि भारत कोई समय में जमा समाज नहीं, इतिहास में बढ़ता समाज ही था।"[16] पुरुषोत्तम जी आगे कहते हैं कि कबीर, तुकाराम, रैदास और अन्य संत-भक्ति कवि 'भक्ति के लोकवृत्त' (पब्लिक स्फ़ियर ऑफ़ भक्ति) का निर्माण कर रहे थे, जिसकी बुनियादी शर्तें ही 'निजवृत्त और राजवृत्त से स्वायत्त अस्तित्व और सूचना तथा ज्ञान तक सबकी पहुँच' थी। कबीर के अनेक पदों में, बाणियाँ, हाट, सौदा आदि शब्द और उनसे निर्मित बिम्ब भी आते हैं जो बाज़ारों के विकसित होने का संकेत है। एक और बात जिस पर पुरुषोत्तम जी बहुत बल देते हैं वह है देशभाषा स्रोतों को आदरसहित पढ़ना फिर कुछ निष्कर्ष निकालना न कि पूर्व निर्धारित निष्कर्षों से उन्हें पढ़ना। साथ ही वे इस पर ज़ोर देते हैं कि हमें अपने यूरोपीय आधुनिकता से निर्मित पूर्वग्रहों से परे जाकर, साहित्येतिहास द्वारा निर्मित काव्य और कवियों की छवियों को तोड़कर आरम्भिक आधुनिक काल से जुड़ना चाहिए। साथ ही साथ शिष्टभाषा जैसे संस्कृत, फ़ारसी और वर्तमान में अंग्रेज़ी को ही ज्ञान का माध्यम न मानते हुए देशभाषा साहित्य में संगृहीत स्मृतियों, छवियों के बनने और गृहीत होने की प्रक्रिया को भी समझने की आवश्यकता है।

जॉन रिचड्र्स, संजय सुब्रह्मण्यम, शेल्डन पोलक, सिंथिया टेलबट और कैथरीन ऐशर का भारत की आरम्भिक आधुनिकता सम्बन्धी चिन्तन, रामविलास शर्मा द्वारा सौदागरी पूँजीवाद की अवधारणा पर दिया गया बल तथा पुरुषोत्तम अग्रवाल का कबीर आदि संतों के सन्दर्भ में 'देशज आधुनिकता' सम्बन्धी चिन्तन हमें 'मध्यकाल' नामकरण और उससे जुड़े भावबोध से बाहर निकलकर इस काल को आरम्भिक आधुनिक काल के रूप में समझने की ओर अग्रसर करता है। इस विमर्श का संक्षेप में उल्लेख करने का उद्देश्य एक तो 'आरम्भिक आधुनिक काल' की अवधारणा पर हुए विमर्श को समझना है, दूसरा इसके अन्तर्विरोधों पर हुई बहस पर भी विचार करना है, जिससे इस काल की बेहतर समझ विकसित की जा सकती है।

हिन्दी साहित्य के सन्दर्भ में आरम्भिक आधुनिक काल की अवधारणा पर सबसे ज़्यादा सवाल इसमें रीतिकाल के अन्तर्भुक्त होने पर उठे हैं। जिन विचारकों ने ये प्रश्न उठाए हैं उनका मानना है कि चूँकि रीतिकालीन कविता का आधार सामन्ती है और सामन्तों की अभिरुचियाँ किसी समाज के आधुनिक होने की प्रक्रिया में

बाधाएँ हैं, इसलिए इस पूरे समाज को आरम्भिक आधुनिक कैसे माना जा सकता है? इसीलिए 13वीं-14वीं सदी से भारत में शुरू हुए बदलावों, जिनके फलस्वरूप यहाँ आरम्भिक आधुनिक समाज के निर्माण होने तथा भक्तिकाल के आगमन व आधुनिक काल के बीच में रीतिकाल की उपस्थिति एक बाधा समझी गई है। स्वयं इस अवधारणा के प्रस्तोताओं को भी यह प्रश्न परेशान करता रहा है।

मैनेजर पाण्डेय का कहना है कि 12वीं सदी से हिन्दी साहित्य के आधुनिक काल का आरम्भ मानने की धारणा के लिए सबसे बड़ी चुनौती रीतिकाल है। उनके अनुसार रीतिकाल के साहित्य का आधार और स्वरूप निस्सन्देह सामन्ती है, उसे सामन्त-विरोधी आधुनिक काल के अन्तर्गत कैसे शामिल किया जा सकता है? और भक्तिकाल के बाद रीतिकाल का आगमन हिन्दी साहित्य के इतिहास की एक ट्रेजडी है।...रीतिकाल, 12वीं सदी से आधुनिक काल का आरम्भ मानने की धारणा के सामने प्रश्नचिह्न बना हुआ है।[17] रामविलास शर्मा भी आरम्भिक आधुनिक काल में रीतिकाल के अस्तित्व को ट्रेजडी ही मानते हैं भले ही छोटी। बड़ी ट्रेजडी उनके शब्दों में अंग्रेज़ी राज का आगमन है। रामविलास जी भक्ति के बाद आने वाले रीतिकाव्य, अर्थात् तथाकथित जनविरोधी और सामन्ती अभिरुचि के पोषक साहित्य, को आरम्भिक आधुनिक काल की अवधारणा का मुख्य अन्तर्विरोध मानते हैं।[18] इस तरह रीति कविता आज भी मध्यकाल को आरम्भिक आधुनिक काल मानने की अवधारणा के सामने एक पहेली बनकर खड़ी है, या यों कहें कि एक पहेली बना दी गई है। यहाँ तक कि आरम्भिक आधुनिक काल में उसके अस्तित्व को ही ट्रेजिक माना गया है। विगत कुछ वर्षों में 'देशज आधुनिकता' पर हुई चर्चाओं में भी रीतिकाव्य को कम ही स्थान मिला है। भक्ति का 'लोकवृत्त', 'राजवृत्त' से स्वायत्त या समानान्तर चित्रित किया जाता है जबकि उस 'राजवृत्त' के अपने चरित्र, उसके बाज़ार आधारित संस्कृति को प्रश्रय, भक्ति-कविता तथा उसके प्रधान केन्द्रों के संरक्षण में उसकी भूमिका पर बहुत कम चर्चा होती है।

औपनिवेशिक काल से पूर्व भारत में आधुनिक भावबोध के होने, व्यापारिक पूँजीवाद और उससे विकसित हुए नए विचारों और रुझानों के होने में कोई सन्देह नहीं। साथ ही उस काल में सामाजिक-सांस्कृतिक मेल-मिलाप के होने और संवाद तथा देशभाषाओं पर टिके नए साहित्यिक परिवेश के होने से भी किसी को शायद ही इनकार हो। लेकिन उस काल में रीति कविता के उद्भव ही नहीं ढाई सौ सालों तक हिन्दी साहित्य की प्रधान काव्यधारा बनने की प्रक्रिया को बिना समझे 'आरम्भिक आधुनिक काल' या 'देशज आधुनिकता' की अवधारणा को पूरी तरह नहीं समझा जा सकता।

जब रामविलास जी ज़ोर देकर इस बात को कहते हैं कि व्यापारिक पूँजीवादी गतिविधियाँ बिना शासकीय सहयोग के नहीं चल पातीं; तब यह कैसे सम्भव है कि उस समय विकसित हो रहे देशभाषा के साहित्य को संरक्षण और भक्त-कवियों तथा भक्ति के प्रधान केन्द्रों को सुरक्षा तथा बढ़ावा देने में सत्ताधारी अभिजात वर्ग की कोई भूमिका नहीं रही हो? क्या मुग़ल काल से अस्तित्व में आए उत्तर भारत के अभिजात वर्ग की अपनी ऐतिहासिक स्थितियों और रुचियों में कोई बड़ा बदलाव नहीं हुआ जिसने संस्कृत के साथ देशभाषाओं को भी पहले से कहीं बढ़कर प्रश्रय देना शुरू किया? और जिसके फलस्वरूप देशभाषाओं में ऐसा साहित्य अस्तित्व में आया जिसने ज्ञान के अधिकांश क्षेत्रों में संस्कृत के एकाधिकार को अपदस्थ करके स्वयं उसकी जगह ले ली? मूल सवाल यह है कि क्या आरम्भिक आधुनिक काल में लोक और आभिजात्य या भक्ति और रीति संवेदनाओं तथा इन्हें संरक्षण देने वाली व्यवस्थाओं में कोई संवाद, सहयोग और सह-अस्तित्व जैसी बात भी रही है? क्या भक्तिकाल के बाद रीतिकाल का आगमन वास्तव में आरम्भिक आधुनिक काल की अवधारणा की ट्रेजडी है या यह ट्रेजडी इतिहासकारों द्वारा निर्मित की गई है, जो दरबारी संस्कृति और लोक-संस्कृति में सर्वत्र एक ज़रूरी संघर्ष देखती है? यह इतिहासदृष्टि न चाहते हुए भी उसी औपनिवेशिक ज्ञानकांड के कुचक्र में फँस जाती है जो यूरोप से सम्पर्क के पूर्व भारत के शासक वर्ग को विलासी, जन-विरोधी और शासन करने में असमर्थ ठहरा रही थी। हिन्दी में आरम्भिक आधुनिक काल की अवधारणा में रीतिकाल के होने को ट्रेजडी मानने का सम्बन्ध भारत में ब्रिटिश शासन की स्थापना से पूर्व की आधुनिकता में भारतीय राज्यों की भूमिका को नकारना है। दरबारी वर्ग द्वारा केवल भक्ति और रीति साहित्य और इनसे जुड़ी संस्थाओं को ही नहीं, बाज़ारों, व्यापारियों को संरक्षण देने की ऐतिहासिक प्रक्रिया को नकारकर हम भारत में आरम्भिक आधुनिकता की एक संकुचित तस्वीर ही खींच पाएँगे।

(ii) भक्ति बनाम रीति की पहेली

हिन्दी आलोचना और इतिहास-ग्रंथों ने अतीत की हमारी समझ को गहरे में प्रभावित किया है, जिसमें सबसे बड़ा प्रभाव कहा जाए तो यही है कि हम काल विभाजन (भक्ति-रीति), प्रवृत्तियों (निर्गुण-सगुण) आदि को किसी कवि के अध्ययन का प्रस्थान बिन्दु समझते हैं। इसीलिए इतिहास में जिए हर कवि पर बात करते समय इतिहास-ग्रंथों में समझाई गई कोटियों की चर्चा भी ज़रूरी है। रोमिला थापर ने ठीक ही लिखा है कि "भारतीय इतिहास-लेखन के बदलते हुए दृष्टिकोणों की ओर संकेत

करने का उद्देश्य प्रारम्भिक इतिहासकारों के काम को मूल्यहीन कहकर उपेक्षित करना या उनकी विद्वत्ता के महत्त्व को घटाना नहीं है। उनकी व्याख्या की कमियाँ बहुधा उनके युग की कमियाँ थीं। क्योंकि इतिहासकार अक्सर अपने युग का इतना अधिक प्रतिनिधित्व करता है कि यह बात ख़ुद उसकी सोच से बाहर होती है। अपनी कमियों के बावजूद इन अध्ययनों ने भारत के इतिहास की नींव रखी और उसे एक सुदृढ़ कालक्रमानुसारी ढाँचा प्रदान किया, जिसको आधार बनाकर नई व्याख्याएँ प्रस्तुत की जा सकती हैं।"[19]

19वीं सदी में लिखित हिन्दी के तीन प्रमुख इतिहास-ग्रंथों में जॉर्ज ग्रियर्सन का इतिहास 'द मॉडर्न वर्नाक्यूलर लिटरेचर ऑफ़ हिन्दुस्तान' केवल कवियों के नाम ही नहीं गिनाता अपितु उन्हें कालक्रम में बाँटकर भी देखने की कोशिश करता है। इसलिए यह ग्रंथ गार्सा द तासी व शिवसिंह सेंगर[20] के इतिहासों से ज़्यादा प्रभावशाली रहा है।[21] ग्रियर्सन 700 से 1300 ई. तक के कालक्रम को 'चारण-भाट काल' (द बार्डिक पीरियड) कहते हैं। बाद के काल को वे 'भक्तिकाल' जैसा नाम तो नहीं देते हैं लेकिन इस काल में मलिक मुहम्मद जायसी, वल्लभ सम्प्रदाय के कवियों, तुलसीदास आदि के साहित्य का विस्तृत अध्ययन करते हैं, और इस काल को हिन्दी साहित्य का 'स्वर्ण युग' कहने का आधार रखते हैं। जिस काल-खंड को बाद में 'रीतिकाल' कहा गया उसे ग्रियर्सन यूरोपियन साहित्य की तर्ज़ पर 'आर्स-पोइटिका, 1580-1692 ई.' (काव्य-कला की रीति) नाम देते हैं।[22] ग्रियर्सन की इतिहास-दृष्टि पर उस समय के भारतीय इतिहासकारों जैसे कर्नल जेम्स टॉड आदि का गहरा प्रभाव है।

कर्नल जेम्स टॉड आदि प्राच्यविदों में भारत के मुग़ल पूर्व व मुग़ल कालीन राजपूत (या हिन्दू) इतिहास को खोजने की प्रवृत्ति हावी थी। 19वीं सदी में टॉड द्वारा लिखे गए इतिहास-ग्रंथों को बहुत पढ़ा और पसन्द किया जा रहा था। टॉड का 'एनल्स एंड एंटिक्विटिस ऑफ़ राजस्थान' (दो खंड, 1829 ई.), ग्रांट डफ़ का 'द हिस्ट्री ऑफ़ द मराठाज़' (तीन खंडों में, 1826 ई.) और होबर्ट कौन्टर का 'रोमेन्स ऑफ़ हिस्ट्री : इंडिया,' 19वीं सदी के बंगाली, हिन्दी और मराठी के तथाकथित 'नवजागरण' के लेखकों को बहुत आकर्षित करते थे। इन इतिहासों में उस स्वर्णिम अतीत और परम्परा का ज़िक्र होता था जिसमें हिन्दुओं ने अपने पौरुष के दम पर मुसलमानों से लोहा लिया था। राजस्थान और महाराष्ट्र के क्षत्रियों के इतिहास इन दोनों क्षेत्रों के बाहर भी बहुत चर्चित हुए। इन्हीं इतिहासों के प्रभाव से ऐसे ऐतिहासिक उपन्यास चलन में आए जिनमें राजे, महाराजे, संन्यासी इत्यादि के सत्ता तंत्र से लोहा लेने आदि का चित्रण होता था। बंगाल में तथाकथित ऐतिहासिक

उपन्यासों की बाढ़ सी आ गई थी। जेम्स टॉड कुछेक बंगाली लेखकों के प्रेरणास्रोत थे। इसी दौर में लिखे बंकिमचन्द्र चटर्जी के ऐतिहासिक उपन्यास 'आनन्दमठ' का एक गीत 'वन्दे मातरम्' राष्ट्रवादी आन्दोलन के दौरान भारतीयों का नारा बन गया था।[23] रोमेशचन्द्र दत्त मराठों पर केन्द्रित अपने ऐतिहासिक उपन्यास के लिए ग्रांट डफ़ (द हिस्ट्री ऑफ़ द मराठाज़) का आभार प्रकट करते हैं। बंगाल के इन नवजागरण-कालीन लेखकों का हिन्दी क्षेत्र पर भी बहुत प्रभाव पड़ा। इसी वातावरण में ग्रियर्सन ने अपना 'द मॉडर्न वर्नाक्यूलर लिटरेचर ऑफ़ हिन्दुस्तान' लिखा। शुक्ल जी जिस 'पृथ्वीराज रासो' को लेकर हिन्दी के उद्भव और देशभाषा साहित्य की बात करते हैं उन मौखिक परम्पराओं को सर्वप्रथम जेम्स टॉड ने खोजा और संगृहीत किया था, जिनका उपयोग ग्रियर्सन अपने 'चारण-भाट काल' में करते हैं और उसी से शुक्ल जी 'वीरगाथा काल' का सिद्धान्त स्थापित करते हैं।

ग्रियर्सन और शिवसिंह सेंगर कवियों की प्रामाणिकता सिद्ध करने के लिए उनको जेम्स टॉड के इतिहास में खोजते हैं। जेम्स टॉड द्वारा महत्त्व दिए गए कवि चंदबरदाई को वे 'चारण काल' का प्रमुख कवि घोषित करते हैं।[24] चूँकि ग्रियर्सन के स्रोत सीमित थे इसलिए कई बार वे कुछ पूर्वग्रहों के आधार पर दो अलग कवियों और उनकी रचनाओं में भेद नहीं कर पाते। जैसे वे शाहजहाँ के दरबारी कवि सुन्दर कविराय ('सुन्दर शृंगार' के रचयिता) और दादूपंथी सुन्दरदास की रचनाओं में भेद नहीं कर पाते। दादूपंथी सुन्दरदास का प्रमुख दार्शनिक-सैद्धान्तिक ग्रंथ 'ज्ञान समुद्र' (1653 ई.) को वे सुन्दर कविराय जैसे 'आर्स पोइटिका' (काव्य-कला की रीति) वाले कवि का ही लिखा मानते हैं।[25] यह भूल एक तरह से गार्सा द तासी ने भी की थी जिसे ग्रियर्सन दोहराते हैं।[26] जिस तरह ग्रियर्सन काव्य के मानदंडों पर तुलसीदास और जायसी को हिन्दी के बड़े कवि घोषित करते हैं, उनके ग्रंथों का विशद वर्णन करते हैं, सूरदास के काव्य का महत्त्व दिखाते हैं, वही बाद में शुक्ल जी के इतिहास ग्रंथ और आलोचना में प्रमुखता पाता है।[27] ग्रियर्सन ही पहली बार तुलसीदास की भक्ति को उस समय की प्रभावशाली परम्परा शैव-तंत्रवाद को हराने वाला बताते हैं और भक्ति के उदय का आधार रखते हैं जो शुक्ल जी के इतिहास में विस्तार पाता है।[28]

शुक्ल जी ने अपने 'हिन्दी साहित्य का इतिहास' में 'मध्यकाल' को पूर्व मध्यकाल (संवत् 1375-1700) और उत्तर मध्यकाल (संवत् 1700–1900) दो कालखंडों में बाँटा है जिन्हें प्रवृत्तियों के आधार पर क्रमशः 'भक्ति' और 'रीति' काल कहा गया है।[29] भक्ति और रीति काल के 'सामान्य परिचयों' में इन कालों का समाज से गहरा रिश्ता दिखाकर इनका 'लोक' व 'सामन्ती' आधार खोजना, भक्ति को आन्दोलन की

संज्ञा देना तथा इसका सम्बन्ध दक्षिण भारत के भक्ति आन्दोलन से जोड़ना, निर्गुण व सगुण भक्ति की श्रेणियाँ बनाना तथा दोनों को अलग-अलग आधारों पर स्थित मानना तथा निर्गुण-भक्ति के महत्त्व को कम आँकना, तुलसीदास को हिन्दी का जातीय कवि घोषित करना, भक्ति को मुसलमानी आक्रमण की प्रतिक्रिया तथा अपने पौरुष से हताश जन-समुदाय की काव्यात्मक अभिव्यक्ति मानना आदि भक्ति काल के सम्बन्ध में उनकी मुख्य स्थापनाएँ थीं। रीति-कवियों की तीन श्रेणियाँ बनाना तथा रीति-कविता को संस्कृत काव्यशास्त्र की उद्धरणी मानना, रीति कविता में मौलिकता का अभाव मानना, भगवान को छोड़कर आश्रयदाता राजाओं के लिए काव्य रचना को हेय मानना आदि वे स्थापनाएँ थीं जिनसे शुक्ल जी का इतिहास अपने पूर्व के इतिहासों से एकदम अलग हो जाता है और निस्सन्देह महत्त्वपूर्ण भी। शुक्ल जी का रीति नामकरण, शृंगार, अलंकार आदि प्रवृत्तियों को अपने में समाहित कर लेता है इसीलिए यही नाम बाद में ज़्यादा प्रतिष्ठित हो जाता है। अपने 'इतिहास' के 'प्रथम संस्करण की भूमिका' में शुक्ल जी यह स्पष्ट करते हैं कि विश्वविद्यालयों में हिन्दी के पाठ्यक्रमों के लिए एक सुविचारित साहित्येतिहास की कमी भी उनका इतिहास पूरा करेगा।[30] शुक्ल जी की इतिहास-दृष्टि के महत्त्व को आँकते हुए नामवर सिंह कहते हैं, "शुक्ल जी को जो इतिहास पंचांग के रूप में प्राप्त हुआ था उसे उन्होंने मानवीय शक्ति से अनुप्राणित कर साहित्य बना दिया।"[31]

मध्यकाल को लेकर शुक्ल जी की सर्वाधिक प्रभावशाली विरासत उनकी भक्ति और रीति संवेदना को क्रमशः लोकोन्मुख व लोकपरांगमुख मानकर एक-दूसरे की विरोधी मानना है। इस स्थापना ने बाद की मार्क्सवादी आलोचना के लिए भी मध्यकाल को परखने का मार्ग प्रशस्त किया। मध्यकालीन हिन्दी साहित्य की आलोचना में शुक्ल जी के महत्त्व को दिखाते हुए रामविलास शर्मा लिखते हैं कि शुक्ल जी ने रीति-कविता को पहली बार दरबारी कहा तथा उसके उद्‌भव का कारण भारत के सामन्ती-वर्ग की कुरुचि को माना।[32] रामविलास शर्मा जैसे मार्क्सवादी आलोचक के लिए शुक्ल जी ने रीति-कविता के महत्त्व को नकारने की भूमिका पहले से ही बना दी थी।

शुक्ल जी के इतिहास-लेखन की सीमाएँ जल्द ही स्पष्ट हुईं। किसी एक काल में एक ही चित्तवृत्ति को प्रधान मानने से शुक्ल जी को दोनों कालों (भक्ति व रीति) में फुटकल खाते खोलने पड़े जिसमें वीर, नीति आदि संवेदना वाले कवियों को डाला गया। साथ ही साथ काल-विभाजन की समस्याएँ भी सामने आईं। शुक्ल जी द्वारा निर्गुण कवियों को उचित स्थान न देने की कमियाँ बाद की आलोचना तथा इतिहास-लेखन में सामने आईं, जिनमें आचार्य हजारीप्रसाद द्विवेदी प्रमुख थे।

हिन्दी साहित्य की किसी भी धारा में बाहरी प्रभाव को नकारते हुए हजारीप्रसाद द्विवेदी आदि, भक्ति तथा रीतिकालीन साहित्य को भारतीय 'चिन्ताधारा का स्वाभाविक विकास' मानते हैं। जहाँ शुक्ल जी वीरगाथा की प्रवृत्ति को मुसलमानी आक्रमण के प्रतिरोध में अपनी 'राजपूती वीरता के गायन' के लिए पैदा हुई मानते हैं वहीं द्विवेदी जी ने आदिकालीन चारण-भाटों के साहित्य को संस्कृत, प्राकृत और अपभ्रंश की परम्परा से देशभाषा में आया हुआ माना है। राजपूताने में वीरगाथात्मक काव्य को जो राज्याश्रय मिला वह द्विवेदी जी के अनुसार कविता का स्वाभाविक विकास था, किसी बाहरी शक्ति के कारण नहीं।[33] द्विवेदी जी ने हिन्दी कविता के प्रधान छह अंगों जैसे डिंगल कवियों की वीरगाथाएँ, निर्गुण संतों की वाणियाँ, कृष्ण और राम भक्ति-मार्ग के साधकों के पद, सूफ़ी कवियों तथा 'रासो' जैसे ऐतिहासिक रोमांस के बाद आने वाले रीतिकाव्य को अपभ्रंश कविता का स्वाभाविक विकास कहा है।[34] कबीर आदि निर्गुण मतवादी संतों की संवेदना को शुक्ल जी से हटकर द्विवेदी जी ने सम्पूर्ण रूप से भारतीय कहा है और उनका गहरा सम्बन्ध बौद्ध-धर्म के अन्तिम सिद्धों और नाथपंथी योगियों के पदों से माना है। द्विवेदी जी ने कबीर की कविता के महत्त्व को पहली बार हिन्दी साहित्य में स्थापित कर 'कबीर' नामक स्वतंत्र पुस्तक लिखी।

द्विवेदी जी ने प्राकृत परम्परा से हाल की 'गाथा सप्तशती', संस्कृत के 'गीत-गोविन्द' आदि ग्रंथों को रीति-काव्य का आधार माना है। आनन्दवर्द्धन के 'ध्वन्यालोक' आदि ग्रंथों में भी रीति-कवियों का प्रिय विषय गोपियों और गोपाल के प्रेम की चर्चा होना द्विवेदी जी ने दिखाया। जिसके लिए रीति-कविता को सबसे ज़्यादा कोसा जाता है (कि इस काल के कवियों ने भक्ति कविता के कृष्ण और राधा को अलंकारों और नायिकाओं के विवेचन का उदाहरण बना दिया) उन्हें द्विवेदी जी ने बंगाल के चैतन्यदेव के शिष्यों रूप गोस्वामी और सनातन गोस्वामी के ग्रंथों में सबसे पहले विवेचित बताया।[35] चैतन्य के शिष्यों ने वृंदावन को मुग़लों के सहयोग से भक्ति के प्रमुख केन्द्र के रूप में विकसित किया। इस तरह द्विवेदी जी ने रीति-कविता के अधिकांश हिस्से को उस समय के सामन्ती वर्ग की कुरुचि से उद्‌भव न मानकर पहले से चली आ रही काव्य-परम्परा का हिस्सा माना। कुल मिलाकर द्विवेदी जी ने संस्कृत-साहित्य से प्रभावित वैष्णव परम्परा के बरक्स शैव, बौद्ध और नाथों की परम्पराओं की खोज की और हिन्दी साहित्य पर उसके प्रभाव को देखा। उन्होंने प्राकृत व अपभ्रंश के उन तत्त्वों की खोज की जिनसे बाद के कवियों ने बहुत कुछ ग्रहण किया, जिसे नामवर सिंह ने 'दूसरी परम्परा की खोज' कहा है।[36] 'मध्ययुग' जैसा नामकरण केवल काल का द्योतक नहीं है यह एक मानसिकता का द्योतक

भी है यह पहली बार द्विवेदी जी ने ही समझाया। वे कहते हैं, "असल बात यह है कि मध्ययुग शब्द का प्रयोग काल के अर्थ में उतना नहीं होता जितना एक ख़ास प्रकार की पतनोन्मुख और जबदी हुई मनोवृत्ति के अर्थ में होता है।"[37] इसलिए अपने 'हिन्दी साहित्य : उसका उद्‌भव और विकास' ग्रंथ में वे मध्यकाल नाम नहीं देते वरन् शुक्ल जी की कोटियाँ 'भक्ति-काव्य' और 'रीति-काव्य' ही अपनाते हैं।

हिन्दी साहित्य के इतिहास-लेखन को इस तरह विकसित करने के बावजूद, द्विवेदी जी जैसा परम्परा का अद्‌भुत ज्ञान रखने वाला इतिहासकार भी मध्यकाल के साथ पूरा न्याय नहीं कर पाया। उनके यहाँ भी 'भक्ति' और 'रीति' का परस्पर विरोधी होने का भाव स्पष्ट है, भक्ति उनके लिए 'महान् आदर्श का साहित्य' है और रीति 'रुग्ण मनोभाव का काल' है जिसमें 'मौलिकता का अभाव' था।[38] वैसे पूरे मध्ययुग के बारे में द्विवेदी जी यह धारणा बनाते हैं कि "मध्ययुग का मनुष्य धीरे-धीरे विशाल और असीम ज्ञान के प्रति जिज्ञासा का भाव छोड़ता जाता है तथा धार्मिक विचारों और स्वत: प्रमाण माने जाने वाले आप्त वाक्यों का अनुयायी हो जाता है। साधारणत: इन्हीं की बाल की खाल निकालने वाली व्याख्याओं पर अपनी बुद्धि-सम्पत्ति खर्च कर देता है।"[39] इस अवधारणा के साथ परम्पराओं के अध्ययन में ही द्विवेदी जी इतने प्रवृत्त हो जाते हैं कि उन्हें आदि, भक्ति और रीति कालों में कुछ नया या मौलिक कम ही दिखाई देता है। जबकि आरम्भिक आधुनिक काल में जिस प्रकार से व्यापार और बाज़ार आधारित समाज का गठन हो रहा था, जिसकी अभिव्यक्ति साहित्य में हो रही थी, उस पर हुए शोध के आलोक में द्विवेदी जी की भारत के मध्यकालीनता में जकड़े होने की स्थापना तथा मध्यकाल के साहित्य में मौलिकता के अभाव होने की अवधारणाओं की सीमाएँ भी स्पष्ट होती हैं।

हजारीप्रसाद द्विवेदी के बाद पूरे मध्यकाल पर तो नहीं लेकिन भक्ति के उद्‌भव और पतन पर जिन आलोचकों ने महत्त्वपूर्ण काम किया है उनमें मुक्तिबोध, रामविलास शर्मा, नामवर सिंह और मैनेजर पांडेय प्रमुख हैं। इन लेखकों ने मुख्यत: निर्गुण और सगुण विभाजन के बहाने मध्यकाल के सामाजिक अन्तर्विरोधों पर विचारोत्तेजक बहस की है और इनमें आपसी मतभेद भी पर्याप्त रहे हैं।

मुक्तिबोध ने अपने चर्चित निबन्ध 'मध्ययुगीन भक्ति-आन्दोलन का एक पहलू' पर निर्गुण और सगुण भक्ति का वर्गीय आधार खोजते हुए निर्गुण-भक्ति को भक्ति काल की मूल भावना कहा तथा निर्गुण कविता को जनता के कष्ट तथा पीड़ा से उत्पन्न बताया। कबीर आदि संतों ने वर्णाश्रमवादी, सामन्ती तथा ब्राह्मणवादी समाज के विरुद्ध जो आवाज़ बुलंद की, उसकी क्रान्तिकारिता को मुक्तिबोध के अनुसार बाद के सगुण कवियों ने नख-दंत विहीन कर दिया। इन सगुण कवियों में वे तुलसीदास

को सबसे आगे मानते थे। मुक्तिबोध निर्गुण कवियों में काफ़ी शूद्रवर्ग के कवि देखते हैं और राम भक्ति में एक भी नहीं। कृष्ण-भक्ति में फिर भी मुसलमानों और स्त्रियों की उपस्थिति की बात वे करते हैं। इस तरह वे निष्कर्ष निकालते हैं कि "जो भक्ति-आन्दोलन जनसाधारण से शुरू हुआ और जिसमें सामाजिक कट्टरपन के विरुद्ध जनसाधारण की सांस्कृतिक आशा-आकांक्षाएँ बोलती थीं, उसका 'मनुष्य सत्य' बोलता था, उसी भक्ति-आन्दोलन को उच्चवर्गीयों ने आगे चलकर अपनी तरह बना लिया, और उससे समझौता करके, फिर उस पर अपना प्रभाव कायम करके, और अनन्तर जनता के अपने तत्त्वों को उनमें से निकालकर, उन्होंने उस पर अपना पूरा प्रभुत्व स्थापित कर लिया।"[40]

मुक्तिबोध की उपर्युक्त मान्यताओं पर विचार करते हुए नामवर सिंह निर्गुण और सगुण के वर्गीय अन्तर्विरोध को हजारीप्रसाद द्विवेदी से शब्दावली लेकर 'लोक और शास्त्र के अन्तर्विरोध' से जोड़ते हैं। वे लिखते हैं कि "यदि आरम्भ के शास्त्र-निरपेक्ष निर्गुण काव्य की शास्त्र-सापेक्ष सगुण परिणति की ओर ध्यान दें तो शास्त्रीयतावाद के पुनरुत्थान के रूप में रीतिकाव्य के प्रसार की भी संगति लग जाती है।"[41] नामवर जी मुक्तिबोध के विवेचन से उत्पन्न होने वाले विरोधाभास की ओर भी इशारा करते हैं, "भक्ति आन्दोलन में उत्तरोत्तर शास्त्र का सहारा लेने वाली कृतियाँ साहित्यिक दृष्टि से श्रेष्ठतर होती गईं। यह भी एक विरोधाभास ही है कि शास्त्र-संवलित होकर साहित्य जिस मात्रा में सामाजिक दृष्टि से लोक-विमुख तथा लोक-विरोधी विचारों की ओर विचलित होता गया, काव्यभाषा तथा काव्य-कला की दृष्टि से उसी मात्रा में समृद्धतर होता गया।"[42] नामवर सिंह ने यहाँ एक महत्त्वपूर्ण बात की तरफ़ इशारा किया कि सगुण-भक्ति और रीतिकाल में आते-आते हिन्दी साहित्य काव्यभाषा और काव्य-कला की दृष्टि से समृद्धतर होता गया। वैसे देखा जाए तो यह हिन्दी साहित्य का एक सहज विकास था जिसमें हिन्दी भाषा और काव्य-कला को समृद्ध करने में सगुण और रीति-कवि ही नहीं निर्गुण कवि भी शामिल थे। इस समय हिन्दी साहित्य संवेदना के धरातल पर तथा विविध विधाओं के रूप में भी समृद्ध हुआ। देखा जाए तो 17वीं और 18वीं सदियों में निरंजनी सम्प्रदाय, रामसनेही सम्प्रदाय, दरिया पंथ, भुरकुड़ा आदि की परम्परा में ऐसे अनेक संत-कवि, आचार्य, गादिपति हुए जो तथाकथित निम्नवर्ग और जातियों से आए।

वस्तुत: जहाँ मुक्तिबोध भक्ति आन्दोलन का पतन मानते हैं वहाँ उसका पतन होता नहीं है। यह पतन केवल इतिहास-ग्रंथों में होता है जहाँ भक्ति के बाद रीति का आना घोषित होता है और रीति की प्रवृत्ति को उस काल की प्रमुख प्रवृत्ति कहकर बाक़ी पूरे साहित्य को गौण मान लिया जाता है। मुक्तिबोध के भक्तिकाल

के वर्गीय अन्तर्विरोधों की सीमाएँ नामवर सिंह के साथ रामविलास शर्मा के चिन्तन में भी स्पष्ट हुई। नामवर सिंह ने जिस तरह हजारीप्रसाद द्विवेदी के चिन्तन को और व्याख्यायित किया, उसी तरह रामविलास शर्मा की आलोचना दृष्टि रामचन्द्र शुक्ल के चिन्तन में रमी है। रामचन्द्र शुक्ल की आलोचना दृष्टि से प्रभावित होकर ही एक मार्क्सवादी आलोचक (रामविलास शर्मा) दूसरे मार्क्सवादी आलोचक (मुक्तिबोध) के निर्गुण-सगुण भक्ति सम्बन्धी वर्गीय आधार वाली व्याख्या को स्वीकार नहीं करता। रामविलास जी के अनुसार "तुलसीदास भारत के श्रेष्ठ भक्त-कवि, भक्ति-आन्दोलन के निर्माता और उसी भक्ति-आन्दोलन की महान् उपलब्धि हैं।"[43] शुक्ल जी की तुलसीदास सम्बन्धी कई स्थापनाओं से रामविलास शर्मा सहमत होते हैं जैसे तुलसीदास का किसी एक या दो रस के वर्णन में निपुण न होकर 'मनुष्य की सम्पूर्ण भावात्मक सत्ता पर अधिकार' होना, मानव-प्रकृति के बहुसंख्यक रूपों के चित्रण में निपुण होना, उनका महान् समन्वयवादी होना आदि।[44] 'तुलसी-साहित्य में सामन्त-विरोधी मूल्यों' पर बात करते हुए रामविलास जी तुलसीदास को तत्कालीन पुरोहित-वर्ग, वर्ण व जाति व्यवस्था के ख़िलाफ़ संघर्ष करते हुए दिखाते हैं। उनके अनुसार तुलसीदास 'रामचरितमानस' के कई प्रसंगों में स्त्रियों के लिए उपासना का मार्ग खोलते हैं। वे तुलसी द्वारा वर्णित राम-सीता के प्रेम को सामन्ती-समाज की मान्यताओं को तोड़ने वाला बताते हैं। राम का क्षत्रिय होकर औरत का जूठा खाना, निषाद को गले लगाना, पिता की आज्ञा का उल्लंघन करने की इच्छा रखना आदि सभी रामविलास जी को शास्त्रों की मर्यादा का विरोध करने वाली तुलसी की अपनी भावभूमि लगती है। किरात और किरातनों को भी साधु दिखाना आदि सभी तुलसीदास को शास्त्र और वर्णाश्रम व्यवस्था से परे ले जाता है। इस तरह रामविलास जी को तुलसीदास का काव्य तत्कालीन सामाजिक व्यवस्था का जीता-जागता यथार्थ लगता है।[45] कुल मिलाकर रामविलास जी मुक्तिबोध की तरह निर्गुण और सगुण कवियों में वर्गीय अन्तर्विरोध नहीं देखते थे। रामविलास जी लिखते हैं, "जब-जब साधारणजन अधिकार-प्राप्त शासकवर्गों से पीड़ित हुए हैं, वे (तुलसीदास) इस तरह की साम्यभावना की तरफ़ तेज़ी से खिंचते रहे हैं। साम्यवाद का अर्थ कभी नहीं होता कि सभी मनुष्य विद्या, बुद्धि और बल में एक-से हो जाएँगे। उसका यह अर्थ होता है कि उन्नति के लिए सभी को अवसर मिले, अवसर मिलने की बात काग़ज़ पर न रहे उसकी वास्तविक व्यवस्था हो।"[46]

लेकिन जहाँ बात रीति-कविता की आती है रामविलास जी इस काव्य-धारा से सर्वाधिक चिढ़े हुए लगते हैं। वे शुक्ल जी की तर्ज़ पर भक्ति और रीतिकवियों में एक को प्रगतिशील और दूसरे को प्रतिक्रियावादी मानते हैं। वे 17वीं-18वीं

सदियों के सामन्त-वर्ग को पूरे इतिहास में सर्वाधिक पतित मानते हैं।[47] शुक्ल जी से सहमत होते हुए कहते हैं, केशव व बिहारी के साथ तुलसीदास की तुलना करना तुलसी का अपमान करना है। तुलसी आदि कवि मर्मी हैं और दरबारी कवि क्षुद्र।[48] रीति-कविता में थोड़ा-बहुत काव्य रामविलास जी को ठीक नहीं लगा होता तो हो सकता था कि सभी कवियों को घटिया बताकर पूरी काव्य-परम्परा को कूड़े के ढेर पर फेंक देते।[49] रीति-काल की समीक्षा को छोड़ दिया जाए तो रामचन्द्र शुक्ल की तुलसीदास और रामभक्ति सम्बन्धी स्थापनाओं की रामविलास जी द्वारा हुई पुनर्व्याख्या से रामभक्ति और तुलसीदास को समझने का नया नज़रिया विकसित हुआ। वैसा ही काम कृष्णभक्ति की परम्परा को समझने में मैनेजर पांडेय ने सूरदास सम्बन्धी अपने अध्ययन में किया है।

सूरदास की कविता में गोचारण की संस्कृति, किसान जीवन से जुड़े चित्रण, मुहावरे, कहावतें व लोकोक्तियों की चर्चा करते हुए मैनेजर पांडेय सूरदास की कविता में तत्कालीन सामन्ती समाज और दुराचारी शासन की अन्धेरगर्दी सामने लाने वाले तत्त्व देखते हैं।[50] वे सूरदास की गोपियों के प्रेम को कबीर, तुलसीदास आदि की कविता में चित्रित प्रेम से भी सहज बताते हैं। सूरदास की कविता में उपस्थित इस प्रेम में रूढ़िबद्ध समाज के बन्धनों को तोड़कर एक और लोक बनाने का भाव पांडेय जी देखते हैं, इसलिए वे सूरदास के वृंदावन को सामन्ती समाज से इतर एक दूसरे समाज के रचने के लिए सूरदास का यूटोपिया मानते हैं।[51] सूरदास की कविता में उपस्थित वर्ग-संघर्ष के तत्त्वों को दिखाते हुए पांडे जी कहते हैं, "सूर के काव्य में जिस किसान जीवन का चित्रण है, उसका एक विशेष सामाजिक और ऐतिहासिक सन्दर्भ है। वह सन्दर्भ सामन्ती व्यवस्था का है, जिसके भीतर किसान-जीवन के अनुभवों का स्वरूप बना है।—उसमें सामन्ती व्यवस्था के अत्याचार और किसानों की यातना को मूर्त और इन्द्रियग्राह्य बनाने के लिए रूपक का सहारा लिया गया है।"[52]

निर्गुण और सगुण के वर्गीय आधार सम्बन्धी पूरे विमर्श से दो निष्कर्ष स्पष्ट रूप से निकलते हैं। पहला यह कि हम इतिहास-ग्रंथों व बाद की आलोचना दृष्टियों में एक बात की समरूपता देखते हैं, वह है कि भक्ति काव्य के लोकसंग्रही स्वरूप की पहचान और सर्वत्र उसकी स्वीकृति। दूसरा निष्कर्ष यह निकलता है कि बात जहाँ रीति-काव्य और उसके सामाजिक आधार की आती है तो अधिकांश आलोचक भक्ति और रीति काव्यधाराओं में एक ज़रूरी आपसी संघर्ष देखते हैं। भक्ति और रीति दोनों काव्यधाराओं को 'बाइनरीज़' (परस्पर विरोधी श्रेणियों) में ही रखते हैं। इसका प्रभाव यह पड़ा कि 20वीं सदी में जहाँ भक्त-कवियों को समझने के दृष्टिकोणों का तो उत्तरोत्तर विकास होता गया, वहीं रीति-कवियों पर जो थोड़ी-बहुत चर्चा 20वीं

सदी की शुरुआत में हुई, वह वहीं की वहीं रह गई। जब इतिहास-लेखन की अनिवार्य आवश्यकताओं (या कहें तो आवश्यक कमियों) जैसे काल-विभाजन, प्रवृत्तियाँ आदि को कवि और कविता की आलोचना का प्रस्थान बिन्दु समझा जाता है तो ऐसे ही निष्कर्षों पर पहुँचा जाएगा, जिनमें निर्गुण और सगुण का संघर्ष, रामभक्ति और कृष्णभक्ति में एक ज़्यादा प्रगतिशील और दूसरा प्रगति विरोधी, निम्नवर्ग और उच्चवर्ग का संघर्ष, एक लोक-संग्रही आध्यात्मिक काव्य-धारा तो दूसरी लोक-विरोधी दरबारी काव्य-धारा आदि प्रमुख होंगे। ये कोटियाँ इस पूरे काल को समझने में भ्रम पैदा करती हैं। इसलिए नामवर सिंह ने ठीक ही कहा है कि "हिन्दी साहित्य के इतिहास का अभी तक जैसा काल-विभाजन किया गया है, उसके परिणामों को देखते हुए हम यह कह सकते हैं इन युग विभाजनों से इतिहास के वास्तविक स्वरूप को समझने में बाधा ही पहुँची है। इन प्रस्तावित कालों के कारण हमारा साहित्यिक इतिहास खंडित हुआ है। इन युगों के द्वारा हमें इतिहास के खंडचित्र प्राप्त होते हैं, इतिहास का अखंड प्रवाह नहीं मिलता।"[53]

उपर्युक्त कथन में नामवर जी एक अहम बात की ओर हमारा ध्यान खींच रहे हैं कि काल विभाजनों और कवियों को कोटियों में बाँटकर देखने से इतिहास के खंड चित्र ही प्राप्त होते हैं। भक्ति-कविता को समझने के जिस दृष्टिकोण की बात ऊपर हुई है, उसके आधार पर यह भी नहीं कहा जा सकता कि हिन्दी में ऐसे साहित्येतिहास या आलोचनाएँ नहीं लिखी गईं जिनमें कालक्रम और भक्ति-रीति की कोटियों से परे जाकर उस काल की कविता को पढ़ने का प्रस्ताव नहीं रखा गया। या ऐसी आलोचना-दृष्टि विकसित नहीं हुई जिनमें इन कोटियों की सीमाएँ स्पष्ट नहीं हुई हों। ऐसे इतिहास भी हैं और आलोचनात्मक लेख भी लेकिन उनका नाम भर लिया जाता है, वे वाक़ई में इतने प्रभावी नहीं रहे जितना उन्हें होना चाहिए था। अगले हिस्सों में हम ऐसे ही अध्ययनों का मूल्यांकन करते हुए इस काल पर नए दृष्टिकोण से विचार करने का प्रस्ताव रखेंगे।

(iii) दरबारी वर्ग, भक्ति और देशभाषा साहित्य

सूफ़ियों, संतों या भक्ति से जुड़े स्थानों को मिले दरबारी प्रश्रय की ही बात करें तो मुग़ल काल में व्यापक या 'रेडिकल' परिवर्तन हो रहे थे। सल्तनत और मुग़ल काल में सूफ़ी-संतों, दरगाहों को लेकर 'दरबारी आश्रय' की होने वाली राजनीति की तरफ़ ध्यान खींचकर साइमन डिग्बी, रिचर्ड ईटन और अज़फर मुईन ने हमारी समझ बढ़ाई है। अज़फर मुईन का कहना है कि पूरी 13वीं सदी में दिल्ली के सुल्तानों ने

सूफ़ी दरगाहों को अपने शासन के केन्द्रों से दूर रखा। 14वीं और 15वीं में जैसे-जैसे सूफ़ी संतों का प्रभाव हिन्दुस्तान में बढ़ा उसके साथ ही दरबारों के भी उनसे जुड़ने की राजनीति भी तेज हुई।[54] इस लड़ाई में ख़्वाजा मुईनुद्दीन चिश्ती (मृत्यु 1236 ई.) की दरगाह प्रमुखता पाती है जो 15वीं सदी तक गुंबद के बिना ही रही। ऐसा माना जाता है कि अकबर के उद्भव से पहले जोधपुर के एक राजा ने अजमेर को अपने अधिकार में लिया था और दरगाह में स्थित समाधि पर हिन्दू देवताओं की मूर्तियाँ रखवा दी थीं। दक्षिण एशिया की सूफ़ी दरगाहों और दरबार के रिश्तों के बारे में अकबर के उद्भव के बाद एक नितान्त नई प्रक्रिया देखने को मिलती है। अकबर ने ईरान के सफ़ावी आदर्श को हिन्दुस्तान में लागू करते हुए अजमेर की दरगाह को 'इम्पीरियल श्राइन' का दर्ज़ा दिया जिसका रखरखाव मुग़ल दरबार से होने लगा।[55] ईरान में सफ़ावी शाह तहमास्प प्रथम (1514-1576 ई.) के समय से सूफ़ी मश्शाद उनके शाही वंश की दरगाह के रूप में बदल गई थी जहाँ सफ़ावी दरबारी कार्यवाही चलती थी। लगभग 1585 ई. तक ख़्वाजा मुईनुद्दीन चिश्ती की दरगाह व अन्य सूफ़ी दरगाहों से मुग़ल-सम्बन्ध बना रहता है। इस तरह मुग़ल 'किंग-शिप' में बादशाह और सूफ़ी संत के बीच सम्बन्ध गहराता जाता है। संत से बादशाह की अपनी राज-काज की सम्प्रभुता ग्रहण करने का विचार भी प्रमुखता पाता है। अकबर ने मुईनुद्दीन चिश्ती की दरगाह की चौदह तीर्थ-यात्राएँ की थीं। अपने दरबारी इतिहासकार बदायूँनी से बात करते हुए अकबर अपने सैन्य अभियानों की सफलता का श्रेय 'पीर' (मुईनुद्दीन चिश्ती) को ही देते हैं।[56] यह नीति 1585 ई. के बाद बदलने लगती है जब स्वयं मुग़ल बादशाह को संत और दैवीय गुणों वाला बताया जाता है जिस पर हम अगले अध्याय में चर्चा करेंगे।

मुग़ल-राजपूत दरबारी वर्ग की भक्ति आन्दोलन में भी भूमिका थी। वृंदावन में कृष्ण भक्ति की लहर को प्रश्रय देने के क्रम में हुए मुग़लों के भूमि अनुदानों के अध्ययन में यह बात सामने आती है। 16वीं सदी में जैसे-जैसे भक्ति का प्रसार हो रहा था, उसके फलस्वरूप कृष्ण के बाल्यकाल से जुड़े भौगोलिक क्षेत्र फिर से खोजे जा रहे थे और उन्हें तीर्थों के रूप में विकसित किया जा रहा था। इस प्रक्रिया में वृंदावन एक महत्त्वपूर्ण स्थल बन जाता है। वृंदावन में गोविन्ददेव मन्दिर और दूसरे वैष्णव मन्दिरों को अकबर 1565 ई. से संरक्षण देते आ रहा था। मोनिका हॉर्स्टमान का कहना है कि राजा भारमल के कहने पर गोविन्ददेव मन्दिर के संरक्षण के लिए एक मुग़ल फ़रमान 1565 ई. में जारी हुआ। ब्रज का यह इलाक़ा टोडरमल की जागीर थी जिससे 1584 ई. में 100 बीघे ज़मीन मदनमोहन मन्दिर के पुजारी गोपालदास के नाम जारी हुई। यह वृंदावन में गौड़ीय सम्प्रदाय के मन्दिर और

उससे जुड़ी हुई गतिविधियों को बढ़ाने में मुग़ल और राजपूतों की दिलचस्पी को दिखाता है।[57] इस प्रक्रिया को भक्ति-काव्य ख़ासकर सूरदास के मर्मज्ञ डॉ. जॉन हौली बड़े विस्तार से दिखाते हैं। वे लिखते हैं कि मुग़लों के आर्थिक सहयोग से और आमेर के राजाओं द्वारा मिले संरक्षण से ब्रज के हृदय-स्थल में मन्दिरों की ऐसी संस्कृति फूली कि वृंदावन कृष्ण-भक्ति की नई धारा का प्रधान केन्द्र बन गया। उसे वह महत्त्व और प्रसिद्धि मिली जो पहले से कहीं बढ़कर थी। वृंदावन, मथुरा की भौगोलिक स्थिति जिनसे होकर मुग़ल साम्राज्य के प्रधान केन्द्रों, दिल्ली व आगरा से क़ाबुल और लाहौर को जोड़ने वाले रास्ते गुज़रते थे, वे वृंदावन को एक प्रमुख तीर्थ-स्थल के रूप में विकसित करने का कारण बने। मुग़ल अपने मार्गों का रखरखाव और सुरक्षा बेहतर ढंग से करते थे। ये कुछ ऐसे कारण थे जिससे मुग़लों के संरक्षण में कृष्ण-भक्ति और ब्रजभाषा की वह संस्कृति फली-फूली जो पहले कई गुणा बढ़कर थी।[58]

आम्बेर (आमेर) के मानसिंह कछवाहा (1550-1614 ई.) एक तरफ़ जहाँ कृष्ण-भक्ति के केन्द्रों को विकसित कर रहे थे, मन्दिर निर्माण तथा अन्य कलाओं को संरक्षण दे रहे थे, वहीं शुरुआती रीति-कविता भी इन्हीं के दरबार में लिखी जाती है। उनके दरबारी कवियों ने मानसिंह के चरित-काव्य लिखे। इसलिए ब्रजभाषा चरित-काव्यों की शुरुआत केशवदास से पहले 1585 ई. में मानसिंह के दरबारी कवि अमृतराय से शुरू होती है।[59] मानसिंह के संरक्षण में पुनः निर्मित वृंदावन का गोविन्ददेव मन्दिर 1590 ई. में पूरा हुआ।[60] यह मन्दिर अपनी भव्यता में 12वीं सदी के बाद उत्तर भारत में बना सबसे बड़ा मन्दिर था। मन्दिर की वास्तुकला ही इस ढंग की थी कि गर्भ-गृह के सामने लोगों के एक बड़े समूह के लिए खड़े होने, भक्ति-संगीत या कीर्तन आदि करने के लिए बड़ी जगह थी। मानसिंह के मन्दिर निर्माण को संरक्षण देने से दो उद्देश्य पूरे होते थे। एक तो कृष्ण-भक्ति की लहर को प्रश्रय देना और दूसरा उसी के माध्यम से मुग़ल-राजपूत सम्बन्धों से अस्तित्व में आ रहे नए अभिजात वर्ग की लोक में प्रतिष्ठा करवाना। गोविन्ददेव मन्दिर की तर्ज़ पर उस दौर में भारत के अन्य भागों में भी मन्दिर बने जो समूह कीर्तन और भक्ति-संगीत को बढ़ावा देते थे। बंगाल का मल्ल राजवंश, जिनका मेवाड़ के सिसोदिया राजवंश के समान मुग़लों से बनते-बिगड़ते सम्बन्धों वाला रिश्ता था, 17वीं सदी के बंगाल में एक दूसरा वृंदावन ही निर्मित कर रहा था। चैतन्य की शिक्षाओं के कम होते प्रभाव को बढ़ावा देने के लिए किए जा रहे प्रयासों में एक उस समय बना श्याम राय मन्दिर (1643 ई.) भी था। यह एक तरह से कृष्ण-भक्ति की लहर के फैलाव का ही उदाहरण देता था जिसे संरक्षण देने की पहल मुग़लों ने की थी।

अकबर के शासन के सुदृढ़ होने से राजपूत रियासतों में राम-भक्ति भी धीरे-धीरे कृष्ण-भक्ति की ओर बढ़ रही थी इसका एक उदाहरण आम्बेर रियासत थी। आम्बेर के राजा मानसिंह के वृंदावन तथा कृष्ण-भक्ति को संरक्षण देने से पहले वहाँ का कछवाहा राजवंश राम-भक्ति से जुड़े केन्द्र 'गलता' को संरक्षण देता आया था। आचार्य रामचन्द्र शुक्ल ने लिखा है कि रामानुज सम्प्रदाय के लिए दक्षिण में जो महत्त्व 'तोताद्रि' का था वही महत्त्व रामानंदी सम्प्रदाय के लिए उत्तर भारत में 'गलता' को प्राप्त हुआ। यह 'उत्तर तोताद्रि' कहलाया।[61] गलता प्रमुखत: राम-भक्ति का केन्द्र रहा है।

कृष्णदास पयोहारी का 'गलता' से नाथों के प्रभाव को ख़त्म करके रामभक्ति और रामानंदी सम्प्रदाय का प्रधान केन्द्र बनाने की प्रक्रिया को विद्वानों ने तंत्र-मंत्र और शाक्त परम्परा को हराकर भक्ति के उदय के रूप में देखा है।[62] नामदेव, कबीर, रैदास, पीपा और धन्ना आदि संतों की 'परचइयों' के रचनाकार अनन्तदास भी रामानंदी सम्प्रदाय में हुए। गलता में ही प्रसिद्ध 'भक्तमाल' की रचना नाभादास ने 1600 ई. के लगभग की थी। नाभादास ने आम्बेर के राजा पृथ्वीराज (राज्यकाल 1503-27 ई.) का कृष्णोपासक होना और कृष्णदास पयोहारी का शिष्यत्व ग्रहण करने का उल्लेख अपने छप्पय में किया है : *आमेर अछत कूरम कौ, द्वारिकानाथ दरसन दियौ।*[63]

मुग़लों से जुड़े राजपूतों का वैष्णव भक्ति को दिया संरक्षण ही वह कारण था जो 16वीं सदी में शिव और देवी के उपासक राजपूतों को राम, ख़ासकर कृष्ण-भक्ति आकर्षित कर रही थी।[64] मेवाड़ में शिव और वैष्णव भक्ति मुग़ल काल के पहले से थी। सिसोदिया राजवंश की शैवोपासना उनके द्वारा निर्मित-संरक्षित कुल-देवता एकलिंग जी के रूप में दिखती है। लेकिन भक्ति-आन्दोलन की लहर में यह राजवंश भी 17वीं सदी से वैष्णव भक्ति से जुड़े निर्माण कार्य और साहित्य को प्रोत्साहन दे रहा था। राजसिंह (1652-81 ई.) ने श्रीनाथजी का मन्दिर नाथद्वारा में बनवाया जो वल्लभ सम्प्रदाय का प्रधान मन्दिर बना।[65] राणा जगतसिंह (1628-1652 ई.) द्वारा उदयपुर में निर्मित 'जगदीश मन्दिर' (1652 ई.) जो अपनी भव्यता में शाहजहाँ द्वारा निर्मित जामा मस्जिद को चुनौती देता था मेवाड़ क्षेत्र में वैष्णव भक्ति के बढ़ते प्रभाव को दिखाता है।[66]

इसी कड़ी में ओरछा के बुंदेला राजपूत आते हैं जहाँ मधुकरशाह के समय की राम-भक्ति उनके पुत्र वीरसिंहदेव (राज्यकाल 1605-1627 ई.) के समय तक कृष्ण की भक्ति की तरफ़ संक्रमित होती है।[67] वीरसिंहदेव वृंदावन की जगह मथुरा को चुनते हैं और वहाँ मन्दिर-निर्माण करवाते हैं। वीरसिंहदेव ओरछा में 'लक्ष्मीनारायण

मन्दिर' भी बनवाते हैं तथा 'चतुर्भुज मन्दिर' को पूरा करवाते हैं। इन्हीं वीरसिंहदेव के दरबार में आचार्य-कवि केशवदास को आश्रय मिला हुआ था। केशवदास अपने प्रबन्ध काव्य 'वीरसिंहदेव चरित' में ओरछा के 'चतुर्भुज मन्दिर' का प्रशस्ति-गान भी करते हैं।[68] वीरसिंहदेव 1618 ई. में भक्तकवि हरिराम व्यास, जिनकी ओरछा के लोकजीवन में बड़ी प्रसिद्धि थी, की समाधि का निर्माण कार्य भी करवाते हैं।[69] ये सभी क्रियाकलाप भक्ति-आन्दोलन के फलस्वरूप ओरछा दरबार के कृष्ण-भक्ति की लहर में आ जाने को दिखाता है। साथ ही साथ यह सामन्ती वर्ग के नई तरह की भक्ति को प्रश्रय देने का प्रमाण देता है।

बीकानेर के राजा पृथ्वीराज राठौड़ (मृत्यु 1600 ई. के लगभग) राजस्थान के लोकजीवन में 'पीथळ' नाम से प्रसिद्ध हैं। आरम्भिक आधुनिक काल में एक साथ कैसे एक व्यक्ति कवि, राजा और भक्त की अस्मिताओं का एक साथ निर्वाह करते थे पृथ्वीराज इसका सबसे अच्छा उदाहरण हैं। ये अकबर के सहयोगी थे तथा उनकी कई मुहिमों में शामिल भी हुए थे; जिसका ज़िक्र अबुल फ़ज़ल और राजस्थान के इतिहासकार मुहता नैणसी करते हैं।[70] कवि वृंद अकबर से अपने तीन रत्नों के गुज़रने पर दुख प्रकट करवाते हुए कहते हैं—

पीथळ सू मजलिस गई तानसेन सू राग।
हँसबो रमबो बोलबो गया बीरवर साथ॥[71]

यह दोहा अकबर की सभा की शान 'पीथळ' को बताता है। तानसेन, बीरबल और उनके साथ 'पीथळ' के दुनिया में न होने पर अकबर दुख प्रकट करता है। पृथ्वीराज राठौड़ 'भागवतपुराण' के 'दशम स्कन्ध' से कृष्ण-रुक्मिणी की कहानी को लेकर लोकभाषा डिंगल की सर्वोत्कृष्ट कृति 'क्रिसन-रुकमणी-री वेली' लिखते हैं। जिसकी रचना के कुछ साल बाद ही नाभादास इन्हें श्रीहरि के गुणों को गाने वाले 'कविराज' कहते हैं और उन्हें संस्कृत और भाषा (डिंगल) दोनों में निपुण मानते हैं—*नरदेव उभै भाषा निपुन, पृथीराज कबिराज हुव।*[72] पृथ्वीराज का ठीक ऐसा ही वर्णन दादूपंथी राघवदास अपने भक्तमाल (रचनाकाल, 1660 ई.) में करते हैं।[73] पृथ्वीराज वल्लभ सम्प्रदाय के वार्ता ग्रंथों में एक वैष्णव भक्त के रूप में भी प्रतिष्ठा पाते हैं।[74] राजस्थान की मौखिक परम्पराओं में पृथ्वीराज राठौड़, मेवाड़ के राणा प्रतापसिंह के मित्र माने गए हैं। यही पृथ्वीराज लोक की कल्पना में राणा प्रताप को अकबर के विरुद्ध लड़ने की प्रेरणा देते हैं।[75] शृंगार, वीरता और भक्ति का अद्‌भुत सामंजस्य और डिंगल काव्य की प्रवृत्तियों जैसे 'वयण सगाई' का कुशल निर्वाह करना आदि वे तत्त्व थे जिनसे पृथ्वीराज का 'क्रिसन-रुकमणी-री

वेली' ग्रंथ अपनी रचना के तुरन्त बाद ही प्रसिद्ध हो गया। इस ग्रंथ पर संस्कृत, ब्रज और ढूँढाढ़ी में टीकाएँ लिखी गईं। डिंगल परम्परा इस ग्रंथ को अपना आदर्श मानती आई है। पृथ्वीराज राठौड़ का व्यक्तित्व और कृतित्व हमें यह दिखाता है कि आरम्भिक आधुनिक काल में राजा, भक्त, देशभाषा का कवि, मुग़ल मनसबदार सभी एक ही व्यक्ति के लक्षण हो सकते थे जो 'काव्य-कला की रीति' का भी अच्छी तरह से निर्वाह कर सकता था।

भक्तमाल परम्परा, जो उस काल का ऐतिहासिक अध्ययन करने में सबसे अधिक सहायता करती है, में ऐसे राजा या राजपरिवार के सदस्य आते हैं जो भक्त हो गए हैं या जिन्होंने भक्तों को आदर दिया था। भक्तमाल-परम्परा में ऐसे राजाओं को अलग से याद किए जाने की परम्परा रही है, जिसे नाभादास और राघवदास के भक्तमालों में देखा जा सकता है। नाभादास ने ऐसे तीन छप्पय लिखे हैं जिनमें वे उन राजाओं का गुणगान करते हैं जिन्होंने या तो भक्तों को संरक्षण दिया या ऐसे राजाओं का वर्णन करते हैं जो स्वयं भक्त बन गए थे। नाभादास के इन छप्पयों को प्रियादास ने अपनी 'भक्तिरसबोधिनी' टीका (1712 ई.) में और विस्तार दिया है।

मीरां पर अपनी महत्त्वपूर्ण पुस्तक में माधव हाड़ा लिखते हैं कि "मीरां की कविता में जो सघन अवसाद और दुख है उसका कारण पितृसत्तात्मक अन्याय और उत्पीड़न नहीं था। यह ख़ास प्रकार की घटना संकुल ऐतिहासिक परिस्थितियों के कारण था, जिनमें मीरां को एक के बाद एक अपने लगभग सभी परिजनों की मृत्यु देखनी पड़ी और निराश्रित होकर निरन्तर एक से दूसरी जगह भटकना पड़ा।[76] मीरांबाई प्राच्यविदों, मार्क्सवादियों और स्त्री-विमर्शकारों के लिए सामन्ती और पितृसत्तात्मक समाज से लड़ने वाली 'आइकॉन' मानी जाती हैं। लेकिन ये विचारक इस महत्त्वपूर्ण बात को भूल जाते हैं कि उसी सामन्ती समाज में मीरां की स्मृति को सदियों तक स्वीकृति और सम्मान मिला। मीरां-कालीन सामन्ती समाज की जटिलता को नकारा नहीं जा सकता, उसे क्रूर और पितृसत्तात्मक कहना चीज़ों को सरलीकृत ढंग से देखना है। एक ओर वही राजपरिवार था जिसे मीरां की भक्ति और साधुओं की संगत अपनी मर्यादा के ख़िलाफ़ लगती थी तो दूसरी ओर उसी समाज के एक बड़े वर्ग ने उसे सहारा और सहयोग दिया। मेड़ता के जयमल राठौड़, जिनको मीरां का चचेरा भाई माना जाता है, को नाभादास अपने 'भक्तमाल' में महान् भक्त तथा मेड़ता में भक्तों को शरण देने वाला कहते हैं *(मेड़ता भक्त अति जैमल पोषे)*।[77] इन्हीं जयमल राठौड़ को मीरां की भक्ति और रहन-सहन के प्रति सहानुभूति रखने वाला बताया जाता है। ओरछा के हरिराम व्यास 16वीं सदी में ही जयमल को मीरांबाई का सच्चा हितैषी मानते हैं और उनके संसार में न होने पर दुख प्रकट करते हैं।

किशनगढ़ के राठौड़ राजा सावंतसिंह जो 'नागरीदास' नाम से कविता करते थे और रीति-कवि माने जाते हैं, वे अपने जीवनचरित 'पदप्रसंगमाला' में बड़ा अध्याय मीरां के बारे में ही लिखते हैं।[78] कुल मिलाकर आरम्भिक आधुनिक काल में तथाकथित सामन्ती समाज के बड़े हिस्से ने मीरां की स्मृति को प्रेम और आदर-सहित सँजोए रखा और उनकी भक्ति ने राजपरिवार के सदस्यों को भी प्रभावित किया।

अन्त में मारवाड़ राज्य की बात करते हुए एक महत्त्वपूर्ण बात पर आते हैं जो आरम्भिक आधुनिक काल की अवधारणा में दरबारी अभिजात वर्ग की भूमिका से गहरे में जुड़ी हुई है। यदि मान लिया जाए कि सामन्त वर्ग भक्ति और रीति दोनों को प्रश्रय दे रहा था, फिर भी इन राज्यों में व्यापार और बाज़ारों की स्थिति क्या थी? सौदागरी पूँजीवाद के आर्थिक आधार, जिस पर आधुनिकता से जुड़ी गतिविधियाँ, मसलन ज्ञान और भाषा का आदान-प्रदान होता है और जिससे समाज का सामन्ती ढाँचा टूटता है, उस बाज़ार आधारित संस्कृति की राजपूत राज्यों में क्या स्थिति थी? इस सवाल का उत्तर पाने के लिए हम मारवाड़ के राजा जसवंतसिंह प्रथम और उनके राज्य में फली-फूली डिंगल काव्य परम्परा के 'ख्यात' और 'विगत' साहित्य में दिए गए विवरणों की चर्चा संक्षेप में करेंगे।

मारवाड़ के राजा और मुग़ल मनसबदार जसवंतसिंह प्रथम (शासनकाल 1638-1678 ई.) अलंकारों पर अपने रीतिग्रंथ 'भाषा-भूषण' के लिए प्रसिद्ध हैं। हिन्दी साहित्य के इतिहास-ग्रंथों में जसवंतसिंह कवि से पहले आचार्य के रूप में प्रतिष्ठा पाते हैं। शुक्ल जी लिखते हैं कि इनके राज्य भर में विद्या की बड़ी चर्चा रही और अच्छे-अच्छे कवियों और विद्वानों का इनके यहाँ समागम रहा।[79] 'भाषा-भूषण' की लोकप्रियता की तुलना संस्कृत के 'चंद्रालोक' से की गई है। 'चंद्रालोक' की ही तर्ज़ पर जसवंतसिंह ने एक ही दोहे में लक्षण और उदाहरण दिए जिससे 'भाषा-भूषण' को कंठस्थ करना आसान हो गया और कवि शिक्षा के लिए यह ग्रंथ बहुत मशहूर हुआ। जसवंतसिंह का दादूपंथियों को मारवाड़ में प्रश्रय देना भक्ति के इतिहास में एक नया अध्याय जोड़ता है। इस दरबारी प्रश्रय से जुड़ी 'ख़ास-रुक्का व सनद-परवाना' बहियों पर अगले अध्याय में विस्तार से चर्चा करेंगे।

जसवंतसिंह के दीवान मुहता नैणसी (जीवनकाल 1610 से 1670) इतिहासविद् थे। उन्होंने कई राजवंशों का इतिहास और मारवाड़ राज्य के परगनों, तत्कालीन समाज तथा शहरों और गाँवों के ब्योरे अपने 'ख्यात' और 'विगत' साहित्य में दिए हैं। 'ख्यात' और 'विगत' साहित्य मारवाड़ी के गद्य के उत्कृष्ट उदाहरण भी हैं जिनमें 'मारवाड़ रा परगनां री विगत' की तुलना आधुनिक 'गज़ेटियरों' से भी की जाती है। नैणसी अपने 'विगत' में जब जोधपुर शहर की बात करते हैं तब वे

बाज़ारों की संख्या और उनकी भौगोलिक स्थिति तथा व्यापार से जुड़ी जातियों का विस्तृत ब्योरा देते हैं। संवत् 1721 (1664 ई.) में जोधपुर *(कसबै जोधपुर रा हाट)* के नागोरी दरवाज़े के हाटों का विवरण नैणसी कुछ यूँ देते हैं—

265 नागोरी दरवाजे माहे छै, आडा चोहटा सुधी तीं री विगत—

136	दरवाजे माहे आवतां पोलां कांनी सुं जीवणै रसतै खवासखाना रै बाजु—
110	महाजनां री
19	सौदागरां री
2	गाँछा री
5	वानावी सोनार तथा महाजनां री
[कुल] 136	

129 दरवाज़े माहे आवतां पोल कनां सुं डावै रसतै खुवासखाना सामलै रसतौ—

121	महाजनां री
3	सौदागरां री
4	गाँछा री[80]

नागौरी दरवाज़े के साथ-साथ जालोरी दरवाज़ा, रातानाड़ा आदि इलाक़ों के कई हाटों का ब्योरा नैणसी ने दिया है। महाजन, सौदागर, बनिये, सुनार, तेली, मोची, दर्ज़ी, गाँछा-समुदाय, सुथार आदि के पचासों बाज़ारों (हाटड़ियों) का ज़िक्र नैणसी ने किया है। अन्य परगनों में भी महाजनों और सौदागरों की अच्छी संख्या नैणसी ने बताई है। नैणसी स्वयं ओसवाल जैन थे, जिस समुदाय की मारवाड़ में दीवानी की परम्परा 19वीं सदी तक आती है।[81] नैणसी का यह वर्णन जसवंतसिंह के समय में जोधपुर शहर में बाज़ारों की उन्नत अवस्था को दिखाता है। यही नैणसी, जैसा कि हम दादू के वणिक पृष्ठभूमि से आए शिष्यों के प्रसंग में देखेंगे, मेड़ता परगने की विशाल महाजन आबादी का ब्योरा देते हैं जो एक तरह से मारवाड़ के बड़े व्यापारिक-क़स्बों में एक था। कबीर, रैदास आदि की कविताओं में हाट और बाज़ार के बिम्ब जिस संस्कृति की ओर इशारा करते हैं, नैणसी के विगत साहित्य में हम उनका विस्तृत विवरण देख सकते हैं। नैणसी अन्य दरबारों में हो रही साहित्यिक गतिविधियों से भी परिचित थे, मसलन ओरछा के केशवदास के ग्रंथ, जिनका उल्लेख भी वे अपने 'ख्यात' और 'विगत' साहित्य में करते हैं।[82] 'विगत' जैसे ग्रंथ लिखने की प्रेरणा नैणसी को अबुल फ़ज़ल के 'आईने अकबरी'

से मिली होगी इससे भी इनकार नहीं किया जा सकता।[83] कुल मिलाकर नैणसी के ये ग्रंथ मुग़ल-राजपूत काल में राज्य करने के तौर-तरीक़ों, बहियों, ब्योरों का संरक्षण (रिकॉर्ड कीपिंग), व्यापार की स्थिति, ग्रंथों के पठन-पाठन की सशक्त संस्कृति का होना तथा ज्ञान के अन्य माध्यमों के प्रचार-प्रसार की तरफ़ हमारा ध्यान खींचते हैं। नैणसी की 'ख्यात' सिर्फ़ जोधपुर शहर का ही वर्णन नहीं करती बल्कि उसमें राजस्थान से होने वाले देश के अन्य राज्यों और अन्तराष्ट्रीय व्यापार का भी वर्णन आया है। चमड़े की वस्तुएँ, हथियार, कपड़े, नील, अफ़ीम इत्यादि राजस्थान से निर्यात होने वाली वस्तुओं में प्रमुख थे। कपड़े, खजूर, नारियल, काँच, सोना, हाथी, शराब, मख़मल, सूखे मेवे, कशीदे वाले पर्दे, और सजावट की वस्तुएँ राजस्थान में आयातित की जाती थीं। राजस्थान, गुजरात-मालवा और दिल्ली-आगरा से होने वाले व्यापार से सड़क-मार्गों द्वारा जुड़ा था।[84] व्यापारियों को सुरक्षा देने, सड़कों के रखरखाव तथा यातायात को सक्षम बनाने या व्यापारियों और सेना के आवागमन के लिए मार्गों को सुरक्षा प्रदान करने में राज्य की भूमिका को नकारा नहीं जा सकता।

(iv) आरम्भिक आधुनिक काल : नए परिप्रेक्ष्य

उपर्युक्त चर्चा से स्पष्ट है कि सामन्ती वर्ग और भक्ति तथा देशभाषा के लोक में बढ़े प्रभाव के बीच भेद या 'बाइनरी' खोजने की बजाय इनमें हो रहे आपसी संवाद को भी रेखांकित करना ज़रूरी है। रामचन्द्र शुक्ल ने 1643 ई. (संवत् 1700) से कवि चिन्तामणि के लेखन से रीति-काल की शुरुआत मानी है।[85] लेकिन ऐसा कहीं नहीं लगता कि इस काल में भक्ति की धारा मन्द पड़ रही थी। इसी तथाकथित रीतिकाल में यानी 1653 ई. में सुन्दरदास अद्वैत-वेदांत, सांख्य, योग और भक्ति पर आधारित अपना प्रधान-ग्रंथ 'ज्ञान-समुद्र' लिखते हैं। इस ग्रंथ से शास्त्रों और काव्य-शास्त्र को संतों की संवेदना के अनुसार व्याख्यायित करने की परम्परा का भी उद्भव होता है जिससे निरंजनी और रामसनेही सम्प्रदाय जुड़ जाते हैं। 1600 ई. के थोड़ा बाद से दादूपंथ की पंचवाणी परम्परा की पांडुलिपियाँ मिलना शुरू होती हैं[86] तथा सरवंगी (गोपालदास द्वारा संकलित 1628 ई.)[87] आदि संतबानी संकलन की परम्पराएँ चल रही होती हैं, जिनमें निर्गुण और सगुण कवियों को एक साथ स्थान भी मिलता है। 1660 ई. में राघवदास का 'भक्तमाल' लिखा जाता है जो नाभादास के बाद भक्ति से जुड़े कवियों के अध्ययन का दूसरा प्रमुख 'भक्तमाल' बनता है।[88] नाभादास के 'भक्तमाल' पर सबसे प्रभावशाली टीका (भक्तिरसबोधिनी) चैतन्य

की शिष्य परम्परा के प्रियादास 1712 ई. में वृंदावन में लिखते हैं। यानी रामभक्ति (रामानन्दी) सम्प्रदाय के नाभादास के ग्रंथ पर एक कृष्णभक्त गौड़ीय सम्प्रदाय के सदस्य प्रियादास अपनी टीका लिखते हैं, जो इन दोनों परम्पराओं के परस्पर संवाद को दिखाता है। अपनी टीका में नाभादास के संक्षिप्त छप्पयों को प्रियादास जो विस्तृत रूप देते हैं जिससे बाद में नाभादास के ग्रंथ और प्रियादास की टीका को साथ-साथ पढ़ने की परम्परा सी बन जाती है।[89] भक्तमाल परम्परा से प्रभावित हो महाराष्ट्र के महिपति अपना विशाल ग्रंथ 'भक्तविजय' (1762 ई.) लिखते हैं, जो उत्तर भारत के संतों को महाराष्ट्र के वारकरी संतों से जोड़ता है।

विश्वनाथ प्रसाद मिश्र ने 'हिन्दी साहित्य का अतीत' में एक दिलचस्प बात की चर्चा की है जिसकी ओर विद्वानों का ध्यान कम गया है। 'मध्यकाल की रसमीमांसा' में वे रीति कविता के महत्त्व को इस बात पर साबित करते हैं कि वहाँ रस-विवेचना के क्षेत्र में 'सामाजिक' या 'भावुक' की प्रधानता पर सबसे ज़्यादा बल दिया गया है। यह कविता के लेखन की प्रक्रिया के बजाय उसके ग्रहण को केन्द्र में लाना था। कविता के ग्रहण को महत्त्व देने की परम्परा जो संस्कृत में बनी उसे देशभाषाओं में हिन्दी ने सबसे पहले सीखा। संस्कृत का 'औचित्य' सिद्धान्त जिस तरह सामाजिक मर्यादा में बँधा था, रीति-कवि भी कविता के ग्रहण पर विचार करते हुए सामाजिक या कहें तो पाठक और श्रोता के नज़रिये से कविता की व्याख्या करते हैं। यही प्रवृत्ति रीतिकवियों की लोकचिन्ता को सामने लाती है।[90] कुछ विद्वानों ने भक्ति और रीति जैसी निर्दिष्ट और स्थिर अस्मिताओं को कवियों पर मढ़ने के बजाय इन दोनों को कविता करने की शैलियाँ या अन्दाज़ ही माना है। घनानंद (या आनन्दघन) की कविता के गम्भीर अध्येता इमरे बंघा बताते हैं कि एक कवि के रूप में घनानंद का शुरुआती जीवन दरबारी परिवेश में बीता। बाद का उनका जीवनकाल एक भक्त के रूप में उन्होंने वृंदावन में बिताया। उनकी कविता में मानवीय और दैवीय प्रेम घुला-मिला है। घनानंद को महज़ एक 'प्रेम की पीर' का कवि मानें या उन्हें एक कृष्ण-भक्त का दर्ज़ा दें, अस्मिताओं की यह कशमकश घनानंद के कविता के सम्पादकों को भी कम नहीं हुई है।[91] हायदी पाउल्स ने भी ठीक इसी तरह का अध्ययन किशनगढ़ के सावंतसिंह या नागरीदास का किया है। नागरीदास राज-काज छोड़कर अपने जीवन के उत्तरार्द्ध में वृंदावन में बस गए थे। लेकिन उनकी कविता में घनानंद की तरह पहले रीति और बाद में भक्ति संवेदना में काव्य रचने वाला मामला भी नहीं देखा जा सकता। भक्ति और रीति दोनों तरह की संवेदनाएँ नागरीदास की कविता में सर्वत्र घुली-मिली हैं। राधा-कृष्ण की प्रेमकथाएँ नागरीदास के लिए अपने व्यक्तिगत प्रेम को अभिव्यक्त करने का माध्यम थीं।[92]

भक्ति किस तरह गीतों, पदों, भक्त-मालों, संत-चरितों, पुराण-कथाओं, संतबानियों आदि की अखिल भारतीय परम्पराएँ बनाती हैं, उसका विस्तृत अध्ययन जॉन हौली ने भक्ति-आन्दोलन पर आई अपनी पुस्तक 'ए स्टॉर्म ऑफ़ सॉन्स' में किया है।[93] जॉन हौली की इस पुस्तक में हम पाते हैं कि भक्ति संवेदना के अखिल भारतीय विस्तार के कारण ही कुछ विशेष पुराण कहानियाँ अनेक कवियों के काव्य में एक-सी पाई जाती हैं। इसी प्रकार विरह की संवेदना से जुड़ी भक्ति कविता में अनेक कवि समान रूपकों का प्रयोग करते हैं। हिन्दी, बंगाली, गुजराती और मराठी ही नहीं तमिल, तेलुगु और कन्नड़ में पद-लेखन तथा गायन भक्ति का एक स्वीकृत माध्यम बन जाता है। इन पदों में भक्तों-संतों ने जो कुछ कहा वे भक्त-संत आज भी उसी रूप में, उन पदों के लोक-स्मृति में होने की वजह से ही याद किए जाते हैं। भक्तमालों में भक्तों को एक 'माला' के रूप में प्रस्तुत करने की परम्परा व उसकी अन्तर्निहित समानताएँ इस परम्परा के आपसी संवाद की ओर हमारा ध्यान खींचती हैं। जॉन हौली ने ऐसी अनेक प्रवृत्तियों के आधार पर भक्ति को इकहरे 'आन्दोलन' की जगह बहुलतावादी 'नेटवर्क' के रूप में देखने का प्रस्ताव रखा है।[94] भक्ति के इसी 'नेटवर्क' की विशेषताएँ थीं कि कबीर, चैतन्य और सूरदास आदि के पदों की संख्या बाद में बढ़ती जाती हैं और कविता का एक बड़ा हिस्सा कबीर, सूरदास आदि की छाप के साथ लोकजीवन में बस जाता है। लोकजीवन में बसे ऐसे पदों को हम अप्रामाणिक और प्रक्षिप्त कहने के आदी हैं, लेकिन जॉन हौली के अनुसार कविता का यह बढ़ाव सामूहिक लेखन (collective authorship) और सामूहिक स्मृति (collective memory) की ओर इशारा करता है।[95] इस 'सामूहिक लेखन' और 'सामूहिक स्मृति' में भक्तों के पदों का न केवल विस्तार होता जाता है बल्कि कभी सूरदास का पद कबीर का बन जाता है[96] तो कभी एक ही पद 12वीं सदी में कर्नाटक के बसव का होता है, तो कुछ बदलावों के साथ 14वीं सदी में महाराष्ट्र के नामदेव का बन जाता है, और वही पद कुछ हेर-फेर के बाद 16वीं सदी में उत्तर भारत के रविदास का पद मान लिया जाता है।[97] आरम्भिक आधुनिक काल में भक्ति की मौखिक परम्परा अपने समानान्तर चल रही पांडुलिपि परम्परा से कैसे आपसी संवाद में बढ़ रही थी और कविता में विस्तार होना या नए पदों का जुड़ते जाना कैसे स्वयं संतों और भक्तों के जीवन-सम्बन्धी कहानियों के विस्तार होने से जुड़ा होता था, इस प्रक्रिया की ठोस सैद्धान्तिक आधारशिला रखकर जॉन हौली ने भक्ति-आन्दोलन को समझने की नई दृष्टि दी है।

गणपतिचन्द्र गुप्त ने 1857 ई. (जो भारतीय इतिहास में भी एक प्रमुख विभाजन रेखा है) के पहले के हमारे आलोच्य काल को पूर्व आधुनिक काल (Pre-Modern

Period) कहने का प्रस्ताव रखा था।[98] अपने 'वैज्ञानिक इतिहास' में हिन्दी साहित्य का उन्होंने एक विस्तृत ख़ाका खींचा है। इस काल को उन्होंने केवल दो प्रवृत्तियों में नहीं बाँटा अपितु इसमें कुल ग्यारह काव्य-धाराएँ मानी थीं।[99] गणपतिचन्द्र गुप्त लिखते हैं, "इन युगों में (भक्ति-रीति काल में) अनेक धाराएँ एवं अनेक प्रवृत्तियाँ साथ-साथ विकसित होती रही हैं। एक प्रवृत्ति को ही प्रधानता देने एवं शेष को गौण मानकर 'फुटकल खाते' अर्थात् रद्दी की टोकरी में डाल देने का परिणाम यह हुआ कि इस समय विभिन्न युगों का अधूरा व एकपक्षीय रूप ही हमारे सामने आ पाता है। एक प्रवृत्ति को ही सर्व प्रमुख मान लेने का दृष्टिकोण अपने लिए तथा पाठकों के लिए सुविधाजनक भले ही प्रतीत हो किन्तु वह इतिहास की एकांगी एवं अधूरी व्याख्या प्रस्तुत करता है जिसे वैज्ञानिक नहीं कहा जा सकता है। वस्तुत: यह प्रयास उस अंध-गज-न्याय का स्मरण कराता है, जिसमें हाथी के एक अंग को ही प्रमुख मानकर पूरे हाथी का बोधक मान लिया जाता है।"[100] गणपतिचन्द्र गुप्त के इतिहास को उतना पढ़ा-पढ़ाया नहीं गया जितना ज़रूरी था। अनेक मान्यताओं में शुक्ल जी का अनुगामी होते हुए भी उनके इतिहास में नई बातें हैं जो हिन्दी के अतीत को समझने का हमारा दृष्टिकोण विकसित करती हैं। साहित्य के इतिहास-लेखन के लिए जिस वैज्ञानिक आधार को गुप्त जी ने खोजा, जिसमें कविता की परम्पराओं को काव्य-शैलियों या विधाओं के आधार पर व्याख्यायित किया और उनका अखंड प्रवाह देखा, कुछ उसी की माँग नामवर सिंह ने भी रखी थी। वे कहते हैं, "एक इतिहासकार की ऐतिहासिक सूझ की परीक्षा केवल इस बात से हो जाती है कि उसमें शैली की पहचान कितनी है?...शैली किसी युग के समूचे कृतित्व का वह आन्तरिक स्पर्श है जिसकी सूक्ष्म अनुभूति उस कृतित्व के किसी भी अंग के सम्पर्क में आने पर एक संवेदनशील इतिहासकार को सबसे पहले झटके की तरह होती है।...'शैलीबोध' के द्वारा साहित्यिक इतिहास की विभिन्न अवस्थाओं को विविक्त करते हुए भी एक धारावाहिक परम्परा का निरूपण किया जा सकता है।"[101]

नामवर सिंह ने यह संकेत दिया है कि काव्य की शैलियों के अखंड प्रवाह को दिखाकर हम यह अध्ययन कर सकते हैं कि किसी कवि विशेष ने परम्परा से कितना ग्रहण किया और उसके काव्य में अपना युगबोध कितने गहरे में आया है। यह देखना आवश्यक है कि कविता के ग्रहण और आश्रय ने उसकी निर्मिति को कितना प्रभावित किया लेकिन इसका भी अध्ययन किया जाना चाहिए कि कवि ने अपने 'पोइटिक लाइसेंस' से किस तरह अपनी काव्यभाषा में अपने साहित्यिक-परिवेश को व्यक्त किया। इसी आधार पर आगे हम चार विधाओं या साहित्यिक परम्पराओं की संक्षेप में समीक्षा करेंगे। ये चार विधाएँ हैं—(अ) ब्रजभाषा की

ऐतिहासिक 'चरित-काव्य' परम्परा, (ब) डिंगल और ब्रज के 'रासो' काव्य, (स) 'रीति-ग्रंथों' की परम्परा तथा (द) 'सतसई'। इनमें अधिकांश विधाओं का सम्बन्ध रीतिकाल से माना जाता है। लेकिन हम इनमें भक्ति, रीति, वीरता और नीति आदि की परस्पर आवाजाही देखेंगे और पाएँगे कि ये विधाएँ अपने युगीन इतिहास को भी प्रस्तुत कर रही थीं। साथ ही साथ अपना स्वरूप भी बदल रही थीं।

चरित-काव्य

आरम्भिक आधुनिक काल की कविता को भक्ति-रीति की कोटियों से बाहर निकलकर पढ़ेंगे तो पाएँगे उस समय की ऐतिहासिक 'चरित-काव्य' परम्परा में तत्कालीन समाज और राजनैतिक परिदृश्य का चित्रण मिलता है। रीति-कविता को नए सिरे से पढ़ने की माँग रखते हुए ऐलिसन बुश लिखती हैं कि हालाँकि हिन्दी में रीतिग्रंथ लिखने की परम्परा केशवदास से पहले शुरू हो गई थी लेकिन केशवदास की 'रसिकप्रिया', 'कविप्रिया' और 'छंदमाला' की प्रसिद्धि ने हिन्दी साहित्य में एक नई शुरुआत की। राजसी अभिजात वर्ग की छवि को ब्रजभाषा जैसी देशभाषा में प्रस्तुत करना और संस्कृत की महाकाव्य परम्परा और प्रशस्ति-परम्परा को ब्रज में लाते हुए अपने मुग़ल तथा राजपूत 'पेट्रन' के चरितों को लिखना केशवदास का युगान्तरकारी काम था। इससे ब्रजभाषा को पहले से कहीं बढ़कर प्रतिष्ठा मिली। केशवदास के बाद रीति-कवियों की अपनी परम्परा, अपना 'कवि-कुल' विकसित हुआ जो 'प्रिंट-कल्चर' के आने से पहले पांडुलिपि लिखने-पढ़ने की संस्कृति में आपस में जुड़ा हुआ था।[102] 16वीं सदी के अन्त होते-होते ओरछा मुग़लों के अधीन आ जाता है जिससे नए तरह के राजनीतिक सम्बन्धों की शुरुआत होती है। ये नए राजनीतिक सम्बन्ध उस समय की ऐतिहासिक 'चरित-काव्य' परम्परा में दिखते हैं। अब ओरछा के राजपूत 'जंगलों में रहने वाले लुटेरे' (जैसा कि उन्हें बदायूँनी और अबुल फ़ज़ल दिखाते हैं) या 'केन्द्रीय भारत के जन-जातीय जंगलों पर अधिकार जमाने वाले शासक' (जैसा बाद में ब्रिटिश उन्हें मानते थे) नहीं रह जाते। केशवदास अपने 'वीरसिंहदेव चरित' (1607 ई.) में महाकाव्यात्मक शैली अपनाते हुए वीरसिंहदेव को एक आदर्श क्षत्रिय राजा के रूप में चित्रित करते हैं।[103] अकबर के पुत्र सलीम का विद्रोह, अबुल फ़ज़ल की हत्या आदि उस युग की प्रमुख घटनाओं का चित्रण 'वीरसिंहदेव चरित' में पाकर तथा केशवदास के 'जहाँगीरजसचंद्रिका' जैसे ग्रंथों के आधार पर मैनेजर पांडेय कहते हैं, "अपने समय के समाज और इतिहास से जैसा सम्बन्ध रीतिकाल की कविता का है वैसा सम्बन्ध भक्तिकाल में भी नहीं है।"[104]

ओरछा के विशाल 'चतुर्भुज मन्दिर' जिसे मधुकरशाह ने शुरू करवाया और वीरसिंह देव ने पूरा करवाया उस पर एक अलग अध्याय 'वीरसिंहदेव चरित' में मिलता है।[105] ऐलिसन बुश के अनुसार केशवदास की 'रतनबावनी' (1591 ई.) जहाँ बुंदेलों और मुग़लों के टकराव का आख्यान है वहीं 'जहाँगीरजसचंद्रिका' (1612 ई.) ओरछा पर मुग़ल आधिपत्य के स्थापित होने का।[106] मुग़लों से राजपूतों के मैत्रीपूर्ण सम्बन्धों व टकरावों से जिस तरह के नए मनसबदारों और राज्यों का उदय होता है उनको लेकर लिखे गए चरित-काव्यों का ऐतिहासिक रूप से गहरा महत्त्व है।

संस्कृत प्रबन्ध-काव्य परम्परा से प्रभावित होते हुए भी इन ऐतिहासिक 'चरित-काव्यों' में मुग़ल-राजपूत सम्बन्धों से बन रही संस्कृति की झलक ही प्रमुख रूप से मिलती है। जिस तरह शिवाजी और छत्रसाल आदि के शासन काल का अध्ययन करने के लिए भूषण का काव्य ज़रूरी है, उसी तरह बूँदी के हाड़ा राजपूतों का मुग़लों से टकराव व सम्बन्ध का चित्रण मतिराम के ग्रंथों में मिलता है। उसी तरह दाराशिकोह के व्यक्तित्व का अध्ययन करने के लिए कविन्द्राचार्य सरस्वती की ब्रज कविता को पढ़ना ज़रूरी है। 'चरित-काव्यों' की परम्परा ब्रज के अन्तिम कवि पद्माकर तक आती है जब वे बुंदेला अर्जुनसिंह और अनूपगिरि गोसाईं के बीच हुए युद्ध पर 18वीं सदी के अन्तिम दशक में 'हिम्मतबहादुर विरुदावली' लिखते हैं।[107] यही पद्माकर भारत के विभिन्न क्षेत्रों में ब्रिटिशों के बढ़ते प्रभुत्व पर व्यंग्य करते हैं—

मीनागढ़, बंबई, सुमंद, मंदराज, बंग,
बंदर को बन्द कर बंदर बसाओगे।
कहैं पद्माकर कसक कश्मीर हूँ को,
पिंजर सो घेरि के कलिंजर छुड़ाओगे।
बाका नृप दौलत अलीजा महाराज कभौ,
साजि दल पकड़ फिरंगिन भगाओगे।
दिल्ली दहपट्टि, पटना हू को झपटि कर,
कबहूँक लत्ता कलकत्ता की उड़ाओगे॥[108]

रासो

ऐतिहासिक 'चरित-काव्यों' के समानान्तर डिंगल के रासो-काव्यों की परम्परा भी चल रही थी। रासो-काव्यों से इतिहास जानने में मदद मिलती है। सवाल इतना ही है कि इतिहास से हमारा तात्पर्य केवल तिथिवार घटनाएँ न हों बल्कि उस परिवेश में कवियों की अपनी ऐतिहासिक चेतना कैसे काम कर रही थी उस तरफ़ भी

हमारा ध्यान होना चाहिए। उदाहरण के लिए मुग़ल-शहज़ादों में उत्तराधिकार के लिए हुए युद्धों में भाग लेने के राजपूतों के अपने परिप्रेक्ष्य को हम इस घटना को लेकर लिखे रासो-काव्यों में देख सकते हैं। इनमें प्रमुख है, 'राठौड़ रतनसिंह री वचनिका' जिसे इस ग्रंथ का लेखक खिड़िया जग्गा अन्त में 'रतन रासो' कहता है।[109] मारवाड़ के राजा जसवंतसिंह और उनके चचेरे भाई रतलाम के राजा रतनसिंह जिस तरह शाहजहाँ के बाद के मुग़ल उत्तराधिकार के युद्ध (धरमत का युद्ध) में औरंगज़ेब और मुराद की सेनाओं के विरुद्ध शाहजहाँ के प्रतिनिधि बनकर लड़े थे उसका वर्णन इस ग्रंथ में मिलता है। 'रतन रासो' के अध्ययन से उस समय बन रही राजनीतिक-सामाजिक परिस्थितियों का भी पता चलता है। शाहजहाँ के बाद मुग़ल शहज़ादों में उत्तराधिकार के युद्ध को लेकर दूसरा महत्त्वपूर्ण ग्रंथ है महेसदास लिखित 'बिन्है रासो'। उत्तराधिकार के युद्ध में बन रही कूटनीतियों और इस युद्ध में अनेक ऐतिहासिक चरित्रों की भूमिका के साथ यह ग्रंथ 'उज्जैन युद्ध' में राजगढ़ के शासक अर्जुनसिंह गौड़, मारवाड़ के राजा जसवंतसिंह की वीरता तथा रणकौशल का भी वर्णन करता है।[110]

'रासो-काव्य' की परम्परा केवल राजस्थान में डिंगल में ही नहीं बल्कि ब्रजभाषा में भी चल रही थी जिसमें जान-कवि का 17वीं सदी के पूर्वार्द्ध में लिखा 'कायमखान रासो' उल्लेखनीय है जिसकी चर्चा तीसरे अध्याय में सुन्दरदास के प्रसंग में की जाएगी। यह रासो फ़तेहपुर के कायमखानियों के इतिहास को जानने का साहित्यिक स्रोत है। इसी तरह 'सगत रासो', अकबर और राणा प्रताप कालीन भारत के बारे में महत्त्वपूर्ण जानकारियाँ देता है। ग़ौरतलब है कि 'रासो-काव्य' केवल ऐतिहासिक पात्रों को आधार बनाकर लिखे गए हों, यह भी सच नहीं है। मारवाड़ राज्य में माधवदास दधवड़िया रचित रामकाव्य-परम्परा का 'राम-रासो' (रचनाकाल 1597 ई. के लगभग) ऐसा ही ग्रंथ है जिसमें भक्ति-रीति तथा वीर-गाथाओं का अद्‌भुत सामंजस्य है।[111] कुल मिलाकर रासो-काव्य परम्परा 17वीं-18वीं सदियों में भी विद्यमान थी और अपने युग के ऐतिहासिक व्यक्तियों, युद्धों और राजनीतिक परिदृश्य के साथ-साथ भक्ति की धारा को व्यक्त करने का भी सशक्त माध्यम थी।

रीति-ग्रंथ

ऐतिहासिक चरित-काव्यों, रासो-काव्यों की परम्परा के साथ-साथ रीति-ग्रंथों का भी अपना महत्त्व है। केशवदास, चिन्तामणि, सुन्दर-कविराय, मतिराम, जसवंतसिंह, भिखारीदास प्रभृति कवियों ने छंदों, अलंकारों और नायिका-भेदों पर जो शास्त्रीय-

ग्रंथ लिखे, कवि-शिक्षा की दृष्टि से तो उनका महत्त्व था ही, उससे बढ़कर इन ग्रंथों ने देशभाषा में काव्यशास्त्र की सशक्त परम्परा बनाई जो काव्यशास्त्र के क्षेत्र में संस्कृत के प्रभुत्व को तोड़ती है। यूरोप की फ्रेंच, इतालवी साहित्यिक परम्पराओं से रीति-ग्रंथों की तुलना करते हुए ऐलिशन बुश लिखती हैं कि 'क्लासिक्स' का अनुकरण पूरी दुनिया में देशभाषा की साहित्यिक संस्कृतियों के उद्भव की पहली शर्त थी। रीति-ग्रंथों के रचनाकारों ने जिस तरह संस्कृत काव्य-परम्परा को अपना उपजीव्य बनाया ठीक उसी तरह लेटिन की साहित्यिक परम्परा को अपना उपजीव्य मानकर फ्रांस के आरम्भिक आधुनिक कालीन दरबारों से जुड़े फ्रेंच साहित्यकारों ने स्वयं को प्रतिष्ठा दिलवाई और अपने साहित्य को प्रासंगिक ठहराया। इसी तरह की प्रक्रिया से इतालवी साहित्यिक परिवेश भी विकसित हुआ।[112] जिस रीति-कविता में हम मौलिकता का अभाव खोजते हैं तथा उसे संस्कृत काव्यशास्त्र की नकल मानते हैं, वह दरअसल एक वैश्विक प्रक्रिया थी और देशभाषा की साहित्यिक परम्पराओं के उद्भव की अनिवार्य शर्त थी, यही बात 'रीति-ग्रंथों' के महत्त्व को सामने लाती है। डिंगल का प्रधान रीति-ग्रंथ जो मानसिंह के काल में 19वीं सदी के पहले दशक में लिखा गया था, न केवल भक्ति-रीति संवाद बल्कि ब्रजभाषा और डिंगल के रीतिग्रंथों में आपसी संवाद का दिलचस्प उदाहरण हैं। 'रघुनाथरूपक' (रचना 1806 ई.) एक ही साथ राजस्थानी रामायण और रीति-ग्रंथ दोनों हैं।[113] 'रघुनाथरूपक' रामकथा की परम्परा में निश्चय ही तुलसीदास के रामचरितमानस की परम्परा में आता है। इस ग्रंथ के पहले हिस्से में डिंगल के छंद, अलंकार, काव्य-विधाओं और गीतों को समझाया गया है तथा दूसरे खंड में सात कांडों में उनके उदाहरणस्वरूप 'रामायण' लिखी गई है।

सतसई

रीति-ग्रंथों के साथ 'सतसई' की परम्परा भी हमें आरम्भिक आधुनिक काल के साहित्यिक परिवेश की विविधता का परिचय देती है। देशभाषा में बिहारीलाल से शुरू हुई सतसई विधा, जिसमें भक्ति और रीति का सुन्दर समन्वय है, को कवि वृंद नीति की शिक्षा देने हेतु अपनाते हैं। बाद में यही परम्परा, 1857 ई. में डिंगल भाषा में रचित 'वीर-सतसई' तक आती है, जिसमें युगीन-सत्य भी दिखाया जाता है। काव्य-कला की रीति में पारंगत होने से ही बिहारी ने दोहे जैसे छोटे छंद में कृष्ण की लीलाओं तथा अपनी भक्ति-संवेदना को इतने सशक्त रूप से व्यक्त किया है। बिहारी की इसी प्रवृत्ति का बड़ा रोचक वर्णन 'बिहारी-सतसई' में 'भक्ति-रीति के

सामंजस्य' सम्बन्धी अपने अध्ययन में रूपर्ट स्नैल ने किया है। कवि बिहारी के अनुसार भक्ति को अभिव्यक्त करने के माध्यम अलग हो सकते हैं लेकिन लक्ष्य सभी का उसी कृष्ण की आराधना है—

अपने अपने मत लगे बाद मचावत सोर।
ज्यौं त्यौं सबकौं सेइबौ एकै नंद किसोर॥[114]

बिहारी अपने नाम की छाप को अनेकार्थी बनाते हैं, पौराणिक प्रसंगों को अपनाकर काव्य-प्रतिभा से उनमें नया अर्थ भरते हैं, कृष्ण की अनेक उपाधियों को वर्णित करके काव्य में चमत्कार उत्पन्न करते हैं। वहीं ठेठ कबीरी अन्दाज़ में धार्मिक आडम्बरों का भी निषेध करते हैं—

जपमाला छापा तिलक सरै न एकौ काम।
मन काचै नाचै बृथा साँचे राचै राम॥[115]

ब्रज की संस्कृति और कृष्ण-कथाओं के बिना बिहारी का काव्य-चमत्कार अधूरा है। रूपर्ट स्नैल के शब्दों में कहें तो भक्ति-रीति की कोटियाँ बिहारी की कविता से प्रेम के अनुभव को नहीं निकाल सकती हैं, क्योंकि 'काव्यकला की रीति' और बिहारी की 'भक्ति' पूरी 'सतसई' में सर्वत्र घुली-मिली है जिसे अलगाया नहीं जा सकता।[116]

बिहारी की 'सतसई' में जिस तरह भक्ति और रीति शैलियाँ घुली-मिली हैं, उसी तरह कवि वृंद ने अपनी 'सतसई' (रचनाकाल, 1704 ई.) में नीति, लोक व्यवहार, राज-सभा की मर्यादा, भले-बुरे व्यक्तियों की पहचान सम्बन्धी दोहे कहे हैं। दोहे जैसा छोटा रूप चुनकर उसमें अर्थ भरने के तरीक़ों पर बात करते हुए वृंद कहते हैं कि काव्य-रूप तब तक भाव की पूर्ण व्यंजना नहीं करता (या सुदृढ़ नहीं होता) जब तक उसमें कहने का ढंग, अर्थ, और दृष्टान्त तीनों का सामंजस्य न हो। मसलन यह दोहा देखते हैं—

जथासक्ति ही दै सके जो कछु जाकै पास।
ब्राह्मण कण चावल दिए श्रीपति धन आवास॥[117]

उपर्युक्त दोहे में महिमा 'दान' की कही गई है लेकिन कृष्ण-सुदामा के केवल प्रसंग भर के उल्लेख से पूरी कथा का अर्थ/भाव इस दोहे में आ गया है। यहाँ वृंद अपने श्रोता या पाठक से आशा रखते हैं कि वह कृष्ण-सुदामा की कथा को पहले से जानता हो। वृंद ने अपनी सतसई की रचना मुग़ल शहज़ादे अज़ीमुश्शान की शिक्षा

के लिए ढाका शहर में की थी लेकिन राजनीति, समाज-नीति और लोक-नीति के जो मार्मिक दोहे उन्होंने कहे वे लोक में आज भी प्रसिद्ध हैं—

अति उदार रिझवार जग साह अजीमुस्सान।
सतसैया सुनि वृंद को कीन्हौं अति सनमान ॥[118]

'सतसई' की इसी विधा को जिसे बिहारी और वृंद ने अलग-अलग संवेदनाओं के साथ लिखा। राजस्थान के चारण कवि सूर्यमल्ल ने लोकजीवन में अमर कर दिया। बूँदी राज्य के राजकवि सूर्यमल्ल 1857 ई. की क्रान्ति की पृष्ठभूमि में अपनी 'वीर सतसई' को लिखना शुरू करते हैं और उस संक्रमण के दौर में 'वीरता' और 'बलिदान' के मूल्यों को फिर से स्थापित करते हैं—

वीकम वरसां वीतियां, गण चौ चंद गुणीस।
विसहर-तिथि गुरु जेठ बदि, समय पलट्टी सीस ॥[119]

तिथि गणना विधि के अनुसार उपर्युक्त दोहे में चौ(4) चंद(1) गुणीस(19) विक्रम संवत् 1914 होता है। अर्थात् यह 1857 ई. वाला साल है और इसी वर्ष कवि के अनुसार युग बदल गया है। जिस 1857 ई. को इतिहासकारों ने आधुनिक और मध्यकाल की सीमा-रेखा माना है वह सीमा देशभाषा का कवि पहले ही बना चुका था।[120] सूर्यमल्ल कैसे दादूपंथी साधुओं से जुड़े हुए थे और उनसे शिक्षा पाते हैं उसकी चर्चा हम अगले अध्याय में करेंगे।

ऐसा कहना भी तर्कसंगत नहीं है कि आधुनिक काल के पहले हिन्दी के कवियों, संतों, भक्तों, सम्प्रदायों, पंथों आदि को समझने-समझाने वाली इतिहास-दृष्टि नहीं रही है। आरम्भिक आधुनिक काल में अतीत को परम्परा-बोध में देखने की एक सशक्त परम्परा रही है। सुदीप्त कविराज अतीत को समझने के लिए पश्चिम से आए इतिहास के अनुशासन से भारतीयों के परम्परा-बोध को अलगाने की माँग करते हुए लिखते हैं, "यह सच है कि 19वीं सदी से पहले ऐसे ऐतिहासिक-बोध (अगर हम उसे संकीर्ण अर्थ में लें) का अभाव था, जिसमें काल-विभाजन, ऐतिहासिक घटनाओं और साहित्य का समय निर्धारण करना और उनको पंचांग के अनुसार क्रमवार बताना आता है, जो आधुनिक-ऐतिहासिक बोध के आवश्यक अंग माने जाते हैं। लेकिन एक गहरी समझ उस बात की थी जिसमें अतीत को परम्परा के रूप में समझा जाता था। यूरो केन्द्रित आधुनिकता के आने से अतीत को परम्परा के रूप में समझने की प्रवृत्ति का ह्रास हो जाता है और उसकी जगह अतीत को इतिहास के रूप में मानने की प्रवृत्ति ले लेती है। इसलिए इन दोनों में अन्तर करना

हमेशा उपयोगी होता है।"[121] इसी कथन के आधार पर देखा जाए तो 1600 ई. को एक ऐसा बिन्दु माना जा सकता है जहाँ से हमें ऐसे परम्परा-बोध को दर्शाने वाले ग्रंथ अधिक मात्रा में मिलना शुरू होते हैं। भक्तमाल, परचई, वार्ता-साहित्य, दादूपंथ की पंचवाणी और सरवंगी लेखन की परम्परा, रीति-ग्रंथ, डिंगल की ख्यात और विगत लेखन की परम्परा हमें इसी परम्परा-बोध का आभास कराती है। इस अध्याय में हमने यह भी देखा कि ब्रजभाषा की ऐतिहासिक चरित लेखन की परम्परा, रासो ग्रंथ कैसे मुग़ल कालीन ऐतिहासिक क्षणों को साहित्य के आलोक में प्रस्तुत कर रहे थे। साहित्य की विधाएँ जैसे सतसई परम्परा किस तरह अपना रूप बदल रही थी और वीरता, नीति, भक्ति तथा रीति आदि संवेदनाओं को प्रस्तुत कर रही थी। यह पूरा साहित्यिक-परिवेश हमें आधुनिक इतिहास-ग्रंथों द्वारा बनाई गई कोटियों जैसे भक्ति और रीति से परे जाकर इस काल के काव्य को पढ़ने की माँग करता है।

सन्दर्भ

1. 13वीं-14वीं सदी से देश में सामन्तवाद के गर्भ में सौदागरी पूँजीवाद के चलन से हिन्दी जाति के निर्माण की प्रक्रिया में 'बाज़ार, व्यापारी और एक जनपद की भाषा का दूसरे जनपद के नगरों में प्रसार' आदि को जातीय (नेशन) निर्माण के उपकरण बताते हुए रामविलास जी कहते हैं, "जातीय भाषा और साहित्य का निर्माणकाल आधुनिक काल है।" रामविलास शर्मा, *भारतेन्दु हरिश्चन्द्र और हिन्दी नवजागरण की समस्याएँ,* राजकमल प्रकाशन, नई दिल्ली, 2012 ई., पृ. 21
2. रामविलास शर्मा, *हिन्दी जाति का साहित्य,* राजपाल एंड सन्ज़, दिल्ली, 1986 ई., पृ. 142 तथा पुरुषोत्तम अग्रवाल, *अकथ कहानी प्रेम की—कबीर की कविता और उनका समय,* (ख़ास तौर से देखें अध्याय दो—'संतो, जागत नींद न कीजै : देशज आधुनिकता और भक्ति का लोकवृत्त'), राजकमल प्रकाशन, नई दिल्ली, 2009 ई., पृ. 112
3. देखें, शेल्डन पोलक (सम्पादक), *फ़ार्म्स ऑफ़ नॉलेज इन अर्ली मॉडर्न एशिया* (द्रष्टव्य-भूमिका), ड्यूक यूनिवर्सिटी प्रेस, डर्हम एंड लंदन, 2011 ई.
4. जॉन एफ़. रिचर्ड्स, *अर्ली मॉडर्न इंडिया एंड वर्ल्ड हिस्ट्री,* जर्नल ऑफ़ वर्ल्ड हिस्ट्री, वॉल्यूम 8, नं. 2 (फॉल, 1997 ई.), पृ. 197-209
5. पुरुषोत्तम अग्रवाल, *अकथ कहानी प्रेम की—कबीर की कविता और उनका समय,* (*'संतो, जागत नींद न कीजै : देशज आधुनिकता और भक्ति का लोकवृत्त'*), पृ. 73
6. वही, पृ. 69
7. संजय सुब्रह्मण्यम, *हियरिंग वॉइसेज़—विनियेट ऑफ़ अर्ली मॉडर्निटी इन साउथ एशिया,* 1400-1750 ई., डाएडलुस, वॉल्यूम 127, नं. 3, अर्ली मॉडर्निटीज़ (समर, 1998), पृ. 95-104 (द्रष्टव्य—पृ. 99-100)
8. *भारतेन्दु हरिश्चन्द्र और हिन्दी नवजागरण की समस्याएँ,* पृ. 21

9. वही, पृ. 22
10. वही, पृ. 25
11. कैथरीन ऐशर और सिंथिया टेलबट, *इंडिया बिफ़ोर यूरोप,* कैम्ब्रिज यूनिवर्सिटी प्रेस, न्यूयॉर्क, 2007 ई., पृ. 50-52
12. रामविलास शर्मा, *भाषा और समाज,* राजकमल प्रकाशन, नई दिल्ली, 1977 ई., पृ. 256-57
13. *इंडिया बिफ़ोर यूरोप,* पृ. 152
14. संजय सुब्रह्मण्यम, *हियरिंग वॉइसेज़—विनियेट ऑफ़ अर्ली मॉडर्निटी इन साउथ एशिया,* 1400-1750 ई., पृ. 100
15. *फ़ार्म्स ऑफ़ नॉलेज इन अर्ली मॉडर्न एशिया,* पृ. 3
16. *अकथ कहानी प्रेम की—कबीर की कविता और उनका समय,* पृ. 112
17. मैनेजर पांडेय, *साहित्य और इतिहास दृष्टि,* पीपुल्स लिटरेसी, दिल्ली, 1981 ई., पृ. 174
18. *भारतेन्दु हरिश्चन्द्र और हिन्दी नवजागरण की समस्याएँ,* पृ. 30-32
19. रोमिला थापर, *भारत का इतिहास,* राजकमल प्रकाशन, नई दिल्ली, 1975 ई., पृ. 17
20. देखें, डॉ. किशोरीलाल गुप्त, *सरोज सर्वेक्षण,* हिन्दुस्तान अकादमी, इलाहाबाद, 1967, शिवसिंह सेंगर ने बहुत मेहनत से भक्तमाल, वार्ता, ब्रज के कवियों आदि से सहारा लेकर हिन्दी साहित्य के इतिहास से जुड़ी सूचनाओं को एकत्रित किया था। हालाँकि उन्होंने कवियों को वर्णों के अनुक्रम के हिसाब से व्यवस्थित किया इसलिए पढ़ते समय बड़ा भ्रम पैदा होता है कि दो भिन्न कालों के कवि एक साथ आ जाते हैं। यह इतिहास (शिवसिंह सरोज, 1878 ई.) उस समय के प्रधान प्रकाशन भवन नवलकिशोर प्रेस, लखनऊ से छपा था।
21. जॉर्ज ए. ग्रियर्सन, *द मॉडर्न वर्नाक्यूलर लिटरेचर ऑफ़ हिन्दुस्तान,* एशियाटिक सोसायटी कोलकाता, 1889 ई., ग्रियर्सन स्वयं अपने 'इतिहास' की भूमिका में यह स्पष्ट करते हैं कि गार्सा द तासी (परिचय, पृ. 14) और शिवसिंह सेंगर (परिचय, पृ. 14) दोनों के इतिहासों से वे सामग्री लेते हैं। लेकिन ग्रियर्सन से पहले के इन दोनों इतिहासों में कवियों की नामावली और ग्रंथों की सूचना देने की प्रवृत्ति ही ज़्यादा थी।
22. वही, '*द मॉडर्न वर्नाक्यूलर लिटरेचर ऑफ़ हिन्दुस्तान*' की शुरुआत में ग्रियर्सन का अनुक्रम
23. मीनाक्षी मुखर्जी, रियलिज़्म एंड रियालिटी, द नॉवेल एंड सोसायटी ऑफ़ इंडिया, ओ.यू.पी., नई दिल्ली, 1985 ई.
24. *द मॉडर्न वर्नाक्यूलर लिटरेचर ऑफ़ हिन्दुस्तान,* पृ. 3-4
25. वही, पृ. 62
26. गार्सा द तासी, *हिस्टरी दे ला लिटरेचर हिन्दुई एट हिन्दोस्तानी* (भाग-तीन), बर्ट फ्रैंकलिन, न्यूयॉर्क, 1968 ई., पृ. 178, देखें, फ्रेंच इतिहासकार गार्सा द तासी का सुन्दर कविराय का परिचय
27. *द मॉडर्न वर्नाक्यूलर लिटरेचर ऑफ़ हिन्दुस्तान,* (देखें, तुलसीदास का परिचय, पृ. 42-50), (देखें, जायसी का परिचय, पृ. 15-18)
28. वही, पृ. 43, ग्रियर्सन लिखते हैं, "हिन्दुस्तान के लिए तुलसीदास का आविर्भाव बड़ा भाग्यशाली सिद्ध हुआ। उन्होंने हिन्दुस्तान को शैव-तंत्रवाद की अश्लीलताओं से बचा लिया।"
29. आचार्य रामचन्द्र शुक्ल, *हिन्दी साहित्य का इतिहास,* देखें कालविभाग, के. एल. पचौरी

प्रकाशन, गाजियाबाद, 2002 ई.

30. वही, प्रथम संस्करण का वक्तव्य, पृ. 5
31. नामवर सिंह, *इतिहास और आलोचना*, राजकमल प्रकाशन, नई दिल्ली, 2002 ई., पृ. 136
32. रामविलास शर्मा, *आचार्य रामचन्द्र शुक्ल और हिन्दी आलोचना*, राजकमल प्रकाशन, नई दिल्ली, 1993 ई., पृ. 113
33. हजारीप्रसाद द्विवेदी, *हिन्दी साहित्य की भूमिका*, राजकमल प्रकाशन, नई दिल्ली, 2003, पृ. 25
34. वही, पृ. 39
35. वही, पृ. 112-13
36. देखें, नामवर सिंह, *दूसरी परम्परा की खोज*, राजकमल प्रकाशन, नई दिल्ली, 2003 ई.
37. हजारीप्रसाद द्विवेदी, *मध्यकालीन धर्म साधना*, साहित्य भवन, इलाहाबाद, 1962 ई., पृ. 10
38. मुकुंद द्विवेदी (सम्पादक), *हजारीप्रसाद द्विवेदी ग्रंथावली* (भाग-3), राजकमल प्रकाशन, नई दिल्ली, 1981 ई., पृ. 319, 419, 423-25
39. *मध्यकालीन धर्म साधना*, पृ. 10
40. नेमिचन्द्र जैन (सम्पादक), *मुक्तिबोध रचनावली* (भाग-5), राजकमल प्रकाशन, दिल्ली 1980 ई., पृ. 296
41. *दूसरी परम्परा की खोज*, पृ. 85
42. वही, पृ. 86
43. *रामविलास शर्मा, परम्परा का मूल्यांकन*, राजकमल प्रकाशन, नई दिल्ली, 1981 ई., पृ. 90
44. *आचार्य रामचन्द्र शुक्ल और हिन्दी आलोचना*, पृ. 100
45. वही, पृ. 103-04, और *परम्परा का मूल्यांकन*, पृ. 74-89
46. *आचार्य रामचन्द्र शुक्ल और हिन्दी आलोचना*, पृ. 104
47. *परम्परा का मूल्यांकन*, पृ. 96
48. *आचार्य रामचन्द्र शुक्ल और हिन्दी आलोचना*, पृ. 100
49. *परम्परा का मूल्यांकन*, पृ. 100
50. देखें, मैनेजर पांडेय, *भक्ति आन्दोलन और सूरदास का काव्य* (अध्याय—सूरदास का काव्य और किसान जीवन), वाणी प्रकाशन, नई दिल्ली, 2003 ई.
51. वही, पृ. 291
52. वही, पृ. 296-97
53. *इतिहास और आलोचना* (हिन्दी-साहित्य के इतिहास पर पुनर्विचार), राजकमल प्रकाशन, नई दिल्ली, 2002 ई., पृ. 165
54. अज़फर मुईन, द पॉलिटिक्स ऑफ़ सेंट श्राइन्स इन द पर्शियनेट एम्पायर्स, द *पर्शियनेट वर्ल्ड* में संकलित अब्बास अमानत और आसेफ़ अशरफ़ द्वारा सम्पादित, ब्रिल, 2019 ई., पृ. 105-124
55. वही, पृ. 118-21
56. रिचर्ड इटन, *'टेम्पल डेसक्रेशन एंड इंडो मुस्लिम स्टेट्स,'* बियोंड तुर्क एंड हिन्दू,

सम्पादक—गिलमार्टिन डेविड और लारेन्स ब्रूस, यूनिवर्सिटी प्रेस ऑफ़ फ़्लोरिडा, 2000, पृ. 254, अजमेर में ख़्वाजा मुईनुद्दीन चिश्ती की दरगाह की चौदह में से दो तीर्थ यात्राएँ अकबर ने 1568 और 1574 ई. में क्रमशः चित्तौड़ और बंगाल की विजय के तुरन्त बाद की थीं।

57. मोनिका हॉर्स्टमेन, *इन फ़ेवर ऑफ़ गोविन्ददेव जी,* मनोहर प्रकाशन, नई दिल्ली 1999 ई., पृ. 2. गोविन्ददेव मन्दिर—वृंदावन और जयपुर—को मिले मुग़ल व राजपूत संरक्षण और उससे जुड़े मुग़ल शाही फ़रमानों का अध्ययन मोनिका हॉर्स्टमेन ने किया है। गोविन्ददेव की मूर्ति को रामसिंह के राज्यकाल (1667-89 ई.) में जयपुर लाया गया और वहाँ के गोविन्ददेव मन्दिर में प्रतिष्ठित किया गया। जयपुर के लोकजीवन में गोविन्ददेव की प्रतिष्ठा इस बात से लगा सकते हैं कि जयपुरवासी बात-बात पर गोविन्द को साक्षी बना देते हैं और उन्हीं की कसम खाते हैं।

58. जॉन एस. हौली, *द मेमोरी ऑफ़ लव—सूरदास सिंग्स टु कृष्णा,* ऑक्सफ़ोर्ड यूनिवर्सिटी प्रेस, न्यूयॉर्क, 2009 ई., पृ. 7

59. मानसिंह के दरबार के दो कवियों नरोत्तम कवि और अमृतराय ने मानसिंह के 'चरिन' लिखे। देखें, ऐलिसन बुश, पोर्ट्रेट ऑफ़ ए राजा इन ए बादशाह'ज़ वर्ल्ड : अमृतराय'ज़ बायोग्राफ़ी ऑफ़ मानसिंह (1585 ई.), *जर्नल ऑफ़ इकोनॉमिक एंड सोशल हिस्ट्री ऑफ़ द ओरिएंट* 55, न. 2-3 (2012), पृ. 287-328

60. *इन फ़ेवर ऑफ़ गोविन्ददेव जी,* पृ. 1. वल्लभ सम्प्रदाय के अलावा चैतन्य सम्प्रदाय ने ब्रज क्षेत्र में कृष्ण भक्ति को स्थापित करने में मुख्य भूमिका निभाई। 1535 ई. में गोविन्ददेव का मन्दिर रूप गोस्वामी ने स्थापित किया। ये रूप गोस्वामी चैतन्य के उन छह शिष्यों में थे जो ब्रज आए थे।

61. आचार्य रामचन्द्र शुक्ल, *हिन्दी साहित्य का इतिहास,* पृ. 66। शुक्ल जी कनफटे नाथों और वैष्णव भक्तिमार्ग वाले कृष्णदास पयोहारी के बीच हुए शक्ति-प्रदर्शन की दिलचस्प कहानी अपने इतिहास में लिखते हैं जिसमें कनफटे योगियों की हार होती है और उनकी मुद्राएँ पयोहारी जी के चरणों में गिर जाती है। मनुष्य से गधे बना दिए योगियों के महन्त (तारानाथ) को आमेर के राजा पृथ्वीराज के बीच-बचाव पर वापस मनुष्य बनाया जाता है। पृथ्वीराज और तारानाथ दोनों कृष्णदास का शिष्यत्व ग्रहण कर लेते हैं। इस तरह गलता रामानंदियों का प्रमुख स्थान बन जाता है।

62. पैटन बर्श्चेट, भक्ति रिलिजन एंड तांत्रिक मैजिक इन मुग़ल इंडिया, कछवाहा, रामानंदी एंड नाथ, 1500-1750, पी-एच.डी. शोध प्रबन्ध, कोलंबिया यूनिवर्सिटी, 2012 ई.

63. *नाभादास कृत भक्तमाल,* तेजकुमार प्रेस, लखनऊ, 1962 ई. छप्पय 116, पृ. 724

64. विलियम पिंच, *मुग़ल वैष्णवाज़—राजपूत्स एंड रिलिजन इन अर्ली मॉडर्न इंडिया,* 1450-1800, अप्रकाशित। इतिहासकार विलियम पिंच ने आमेर के कछवाहों, ओरछा के बुंदेलों, मारवाड़ के राठौड़ों और मेवाड़ के सिसोदियों का मुग़ल साम्राज्य के प्रभाव में वैष्णव-भक्ति की तरफ़ झुकाव बढ़ने, मन्दिर निर्माण और साहित्य तथा कला को उनके द्वारा दिए गए संरक्षण का अध्ययन किया है। गौड़ीय सम्प्रदाय और रामानंदियों को जिस तरह आमेर (जयपुर) रियासत व ओरछा का सहयोग मिला उसी तरह मेवाड़ के सिसोदियों का संरक्षण वल्लभ सम्प्रदाय को मिला।

65. वही

66. *इंडिया बिफ़ोर यूरोप,* पृ. 148-151, 209, 216-18

67. *नाभादास कृत भक्तमाल,* छप्पय 117, पृ. 728, नाभादास अपने भक्तमाल में मधुकरशाह को भक्तों के लिए सर्वस्व दान करने वाला बताते हैं। *मधुकर नृप सरबसु दियौ। भक्तनि को आदर अधिक, राजवंश में इन कियौ।*

68. ऐलिसन बुश, पोइट्री ऑफ़ किंग्स, ऑक्सफ़ोर्ड यूनिवर्सिटी प्रेस, न्यूयॉर्क 2011 ई., पृ. 47

69. वही

70. एच. बेवेरिज (अनुवादक), *द अकबरनामा ऑफ़ अबुल फ़ज़ल,* वॉल्यूम-3, एस. एस. पब्लिकेशन, दिल्ली, 1977, पृ. 518 और बद्रीप्रसाद साकरिया (सम्पादक), मुहता नैणसी री ख्यात, भाग-1, राजस्थान प्राच्य विद्या प्रतिष्ठान, जोधपुर, 1960, पृ. 256

71. रूपर्ट स्नैल, ब्रज इन ब्रीफ़, http://hindiurduflagship.org/resources/learning-teaching/braj-in-brief/

72. *नाभादास कृत भक्तमाल,* छप्पय 140, पृ. 799

73. नारायणदास पुष्कर (सम्पादक), *राघवदास विरचित भक्तमाल,* दादू दयाल महासभा, जयपुर 1969 ई., छप्पय 699, पृ. 818

74. ब्रजभूषण शर्मा और द्वारिकादास पारीख (सम्पादक), *दो सौ बावन वैष्णवन की वार्ता-हरिराय,* खंड-3, शुद्धाद्वैत अकादमी, काकरोली, 1951-53 ई.

75. जैथलिया जुगलकिशोर (सम्पादक), *कन्हैयालाल सेठिया समग्र (राजस्थानी),* राजस्थान परिषद कोलकाता, 2005 ई., पृ. 73-76, कन्हैयालाल सेठिया की लोकप्रिय और ओजपूर्ण कविता 'पातल'र पीथल', इसी लोक में बसी कथा को आधार बनाकर लिखी गई है। कविता के शीर्षक में पातल, राणाप्रताप हैं और पीथल बीकानेर के पृथ्वीराज राठौड़ हैं। कविता में पत्र के माध्यम से पृथ्वीराज राणा प्रताप को हिम्मत न हारने और अकबर के ख़िलाफ़ युद्ध जारी रखकर राजपूती मर्यादा निर्वाह करने की प्रेरणा देते हैं।

76. माधव हाड़ा, *पँचरंग चोला पहर सखी री—मीरां का जीवन और समाज,* वाणी प्रकाशन, नई दिल्ली, 2015 ई., पृ. 14-15

77. *नाभादास कृत भक्तमाल* (छप्पय 117), पृ. 728, इस छप्पय में नाभादास राजाओं की एक पूरी सूची देते हैं जिन्होंने भक्तों का बहुत आदर किया। भगवानप्रसाद रूपकला भक्तमाल पर अपने वार्तिक तिलक में जयमल और मीरांबाई को भाई बताते हैं।

78. हायदी पाउल्स, *राठौड़ी मीरां—टू नेगलेक्टेड राठौड़ कनेक्शंश ऑफ़ मीरां—जयमल मेड़तियो एंड नागरीदास,* इंटरनेशनल जर्नल ऑफ़ हिन्दू स्टडीज़ 14, 2-3 (2010 ई.), पृ. 177-200

79. आचार्य रामचन्द्र शुक्ल, *हिन्दी साहित्य का इतिहास,* पृ. 135

80. नारायणसिंह भाटी (सम्पादक), *मुहता नैणसी री लिखी मारवाड़ रा परगनां री विगत* (प्रथम भाग), राजस्थान प्राच्यविद्या प्रतिष्ठान, जोधपुर, 1968 ई., पृ. 186-87

81. मोतीलाल मेनारिया, *राजस्थानी भाषा और साहित्य,* राजस्थानी ग्रंथागार, जोधपुर, 2006 ई., पृ. 125

82. बदरीप्रसाद साकरिया (सम्पादक), *मुहता नैणसी री ख्यात* (भाग-एक), राजस्थान प्राच्यविद्या प्रतिष्ठान, जोधपुर, 1960 ई., पृ. 128, बुंदेलों की ख्यात लिखते समय नैणसी केशवदास

के कविप्रिया आदि ग्रंथों के पढ़े होने की बात करते हैं। नैणसी केशवदास की 'कविप्रिया' का उद्धरण भी देते हैं।

83. *मुहता नैणसी री लिखी मारवाड़ रा परगनां री विगत* (प्रथम भाग), पृ. 3-4, नारायणसिंह भाटी मुहता नैणसी के अबुल फ़ज़ल से प्रभावित होने की बात इस ग्रंथ की भूमिका में करते हैं।
84. डॉ. गोपीनाथ शर्मा, *सोशल लाइफ़ इन मिडिवल राजस्थान* (1500-1800 ई.), लक्ष्मीनारायण अग्रवाल पब्लिशर्स, आगरा, 1968 ई., पृ. 319-20
85. आचार्य रामचन्द्र शुक्ल, *हिन्दी साहित्य का इतिहास,* पृ. 129
86. देखें, विनान्द कैलवर्ट (सम्पादक), *निर्गुण-भक्ति सागर* (भाग-1), मनोहर प्रकाशन, नई दिल्ली, 1991 ई., भूमिका, पृ. 7, विनान्द कैलवर्ट पंचवाणी परम्परा—जिसमें दादू, कबीर, नामदेव, रैदास और हरदास की रचनाएँ हैं—पर सम्पादित अपनी किताब में 1650 ई. और बाद की पांडुलिपियों का अध्ययन करते हैं। ये पांडुलिपियाँ उपर्युक्त पाँच कवियों के लोक में बसे पदों का संकलन करती हैं।
87. शहाबुद्दीन इराकी (सम्पादक), *रज्जबदास की सर्वंगी,* ग्रंथायन, अलीगढ़, 1990 ई. और विनान्द कैलवर्ट (सम्पादक), *द सरवंगी ऑफ़ गोपालदास,* मोतीलाल बनारसीदास, नई दिल्ली 1993, सरवंगी परम्परा ने निर्गुण कवियों के साथ-साथ सगुण कवियों जैसे सूरदास आदि के पदों को भी महत्त्वपूर्ण स्थान दिया। द्रष्टव्य दादू के शिष्य रज्जब और गोपालदास द्वारा संकलित सरवंगी।
88. जॉन एस. हौली, *'द फ़ोर सम्प्रदाय',* 'भक्ति बियांड द फ़ॉरेस्ट' (में संकलित) सम्पादक—इमरे बंघा, मनोहर प्रकाशन, नई दिल्ली, 2013, पृ. 44-45, राघवदास के भक्तमाल की प्राचीनतम पांडुलिपि 1804 ई. की है। जिसकी पुष्पिका में इस भक्तमाल के लिखे जाने की जो दिनांक बताई गई है वह पंचांग-गणना के अनुसार 30 जून, 1660 ई. तय होती है। राघवदास के भक्तमाल के लिखे जाने की तारीख एक पहेली है जिसे हाल ही में सुलझाया गया है।
89. जॉन एस. हौली, *थ्री भक्ति वॉइसेज़,* ओ.यू.पी. न्यूयॉर्क, 2005 ई., पृ. 127-30, मीरांबाई (उसी तरह कबीर, सूरदास आदि) पर नाभादास के छप्पयों का प्रियादास अपनी 'भक्तिरसबोधिनी' टीका में विस्तार करते हैं।
90. विश्वनाथ प्रसाद मिश्र, हिन्दी साहित्य का अतीत (दूसरा भाग), वाणी-वितान प्रकाशन, वाराणसी, 1966 ई., पृ. 345-48, मिश्र जी के लेखन की ओर मेरा ध्यान दिलाने के लिए पुरुषोत्तम अग्रवाल का आभार।
91. इमरे बंघा, लवर एंड सेंट : द अर्ली डेवलपमेंट ऑफ़ आनन्दघन'स रेपुटेशन, *जर्नल ऑफ़ द रॉयल एशियाटिक सोसाइटी,* वॉल्यूम 11, न. 2, 2001 ई., पृ. 125-32
92. हायदी पाउल्स, रोमैंसिंग राधा : नागरीदास'ज़ रॉयल एप्रोप्रिएशन ऑफ़ भक्ति थीम्स, *साउथ एशिया रिसर्च,* 25 (1): 2005 ई., पृ. 55-78
93. जॉन एस. हौली, *ए स्टॉर्म ऑफ़ सॉन्ग्स—इंडिया एंड द आइडिया ऑफ़ द भक्ति मूवमेंट,* हार्वर्ड यूनिवर्सिटी प्रेस, 2015 ई.
94. वही, पृ. 295-312
95. वही, पृ. 296
96. दलपत राजपुरोहित, *थीमेटिक ग्रुपिंग्स ऑफ़ भक्ति पोइट्री—द दादूपंथ एंड सरवंगी लिटरेचर,*

संकलित 'भक्ति बियांड द फ़ॉरेस्ट', सम्पादक—इमरे बंघा, मनोहर प्रकाशन, नई दिल्ली, 2013 ई., पृ. 65-66

97. *ए स्टॉर्म ऑफ़ सॉन्ग्स,* पृ. 304-05

98. डॉ. गणपतिचन्द्र गुप्त, *हिन्दी साहित्य का वैज्ञानिक इतिहास,* भारतेन्दु भवन, चंडीगढ़, 1965 ई., पृ. 119

99. वही, पृ. 121-22

100. वही, पृ. 117

101. नामवर सिंह, *इतिहास और आलोचना* (हिन्दी साहित्य के इतिहास पर पुनर्विचार), पृ. 166-67

102. ऐलिसन बुश, हिन्दी लिटरेरी बिगिनिंग्स, *साउथ एशियन टेक्स्ट्स इन हिस्ट्री : क्रिटिकल इंगेजमेंट्स विथ शेल्डन पोलक,* ऐलिसन बुश, विटनी कॉक्स और लॉरेंस मेक्री द्वारा सम्पादित, प्राइमस बुक्स, नई दिल्ली, 2016 ई., पृ. 203-25

103. ऐलिसन बुश, *पोइट्री ऑफ़ किंग्स,* पृ. 46

104. मैनेजर पांडेय, *'रीति-कविता—मिथक और यथार्थ', दिल्ली के वेंकटेश्वर कॉलेज में 19 फरवरी, 2013 को 'मध्यकालीन हिन्दी कविता' पर दिया गया व्याख्यान,* http://www.hindisamay.com/contentdetail.aspx?id=2243&pageno=1

105. देखें, विश्वनाथ प्रसाद मिश्र (सम्पादक), केशव-ग्रंथावली (भाग तीन), हिन्दुस्तान एकेडमी इलाहाबाद, 1959 ई., पृ. 549-552

106. ऐलिसन बुश, *पोइट्री ऑफ़ किंग्स,* पृ. 56

107. दलपत राजपुरोहित, *मेकिंग द वार कम अलाइव-डिंगल पोइट्री एंड पद्माकर्स हिम्मतबहादुर विरुदावली,* संकलित—टेक्स्ट एंड ट्रेडिशन इन अर्ली मॉडर्न नॉर्थ इंडिया, (सम्पादक, जॉन हौली, अंशु मल्होत्रा और टाइलर विलियम्स), ओ.यू.पी., नई दिल्ली, 2018 ई., 18वीं सदी के अन्त में मुग़ल सत्ता की शक्ति क्षीण होने, मराठों के उद्भव और अंग्रेज़ों द्वारा भारत में अपनी जड़ें जमाने के क्रिया-कलाप तेज़ हो जाते हैं। इसी दौर में दशनामी शैवोपासक अनूपगिरि गोसाईं बुंदेलखंड में अपना शासन स्थापित कर लेते हैं। भारत के केन्द्र भाग में आया बुंदेलखंड का यह भूभाग कूटनीतिक दृष्टि से महत्त्वपूर्ण हो जाता है। इस ऐतिहासिक क्षण को पद्माकर ने अपने काव्य 'हिम्मतबहादुर विरुदावली' का विषय बनाया है।

108. मैनेजर पांडेय, *'रीति कविता—मिथक और यथार्थ'।*

109. काशीराम शर्मा (सम्पादक), *वचनिका रतनसिंघ जी री महेसदासौत री कही, खिड़िया जगा री कही,* राजकमल प्रकाशन, दिल्ली, 1960 ई., पृ. 106

110. सौभाग्यसिंह शेखावत (सम्पादक), बिन्हैरासो—महेसदास राव कृत (बादशाह शाहजहाँ के शाहज़ादों के युद्धों का वर्णन), राजस्थान प्राच्यविद्या प्रतिष्ठान, जोधपुर 1966 ई., पृ. 103

111. प्रेम सिंह, *रामकाव्य एवं रासो परम्परा में माधवदास दधवाड़िया कृत रामरासो का महत्त्व,* भारतीय भाषाओं में रामकथा (राजस्थानी भाषा), सम्पादक—गौतम देवेन्द्र कुमार सिंह, वाणी प्रकाशन, नई दिल्ली, 2016 ई., पृ. 48, रामरासो को एक तरफ़ राजपरिवार के सदस्य पढ़ते थे, वहीं दूसरी तरफ़ दादूपंथियों द्वारा भी इसे ख़ूब पढ़ा जाता था। वहीं इस ग्रंथ का निजी तथा सार्वजनिक पाठ दोनों होता था। यह बात रामरासो के राजस्थान में बहुत लोकप्रिय होने को दर्शाती है।

112. ऐलिसन बुश, *पोइट्री ऑफ़ किंग्स,* पृ. 127

113. महताबचन्द्र खारेड़ (सम्पादक), *रघुनाथरूपक गीतांरो,* नागरीप्रचारिणी सभा, काशी, 1997 ई., पृ. 10-11

114. रूपर्ट स्नैल, *भक्ति वर्सेज़ रीति?* जर्नल ऑफ़ वैष्णव स्टडीज़, वॉल्यूम 3, न.-1 (शीतकाल, 1994 ई.), पृ. 153

115. वही, पृ. 159

116. वही, पृ. 168

117. जनार्दन राव चेलेर (सम्पादक), *वृंद-ग्रंथावली,* विनोद पुस्तक मन्दिर आगरा, 1971 ई., पृ. 103

118. वही, (दोहा-714), पृ. 114

119. नरोत्तमदास स्वामी, नरेन्द्र भानावत, लक्ष्मी कमल (सम्पादक), *वीर सतसई* (दोहा-4), राजस्थानी ग्रंथागार, जोधपुर, 1988 ई.

120. वही, पृ. 52। 'वीर सतसई' के सम्पादक नरेन्द्र भानावत 'प्रस्तावना' में लिखते हैं कि *सूर्यमल्ल के गुरु का नाम स्वरूपदास था जो उस समय के विद्वान् दादूपंथी साधु थे। इनका सूर्यमल्ल पर बड़ा स्नेह था। महाकवि सूर्यमल्ल के वंशजों के पास मिले प्राचीन पत्रों से इस गुरु-शिष्य सम्बन्ध का पता चलता है। बूँदी के प्रधान दरबारी-कवि का गुरु एक दादूपंथी का होना 19वीं सदी तक दादूपंथियों के दरबारों में प्रभुत्व को दिखाता है।*

121. सुदीप्त कविराज, द टू *हिस्ट्रीज़ ऑफ़ लिटरेरी कल्चर इन बंगाल,* लिटरेरी कल्चर्स इन हिस्ट्री, सम्पादक—शेल्डन पोलक में संकलित, यूनिवर्सिटी ऑफ़ कैलिफ़ोर्निया प्रेस, 2003 ई., पृ. 507, बांग्ला साहित्य के इतिहास के बारे में सुदीप्त कविराज का लिखा गया यह कथन हिन्दी साहित्य के लिए भी उतना ही सटीक बैठता है।

अध्याय : दो

एक बौद्धिक समुदाय : दादूपंथ—ऐतिहासिक परिप्रेक्ष्य*

अपने विकास के शुरुआती चरण (17वीं सदी का उत्तरार्द्ध) में दादूपंथी नागाओं का उल्लेख एक योद्धा के रूप में नहीं होता था। उनका ज़िक्र ऐसे व्यक्तियों के रूप में होता था जो साहित्य के उच्च परिवेश का पोषण कर रहे थे। इसका प्रमुख उदाहरण राघवदास और उनका भक्तमाल (1660 ई.) है। राघवदास दादूपंथी नागाओं की शाखा से ही सम्बन्धित थे। विभिन्न कलाओं के अनुशीलन में दादूपंथी नागा राजसी वर्ग की अभिरुचि, ख़ासकर आम्बेर राज्य का अनुसरण करते थे।

—मोनिका हॉर्स्टमान[1]

(i) अकबर का 'सुलह-कुल' और दादू का जीवनचरित
(ii) बनारस शिक्षित दादूपंथी संत मारवाड़ में : रुक्का-परवाना बहियाँ
(iii) जसवंतसिंह और सुन्दरदास का वेदांत सम्बन्धी विमर्श
(iv) दादूपंथी नागा, डिंगल परम्परा और संत-भक्ति

दादूपंथ 16वीं सदी के अन्तिम दो दशकों में अस्तित्व में आना शुरू हुआ। अपने विकास की अगली दो शताब्दियों में इस पंथ के उभार के दो चरण माने गए हैं। 16वीं सदी के उत्तरार्द्ध से लेकर 17वीं सदी के अन्त तक दादूपंथ को मुख्यत: निर्गुण-भक्ति का एक पंथ माना गया है जिसमें उसके साहित्यिक अवदान को बहुधा

* इस अध्याय के कुछ अंश 'मॉडर्न एशियन स्टडीज़' जर्नल में *सुलह-कुल टु वेदांत : द दादूपंथ एंड द मुग़ल-राजपूत इम्पीरियल पैराडाइम* शीर्षक से मेरे प्रकाशित आलेख के संवर्द्धित संस्करण हैं।

रेखांकित किया गया है। ऐसा माना जाता है कि दादू के शिष्य पूरी सत्रहवीं शताब्दी में कई स्थानों पर बिखरे हुए थे और हर शिष्य या शिष्य-परम्परा दादूपंथी होने को अपनी-अपनी तरह से देखते थे। इस शुरुआती चरण में दादू की शिक्षाएँ और उनके शिष्य अन्य प्रमुख संतों जैसे नामदेव, कबीर, गुरु नानक, सूफ़ी परम्परा या नाथ-सिद्धों की परम्परा से जुड़े हुए थे जिनका प्रभाव उत्तर भारत में पहले से चला आ रहा था। फिर 1700 ई. के लगभग दादू की शिष्य-परम्परा का एक पंथ के रूप में औपचारिक गठन होने लगता है। जिसका श्रेय करिश्माई व्यक्तित्व के महंत जैतराम की संगठनात्मक कुशलता को दिया जाता है जिन्होंने दादू के शिष्यों की विभिन्न धाराओं को एक साथ लाया। 18वीं सदी में सबसे बड़ा बदलाव दादूपंथ की नागा-शाखा का संगठित होना था जिसकी सदस्यता में राजपूतों का बाहुल्य था। मुग़लों की शक्ति का क्षीण होना, राजपूतों का अपने राज्यों में शक्तिशाली होते जाना और उनमें से कुछ के द्वारा अपनी राजशाही को वर्णाश्रम के पारम्परिक आदर्शों के अनुसार व्याख्यायित करना आदि ऐतिहासिक तौर पर बड़े बदलाव इस समय हो रहे थे परोक्ष रूप से जिनका प्रभाव दादूपंथ पर भी पड़ता है। ऐसा माना जाता है कि इसी दौरान दादू का सामाजिक-धार्मिक समावेशिता का सन्देश, उनके शिष्यों की व्यापक सामाजिक पृष्ठभूमि और निर्गुण-भक्ति की अपनी मूल विचारधारा से यह पंथ पारम्परिक वैष्णव-धर्म की ओर झुकने लगता है। 18वीं सदी में ही दादूपंथी नागा-साधु जयपुर राज्य के साथ घनिष्ठ सम्बन्ध विकसित करते हैं जो किसी न किसी रूप में 20वीं सदी के पूर्वार्द्ध तक चलते हैं।[2] 19वीं सदी के छापाख़ानों में बहुचर्चित सुन्दरदास के 'सुन्दरविलास' के संस्करणों में दादूपंथ की यही छवि प्रमुखता पाती है। तब से यह समुदाय शास्त्र पढ़ने वाले संत (जिनके प्रतिनिधि सुन्दरदास माने गए) और शस्त्र धारण करने वाले साधुओं (नागाओं) के पंथ के रूप में प्रचारित होता है।

दादूपंथ के विकास को उपर्युक्त दो चरणों में बाँटने से कुछ चीज़ें पीछे छूट जाती हैं। पहली यह कि शुरुआत से ही दादूपंथ देहातों में बसा एक ठेठ निर्गुण-पंथ नहीं था क्योंकि इस पंथ ने बनारस, फ़तेहपुर सीकरी, सांभर, आम्बेर, मारवाड़ आदि जगहों में अपना 'नेटवर्क' स्थापित कर लिया था। 17वीं सदी की शुरुआत से ही दादूपंथ में ऐसे संत आते हैं जिनके लेखन में हम मुग़ल-राजपूत दरबारी वर्ग में चल रही धार्मिक, साहित्यिक और बौद्धिक गतिविधियों से जुड़ाव देखते हैं। यह कहना अतिशयोक्ति नहीं होगी कि यह पंथ मुग़ल-राजपूतों के बीच नई बन रही राजनीतिक व्यवस्था के आदर्शों को भी अपने अन्दर समाहित किए हुए था। जनगोपाल रचित दादू की 'जन्म लीला परची', राघवदास के 'भक्तमाल' और अन्य

ग्रंथों में हम पाते हैं कि मुग़ल इलीट वर्ग में 16वीं सदी के उत्तरार्द्ध में अस्तित्व में आई 'सुलह-कुल' की विचारधारा से यह पंथ कबीर और दादू की शिक्षाओं को जोड़ रहा था और दादूपंथ को उच्च दार्शनिक विचारों पर व्याख्यायित कर रहा था। जैन-मुनियों को मुग़लों से मिल रहे संरक्षण से प्रतिद्वंद्विता की प्रवृत्ति भी इस पंथ में थी। 17वीं सदी की शुरुआत से ही दादू के कुछ ऐसे बौद्धिक या शास्त्र प्रशिक्षित शिष्य आते हैं जो उस समय के राजसी-कुलीन वर्ग में चर्चित हो रहे अद्वैत-वेदांत के दर्शन को निर्गुण-भक्ति से जोड़ते हैं। काव्यशास्त्र के मानदंडों पर उत्कृष्ट कविता करते हैं और भक्ति-कविता के लिए कुछ नए प्रतिमान भी स्थापित करते हैं। बौद्धिक विमर्शों में प्रवीणता होने के कारण दादूपंथी संत मारवाड़ राज्य में आश्रय पाते हैं।

इस अध्याय में हम 17वीं सदी से लेकर 19वीं सदी तक दादूपंथ के विकास की एक तस्वीर खींचेंगे जिसमें इस पंथ में हो रहे मुख्य बदलावों को उनके ऐतिहासिक सन्दर्भ में देखेंगे। जयपुर राज्य के साथ विशेष रूप से मारवाड़ में दादूपंथ के विकास की समीक्षा करेंगे। पिछले अध्याय में हम देख आए हैं कि आरम्भिक आधुनिक काल में भक्ति-परम्परा और दरबारी-वर्ग के बीच एक संवाद की स्थिति भी थी उसी बात को यह अध्याय दादूपंथ के सन्दर्भ में आगे बढ़ाता है। हमारा प्रस्ताव है कि भक्ति-कविता और ख़ासतौर पर दादूपंथ को केवल भक्ति के अपने लोक परिवेश के सन्दर्भ में ही नहीं देखा जाना चाहिए बल्कि राजसी अभिजात वर्ग में चल रही बौद्धिक-साहित्यिक गतिविधियों से संवाद के सन्दर्भ में भी समझना चाहिए। इस काल में संत या भक्त और उनके सम्प्रदाय या पंथ अपनी पहचान बनाते समय लोक से जुड़ने के साथ-साथ अभिजात-वर्ग में अपने व्यापक प्रभाव को भी प्रकट करते थे। दादू के शिष्यों ने यह प्रभाव और प्रतिष्ठा अपने समकालीन उच्च दार्शनिक व साहित्यिक परिवेश में भागीदारी करके प्राप्त की।

(i) अकबर का 'सुलह-कुल' और दादू का जीवनचरित

1679 ई. में शिवाजी ने औरंगज़ेब को एक पत्र लिखा इस माँग के साथ कि मुग़ल बादशाह ग़ैर-मुस्लिमों से लिया जाने वाला कर 'जज़िया' वापस लें। यह कर उसी साल फिर से लागू हुआ था। पत्र फ़ारसी में है। इतिहासकार जदुनाथ सरकार ने इसका अनुवाद किया है और इसे शिवाजी का लिखा बताया है।[3] इस कवित्वपूर्ण और ठोस पत्र में अकबर की 'सुलह-कुल' (वैश्विक शान्ति या सम्पूर्ण शिष्टता) की नीति का ख़ास तौर पर जिक्र आता है। अकबर 1571 ई. में स्पैनिश-अरबी

दार्शनिक इब्न अल-अरबी के 'वहदत अलवजूद' या जीव-ब्रह्म में एकता वाले दर्शन से प्रभावित होते हैं और इसी दशक में वे फ़तेहपुर सीकरी के इबादतख़ाने में धार्मिक चर्चाएँ करवाते हैं। इन्हीं बहसों का परिणाम था कि अकबर और उनके दरबारी बुद्धिजीवी अबुल फ़ज़ल 'सुलह-कुल' की नीति विकसित करते हैं।[4] अकबर 1582 ई. में 'सुलह-कुल' को अपने साम्राज्य का सबसे प्रमुख धार्मिक-प्रशासनिक सिद्धान्त घोषित करते हैं। इस नीति के द्वारा अकबर अपनी प्रजा को 'ज्ञान के नए स्रोतों से संवाद' करने के लिए प्रेरित करते हैं, भले ही वह ज्ञान प्रजा के स्वयं के विश्वासों के प्रतिकूल ही क्यों न पड़ता हो।[5] इस सिद्धान्त को विस्तार से हम महाभारत के फ़ारसी अनुवाद 'रज़्मनामा' की भूमिका में देख सकते हैं। यह महाभारत का इतिहास में पहला फ़ारसी अनुवाद था। अबुल फ़ज़ल की 1587 ई. में इस भूमिका में वे 'तहक़ीक़' (सत्य का प्रमाणीकरण और अनुभूति) और 'तक़लीद' (नक़ल) में भेद की विस्तृत चर्चा करते हैं। इसी नीति के तहत इस्लाम भी 'मुहम्मद का एक सम्प्रदाय' बन जाता है और सत्य के प्रमाणीकरण व अनुभूति के लिए अन्य धर्मों से संवाद की परम्परा क़ायम होती है। अबुल फ़ज़ल 'तहक़ीक़' को अपने साम्राज्य में सभी धर्मों से मुग़लों के व्यवहार का प्रमुख दर्शन स्थापित करते हैं और इब्न अल-अरबी के सूफ़ी दर्शन का राजनीतिकरण करते हैं। वे इसी दर्शन पर अकबर के साम्राज्य को 'तहक़ीक़ का साम्राज्य' घोषित करते हैं।[6]

इतिहासकार अज़फ़र मुईन के अनुसार आरम्भिक आधुनिक दुनिया में दूसरे इस्लामी और ईसाई सम्राट धार्मिक विविधता को जिस असहिष्णुता से व्यवहृत करते थे उसके मुक़ाबले दक्षिण एशिया में धार्मिक सहिष्णुता को स्थापित करती अकबर की यह नीति अपने आप में एक 'रेडिकल' क़दम था। वे आगे कहते हैं कि इस्लाम के हज़ार साल पूरे होने पर अकबर के स्वयं को मसीही गुणों वाला बादशाह घोषित करने वाली यह सबसे बड़ी नीति थी जिसमें बादशाह की सम्प्रभुता हर धार्मिक क़ानून (इस्लाम से भी) से ऊपर होती थी।[7] इस नीति में इस्लाम के अनुसार 'बिस्मिल्ला' वाली स।क्षी मानने के बजाय स्वयं अकबर की साक्षी भरने (अल्लाह हू अकबर) की परम्परा बनती है। इतिहासकार इस नीति को मुग़ल राज-काज में सुदृढ़ता लाने और विभिन्न धार्मिक समुदायों जिनमें इस्लाम की धाराएँ भी शामिल थीं के बीच शान्ति-बहाली का एक ज़रिया मानते हैं। यह नीति एक तरह से मुग़ल बादशाहों द्वारा भारत की सांस्कृतिक विविधता का संज्ञान थी जो जहाँगीर और शाहजहाँ के काल में भी जारी रही।[8] तो शिवाजी के पत्र के इस हिस्से को ग़ौर से देखते हैं—

> "अकबर पातशाह ने एक सुदृढ़ साम्राज्य की नींव रखी थी तथा पूरी शक्ति से 52 वर्षों तक शासन किया। उन्होंने सुलह-कुल जैसी प्रशंसनीय नीति

को लागू किया जिसमें कई सम्प्रदायों, ईसाइयों, यहूदियों, मुसलमानों, दादूपंथियों, फ़लकियों, मलकियों, अंसारियों, दहरियों, ब्राह्मणों और जैन यतियों आदि के साथ सौहार्द बढ़ाया गया। उस उदार दिल बादशाह का लक्ष्य पूरी प्रजा का संरक्षण और पालन-पोषण था। इसीलिए वे 'जगत-गुरु' की उपाधि से मशहूर हुए।"[9]

यह हिस्सा दिलचस्प इसलिए है कि एक तो जितने पंथों, धर्मों और सिलसिलों का ज़िक्र इसमें हुआ है उनमें केवल दादूपंथी ही स्पष्ट रूप से नाम के साथ गिनाए गए हैं। दूसरा कुछ धार्मिक सम्प्रदायों के साथ इसमें ऐसे समुदायों का भी उल्लेख हुआ है जो हिन्दू या मुसलमान जैसी कोई ठोस धार्मिक पहचान नहीं रखते थे। फ़लकिया, मलकिया, अंसारी, दहरिया और दादूपंथ ऐसे ही सम्प्रदाय थे जिनकी धर्मों से इतर स्वयं की अलग अस्मिताएँ थीं। ग़ौरतलब है कि पत्र में आए सारे धर्मों और सम्प्रदायों में दादूपंथ को भी स्थान दिया गया है, जो उस समय सबसे नया पैदा हुआ पंथ था। दादू की शिष्य परम्परा निश्चित रूप से अकबर के शासनकाल में फली-फूली, लेकिन दादू अकबर से कभी मिले हों या उनसे संरक्षण प्राप्त किया हो ऐसा फ़ारसी के स्रोत नहीं बताते। अकबर ने श्वेताम्बर जैन-यतियों को ज़रूर प्रश्रय दिया था और जैन धर्म के विश्वासों को अबुल फ़ज़ल ने अपनी फ़ारसी तवारीखों में विस्तृत स्थान दिया है।[10] दादूपंथ को अकबर से मिले किसी भी तरह के आश्रय के बारे में बात करने वाला शिवाजी का यह पत्र इकलौता नज़रिया है जो दरबारी वर्ग से आता है। जहाँगीर के समय के उदाहरण ज़रूर मिलते हैं जिसमें उसने दादू के शिष्य और महंत ग़रीबदास को दादूपंथ के मुख्य केन्द्र 'नरैणा' में कुआँ बनाने हेतु अनुदान दिया था।[11]

दादूपंथ का शिवाजी के पत्र में ज़िक्र होना इस पंथ की 'न हिन्दू न मुसलमान' पहचान को भी रेखांकित करता है। शिवाजी ने उपर्युक्त पत्र में दादूपंथियों को जिस तरह के अन्य पंथों के साथ रखा है वह एक तरह से उनके अपने महाराष्ट्र की संत-परम्परा के विश्वासों के अनुकूल ही था। स्वयं दादूपंथियों के अलावा 16वीं सदी के एकनाथ और 17वीं सदी के तुकाराम ही वे पहले संत थे जिन्होंने दादू को 'धुनिया' या 'पिंजारा' के रूप में याद किया है।[12] दादू की जाति के बारे में ये प्रमाण अहम इसलिए है क्योंकि कबीर की तरह ही दादूपंथी साहित्य में दादू पहले मुसलमान वंश के धुनिया और बाद के स्रोतों में नागर ब्राह्मण बताए गए हैं। महाराष्ट्री संतों का नज़रिया बहुत कुछ 1650 ई. के आसपास लिखे गए फ़ारसी ग्रंथ 'दबिस्ताने मज़ाहिब' के समान है जिसमें दादू को 'दरवेश' और धुनिया जाति का बताया है। 'दबिस्ताने मज़ाहिब' दादूपंथियों की ऐसी परम्पराओं का ज़िक्र करता

है जो हिन्दू-मुस्लिम धार्मिक परम्पराओं से अलग थीं।[13] यह दादू और दादूपंथ के बारे में चर्चित एक बाहरी दृष्टिकोण था।

दादू या दादूपंथ को अकबर से मिले प्रश्रय के बारे में ऐतिहासिक स्रोत ज़रूर मौन हों लेकिन 1610-20 ई. के दौरान लिखी गई दादू की 'जन्म लीला परची' के पाँच अध्याय अकबर और उसके दरबारियों (अबुल फ़ज़ल, बीरबल, अकबरी दरबार के ब्राह्मणों और शेखों) से दादू की चालीस दिन की गोष्ठी को आधार बनाकर लिखे गए हैं।[14] इस गोष्ठी को दादूपंथ की 'कल्पना' माना जाता है जो उस समय की सर्वोच्च सत्ता को अपने गुरु से प्रभावित होते दिखाना चाहती है। लेकिन यहाँ हम यह प्रस्ताव रखते हैं दादू की 'जन्म लीला परची' में आए इस पूरे प्रसंग को दादूपंथ और भक्ति-सम्प्रदायों के मुग़ल-काल में हो रहे विकास के सन्दर्भ में देखा जाना चाहिए। इस बात को भी ध्यान में रखने की ज़रूरत है कि उत्तर भारत में संतों के चरितों से सम्बन्धित कविताएँ, 'भक्तमाल', 'परची/ परचई', 'वार्ता' और 'जन्म-साखी' जैसी परम्पराएँ एक-दूसरे के साथ संवाद में उभरीं। इनमें आम तौर पर किसी राजा को अपने सम्प्रदाय में दीक्षित होते दिखाया जाता है या एक बादशाह को किसी आचार्य या संत-भक्त से प्रभावित होते दिखाया जाता है। संतों-भक्तों के ये 'चरित' कभी अपने सम्प्रदाय की भक्ति को सबसे ऊपर भी स्थापित करते हैं तो कभी अपने गुरु की सर्वोच्चता दिखलाते हैं। दादूपंथ भी इस विषय में अपवाद नहीं है। लेकिन किसी ख़ास समय में उभरे इन 'चरितों' को गहराई से पढ़ने की ज़रूरत है। हायदी पाउल्स ने अपने विस्तृत लेखन के माध्यम से संतों-भक्तों के चरितों को पढ़ने की हमारी दृष्टि को विकसित किया है। वे लिखती हैं कि संत-चरितों के द्वारा कोई समुदाय एक संत से अपने सम्बन्ध को 'इमेजिन' या कल्पित करता है। यहाँ कल्पना का मतलब झूठी कहानियाँ गढ़ना या तथ्यों को तोड़-मरोड़ कर पेश करना क़तई नहीं है। बल्कि यह उस मानवीय सृजनात्मकता और बुद्धि-चातुर्य को दिखाता है जो एक समुदाय या पंथ/सम्प्रदाय के निर्माण की प्रक्रिया का आवश्यक हिस्सा है। संत-चरितों का लिखा जाना या उनका निरन्तर विकसित होते जाना दैवीय सत्ता के प्रभाव (जिसके वाहक संत होते हैं) के साथ मनुष्य की अपनी विचारने की शक्ति का घुल-मिल जाना है।[15] रूपर्ट स्नैल के शब्दों में कहें तो हालाँकि 'संत-चरितों' में संतों को 'करामात' करते या चमत्कार करते दिखाना या ऐतिहासिक कालक्रम को ठीक ढंग से पेश न करना, जो आज के हमारे शोध-सिद्धान्तों के ठीक विपरीत पड़ता है, आदि प्रवृत्तियाँ पाई जाती हैं; लेकिन संतों के ये जीवन-चरित किसी पंथ या समुदाय के उन 'विश्वासों और दृष्टिकोणों' को सम्बोधित या प्रकट करते हैं जो किन्हीं विशेष ऐतिहासिक सन्दर्भों में उभरते हैं।[16]

फ़तेहपुर सीकरी में ही रह रहे दादू के वणिक-शिष्य जनगोपाल द्वारा रचित यह परची दादू के जन्म से लेकर मृत्यु तक की घटनाओं का वर्णन करती है। विनान्द कैलवर्ट ने इस 'परची' का एक महत्त्वपूर्ण संस्करण तैयार किया है जो 'परची' की सात पांडुलिपियों पर आधारित है।[17] 'परची' विस्तार से बताती है कि दादू का जन्म अहमदाबाद में 1544 ई. (1601 विक्रमी) में एक धुनिया गृहस्थ के घर में हुआ था। वे 1573 ई. (1630 विक्रमी) में सांभर (राजस्थान) पहुँचे और कुछ साल बाद आम्बेर (जयपुर) में रहने चले गए। दादू ने अपने जीवन के लगभग चौदह वर्ष आम्बेर (आमेर या बाद में जयपुर) में बिताए। आम्बेर में रहने के दौरान दादू 1585 ई. (1642 विक्रमी) में फ़तेहपुर सीकरी में अकबर से मिले। 'परची' की बाद की पांडुलिपियों में अकबर-दादू की गोष्ठी वाले प्रसंग को भले ही विस्तार दिया गया है लेकिन अकबर और उसके दरबारियों और आम्बेर के शासकों के साथ दादू का मिलना 'परची' की पुरानी पांडुलिपियों में भी दर्ज़ है और हमने उन्हें ही इस अध्याय के लिए आधार बनाया है। अकबर के साथ अपनी गोष्ठी के कुछ साल बाद दादू आम्बेर छोड़ देते हैं और अगले दस सालों तक कल्याणपुर, सांभर जैसे विभिन्न स्थानों में रहते हैं। वे 1602 ई. (1659 विक्रमी) में नरैणा आते हैं जहाँ पास की एक पहाड़ी पर 1603 ई.(1660 विक्रमी) में अपना शरीर त्यागते हैं। नरैणा तभी से दादूपंथियों के लिए एक महत्त्वपूर्ण केन्द्र बन जाता है। 'परची' में यह स्पष्ट नहीं है कि दादू आम्बेर रहने क्यों गए लेकिन इतना ज़रूर लिखा है कि यह क्षेत्र भक्ति के लिए सुगम था : *सुमिरन को ठाहर अति भारी।*[18] दादू की 'परची' में अकबर के साथ हुई गोष्ठी भले ही 'काल्पनिक' हो लेकिन उसका आधार आम्बेर के मुग़लों के साथ पनप रहे सम्बन्ध ही थे जिनके माध्यम से दादू की फ़तेहपुर सीकरी में मुग़ल दरबार की यात्रा को चित्रित किया है। वृंदावन में भक्ति-सम्प्रदायों के प्रश्रय के लिए आम्बेर की भूमिका को हम पिछले अध्याय में देख चुके हैं। आम्बेर के राजा ही दादू की चर्चाएँ आयोजित करवाने में मुख्य भूमिका निभाते हैं। चर्चाओं को यह 'परची' 'दीन की गोष्ठी' कहती है और जो समय इनका जनगोपाल देते हैं उससे ये गोष्ठियाँ ऐतिहासिक रूप से क़रीब दस साल पहले हो चुकी थीं।

'परची' में सबसे उल्लेखनीय बात यह है कि दादू को अकबर के दरबार में 'कबीर के अवतार' के रूप में प्रस्तुत किया गया है। मतलब अकबर दादू से इसलिए मिलना चाहता है कि वह उन्हें 'जीवित कबीर' के रूप में मानता है। दादू स्वयं अपनी कविता में कबीर को बहुत महत्त्वपूर्ण स्थान देते हैं और कबीर से ही वे निर्गुण-भक्ति का दर्शन सीखते हैं। इसलिए 'परची' के लेखक जनगोपाल कबीर को महत्त्वपूर्ण स्थान देकर उसी परम्परा का अनुसरण कर रहे थे। लेकिन कबीर

का उल्लेख यहाँ इसलिए महत्त्वपूर्ण है क्योंकि मुग़ल दरबार के दृष्टिकोण से यहाँ कबीर की लोकप्रियता को दर्शाया है। अकबर अपने मनसबदार और आम्बेर के राजा भगवंतदास से कहते हैं—

तब राजा भगवंतदास सुनाई, तुम्हारे स्वामी सब सुखदाई।
बहु बिधि सुनौं नांव प्रकासूं, मांनूं लीयौ कबीर निवासूं॥[19]

जनगोपाल मुग़ल दरबारी वर्ग में कबीर की लोकप्रियता का जिस ढंग से वर्णन करते हैं उससे प्रकट होता है जैसे वे स्वयं इसके बारे में जानते हों। अकबर के दरबार के मुख्य बौद्धिक और इतिहासकार अबुल फ़ज़ल ने कबीर को जीव-ब्रह्म की एकता को दिखाने वाले मुखर संत या भारत में 'इब्न अलअरबी' के दर्शन से समानता रखने वाले एक 'मुवाहिद' के रूप में याद किया है।[20] इतिहासकार हरबंस मुखिया ने अबुल फ़ज़ल द्वारा बनाई गई 'सुलह-कुल' की नीति पर कबीर का गहरा प्रभाव माना है।[21] वैसे अकबर के शासनकाल में वृंदावन के वैष्णव-सम्प्रदाय, गलता के रामानंदी, आम्बेर दरबार से जुड़ी 1582 ई. में संगृहीत की गई फ़तेहपुर मैनुस्क्रिप्ट (या पद सूरदास का), आदिग्रंथ आदि परम्पराएँ कबीर को किसी न किसी रूप में याद कर रही थीं और उनकी कविता को संगृहीत भी कर रही थीं। इसलिए ऐसे कई कारण हो सकते हैं कि कबीर से मुग़ल दरबारी वर्ग वाक़िफ़ था, लेकिन जनगोपाल अपनी परची का 'नैरेटिव' इस ढंग से विकसित करते हैं कि उनके अनुसार वास्तव में वे दादू ही थे जिनके द्वारा कबीर की विरासत मुग़ल दरबार में पहुँची। 'परची' में दादू को अबुल फ़ज़ल से वार्तालाप करते और कबीर का 'ज्ञान' प्रदर्शित करते हुए दिखाया है। ज़ाहिर है कि ऐसा करने के लिए दादू की सशरीर फ़तेहपुर सीकरी यात्रा ज़रूरी थी।

जनगोपाल की 'परची' से पहले रामानंदी सम्प्रदाय की 'भक्तमाल' और 'परचई' की परम्परा में निस्सन्देह दरबारी वर्ग के साथ संत भक्तों की करामातों के क़िस्से प्रसिद्ध थे लेकिन किसी बादशाह के साथ संत की गोष्ठी, वह भी चालीस दिनों की, जैसा कोई मॉडल विद्यमान नहीं था जिससे जनगोपाल प्रभावित थे। जनगोपाल की चालीस दिन की गोष्ठी की यह परम्परा सूफ़ीवाद की 'चिल्ला' परम्परा से आती है। सूफ़ीवाद की विदुषी ऐनमरी शिम्मेल के अनुसार अल ग़ज़ाली (मृत्यु 1111 ई.) भगवान से मिलन की मनुष्य की चालीस दिन की यात्रा को चालीस अध्यायों में चित्रित करते हैं, तो फ़ारसी सूफ़ी फ़रीद अत्तार (मृत्यु 1220 ई.) एकान्त में चालीस दिनों के ध्यान की बात करते हैं।[22] 'चिल्ला' (यानी चालीस) की यह परम्परा भारतीय सूफ़ियों में चर्चित थी। दादूपंथ की 'सर्वंगी' परम्परा में सूफ़ी शेख़ फ़रीद

की साखियाँ विशेष रूप से संगृहीत हैं जिनके सिलसिले से फ़तेहपुर-शेखावाटी के कायमख़ानी जुड़े हुए थे। फ़तेहपुर में ही सुन्दरदास का मठ बना जिसकी चर्चा हम अगले अध्याय में करेंगे। 'परची' की दूसरी दिलचस्प बात बादशाह और संत के मिलन की है। चिश्ती आदि सूफ़ी सिलसिलों में ज़रूर एक बादशाह और सूफ़ी संतों के बीच बनते-बिगड़ते रिश्तों की परम्परा थी लेकिन देशभाषा स्रोतों में कोई बड़ा उदाहरण बादशाह और संत की गोष्ठी का नहीं मिलता, इसलिए दादू की 'परची' को मुग़लकालीन भारत में पैदा हुई स्थितियों, ऐतिहासिक सन्दर्भ के प्रति दादूपंथ के 'रेस्पॉन्स' स्वरूप देखना चाहिए।[23]

रामानंदी अनंतदास की 1600 ई. के पहले लिखी मुग़ल काल से पहले हुए संतों कबीर, रैदास आदि की परचइयाँ संतों के 'भक्ति-प्रताप' का ज़िक्र करती हैं। भक्ति के इसी प्रताप से संत दुनियावी शक्ति के प्रतीक एक बादशाह के सामने अपनी दैवीय-शक्ति को दिखाते हैं। संत और बादशाह के बीच अपनी सम्प्रभुता को स्थापित करने वाले अनंतदास की परचई के ये प्रसंग कभी-कभी बादशाह को 'असुर' के रूप में भी दिखाते हैं।[24] लेकिन जनगोपाल 'करामातों' से परे जाकर अपनी परची का बड़ा हिस्सा केवल तर्कबद्ध गोष्ठी, सवाल-जवाब या कहें तो 'रैशनल' बहसों को देते हैं। बहसों में दादू की भागीदारी को सुनिश्चित करने के लिए उनके 'निर्गुण राम' स्वयं अपनी भूमिका निभाते हैं। गोष्ठी के लिए जब बुलावा आता है तो फ़तेहपुर सीकरी जाने या न जाने को लेकर जनगोपाल दादू के भीतर की दुविधा दिखाते हैं—

साहि अकबर सुनी सु बातां, परवानैं पठवै दिन राता।
स्वामीं जाइ न सौ सुख पावै, समझि समझि मन मैं पछितावै॥[25]

दादू के भीतर यह कशमकश इसलिए है कि एक तरफ़ वे कबीर के आदर्शों को मानने वाले हैं जिनके अनुसार किसी दुनियावी सत्ता से अलग 'भीतर और बाहर' जिस ब्रह्म की सत्ता है केवल उसी 'राम' पर आधारित रहना है। ब्रह्म पर उस निर्भरता में धन-संग्रह और भौतिक महत्त्व की चीज़ों का नकार शामिल है। वहीं दूसरी तरफ़ मुग़ल-राजपूत राजनीतिक सहयोग से पैदा हो रहे परिवेश में दादू अपनी भागीदारी भी रखना चाहते हैं। अकबर के आमंत्रण-स्वरूप आए 'परवानों' को दादू बार-बार नकारते हैं। यह स्थिति राजा भगवंतदास के लिए और चुनौतीपूर्ण हो जाती है। अकबर से वादा करके भी अगर अपने क्षेत्र में बसे संत को वे फ़तेहपुर सीकरी नहीं लाते तो उन्हें ही बादशाह का क्रोध सहना पड़ेगा : *पातिसाह तब खरौ रिसावै।* दादू को जब भगवंतदास की चिट्ठी मिलती है तो उनकी दुविधा और बढ़ जाती है,

वे चिन्ता करते हैं कि उनके फ़तेहपुर सीकरी नहीं जाने पर राजा बल-प्रयोग भी कर सकता है। इस पूरी दुविधा का हल जनगोपाल कुछ यूँ सुझाते हैं कि स्वयं हरि दादू के 'ध्यान/सपने' में आते हैं और उन्हें फ़तेहपुर सीकरी जाने की आज्ञा देते हैं—

स्वामी बात राम परि राखी, ध्यान सैंन चलिबे की भाखी।[26]

ग़ौरतलब है कि यहाँ 'हरि' दादू को सांसारिकता से विमुख न करके दुनिया की तरफ़ मोड़ रहे हैं और अकबर के दरबार में चल रही बहसों में उनकी भागीदारी सुनिश्चित करते हैं। दादू को मुग़ल दरबार में लाने के लिए इसी तरह शुरुआती दुविधाओं का समाधान करते हुए 'परची' एक और महत्त्वपूर्ण बदलाव उपस्थित करती है। वे दादू के साथ निर्गुण-भक्ति और संत (ख़ासकर कबीर की कविता) को भी अकबर के दरबार में लाते हैं। दादू पंडितों, शेखों और दरबारी बुद्धिजीवियों के साथ संत कविता के प्रमुख माध्यम 'साखी' द्वारा चर्चा करते हैं। बहसों में दादू सर्वव्यापी ब्रह्म के अनेक नामों की व्याख्या करके उनका शाब्दिक और दार्शनिक अर्थ समझाते हैं। चर्चा में ऐसे विषय आते हैं जिन्हें हम संतवाणी में सर्वत्र पाते हैं जैसे नाम-प्रताप, निर्गुण-उपासना, घट में निरंजन, संतोष, आत्मसंयम आदि। चर्चाओं से पहले अकबर अपने प्रमुख बुद्धिजीवियों, अबुल फ़ज़ल और बीरबल से दादू की परीक्षा लेते हैं। दादू अकबर के फ़ारसी-प्रभावित दरबार को बख़ूबी जानते हैं और कभी-कभी उनकी साखियाँ फ़ारसीनिष्ठ शब्दावली में सूफ़ी स्वर लिए होती हैं। मसलन परमात्मा को पहचानने की राह पर अकबर के सवाल का जवाब दादू कुछ यूँ देते हैं—

दादू इसक महबति मस्त मन तालिब दर दीदार।
दोस्त दिल हरदम हज़ूरि यादिगार हुसियार॥[27]

गोष्ठी के अन्त में अकबर दादू को परगने और धन-दौलत देने की पेशकश करता है। लेकिन दौलत और सत्ता के समक्ष 'दीन-ग़रीबी लघुता' और ब्रह्म के प्रति 'पतिव्रत' जैसे संतवाणी के विषय लाते हुए, साथ ही कबीर को साक्षी बताते हुए, दादू अकबर के आग्रह को नकार देते हैं। अन्त में अकबर दादू को हिन्दुओं और तुर्क दोनों के 'पीर' के रूप में पहचानता है। इसी चर्चा के बाद 'परची' अकबर को एक महत्त्वपूर्ण पदवी या विशेषण के साथ सम्बोधित करती है जो पहले केवल संतों के लिए ही प्रयोग होता था। इस गोष्ठी के बाद 'परची' में अकबर को 'विवेकी' कहा जाता है जिसके विस्तृत अर्थों को संतवाणी में आए 'बल-बमेक' या 'बमेक-समिता' यानी 'जीव-ब्रह्म एकता के ज्ञान का बल या विवेक' आदि विषयों

में देखा जा सकता है। अनंतदास की 'परचई' कबीर को ठीक ऐसे ही 'विवेकी/बमेकी' के रूप में चित्रित करती है।[28] अबुल फ़ज़ल ने जैसे 'तौहीद' के दर्शन का राजनीतिकरण किया उसी तरह यह परची संतों के 'विवेक' को राजनीति के परिवेश में लाती है। यानी कबीर की तरह अकबर को भी दादू की 'परची' 'संत ऑफ़ द ऐज' मानती है, ठीक वैसे ही जैसे शिवाजी के पत्र में अकबर को 'जगत-गुरु' माना गया है। और 'परची' में बल दिया गया है अकबर की तर्कपूर्ण-विवेकी दृष्टि पर—

साहि अकबर बड़ौ बमेकी, खोटी खरी ग्यांन करि देखी।[29]

अकबर 'विवेकी' ज़रूर है लेकिन 'परची' का तर्क है कि यह गुण उन्होंने संतों की कविता से जुड़कर हासिल किया। जनगोपाल किसी भी तरह के चमत्कार को दिखाने से पूरी तरह से बचते हैं। यहाँ दादू की दिव्य-महिमा केवल राजसी और कुलीन श्रोताओं को प्रश्नोत्तर से सन्तुष्ट करने में है। अकबर भी मानते हैं कि दादू फ़तेहपुर सीकरी की सड़कों पर घूमने वाले कोई साधारण 'पिंजारे' नहीं हैं बल्कि एक ऐसे संत हैं जिन्होंने सर्वोच्च सत्य को पा लिया है। अकबर कहता है—

जौ तुम नहीं गुसइयां पाये, तौ कैसे मैं निकटि बुलाये।
निसदिन करत फिरत बेगारे, सहर सीकरी बहुत पिंजारे।[30]

जनगोपाल के लिए इतना साफ़ था कि राजा के द्वारा संतों का सम्मान उन्हें किसी क्षेत्र में स्थापित करता है। वे कहते हैं : *अरु राजा दादू कौ थापै, तौ दादूपंथी सब को आपै।*[31] इसलिए आम्बेर के राजा से दादू के संवाद में जनगोपाल दादू को और तार्किक ढंग से अपने मत रखते हुए दिखाते हैं। एक स्थिति ऐसी ही पैदा होती है जब दादू से आम्बेर के ब्राह्मण नाराज़ हो जाते हैं और राजा मानसिंह को उनके ख़िलाफ़ भड़काते हैं। ब्राह्मण इसलिए ग़ुस्सा हैं क्योंकि दादू हिन्दू-मुसलमान धर्म से परे जाने की बात करते हैं, बाल-विवाह ख़ासकर छोटी उम्र की कन्याओं के विवाह का विरोध करते हैं और ब्रह्मचर्य का समर्थन करते हैं। मानसिंह ब्राह्मणों के इन्हीं सवालों के जवाब दादू से माँगते हैं। दादू जवाब देते हैं कि तरुणों को विवाह के लिए विवश करना अज्ञानता का परिचायक है क्योंकि यह उनके शरीर पर दूसरों की इच्छाओं को थोपा जाना है। वे ऐसा करने वाले माँ-बाप को अज्ञानी कहते हैं। दादू प्रेम के बिना एक जवान-जोड़े के विवाह को भी अनुचित और कामासक्ति पूर्ण बताते हैं। वे अपनी बेटियों की कम उम्र में शादी करने और कम उम्र में ही विधवा हो जाने के बाद वैधव्य का कठोर जीवन भोगने के लिए विवश करने पर

ब्राह्मण और बनिया वर्ग को धिक्कारते हैं। वार्तालाप में दादू, कबीर की कविता की साखी भी भरते हैं।[32]

बाल-विवाह का दादू का यह विरोध मुग़ल दरबार में बाल-विवाह को लेकर बन रही नीतियों का समानान्तर उदाहरण है। 'मुंतख़्वाब-उत तवारीख' और 'आईने अकबरी' दोनों अकबर के 1586-87 ई. के एक फ़रमान का ज़िक्र करते हैं जिसमें बाल-विवाह की निन्दा की गई है। अबुल फ़ज़ल के अनुसार अकबर स्वयं शाही ख़ानदान के लड़के-लड़कियों का किशोरावस्था (लड़की का कम से कम 14 और लड़के के 16 साल) तक पहुँचने से पहले शादी न होने का व्यक्तिगत रूप से ध्यान रखता था।[33] अकबर के बाल-विवाह सम्बन्धित और दादू के बाल-विवाह व बाल-विधवा के कठोर जीवन के प्रति ये विचार अपने समय से काफ़ी आगे के थे। जनगोपाल की परची में दादू की ज़बरदस्त तर्कबद्धता को वहाँ उपस्थित उनके शिष्य, आम लोग और स्वयं मानसिंह सराहते हैं। राजा मानसिंह द्वारा दादू की तारीफ़ ब्राह्मण वर्ग को जँचती नहीं। इसलिए इस प्रसंग के बाद अपने 'दयालु' स्वभाव को चरितार्थ करते दादू राजा की दुविधा का अन्त करते हुए आम्बेर छोड़कर फिर से 'रामत' के लिए निकल पड़ते हैं। आमेर के राजा के साथ यह संवाद भगवंतदास के शासन के बाद दादू की मानसिंह के साथ रिश्तों में आती कड़वाहट की ओर इशारा करता है। इस घटना के कुछ वर्षों बाद आमेर की एक रानी कनकावती का दादू को आमंत्रित करना, रानियों द्वारा संतों को दिए आश्रय की तरफ़ इशारा करता है जिस विषय पर भविष्य में शोध की बहुत सम्भावनाएँ हैं। आमेर की रानी कनकावती राजकुल के पंडित, चारण और क़ायस्थ को भेजकर दादू को आमेर आमंत्रित करती है और आमेर में महोत्सव करवाती है जिसका उल्लेख जनगोपाल की दादू जन्मलीला परची की पुरानी पांडुलिपियाँ करती हैं।[34]

दादू के तर्कपूर्ण व्यक्तित्व और अभिजात वर्ग के साथ हुई उनकी गोष्ठियों व संवाद के अलावा जनगोपाल की 'परची' दूसरी प्रवृत्तियाँ भी दिखाती हैं। एक तो मुग़लकाल में जिस तरह अन्य सम्प्रदाय अकबर को उनके अपने दर्शन-विशेष या भक्ति से प्रभावित मानते हैं, उन दावों में दादू की 'परची' संत-परम्परा का प्रतिनिधित्व करती है। दिलचस्प बात यह है कि यह दावा कबीर के व्यक्तित्व और उनकी कविताओं पर आधारित है जिन्हें अबुल फ़ज़ल जैसे मुग़ल बुद्धिजीवी ने 'मुवाहिद' कहा है। संत हिन्दू धर्म और इस्लाम दोनों को नकार कर गूढ़ सत्य के रूप में इनसान की जिस एकता पर बल देते हैं उसके आधार पर दादू के द्वारा कबीर को अकबर के दरबार में पेश करना दादूपंथियों के लिए सटीक बैठता था। दूसरा यह 'परची' स्वयं दादूपंथ के आदर्शों को दिखाती है जिन पर यह समुदाय

संगठित हो रहा था। नाथों की परम्परा और संत-भक्ति को अपने अन्दर समाहित करते हुए भी इस पंथ की एक धारा मुग़ल-राजपूत राजनीतिक परिवेश पर अपने पंथ को व्याख्यायित कर रही थी। मुग़लों की 'सुलह-कुल' नीति किस तरह रिचर्ड ईटन के शब्दों में कहें तो 'ज्ञान के नए स्त्रोतों से संवाद' से पैदा हुई थी और उन्हें ही 'अपनाने का नज़रिया' देती है उसका समानान्तर उदाहरण हम जनगोपाल की 'परची' में देखते हैं जो करामातों के बखान से बचकर गोष्ठी, सवाल-जवाब और तर्कमूलक बहसों या 'रेशनैलिटी' जैसे विषयों को सामने लाती है। यही 'रेशनैलिटी' आरम्भिक आधुनिक काल में संतों की कविता में देखने को मिलती है जिसकी चर्चा हमने पिछले अध्याय में पुरुषोत्तम अग्रवाल के कबीर और 'देशज आधुनिकता' सम्बन्धी प्रस्ताव के सन्दर्भ में की है। दादूपंथी संत स्वयं दादू को 'बादशाहत' के मूल रहस्यों को जानने वाला दिखाते हैं। राघवदास का 'भक्तमाल' दादू द्वारा अकबर को अल्लाह के 'तेजोमय तख़्त' और चतुरदास इस पर 'भक्तमाल' पर अपनी 'टीका' (1800 ई.) में दादू द्वारा अकबर को 'ग़ैबी तख़्त' दिखाने की बात कहते हैं।[35] यह सन्दर्भ दादू को पैग़म्बर मुहम्मद के क़द का संत स्थापित करता है क्योंकि 'ग़ैबी तख़्त' वही तख़्त है जिसका वर्णन कुरआन में अल्लाह की 'अल-कुर्सी' के रूप में आता है जहाँ तक केवल पैग़म्बर मुहम्मद की पहुँच थी।[36] दादू के शिष्य संतदास अपने 'कड़खा' ग्रंथ में दादू को हिन्दू-मुस्लिम धर्मों के परे की राह दिखलाने वाला योद्धा मानते हैं और उनके बावन शिष्यों को उनके सेनानी।[37] मुग़ल-काल में बन रहे बादशाह-राजा आदि नए सम्बन्धों के आधार पर दादू के प्रधान शिष्य रज्जब का दादूपंथ में ठीक वैसा ही स्थान बताया गया है जैसा कि तुर्क साम्राज्यों में अकबर की प्रतिष्ठा, हिन्दुओं में मेवाड़ के राणा और राजाओं में आम्बेर के राजा का स्थान था। राघवदास के 'भक्तमाल' में संकलित यह 'कड़खा' इस मॉडल को बख़ूबी बयान करता है—

तुरकां सिरताज पतिसाही दिली तणौ, हिंदवां सीस सिरताज रांणौ।
राज सिरताज अधपति जु अम्बेर रो, यौ पंथ दादू तणैं रजब जाणौ।[39]

मानीख़ेज़ बात यह है कि मुग़ल-राजपूत राजनीतिक व्यवस्था में दादू की 'परची' उस तरह के चरितों से मिलती-जुलती है जो समान राजनीतिक व्यवस्था में उभरे। जिस तरह जनगोपाल मुग़ल दरबार में दादू को लाने के लिए 'नेटवर्क' बनाने वाले स्थानीय राजाओं का वर्णन करते हैं, इस घटनाक्रम से जुड़ी जैनों की कविता भी समान 'नेटवर्क' दिखाती है।

आम्बेर के राजा दादू को फ़तेहपुर सीकरी में अकबर से मिलने के लिए मनाते

हैं वहीं बीकानेर के जैन मंत्री कर्मचन्द्र बच्छावत खंभात (कैम्बे) से जिनचन्द्र सूरी को लाहौर लाने में मुख्य भूमिका निभाते हैं। जिनचन्द्र सूरी का अकबर के दरबार में सम्मान एक ऐतिहासिक घटना है जो 1591 ई. में हुई। इस घटनाक्रम का वर्णन गुजराती तथा ब्रजभाषा में श्वेताम्बर-खरतरगच्छ सम्प्रदाय के जैन मुनि और बहुभाषी कविता लिखने वाले समयसुन्दर (1563-1646 ई.) ने किया है जो राजस्थान और गुजरात में सक्रिय थे।[39] समयसुन्दर भी उन मुनियों में से एक थे जो अकबर से मिलने लाहौर की अपनी यात्रा में जिनचन्द्र सूरी के साथ गए थे। समयसुन्दर को अपने संस्कृत ग्रंथ 'अष्टलक्षी' के लिए अकबर के दरबार में बहुत सम्मान मिला था। उनकी कविताओं में जिनचन्द्र सूरी को लाहौर लाने में अकबर के जैन मंत्री कर्मचन्द्र बच्छावत वही भूमिका निभा रहे हैं जो दादू को फ़तेहपुर सीकरी लाने में भगवंतदास निभाते हैं—

इक दिन अकबर भूपति इम भाखइं, मंत्रीसर कर्मचंद सु दाखइ।
तुम्ह गुरु सुणियइ गुज्जर खंडइ, सिद्ध पुरुष सुप्रताप अखंडइ।
वेगि बोलायउ लिखि फुरमाण, आदर अधिक देइ बहु माण।[40]

समयसुन्दर जिनचन्द्र सूरी के प्रताप को पहचानने के लिए अकबर की प्रशस्ति करते हैं। जैन स्रोत भी व्यापक रूप से अबुल फ़ज़ल से जैन मुनियों का मिलना दिखाते हैं। दादूपंथ और जैन परम्पराएँ सच्चे संतों, मुनियों को पहचानने में अकबर के 'विवेक' की प्रशंसा करती हैं। अगले अध्याय में हम देखेंगे कि दादू के शिष्यों में अच्छी संख्या उनके वणिक-शिष्यों की थी जो ऐसे क़स्बों में स्थित थे जहाँ जैन धर्म की सशक्त उपस्थिति थी। यही वजह थी जिससे दादूपंथ जैन परम्परा के और समीप आया। उदाहरण के लिए समयसुन्दर अकबर के बुलावे पर लाहौर के रास्ते अपने 'संघ' के डीडवाना में रुकने की बात करते हैं—

एजु प्रणम्यां श्री शांतिनाथ, गुरु सिर धरयउ हाथ।
समयसुन्दर साथ, चाले नीकी वरियाँ॥
अनुक्रमि चलि आए, सीरोही मइं सुख पाए।
सुलताण मनि भाए, पेखत अँखरिया॥
जालोर मेदनीतट, पइसारउ कियउ प्रगट।
डिंडवाणइ जीते भट, जयसिरी वरियाँ॥[41]

इसी डीडवाना से दादू के मुख्य वणिक-शिष्य आए। वणिक-पृष्ठभूमि वाले संतों की बहुसंख्या वाला निर्गुण-भक्ति का निरंजनी सम्प्रदाय भी डीडवाना में विकसित

हुआ। ऊपर समयसुन्दर ने डीडवाना को बहसों और चर्चाओं के स्थान के रूप में वर्णित किया है : *डिंडवाणइ जीते भट*। जब उनका जैन संघ इस क़स्बे से होकर गुज़रा उसके कुछेक सालों बाद दादू भी अपने वणिक-शिष्यों के निमंत्रण पर डीडवाना आते हैं।[42] यह जैन मुनियों और दादूपंथियों में आपसी संवाद जैसी स्थिति को दिखाता है। दादूपंथी संत जैनों से प्रतिस्पर्धा में थे जिनको उच्च शाही सम्मान प्राप्त हुआ। मोनिका हॉर्स्टमान का कहना है कि मुग़ल दरबार में तपागच्छ सम्प्रदाय के जैन मुनि हीरविजय सूरी की सफलता ने दादूपंथियों में भी ईर्ष्या पैदा की। दादू की 'परची' के बाद की पांडुलिपियों का दावा है कि सम्राट अकबर द्वारा हीरविजय सूरी को दी गई रियायतें (जैसे जीव हत्या पर प्रतिबन्ध) दरअसल दादू को दी गई थीं।[43] हम इसमें यह जोड़ना चाहते हैं कि 1610 ई. में जहाँगीर ने पूरे मुग़ल डोमिनियन में बारह दिनों तक जीव-हत्या पर प्रतिबन्ध लगा दिया था। यह प्रतिबन्ध आगरा (जहाँ मुग़लों की राजधानी थी) के जैन समुदाय का आदर करते हुए लगाया गया जिनके पर्युषण का महीना चल रहा था। इस घोषणा की दो जीवन्त पेंटिंग्स जहाँगीर के दरबारी उस्ताद सालिवाहन ने बनाई थीं।[44] दादू जन्म लीला परची के लेखन का समय देखें जो 1610 ई. से 1620 ई. के बीच ठहरता है इसलिए फ़तेहपुर सीकरी में रहने वाले जनगोपाल के लिए जैनों का यह आदर बड़ी घटना होगी। अकबर के साथ-साथ जहाँगीर के इस हालिया उदाहरण ने उन्हें परची लिखने के लिए प्रेरित किया होगा। जहाँगीर ने ऐतिहासिक रूप से नरैणा में दादूपंथियों को अनुदान दिया था जिसे हम इस अध्याय में पहले देख आए हैं। अपनी परम्परा को भी अकबर के दरबार में प्रतिष्ठित करवाने के लिए दादू की 'जन्म लीला परची' दादू-अकबर की गोष्ठी को विस्तार देती है इसे नकारा नहीं जा सकता।

जैनों और दादू की 'परची' के बीच समानताओं के साथ कुछ अन्तर भी हैं, जिसमें कुलीन-वर्ग से आश्रय लेने से जुड़ी दादू की दुविधा का सवाल मुख्य है। दादू की 'परची' में सत्ताधारियों के साथ चर्चा करने और आश्रय लेने में तनाव और कशमकश है। जबकि गुजराती, मारवाड़ी और ब्रज में रचित जैन साहित्य में जैन मुनियों को मुग़ल सम्राट से मिले फ़रमानों की बहुत अधिक तारीफ़ है। मुग़ल दरबार में जैन मुनियों की सफलता का जश्न मनाने के लिए अपने धन के शानदार प्रदर्शन के लिए जैन मंत्री कर्मचन्द्र बच्छावत को बहुत याद किया जाता है। इसके बरक्स उत्तर भारतीय संतों के 'चरित' में प्रचलित राजसी-वर्ग की अवहेलना दादू की 'परची' में मौजूद है। निष्कर्षतः कबीर के प्रभाव और उनकी कविताओं को बड़ा स्थान देते हुए जनगोपाल की 'परची' कुलीन-वर्ग के द्वारा संरक्षित संस्कृति और भक्ति के लोक-परिवेश को एक साथ साधती है।

(ii) बनारस शिक्षित दादूपंथी संत मारवाड़ में : रुक्का-परवाना बहियाँ

अकबर के काल से जुड़े दार्शनिक सिद्धान्त 'सुलह-कुल' जिसमें बादशाह को एक अर्द्धदैवीय शक्ति वाला संत और सभी धर्मों से परे समझा जाता था, उसकी 17वीं सदी में वेदांत दर्शन के बढ़ते प्रभाव के साथ समानता देखी जा सकती है। इब्न अल-अरबी के 'वहदत अलवजूद' या संतों की भक्ति की 'सुलह-कुल' जैसी शासकीय नीति में जो परिणति होती है ठीक उसी तरह 17वीं सदी में वेदांत के दर्शन का राजनीतिकरण होता है। इस प्रक्रिया का प्रमुख उदाहरण दाराशिकोह की विश्वदृष्टि में देख सकते हैं जिसमें वह ख़ुद को हिन्दुस्तान का बादशाह पेश करता है। 1656 ई. में बनारस के संस्कृत पंडितों से दाराशिकोह 'उपनिषदों' का अनुवाद करवाता है। इस अनुवाद को 'सिर्रे-अकबर' (सर्वोत्तम रहस्य) नाम देकर दारा स्वयं इसकी भूमिका लिखता है। वह यह घोषणा करता है कि उपनिषदों के रूप में उसने एकेश्वरवाद (तौहीद) के मूल स्रोत को खोज लिया है। उपनिषदों के अलावा 'योगवाशिष्ठ' और 'प्रबोधचन्द्रोदय' जैसे वेदांत से जुड़े संस्कृत ग्रंथों का भी वह स्वयं और उससे जुड़े कुलीन फ़ारसी में अनुवाद करवाते हैं। इतिहासकार मुनीस फ़ारूक़ी को लगता है कि 'सिर्रे-अकबर' की भूमिका में सीधे-सीधे दाराशिकोह का राजनीतिक 'विज़न' नहीं दिखता लेकिन उसमें एक राजकुमार की सम्भावनाओं से भरी स्वयं की छवि पेश करने की चाहत उभरती है। यह दारा के बुद्धि, ज्ञान, विवेक, बहादुरी, दृढ़ता और आस्था आदि गुणों को सामने लाती है। उपनिषदों को 'तौहीद' के दर्शन का स्रोत मानने के पीछे मतलब साफ़ था कि हिन्दुस्तान जैसे सांस्कृतिक विविधता वाले देश का बादशाह बनकर दाराशिकोह किस आदर्श को रखने की बात कर रहा था।[45] दारा, सम्भवतः दरबार के मुस्लिम कुलीनों की उससे असहजता का समाधान करते हुए इस तर्क को सामने रखता है कि हालाँकि इस्लाम सबसे अच्छा धर्म है लेकिन इसमें उपनिषदों का ज्ञान शामिल करके उसे दार्शनिक रूप से ज़्यादा मज़बूत बनाया जा सकता है। दारा की तो उत्तराधिकार के युद्ध में हार हुई लेकिन वेदांत उस समय के राजाओं के लिए विविध सम्प्रदायों को आश्रय देने वाली अपनी प्रशासकीय छवि पेश करने वाला दर्शन बन गया।

16वीं सदी के उत्तरार्द्ध और 17वीं सदी में वेदांत, विशेष रूप से अद्वैत वेदांत की प्रमुखता बनारस-आधारित संस्कृत पंडितों की बढ़ती हुई प्रमुखता के साथ जुड़ी हुई है। बनारस को मुग़ल भारत में एक प्रमुख शहर के रूप में उभरने में मदद करने वाली प्रक्रियाओं के बारे में बताते हुए, रोज़ालिंड ओ'हैनलन लिखती हैं कि अकबर के ज़माने से बनारस के पंडितों ने हिन्दुओं से सम्बन्धित क़ानूनों या विधि व्यवस्था

पर एक नैतिक और न्यायिक अधिकार रखने वाले वर्ग की भूमिका निभाई। ख़ासकर उन क्षेत्रों में जिनमें मुस्लिम विधिवेत्ता असमर्थ थे। बनारस शिक्षा का एक बेजोड़ केन्द्र था और वहाँ का पंडित वर्ग एक सुव्यवस्थित सामाजिक-धार्मिक नेटवर्क से लाभ उठा सकता था।[46] मुग़ल काल में पैदा हुए इन अवसरों के कारण बनारस के पंडित धार्मिक क़ानून के मामलों में ख़ुद के एकाधिकार होने पर बल देने लगे। इसी तरह आरम्भिक आधुनिक भारत में अद्वैत वेदांत के सामाजिक इतिहास का विस्तृत ख़ाका खींचते हुए क्रिस्टोफर मिंकोव्स्की ने बनारस के अद्वितीय महत्त्व को रेखांकित किया है। बनारस अद्वैत वेदांत पर संस्कृत-ग्रंथों के निर्माण का एक प्रमुख केन्द्र था और अपने पंडितों के नेटवर्क से दक्षिण भारत (द्रविड़) से जुड़ा हुआ था। इस काल के प्रख्यात वेदांती बनारस में रहते थे और वहाँ होने वाली धार्मिक बहसों में 'अद्वैत' एक आम बौद्धिक 'स्टैंड' बन गया था। इन पंडितों ने अद्वैत दर्शन को हिन्दू धर्म की एक व्यापक अवधारणा के रूप में दर्शाया जिसके माध्यम से उस समय के आपस में प्रतियोगी धार्मिक-विश्वासों और सम्प्रदायों में सामंजस्य बिठाया जा सकता था।[47]

अद्वैत वेदांत के माध्यम से एक राजा की परम सत्य पाने की खोज (जैसा कि 'योगवाशिष्ठ' में राजा राम की खोज) और उसी दर्शन में सभी सम्प्रदायों का समाहार या उसे परे जाने की अवधारणा भी शामिल थी। राजा को 'ज्ञानी' या 'प्रबुद्ध' दर्शाने के पीछे उद्देश्य यह होता था कि वह सभी सम्प्रदायों, धर्मों से परे है या कहें तो विभिन्न धार्मिक परम्पराओं का सामंजस्य करने वाला है। इसलिए उस समय का राजसी-कुलीन वर्ग इसमें दिलचस्पी ले रहा था। इसी समय 12वीं-11वीं सदी के संस्कृत नाटक 'प्रबोधचन्द्रोदय' जैसे वेदांती ग्रंथों को देशभाषा में भी प्रस्तुत किया जा रहा था।[48] यह ग्रंथ बनारस को न केवल मुक्ति के लिए एक स्थान के रूप में प्रस्तुत करता है, बल्कि उसे 'विवेक' प्राप्त करने की सर्वोच्च जगह भी मानता है। 'प्रबोधचन्द्रोदय' दिखाता है कि बनारस शहर में उपनिषदों का अध्ययन किया जाता है और इन ग्रंथों के 'ज्ञान' पर विचार करने से 'मोह' नष्ट हो जाता है। मसलन मारवाड़ के राजा जसवंतसिंह (राज्यकाल 1638-1678 ई.) अपने ब्रजभाषा गद्य के दिलचस्प उदाहरण 'प्रबोध नाटक' में बनारस की प्रशंसा करते हैं, जो संस्कृत के 'प्रबोधचन्द्रोदय' का ही रूपान्तरण है—

जाकैं देखत दुख मिटैं उपजै आनन्द नित्ति।
खैंचि लेत हैं चित्त कौं, सिवनगरी यह सत्ति॥[49]

मारवाड़ के जसवंतसिंह हिन्दी में अलंकार-शास्त्र पर अपने 'भाषा-भूषण'

ग्रंथ के लिए प्रसिद्ध हैं। लेकिन उनके छोटे-बड़े दूसरे ग्रंथ भी हैं जिन पर अद्वैत-वेदांत दर्शन की छाप है। वेदांत की बढ़ती हुई प्रमुखता के कारण ही रीति-कवि अपने आश्रयदाता राजा को एक प्रबुद्ध व्यक्ति या 'ज्ञानी' के रूप में प्रस्तुत करते थे। उदाहरण के लिए शिवाजी के दरबारी कवि भूषण द्वारा रचित 'शिवराजभूषण' (1673 ई.) का यह दोहा देखते हैं, जो ग्रंथ शिवाजी के राज्याभिषेक के एक साल पहले लिखा गया था। इसमें शिवाजी को वैसा ही 'ज्ञानी' राजा कहा गया है—

चाहत निर्गुण सगुण कौं ज्ञानवंत की बान।
प्रकट करत निर्गुण सगुण सिवा निवाजे दान॥[50]

पूरे 'शिवराजभूषण' में 'श्लेष' का ज़बरदस्त प्रयोग किया गया है और शिवाजी को कई उपाधियों से महिमामंडित किया गया है। उपर्युक्त दोहे में पहली पंक्ति में वर्णित 'निर्गुण-सगुण' भक्ति की दो संवेदनाएँ हैं जो 'ज्ञानी' के लिए एक समान ही हैं। दूसरी पंक्ति में निर्गुण-सगुण का शाब्दिक रूप प्रस्तुत किया है। वह 'ज्ञानी' वास्तव में राजा शिवाजी हैं जो 'गुणवान' और 'गुणहीन' व्यक्तियों की पहचान करके दान करते हैं।

16वीं सदी के उत्तरार्द्ध से ही भक्ति-सम्प्रदायों में न केवल वेदांत से सम्बन्धित विमर्शों में भाग लेने की प्रवृत्ति देखी जा सकती है बल्कि प्रशिक्षण के लिए बनारस जाने के उदाहरण भी मिलते हैं। मराठी संत एकनाथ ने प्रशिक्षण के लिए बनारस जाने का उदाहरण पहले स्थापित किया। एकनाथ उस ज़माने से आते हैं जब उत्तरी दक्कन से बनारस जाने वाले ब्राह्मणों की एक परम्परा बन चुकी थी।[51] दादूपंथ और निरंजनी सम्प्रदाय जैसे निर्गुण-भक्ति के पंथ वेदांत के इस बढ़ते हुए प्रभाव के साथ तेज़ी से जुड़ रहे थे। इन दोनों सम्प्रदायों के संत न केवल वेदांत सम्बन्धी ग्रंथों को देशभाषा में अनूदित करते थे बल्कि इस दर्शन को संतवाणी में बड़ी जगह भी देते थे।[52] दादूपंथी संत अपने समुदाय और भक्ति पर उच्च दार्शनिक आदर्शों को स्थापित करने के लिए वेदांत से सम्बन्धित बौद्धिक विमर्शों में भाग लेते हैं। यह एक संयोग नहीं है कि दादू की 'परची' के लेखक जनगोपाल उन तीन व्यक्तियों में से एक हैं जिन्होंने संस्कृत 'प्रबोधचन्द्रोदय' का ब्रज में रूपान्तरण किया था। अन्य दो प्रमुख अनुवाद रीतिकवि केशवदास और मारवाड़ के राजा जसवंतसिंह ने किए थे। जनगोपाल के ब्रज रूपान्तरण का नाम 'मोह विवेक ग्रंथ या मोह विवेक युद्ध' है।[53] इस ग्रंथ में वे दादू के दर्शन को निर्गुण-भक्ति के प्रतिनिधि दर्शन के रूप में रखते हैं और फिर 'विवेक' और 'मोह' की अपनी-अपनी सेनाओं के बीच युद्ध की आलंकारिक कहानी कहते हैं। 'प्रबोधचन्द्रोदय' के दरबारों में हुए ब्रज रूपान्तरणों

की तुलना में जनगोपाल का 'मोह-विवेक युद्ध' सर्वाधिक सफल रहा। आगरा के जैन बुद्धिजीवी जनगोपाल के इस ग्रंथ की न केवल जैन मान्यताओं के अनुसार व्याख्या करते हैं बल्कि इससे प्रेरणा पाकर स्वयं के अनुवाद भी प्रस्तुत करते थे।[54] जनगोपाल का 'मोह विवेक युद्ध' वेदांत में दादूपंथी संतों की दिलचस्पी का कोई छिटपुट उदाहरण नहीं था क्योंकि सत्रहवीं शताब्दी के पहले दशक से इस पंथ के संत बनारस जाने लगते हैं जो परम्परा आने वाली सदियों में और फलती है।

राघवदास का 'भक्तमाल' सुन्दरदास और दादू के पोता-शिष्य नारायणदास (17वीं सदी) के जीवन की कुछ ख़ास घटनाओं का वर्णन करता है। राघवदास लिखते हैं कि सुन्दरदास ने 'वेदांत और पुराण' का ज्ञान बनारस में पढ़ा। सुन्दरदास ने बनारस में लगभग दो दशक बिताए और 1625 ई. में राजस्थान लौट आए। दादूपंथ में एक दोहा प्रसिद्ध है जिसमें सुन्दरदास व्यंग्य करते हुए नारायणदास को सम्बोधित करते हैं और बनारस में उनकी शिक्षा का उल्लेख करते हैं—

पढ़े थे बाराणसी, कियो विरावे वास।
भूंच देश में रम रहे, भले नारायणदास॥[55]

'भूंच देश' अर्थात् मरु-प्रदेश! सुन्दरदास ने मरु-प्रदेश पर अपनी कविता में व्यंग्यात्मक नज़रिया भी अपनाया है। वे ज़्यादातर फ़तेहपुर-शेखावाटी में रहे जो भाषाई रूप से मारवाड़ी क्षेत्र है लेकिन राजनीतिक रूप से अर्द्ध-स्वायत्त। सुन्दरदास के साथी ये नारायणदास 'दूधाधारी' मारवाड़ (जोधपुर) राज्य में स्थित थे। उपर्युक्त दोहे और अन्य उदाहरणों से पता चलता है कि सुन्दरदास और नारायणदास एक-दूसरे से मिलते रहे। फ़तेहपुर-शेखावाटी में सुन्दरदास के मठ को दिए गए दान के रिकॉर्ड से इन दोनों के बीच सम्भावित बातचीत का एक दूसरा प्रमाण भी मिलता है।[56] यही दादू के पोता-शिष्य नारायणदास जिनसे सुन्दरदास का वार्तालाप चलता था, जो जातिगत रूप से 'जाट' पृष्ठभूमि से आते हैं, मारवाड़ के राजा जसवंतसिंह से सम्मान पाते हैं। राघवदास लिखते हैं—

नारायण दूधाधारी घड़सी गुर पाय भारी,
राजा जसवंत असवारी भेजी आइये।[57]

राघवदास का यह वर्णन केवल 'कल्पना' या 'किंवदंतियों' पर आधारित नहीं था, जैसा पूर्वग्रह अक्सर संतों के 'चरित' के बारे में रखा जाता है। जोधपुर दरबार में संरक्षित 'ख़ास-रुक्का परवाना' बहियों में इसके प्रमाण मिलते हैं कि जोधपुर के ही चांपासर नामक गाँव में नारायणदास को जसवंतसिंह ने भूमिदान किया था। यह

उल्लेख मारवाड़ राज्य की 'ख़ास रुक्का' और 'सनद परवाना' बहियों में मिलता है। इन सभी बहियों में सबसे प्राचीन 'ख़ास रुक्का' यह दिखाता है कि जसवंतसिंह ने पाँच सिंचित खेतों (खेत पाँच पीच-डोहली रा) के साथ एक सार्वजनिक प्याऊ (पोहर पाणी री) के साथ एक मठ (अस्थल) बनाने के लिए नारायणदास को चांपासर में भूमिदान किया गया। जब ये दो सनदें जारी हुईं तब जसवंतसिंह क्रमशः 1667 ई. और 1671 ई. में औरंगाबाद और अहमदाबाद में थे। 'बही' से कुछ प्रासंगिक अंश यहाँ दिए गए हैं—

(1) "वैसाख सुद 14 सोमवार–1840 मुकाम गढ़ जोधपुर॥ स्वरूप श्री राजराजेश्वर महाराजाधिराज महाराजा श्री विजयसिंघजी महाराज कुँवर श्री जालम सिंघजी वचनात। तथा गाँव चांपासर मैं दादूपंथी हरिदास नैवलराम रे अस्तल नै खेत पाँच डोहली रा नै पोहर पाणी री पीछ पोहर एक री तिणरो महाराजा जी श्री अजीत सिंघजी रो परवानो संवत् 1765 रा आषाढ़ वद 14 री मिति रो है जिण वर हुकम हमै पण दीया है सो उणा दादूपंथियाँ रा चेला मनीराम ने चेतनदास पाया करसी।"

(2) "श्री हजूर रा परवाना री नक़ल श्री अभयसिंहजी वचनात तथा गाँव चांपासर माहे स्वामी नारायणदास रो अस्तल नै खेत 5 छै तिण री संनधां 2 आगली महाराजा श्री जसवंतसिंह जी री सलामती री छै तिण वर हुकम म्हे पिण दीया छै सु स्वामी हरिदास नैवलराम सीख पाया जासी हुकम छै। संनधां री विगत। सनद 1 संवत् 1724 रा काती वद 4 मुकाम औरंगाबाद री। सनद 1 1728 रा भद्रवा सुद तीज मुकाम अमेदाबाद री, 2 संनधां विगत 5 खेत पीछ डोली छै। पोहर पाणी री पीछ पोहर एक री।"

इस रुक्के में ज़िक्र है कि जसवंतसिंह ने नारायणदास को जो भूमि-अनुदान दिया था, वह पहली बार 1708 ई. में राजा अजीतसिंह के समय एक परवाने में दर्ज़ किया गया। उसी भूमि पर दादूपंथियों के अधिकारों के बारे में परवाने जारी करते हुए अजीतसिंह ने अपने पिता जसवंतसिंह के समय से लिखित सनदों का सहारा लिया। जब हम 1660 ई. में लिखे गए राघवदास के 'भक्तमाल' और कुछ साल बाद 1667 ई. और 1671 ई. में जसवंतसिंह द्वारा नारायणदास को जारी की गई सनदों को एक साथ रखकर देखते हैं तो यह बात सामने आती है कि दादूपंथी

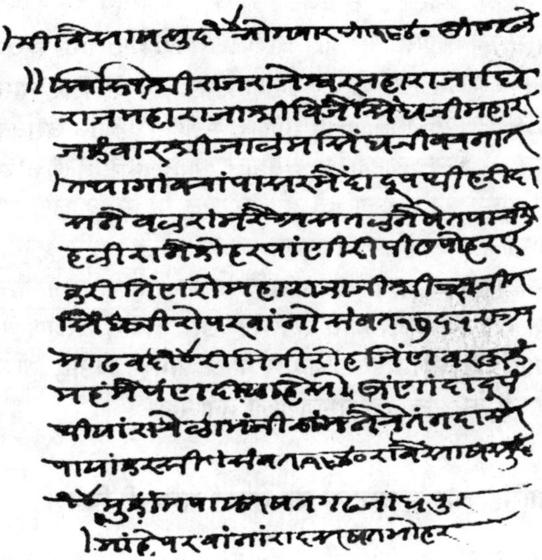

[1]

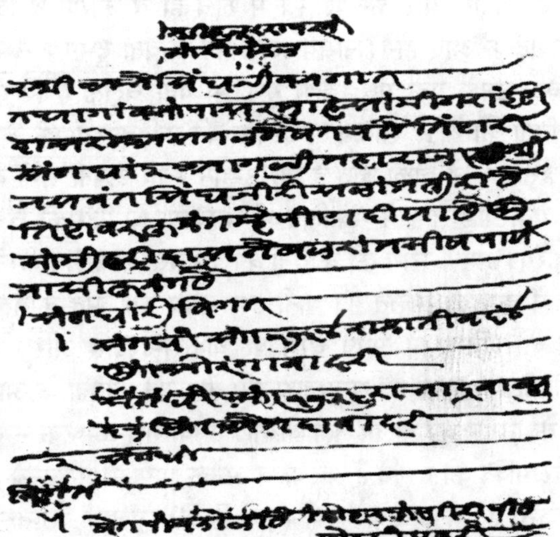

[2]

ख़ास रुक्का न. 1, पृ. 208-09; आभार : मेहरानगढ़ म्यूज़ियम ट्रस्ट जोधपुर

संत नारायणदास और मारवाड़ के राजा के बीच लम्बे समय तक बौद्धिक रिश्ते रहे होंगे। इन 'ख़ास रुक्का परवाना' बहियों और 'सनदों' में सबसे उल्लेखनीय बात यह है जो आश्रय जसवंतसिंह द्वारा स्थापित किया गया था वह मारवाड़ राज्य में दादूपंथियों के संरक्षण का एक लम्बा इतिहास बनाता है। यही 'बही' दर्शाती है कि जोधपुर के राजाओं जैसे अजीतसिंह, अभयसिंह और विजयसिंह सभी जसवंतसिंह की पहले की सनद का हवाला देते हैं और मठ पर समकालीन दादूपंथियों के अधिकारों को मान्यता देते हैं। यह निश्चित रूप से उन कई भूमि-अनुदानों, रियायतों और दान का केवल एक प्राचीन उदाहरण है जो मारवाड़ के राजाओं ने 20वीं सदी के पूर्वार्द्ध तक दादूपंथियों को जारी रखे थे।[58] इस दरबारी संरक्षण ने मारवाड़ में दादूपंथ की उपस्थिति और बढ़ते प्रभाव में महती भूमिका निभाई, जो समुदाय वहाँ उन्नीसवीं शताब्दी के अन्त तक प्रभावशाली बना रहा।

(iii) जसवंतसिंह और सुन्दरदास का वेदांत सम्बन्धी विमर्श

जसवंतसिंह की वेदांत और काव्यशास्त्र में रुचि ही वे कारण थे जिनसे दादूपंथी संत उनके नज़दीक आए होंगे। नारायणदास की कविता दुर्भाग्य से उतनी संरक्षित नहीं हुई लेकिन उनके एक ग्रंथ 'ब्रह्म गुण' से पता चलता है कि उन्होंने सांख्य दर्शन पर कविता की थी।[59] लेकिन सुन्दरदास की कविता व्यापक रूप से प्रचलित भी थी और हैरान करने वाली बात है कि उन्होंने स्वयं अपनी सभी कविताओं को 1685 ई. में एक पांडुलिपि में संकलित भी करवाया था जिसकी चर्चा हम अगले अध्याय में करेंगे। अपनी स्वयं की कविता को इस तरह संकलित करने के उदाहरण संत-परम्परा में कम ही मिलते हैं। यानी इस समय तक संत-कविता मौखिक से लिखित होने की प्रक्रिया में अपने चरम पर थी। सुन्दरदास और जसवंतसिंह की कविता में काफ़ी समानताएँ हैं। सुन्दरदास उस तरह की कविता के आलोचक हैं जो काव्यशास्त्र के नियम का पालन नहीं करती। उनके तेरह अष्टक न केवल वेदांत, सूफ़ीवाद और भक्ति को दर्शाते हैं बल्कि वे अनेक भाषाओं पर उनके अधिकार को भी प्रदर्शित करते हैं। ये अष्टक पूरबी (पूर्वी हिन्दी), पंजाबी, रेख़्ता, फ़ारसी और संस्कृत की शब्दावली को लेकर ब्रजभाषा में लिखे गए हैं। सुन्दरदास के छोटे ग्रंथों जैसे 'बावनी' में देवनागरी वर्णमाला के अक्षरों पर दार्शनिक कविता (यानी अक्षर ज्ञान को दर्शन से जोड़ना), साहित्यिक गोष्ठियों से जुड़ी समस्यापूर्तियों और कोष बनाने की तर्ज़ पर कविता करने की प्रवृत्ति है। सुन्दरदास को आरम्भिक आधुनिक हिन्दी के ऐसे पहले और अग्रणी कवि के रूप में पुकारना अतिशयोक्ति नहीं होगी

जिन्होंने संस्कृत के सुभाषितों, वेदांत की दार्शनिक उक्तियों, ब्रह्म-वाक्यों, तथा उत्तर भारत की विभिन्न बोलियों की कहावतों और मुहावरों का बड़े पैमाने पर अपनी कविता में उपयोग किया है। वे न केवल ख़ुद को संस्कृत की शास्त्रीय परम्परा से परिचित दिखाते हैं बल्कि ब्रजभाषा की नवोदित रीति-कविता की शैली अपनाकर दार्शनिक विषयों पर जटिल चित्रकाव्यों की रचना भी करते हैं।

सुन्दरदास के प्रमुख ग्रंथों में 'ज्ञान समुद्र' (1653 ई.) तथा 'सवैया-ग्रंथ' और जसवंतसिंह की अद्वैत वेदांत सम्बन्धी प्रमुख कृति 'सिद्धान्त-सार' की एक तुलना भक्ति और अद्वैत वेदांत सम्बन्धी उनकी मान्यताओं को समझने में आवश्यक है। जसवंतसिंह और सुन्दरदास दोनों मुख्य रूप से कवित्त-सवैया शैली में रचना करते हैं जो रीति-कविता की एक प्रमुख शैली थी। वेदांत पर जसवंतसिंह के ग्रंथों की पांडुलिपियाँ दादूपंथी संग्रहों में पाई जाती हैं और सुन्दरदास के ग्रंथ जोधपुर क़िले के संग्रहालय 'मानसिंह पुस्तक प्रकाश' में संरक्षित हैं जिसे जसवंतसिंह द्वारा शुरू किया माना जाता है। ये तथ्य उनके बीच बौद्धिक-साहित्यिक आदान-प्रदान की पुष्टि करते हैं।[60] सुन्दरदास (सवैया-ग्रंथ) और जसवंतसिंह (अनुभव-प्रकाश) शुद्ध रूप से निर्गुण शब्दावली में सर्वव्यापी ब्रह्म का वर्णन करते हैं लेकिन जसवंतसिंह वेदांत पर लिखे अपने ग्रंथों में सगुण या वैष्णव भक्ति को नकारने में एक क़दम आगे निकल गए हैं। यह उनके 'प्रबोध नाटक' में स्पष्ट है जिसकी चर्चा हम पहले कर चुके हैं। वे 'प्रबोध नाटक' का ब्रज में अनुवाद तो करते हैं लेकिन नाटक के एक प्रमुख पात्र 'विष्णुभक्ति' को छोड़ देते हैं। ग़ौरतलब है कि 'विष्णुभक्ति' संस्कृत 'प्रबोधचन्द्रोदय' नाटक का मुख्य पात्र है। जसवंतसिंह 'विष्णुभक्ति' को केवल 'आस्तिकता' शब्द में अनूदित करते हैं। जसवंतसिंह ने वैष्णव भक्ति की अवहेलना और शुद्ध रूप से अद्वैत वेदांत को अपने 'सिद्धान्त-सार' में प्रस्तुत किया है। इस ग्रंथ में वे प्रत्येक दर्शन को क्रमिक रूप में प्रस्तुत करते हैं जिसमें सांख्य और योग को अद्वैत वेदांत का सहायक दिखाया है। जसवंतसिंह ने हिन्दुओं के चार आश्रमों में मनुष्य की क्रमिक प्रगति को वेदांत के दर्शन से एकीकृत किया है। भक्ति, सांख्य और योग आदि दर्शनों को विस्तार से प्रस्तुत करने में जसवंतसिंह दिलचस्पी नहीं लेते। उनके लिए ये दर्शन भी 'भ्रम' हैं और अद्वैत की सत्ता उनसे ऊपर है—

भरम कर्‌यौ है ब्रह्म तैं ईश्वर भिन्न प्रकार।
निगुन सगुन ए मानि फिरि भरम चल्यौ ब्यौहार॥[61]

अपने भीतर के ब्रह्म को पहचानने के बाद संसार के सारे क्रियाकलाप उसी तरह

'भ्रम' लगते हैं जैसे सपने से जागे हुए व्यक्ति को अपना स्वप्न में देखा गया संसार।

वहीं 'ज्ञान समुद्र' में, सुन्दरदास, भक्ति, योग और अद्वैत वेदांत का समान रूप से वर्णन करते हैं। सुन्दरदास अद्वैत वेदांत दर्शन का उपयोग भक्ति के निर्गुण बनाम सगुण विभाजन में सामंजस्य बिठाने के लिए करते हैं, जिसमें वे नवधा को सबसे नीचे, फिर प्रेमलक्षणा को उससे ऊपर और विशिष्टाद्वैतवादी परा-भक्ति को सबसे ऊपर रखते हैं। परा-भक्ति वही है जो दार्शनिक तौर और निर्गुण संतों की भक्ति थी। अर्थात् भक्ति जब अद्वैत के दर्शन से जुड़ जाती है तो सुन्दरदास के अनुसार वह अपने परम पद की अधिकारी हो जाती है। वे जसवंतसिंह की तरह अद्वैत वेदांत को ऊँचा स्थान देते तो हैं लेकिन अष्टांग और राजयोग को भी मुक्ति का साधन बताते हैं—

योग सिद्धान्त सुनाइयौ, अष्ट अंग संयुक्त।
या साधन ब्रह्महि मिलै, तेऊ कहिये मुक्त॥[62]

सुन्दरदास और जसवंतसिंह द्वारा अद्वैत दर्शन पर चर्चा के उद्देश्य अलग थे। जसवंतसिंह जहाँ शिवाजी के दरबारी कवि भूषण की तरह एक राजा के 'ज्ञानी' होने की प्रशासकीय छवि रखते हैं जिसकी विचारधारा में सभी पंथों-सम्प्रदायों को शामिल किया जा सकता है, वहीं सुन्दरदास अद्वैत वेदांत को भक्ति, योग आदि दर्शन के साथ समाहित करते हैं।

(iv) दादूपंथी नागा, डिंगल परम्परा और संत-भक्ति

ऊपर की चर्चा से इतना साफ़ है कि दादूपंथी संत 17वीं सदी में उन बौद्धिक विमर्शों में भाग लेते हैं जो रीति-कवियों, ब्राह्मण वर्ग, कुलीन वर्ग की राजशाही की अवधारणाओं में समानान्तर रूप से चल रहे थे। इसलिए दादूपंथ को एक 'निर्गुण-पंथ' या भक्ति-परिवेश से बाहर के साहित्यिक-राजनीतिक विमर्शों के सन्दर्भ में भी देखना चाहिए। 17वीं सदी के अन्त तक आते-आते दादूपंथ का स्वरूप बदलने लगता है। एक पंथ के रूप में दादूपंथ के संगठन का श्रेय दादू की शिष्य परम्परा से आए संत जैतराम (महंत 1693-1732 ई.) को दिया जाता है।[63] दादूपंथ की नागा जमात के उद्भव और विकास पर मोनिका हॉर्स्टमान, जेम्स हेस्टिंग्स और रतनलाल मिश्र ने दिलचस्प शोध किया है। इनके अलावा दादूपंथ की नागा शाखा से ही जुड़े विद्वान् नारायणदास 'पुष्कर' के ग्रंथ प्रभावशाली हैं जिनमें 'दादूपंथ परिचय' सर्वाधिक उपयोगी है। दादूपंथ की नागा शाखा 'बड़े'

सुन्दरदास को अपना गुरु मानते आई है। बड़े सुन्दरदास बीकानेर राजवंश के थे और राव जैतसिंह के पुत्र थे। उन्होंने 16वीं सदी के उत्तरार्द्ध में दादू का शिष्यत्व ग्रहण किया था। लेकिन 17वीं सदी के अन्त तक दादूपंथ की नागा शाखा का संगठन नहीं हुआ था। मोनिका हॉर्स्टमान राघवदास के भक्तमाल के लिखे जाने के आसपास अर्थात् 1660 ई. से लेकर जैतराम के महंत बनने अर्थात् 1693 ई. के बीच में दादूपंथ में नागाओं की बढ़ती संख्या का ज़िक्र करती हैं। इसी काल में नागा अपने राजपूत गुरुओं (बीकानेर के बड़े सुन्दरदास और आम्बेर के कछवाहा कुल के माने गए हरिदास हापाजी) से जुड़ी अपनी अलग पहचान की माँग करने लगे थे। इस अलग अस्मिता की माँग में नरैणा के मुख्य महंत की उच्चता का नकार भी शामिल था। नागाओं के अलग हो जाने पर युद्धों में दी गई उनकी सेवाओं के बदले पाए जाने वाले धन से भी दादूपंथ को वंचित होना पड़ता। ऐसे ही कुछ कारणों की वजह से नागाओं को दादूपंथ के साथ जोड़ने में जैतराम ने मुख्य भूमिका निभाई।[64] जेम्स हेस्टिंग्स का कहना है कि 18वीं सदी की शुरुआत से ही दादूपंथियों के शस्त्र-धारण करने के उदाहरण तो मिल जाते हैं लेकिन विधिवत् रूप से नागा-शाखा का संगठन 18वीं सदी के मध्य में सवाई जयसिंह के शासन-काल के बाद हुआ।[65] नागा शाखा में राजपूत जाति के सदस्यों की संख्या ज़्यादा होती थी इसलिए हेस्टिंग्स के अनुसार यह पंथ धीरे-धीरे "पारम्परिक वैष्णव परम्परा की तरफ़ झुकता गया और उस पर पूर्वी राजस्थान की राजपूत संस्कृति की छाप स्पष्ट रूप से दिखने लगी।"[66] दादूपंथ की नागा शाखा ने 1797 ई. से एक कर संग्रहकर्ता और 19वीं सदी में महल के रक्षकों के रूप में जयपुर राज्य की सेवा शुरू की जो 1938 ई. में इस शाखा को भंग करने तक चली।[67] दादूपंथी नागा जमात इतिहास में स्पष्ट रूप से तब उभरी जब उन्होंने 1779 ई. में खाटू के युद्ध में अपना पराक्रम दिखाया। इस युद्ध में उन्होंने जयपुर राज्य की सेनाओं के समर्थन में दिल्ली (मुग़ल) सेना के ख़िलाफ़ युद्ध लड़ा।[68] तब से इस युद्ध ने दादूपंथ की स्मृति पर अमिट छाप छोड़ी है।

जयपुर में दादूपंथ की नागा जमात के संरक्षण में वृद्धि ने पड़ोसी मारवाड़ राज्य को भी इस शाखा को संरक्षण देने की प्रतिस्पर्धा में ला खड़ा किया। हालाँकि मारवाड़ राज्य की बहियाँ यह दिखाती हैं कि केवल मानसिंह (शासनकाल 1803-1817 और 1818-1843 ई.) के काल में ही दादूपंथी नागा साधुओं के मारवाड़ राज्य की युद्धों में सहायता करने के इक़रारनामे बने।[69] 19वीं सदी में दादूपंथ के शस्त्रबद्ध साधुओं की संख्या और प्रसिद्धि चरम पर थी जिसे उस समय के छापाखानों में मशहूर हुए सुन्दरदास के 'सुन्दरविलास' (सवैया-ग्रंथ) के लिथोग्राफ़

सुन्दरविलास (तीसरी आवृत्ति 1887 ई.), ज्ञानसागर छापाखाना मुंबई।
आभार : पंजाब डिजिटल लाइब्रेरी, BK-008663

संस्करणों में देखा जा सकता है।

दादू पंथ के संरक्षण 'नेटवर्क' से पता चलता है अठारहवीं शताब्दी में मारवाड़ में उनको सुदृढ़ आर्थिक सहायता मिली हुई थी। अभयसिंह (शासनकाल 1724-1749 ई.) ने चांपासर स्थित नारायणदास के मठ पर न केवल समकालीन दादूपंथी संतों के अधिकारों को बहाल किया बल्कि जयपुर के राजा सवाई जयसिंह की नई नीतियों से बने दबाव से बचने के लिए नरैणा के महंत कृष्णदेव (जिन्होंने मारवाड़ में शरण ली) की सुरक्षा भी की।[70]

जयपुर के सवाई जयसिंह (1700-1743 ई.) का एक आदर्श हिन्दू राजा व सम्प्रभु शासक के रूप में उभरना और स्वयं को वैदिक स्मार्त वर्णाश्रम धर्म के उद्धारकर्ता के रूप में स्थापित करना उनके राज्य में स्थानान्तरित हुए वैष्णव सम्प्रदायों (वल्लभ और चैतन्य सम्प्रदाय) को मजबूर कर रहा था कि वे उनके सम्प्रदाय के व्यवहारों में वर्णाश्रम को बनाए रखने वाले तत्त्वों पर बल दें और उन्हें सार्वजनिक रूप से प्रदर्शित भी करें। सवाई जयसिंह के इस 'अनुशासन पर्व' की वैष्णव सम्प्रदायों ख़ासकर रामानंदियों पर पड़े प्रभाव की चर्चा पुरुषोत्तम अग्रवाल ने की है।[71] 18वीं सदी के इन घटनाक्रमों को मुग़ल बादशाह औरंगज़ेब के शासनकाल में अन्तिम कुछ वर्षों में उसके कठोर रवैये के जवाब में जयपुर राज्य की प्रतिक्रिया के रूप में भी समझा जाता है। मोनिका हॉर्स्टमान का कहना है कि राजस्थान के शासकों ने औरंगज़ेब की नीतियों की प्रतिक्रिया स्वरूप उन सम्प्रदायों को अपने राज्य में

बसने के लिए प्रेरित किया जो लम्बे समय से वृंदावन आदि तीर्थों में बसे हुए थे।[72] नागा, बैरागी, संन्यासी आदि साधु-समुदायों को शस्त्र छोड़ने के लिए बाध्य करना और विवाहित जीवन अपनाना आदि कुछ प्रमुख माँगें थीं जो सवाई जयसिंह ने अन्य सम्प्रदायों के सामने रखीं।

सवाई जयसिंह की नीतियों का प्रभाव दादूपंथ पर भी पड़ा क्योंकि उनका मुख्य केन्द्र नरैणा जयपुर से ज़्यादा दूर नहीं था। 1733 ई. में नरैणा के दादूपंथी सवाई जयसिंह को पत्र लिखते हैं। जिसमें वे जयसिंह को यह विश्वास दिलाते हैं कि दादूपंथ का मुख्य महंत केवल एक ब्राह्मण ही होगा। इसके अतिरिक्त वे साधु जो एक ठोस नागा संन्यासी का जीवन व्यतीत करेंगे वे स्त्रियों से मेल-मिलाप नहीं रखेंगे और न ही स्त्रियों को शिक्षित-दीक्षित करेंगे। विरक्त साधु वैवाहिक जीवन अपनाएँगे। पंथ के व्यवहारों में वे 'पंक्ति' आदि वर्णाश्रम व्यवहारों का पूरा पालन करेंगे।[73]

> श्री रामजी,
>
> सुरतिराम आदि नरैणा के दादूपंथी स्वामियों द्वारा लिखित...
>
> महाराजा द्वारा शास्त्र की अनुपालना सम्बन्धी जारी राजाज्ञा से हम सहमत होते हैं। ...संन्यासी जो सब कुछ त्याग चुके हैं वे स्त्रियाँ, धन-सम्पदा आदि नहीं रखेंगे। सिर्फ़ एक ब्राह्मण ही स्वामी होने का अधिकारी होगा।...किसी भी दादूद्वारे में धन एकत्रित करने और बाँटने वाला केवल गृहस्थ ही होगा।...अगर हम इसका उल्लंघन करते हैं तो हम राजा का विरोध करने के अपराध के दोषी होंगे। और हम मुसलमानों के साथ मेल-जोल नहीं रखेंगे।
>
> (6 सितम्बर, 1733 ई., सवाई जयसिंह को लिखे 'शपथ-पत्र' से अनूदित।[74])

इस पत्र से इतना साफ़ है कि ये सभी व्यवहार दादूपंथ के लिए नए थे। आगे के अध्यायों में हम देखेंगे कि इस पंथ में गृहस्थ और ब्रह्मचर्य आदि वर्णाश्रम के नियम बँधे हुए नहीं थे। सवाई जयसिंह के शासनकाल के बाद दादूपंथ की नागा शाखा भी विधिवत् रूप से संगठित होने लगती है जिससे यह निष्कर्ष निकाला जा सकता है कि जयसिंह की नीतियों के दबाव में दादूपंथ आया ज़रूर लेकिन यह प्रभाव जयसिंह के शासनकाल तक ही रहा। हाँ, मुसलमानों से मेल-जोल सम्बन्धी जयसिंह की नीति का प्रभाव दादूपंथ पर दूरगामी रहा जिसने इस पंथ की हिन्दू पहचान को उत्तरोत्तर ठोस बनाया। दादू के प्रधान शिष्यों में बखना, रज्जब, वाजिद आदि मुसलमान पृष्ठभूमि के थे और मुस्लिम पृष्ठभूमि के संत दादूपंथ में कम ही

होते गए। दादू के वणिक शिष्यों में संन्यासी होने से पहले प्रागदास जैसे संत गृहस्थ थे, वहीं सुन्दरदास ब्रह्मचारी रहे। दादू की दो पुत्री-शिष्याओं, रामा और श्यामा बाई ने, नरैणा में महंत की भूमिका निभाई थी। राघवदास का भक्तमाल दादू की तेरह स्त्री शिष्याओं का वर्णन करता है। मतलब स्त्री शिक्षा-दीक्षा की परम्परा भी इस पंथ में थी।

दादूपंथ जयसिंह के समय में बदलने लगता है और जयपुर दरबार से उसके सम्बन्ध गहराते जाते हैं। सवाई जयसिंह के ज़माने से पहले से ही दादूपंथी महंत ब्रह्मचारी के रूप में रहते आए थे। इसलिए सवाई जयसिंह के दबाव के चलते तत्कालीन महंत कृष्णदेव (महंत 1732-53 ई.) विवाह सम्बन्धी शर्तों की बाध्यता की वजह से नरैणा छोड़कर मारवाड़ चले जाते हैं। वे कई वर्षों तक मेड़ता में रहते हैं। मेड़ता के तत्कालीन शासक ने महंत कृष्णदेव को 1751 ई. में गोचर भूमि और ढाई गाँव भी दिए।[75] मारवाड़ राज्य की बहियाँ दिखाती हैं कि 18वीं सदी के मध्य में इस राज्य में दादूपंथ के संरक्षण में अभूतपूर्व वृद्धि हुई। विजयसिंह के शासनकाल (1752-1793 ई.) में दादूपंथियों ने जोधपुर शहर में अपना पहला स्थल बनवाया।[76] विजयसिंह और भीमसिंह (शासनकाल 1793-1803 ई.) नागौर और मेड़ता के परगनों में दादूपंथी संतों को अपार सहयोग और मान्यता देने के लिए उल्लेखनीय हैं। बहियों के अनुसार मेड़ता में दादूपंथी संतों को प्रत्येक गाँव से एक रुपया *(गाँव दीठ रुपियो एक)* दिया जाता था।[77] जोधपुर-मेड़ता के इसी शासकीय सहयोग से नरैणा के बाद मेड़ता में दादूपंथ का यह एक प्रमुख केन्द्र स्थापित हो जाता है। नैणसी की 'विगत' की तर्ज़ पर लिखी मारवाड़ की बाद की 'विगत' हमें दिखाती हैं कि मेड़ता में दादूपंथ का स्थान शहर के प्रमुख धार्मिक स्थलों में से एक था और राजा अभयसिंह के समय इसे भूमिदान दिया गया था—*दादूपंथी साद बेजपार री जायगा [बेबचा तालाब] आधी महाराजा श्री अभयसिंघजी रै राज में दीवी।*[78]

दादूपंथी इतिहासकार नारायणदास के अनुसार 1827 ई. में जब नरैणा में दादूपंथ के मुख्य मन्दिर की नींव पड़ी उससे पहले आर्थिक सहयोग के लिए तत्कालीन महंत दिलेराम का पत्र जब जोधपुर पहुँचा तो उसके जवाब में जोधपुर के महाराजा (मानसिंह) ने "प्रसन्नता के साथ मकराणे के शासक को आज्ञापत्र लिख दिया कि नारायणा दादूधाम के दादूमन्दिर के लिए तीन दिन तक जितना पत्थर साधु-महात्मा ले जा सकें उतना बिना मूल्य और किसी भी प्रकार के टैक्स के बिना ही ले जाने दो और अपने यहाँ से प्रेम सहित लदान करा दो।"[79] मकराणा के शासक ने यह आदेश भी माना और मकराणा पत्थर नरैणा भी पहुँचा। दादूपंथी संतों की जोधपुर और जयपुर इस शक्तिशाली उपस्थिति को 1891 ई. में हुई मारवाड़ की जनगणना

रिपोर्ट (मर्दुमशुमारी) बख़ूबी बयान करती है—

> "नरैणा के महंतों का जयपुर और जोधपुर में यह क़ुरब है कि ख़ास रुक्कों से तो बुलाए हुए आते हैं और उनके लेने को सरदार और दीवान वग़ैरह राजधानी के दरवाज़े बाहर तक जाते हैं डेरे पर महाराजा साहिब उनसे मिलने को पधारते हैं।"[80]

मारवाड़ की डिंगल काव्य परम्परा और चारण कवियों से दादूपंथ के संवाद के अध्ययन पर विद्वानों की दृष्टि कम गई है। जबकि चारण कवियों के साथ दादूपंथी संतों के सम्पर्क में आने की प्रक्रिया स्वयं दादू तक जाती है। दादू की 'परची' यह दिखाती है कि मारवाड़ क्षेत्र की उनकी यात्रा के दौरान दुरसा आढ़ा का उनसे सत्संग हुआ था।[81] दुरसा डिंगल के सबसे अच्छे कवियों के रूप में प्रतिष्ठित हैं जो मारवाड़, मेवाड़ और सिरोही राज्यों में सम्मानित हुए थे। 'परची' में दादू और दुरसा की मुलाक़ात के दौरान ने दादू ने विष्णु के अवतारों की उपासना (जो चारणों में प्रसिद्ध थी) की बजाय निर्गुण-ब्रह्म की भक्ति में अपनी दृढ़ता स्थापित की। इन्हीं दुरसा के साथ रज्जब की काव्य आदि विषयों पर बहसों की चर्चा राघवदास का 'भक्तमाल' करता है। राघवदास के अनुसार अनेक भाषाओं में काव्य रचने में रज्जब निस्सन्देह दुरसा से बीस ही थे![82] दादूपंथी संत भी दुरसा आदि चारण कवियों की कविता में दिलचस्पी लेते थे जो दादूपंथी पांडुलिपियों में प्राप्त इन कवियों की कविता से स्पष्ट है।[83] डिंगल में रचना करने वाले चारण किस तरह से दादूपंथ की तरफ़ मुड़ रहे थे उसका एक दिलचस्प उदाहरण चारण ब्रह्मदास है। ब्रह्मदास दादूपंथी साधु थे जिन्होंने 18वीं सदी में विजयसिंह के शासनकाल के दौरान डिंगल में एक भगतमाळ (या छह छोटे भक्तमालों) की रचना की थी।[84] यह भक्तमाल डिंगल की सर्वाधिक लोकप्रिय 'वयण सगाई' शैली में लिखा हुआ है। इस भक्तमाल के द्वारा ब्रह्मदास ने ब्रजभाषा की बहुचर्चित 'भक्तमाल' परम्परा जो नाभादास से शुरू हुई को राजस्थान की अपनी भाषा और प्रसिद्ध काव्य-शैली से मारवाड़ी की तरफ़ मोड़ा। यह 'भक्तमाल' संत-परम्परा को वैष्णव-भक्ति से जोड़ता है और कुछ ऐसे संतों को स्थान देता है जो मारवाड़ के लोकजीवन में ही बसे हुए थे।

उत्तर-पश्चिमी भारत में व्यापारिक मार्गों की सुरक्षा और साहित्य-रचना के द्वारा प्राप्त राज्याश्रय के क्षेत्र में चारणों का बड़ा 'नेटवर्क' था। चारणों के दो बड़े उप-समूह, एक जिनकी मारवाड़ में उत्पत्ति हुई (अर्थात् मारु चारण) और दूसरे जो गुजरात के कच्छ के निवासी (अर्थात् कच्छी चारण) थे, दोनों गुजरात, मध्य प्रदेश और राजस्थान राज्यों में फैले हुए थे। डिंगल में साहित्य रचना भी इन

तीनों राज्यों को आरम्भिक आधुनिक काल में साथ लाई। इस प्रक्रिया का एक प्रमुख उदाहरण मारवाड़ के कवि हमीरदान रतनू थे जो कच्छ के राव देसल (शासनकाल 1718-41 ई.) के काव्य-गुरु थे।[85] दादू के शिष्य सुन्दरदास ने स्वयं गुजरात की यात्रा की थी और उनकी कविता वहाँ प्रचलित थी लेकिन हमीरदान रत्नु जैसे चारण-कवियों के 'नेटवर्क' ही वे कारण हो सकते हैं कि सुन्दरदास की कविता राजस्थान से दूर भुज-गुजरात तक पहुँची होगी। कच्छ राज्य के पांडुलिपि संग्रह से पता चलता है कि राव देसल ने स्वयं के अध्ययन के लिए सुन्दरदास के 'ज्ञान समुद्र' ग्रंथ की प्रतिलिपि तैयार करवाई थी। सुन्दरदास के ग्रंथों को 18वीं सदी के मध्य में शुरू हुई कच्छ राज्य की अद्वितीय ब्रजभाषा पाठशाला के पाठ्यक्रम में शामिल किया गया था जिस पर पाँचवें अध्याय में हम विस्तृत चर्चा करेंगे। इसी चारण-परम्परा में मंगलदास (19वीं सदी) आते हैं जिनका बनाया 'सुन्दरोदय' ग्रंथ दादूपंथी नागा शाखा का विस्तृत वर्णन करता है।[86]

दादूपंथियों द्वारा प्रशिक्षित प्रभावशाली कवियों में स्वरूपदास देथा एक बड़ा उदाहरण है जो मध्य प्रदेश में सीतामऊ और रतलाम के राजाओं के गुरु बने। वेदांत विषयों पर लघु रचनाओं के अलावा स्वरूपदास देथा ने राजस्थानी महाभारत (पांडवयशेन्दु चन्द्रिका, 1839 ई.) लिखी जिसने राजस्थान, गुजरात और मध्य प्रदेश में लोकप्रियता हासिल की।[87] डिंगल काव्य-परम्परा पर दादूपंथी संतों के प्रभाव का प्रभावशाली उदाहरण यह है कि यही स्वरूपदास देथा डिंगल-पिंगल के सर्वोत्कृष्ट कवि माने जाने वाले सूर्यमल्ल मिसण के गुरु बनते हैं। स्वरूपदास देथा को सूर्यमल्ल अपने 'वंश भास्कर' में याद करते हुए कहते हैं कि उनसे उन्होंने वेदांत आदि दर्शन के संस्कृत ग्रंथ पढ़े हैं।[88] निष्कर्षतः देखा जाए तो दादूपंथ का मारवाड़ और यहाँ के क्षेत्रीय काव्य रूपों पर गहरा प्रभाव रहा है। इस प्रभाव से न केवल भक्तमाल परम्परा ने मारवाड़ी में नया आकार लिया बल्कि सम्प्रदाय की नागा शाखा के इतिहास को भी क्षेत्रीय परम्परा की शैली में वर्णित किया गया। दादूपंथ में संतों के प्रशिक्षण की तथा बौद्धिक-वर्ग के साथ जुड़ाव की जो परम्परा सुन्दरदास के रूप में अपने चरम पर पहुँचती है (17वीं सदी में शिक्षा के लिए बनारस गए थे) उस परम्परा का 19वीं सदी में एक चक्र पूरा हो जाता है। इसी प्रक्रिया के तहत दादूपंथी संतों द्वारा प्रशिक्षित स्वरूपदास देथा राजस्थानी संस्कृति में बसा अपना महाभारत देते हैं और उनके द्वारा प्रशिक्षित सूर्यमल्ल मीसण डिंगल-पिंगल के सर्वोत्कृष्ट कवि बनते हैं।

सन्दर्भ

1. मोनिका हॉर्स्टमान, द एग्ज़ाम्पल इन दादूपंथी होमलेटिक्स, फ्रांचेस्का ऑर्सिनी और कैथरीन स्कोफ़ील्ड द्वारा सम्पादित *टैलिंग्स एंड टेक्स्ट्स* में संकलित, 2015 ई., पृ. 45
2. दादूपंथ के विकास के इन चरणों के लिए देखें, जेम्स हेस्टिंग्स, *पोयट, सेंट एंड वॉरियर्स : द दादूपंथ, रिलिजस चेंज एंड आइडेंटिटी फ़ॉर्मेशन इन जयपुर स्टेट,* 1562-1860 ई. (अप्रकाशित शोध-प्रबन्ध) विस्कॉन्सिन विश्वविद्यालय, मेडिसन, 2002 ई. तथा डेनियल गोल्ड, द दादूपंथ : ए रिलिजस ऑर्डर इन इट्स राजस्थान कॉन्टेक्स्ट, द *आइडिया ऑफ़ राजस्थान : एक्सप्लोरेशन इन रिलिजस आइडेंटिटी* (भाग-2), कैरीन शूमर और अन्य द्वारा सम्पादित, मनोहर प्रकाशन, दिल्ली, 2001 ई.
3. जदुनाथ सरकार, *हिस्ट्री ऑफ़ औरंगज़ेब बेस्ड ऑन ओरिजिनल सोर्सेस* (भाग-3), लॉन्गमेंस ग्रीन्स एंड कम्पनी, लंदन 1920 ई., पृ. 323-29, यह पत्र शिवाजी, शम्भाजी, या मारवाड़ के जसवंतसिंह, या मेवाड़ के राजसिंह में से किसने लिखा इसके बारे में इतिहासकारों में मतभेद है। जदुनाथ सरकार ने अधिक प्रमाणों से इसे शिवाजी का लिखा बताया है। इतिहासकार रीमा हूजा ने गौरीशंकर हीराचंद ओझा (जो कर्नल टॉड के लेखन पर आश्रित थे) के प्रमाणों के आधार पर इसे मेवाड़ के राजसिंह (शासनकाल 1652-1680 ई.) का लिखा बताया है। देखें, रीमा हूजा, *हिस्ट्री ऑफ़ राजस्थान,* रूपा एंड कम्पनी, नई दिल्ली, 2006 ई., पृ. 620
4. एम. अतहर अली, *सुलह-कुल तथा अकबर के धार्मिक विचार,* मध्यकालीन भारत, सम्पादक—इरफ़ान हबीब, अंक 3, राजकमल प्रकाशन, नई दिल्ली, 1991, पृ. 43, अतहर अली के अनुसार "अकबर ने साम्राज्य के लक्ष्यों की प्राप्ति तथा अत्यन्त ऊर्जस्वित मेधा के अन्तर्गत पारस्परिक रूप से संगत धार्मिक विचारों को विकसित किया था, जो विविध स्रोतों से प्राप्त हुए थे, पर जिन्हें विवेक के पर्याप्त प्रयोग से संशोधित और परिष्कृत किया गया था।...जिसे हम सुलह-कुल कह सकते हैं। इस प्रयोग में जहाँ तक अमीर वर्ग की श्रेणियों का सम्बन्ध था, हिन्दुओं और शियाओं के लिए द्वार खोलने, और उस वर्ग से—मुसलमानों के कट्टर वर्ग से—जो विशेष रूप से अकबर के स्वयं के विचारों तथा नीतियों के ख़िलाफ़ था—संरक्षण वापस लेने की ओर बढ़ाव था।"
5. रिचर्ड ईटन, *इंडिया इन द पर्शियनेट एज 1000-1765,* ऑकलैंड : यूनिवर्सिटी ऑफ़ कैलिफ़ोर्निया प्रेस, 2019 ई., पृ. 238
6. ब्लेक पाय, द *सूफ़ी मैथड बिहाइंड द मुग़ल 'बुक ऑफ़ वॉर': ए स्टडी ऑफ़ इब्न अल अरबी'ज़ 'तहक़ीक़' इन अबुल फ़ज़ल'स प्रीफ़ेस टू द रज़्मनामा,* 'मॉडर्न एशियन स्टडीज़' जर्नल में शीघ्र प्रकाश्य।
7. अज़फर मुईन, द मिलेनियल सॉवरेन : सेक्रेड किंगशिप एंड सेंटहुड इन इस्लाम, कोलम्बिया यूनिवर्सिटी प्रेस, न्यूयॉर्क, 2012, पृ. 131-46
8. राजीव किनरा, हैंडलिंग डाइवर्सिटी विथ ऐब्सोल्यूट सिविलिटी : द ग्लोबल हिस्टोरिकल लैगेसी ऑफ़ मुग़ल सुलह-कुल, द *मिडीवल हिस्ट्री जर्नल* 16, 2 : 251-295, 2013 ई., पृ. 261
9. जदुनाथ सरकार, *हिस्ट्री ऑफ़ औरंगज़ेब बेस्ड ऑन ओरिजिनल सोर्सेस* (भाग-3), पृ. 326

10. जैनों, यतियों और मुनियों को अकबर के दरबार द्वारा मिले प्रश्रय के लिए देखें, ऑड्री ट्रश्की, *कल्चर ऑफ़ एनकाउंटर्स : संस्कृत एट द मुग़ल कोर्ट,* कोलम्बिया यूनिवर्सिटी प्रेस, न्यूयॉर्क, 2016 ई., पृ. 30-37
11. नारायणदास, श्री दादूपंथ परिचय (भाग-1), श्री दादूदयाल महासभा, जयपुर, 1978-79, पृ. 21-22, नारायणदास ने नरैणा में विद्यमान एक शिलालेख का उल्लेख किया है जो दादू के पुत्र/शिष्य और पंथ के पहले महंत ग़रीबदास को कुआँ बनवाने के लिए जहाँगीर द्वारा मिले अनुदान का ज़िक्र करता है।
12. विनान्द कैलवर्ट, *द सर्वंगी ऑफ़ दादूपंथी रज्जब,* कैथोलिक प्रेस, राँची, 1978 ई., पृ. 30-31
13. मसलन शव का दाह-संस्कार करवाने के बजाय पशु-पक्षियों के लिए रखना। देखें, डेविड शिया एवं एंथनी ट्रॉयर, द दबिस्तान या स्कूल ऑफ़ मैनर्स, (भाग-दो, अध्याय-18), द ओरिएंटल ट्रांसलेशन फंड ऑफ़ ग्रेट ब्रिटेन एंड आयरलैंड, पेरिस, 1843 ई.
14. विनान्द कैलवर्ट, *द हिन्दी बायोग्राफ़ी ऑफ़ दादूदयाल,* मोतीलाल बनारसीदास, दिल्ली, 1988 ई.
15. हायदी पाउल्स, हैगियोग्राफ़ी एंड कम्यूनिटी फ़ॉर्मेशन : द केस ऑफ़ ए लॉस्ट कम्यूनिटी ऑफ़ सिक्सटीन्थ सेंचुरी वृंदावन, द जर्नल ऑफ़ हिन्दू स्टडीज़, 2010 ई., पृ. 53-54
16. रूपर्ट स्नैल व विनान्द कैलवर्ट, *अकॉर्डिंग टू ट्रेडिशन, हैगियोग्राफ़िकल राइटिंग्स इन इंडिया,* हैरासोविच-वीएसबेडन, 1994 ई., पृ. 1
17. जिनमें सबसे पुरानी पांडुलिपि 1653 ई. की है।
18. *द हिन्दी बायोग्राफ़ी ऑफ़ दादूदयाल,* 3 : 24
19. वही, 4 : 8
20. *द आईने अकबरी बाय अबुल फ़ज़ल अलामी,* सम्पादक—हैनरी जेरेंट और एच. ब्लॉकमैन, एशियाटिक सोसायटी ऑफ़ बंगाल, कलकत्ता, 1873-1907 ई., भाग-2, अध्याय 259, पृ. 129 और पृ. 171
21. https://www.academia.edu/19023624/Abul_Fazls_Rationality_Revisted,
22. *द मिस्ट्री ऑफ़ नम्बर्स,* ऑक्सफ़ोर्ड यूनिवर्सिटी प्रेस, न्यूयॉर्क, 1993 ई. 40 नंबर पर लिखा उनका अध्याय देखें
23. देखें, *सूफीज़ ऑफ़ बीजापुर,* 1300-1700 ई., प्रिंस्टन यूनिवर्सिटी प्रेस, 2016 ई., पृ. 46-50, रिचर्ड ईटन ने दिल्ली सल्तनत काल में चिश्ती सूफ़ियों द्वारा दरबारी मामलों से बचने वाले प्रसंगों का उल्लेख किया है। लेकिन यह परम्परा 14वीं सदी के उत्तरार्ध से दकन में बदल जाती है जब सूफ़ियों ने बहमनी साम्राज्य से जुड़ना शुरू किया। पन्द्रहवीं शताब्दी में यह प्रक्रिया और तेज़ हो गई। वल्लभ सम्प्रदाय के 'चौरासी वैष्णवन की वार्ता' में संत कुंभनदास के प्रसंग में आए 'भक्तन को कहा सीकरी सो काम' तो प्रसिद्ध है ही।
24. सिकंदर लोदी और कबीर के प्रसंग के लिए, देखें विनान्द कैलवर्ट, द हैगियोग्राफ़ी ऑफ़ अनंतदास (अध्याय 7, 8 और 9), कर्ज़न प्रैस, रिचमंड सर्रे, 2000 ई. अनंतदास की रैदास की परचई में जब झाली रानी कबीर को उन्हें शिष्या के रूप में स्वीकार करने के लिए आग्रह करती है, तो कबीर को कहते हैं : *मेरे कामी न रानी राजा, द हैगियोग्राफ़ी ऑफ़ अनंतदास,* पृ. 346

25. द *हिन्दी बायोग्राफ़ी ऑफ़ दादूदयाल,* 4 : 7
26. वही, 4 : 16
27. वही, 6 : 3
28. द *हैगियोग्राफ़ी ऑफ़ अनंतदास,* पृ. 65
29. द *हिन्दी बायोग्राफ़ी ऑफ़ दादूदयाल,* 4 : 27
30. वही, 7 : 11-12
31. वही, 11 : 3
32. वही, 10 : 3-23
33. शाहदाब बानो और शाहदाबा बानो, *ऐज ऑफ़ मैरिज इन प्री-कोलोनियल इंडिया,* प्रोसीडिंग्स ऑफ़ द इंडियन हिस्ट्री कांग्रेस, वॉल्यूम 64, 2003 ई., पृ. 598
34. द *हिन्दी बायोग्राफ़ी ऑफ़ दादूदयाल,* 14 : 7-9
35. अगरचंद नाहटा (सम्पादक), राघवदास कृत भक्तमाल, राजस्थान प्राच्य विद्या प्रतिष्ठान, जोधपुर, 1965 ई., पृ. 179, 183
36. इस सन्दर्भ के लिए प्रोफ़ेसर अज़फ़र मुईन का आभार
37. डायना एल. और फ्रांसुआ मालिसोन सम्पादित, *डिवोशन डिवाइन,* देखें मोनिका हॉर्स्टमान का लेख (पृ. 258-60), एकोल फ्रांसुआ द एक्स्ट्रीम ओरिएंट, पेरिस, 1991 ई.
38. राघवदास कृत भक्तमाल, पृ. 188
39. अगरचन्द नाहटा और अन्य द्वारा सम्पादित, *समयसुन्दर कृत कुसुमांजलि,* नाहटा ब्रदर्स, कलकत्ता 1956 ई., पृ. 359-409
40. वही, पृ. 359
41. वही, पृ. 391
42. द *हिन्दी बायोग्राफ़ी ऑफ़ दादूदयाल,* 13 :1-5. दादू अपने महाजन शिष्यों, प्रागदास बिहाणी और गोपालदास के निमंत्रण पर 1594-95 ई. में डीडवाना क्षेत्र में आते हैं।
43. मोनिका हॉर्स्टमान, *नाथ एंड दादूपंथी क्रिटिक ऑफ़ जैन, इंटरनेशनल जर्नल ऑफ़ जैन स्टडीज़,* 13, 1, पृ. 1-72
44. राजीव किनरा, *हैंडलिंग डाइवर्सिटी विथ ऐब्सोल्यूट सिविलिटी : द ग्लोबल हिस्टोरिकल लैगेसी ऑफ़ मुग़ल सुलह-कुल,* पृ. 269
45. वसुधा डालमिया और मुनीस फ़ारूक़ी द्वारा सम्पादित, *रिलिजस इंटरेक्शन्स इन मुग़ल इंडिया,* ऑक्सफ़ोर्ड यूनिवर्सिटी प्रेस दिल्ली, 2014 ई., देखें, मुनीस फ़ारूक़ी का लेख, 'दाराशिकोह, वेदांत एंड इम्पीरियल सक्सेशन इन मुग़ल इंडिया", पृ. 30-64
46. रोज़ेलिंड ओ'हेनलोन और डेविड वॉशब्रुक द्वारा सम्पादित, *रिलिजस कल्चर इन अर्ली मॉडर्न इंडिया,* रटलैज, न्यूयॉर्क, 2012 ई., देखें, रोज़ेलिंड ओ'हेनलोन का लेख, 'स्पीकिंग ऑफ़ शिवा', पृ. 122
47. क्रिस्टोफ़र मिंकाव्स्की, 'अद्वैत वेदांत इन अर्ली मॉडर्न हिस्ट्री', *साउथ एशियन हिस्ट्री एंड कल्चर,* वॉल्यूम 2, नं. 2, ई. 2011, पृ. 205-231
48. सरोज अग्रवाल, *प्रबोधचन्द्रोदय और उसकी हिन्दी परम्परा,* हिन्दी साहित्य सम्मेलन, इलाहाबाद, 1962 ई.
49. *जसवंतसिंह ग्रंथावली,* विश्वनाथ प्रसाद मिश्र द्वारा सम्पादित, नागरीप्रचारिणी सभा, 1972 ई.,

पृ. 103

50. *भूषण ग्रंथावली,* विश्वनाथ प्रसाद मिश्र द्वारा सम्पादित, श्री सीताराम प्रैस, काशी, 1994 ई., पृ. 26
51. जॉन कोयने, एकनाथ इन कॉन्टेक्स्ट, *साउथ एशियन हिस्ट्री एंड कल्चर,* 6:1, 2015 ई., पृ. 70-86
52. निरंजनी सम्प्रदाय के विशद अध्ययन के लिए देखें, टाइलर विलियम्स, *सेक्रेड साउंड्स एंड सेक्रेड बुक्स : ए हिस्ट्री ऑफ़ राइटिंग इन हिन्दी* (अप्रकाशित शोध-प्रबन्ध), कोलम्बिया यूनिवर्सिटी, न्यूयॉर्क, 2014 ई.
53. जनगोपाल के 'मोहविवेक युद्ध' के लिए देखें पांडुलिपि क्रमांक 14, 34, 67, 74 और 90, प्राच्यविद्या प्रतिष्ठान (विद्याभूषण संग्रह), जयपुर
54. जनगोपाल के मोहविवेक युद्ध और आगरा के जैन लेखकों के बीच सम्बन्ध के लिए देखें, जॉन कोर्ट, टुडे आइ प्ले होली इन माई सिटी, *जर्नल ऑफ़ जैन स्टडीज़,* वॉल्यूम 9, नं. 7, 2013 ई., पृ. 1-50
55. नारायणदास, *श्री दादूपंथ परिचय* (भाग-2), पृ. 281
56. चांपासर वाले नारायणदास दादू के शिष्य घड़सीदास के शिष्य थे। फ़तेहपुर-शेखावाटी में सुन्दरदास के मठ पर घड़सीदास के दो शिष्यों की समाधि (एक 1639 ई. में दूसरी 1668 ई. में) का उल्लेख मठ के अनुदान सम्बन्धी रिकॉर्ड में किया गया है। *सुन्दर ग्रंथावली* (भाग-1), सम्पादक—हरिनारायण शर्मा, राजस्थान रिसर्च सोसायटी, कलकत्ता, 1937 ई., पृ. 27-28
57. *राघवदास कृत भक्तमाल,* पृ. 237
58. मेहरानगढ़ म्यूज़ियम ट्रस्ट की ख़ास रुक्का बहियाँ (नं. 1,6,9) और सनद परवाना बहियाँ (नं. 1, 5, 6, 8, 25, 58, 61, 80), तथा पट्टा बही (नं. 4) दादूपंथ को जसवंतसिंह के समय से 20वीं सदी के पूर्वार्द्ध तक जोधपुर दरबार से मिले करमुक्त भूमि अनुदानों और समय-समय पर हुए सम्मानों का बयान करती हैं।
59. नारायणदास, *श्री दादूपंथ परिचय* (भाग-2), पृ. 283-84
60. दादूपंथियों द्वारा जसवंतसिंह के ग्रंथों को पढ़ने के उदाहरण के लिए देखें, नारायणदास, *श्री दादूपंथ परिचय* (भाग-2), पृ. 278 और सुन्दरदास के ग्रंथों की मेहरानगढ़ म्यूज़ियम ट्रस्ट में संगृहीत पांडुलिपियाँ, क्रमांक 248, 938, 1392 हैं।
61. *जसवंतसिंह ग्रंथावली,* पृ. 171
62. *सुन्दर ग्रंथावली* (भाग-1), सम्पादक—हरिनारायण शर्मा, पूर्वोद्धृत, ज्ञान समुद्र, छंद 90
63. दादू की पाँचवीं पीढ़ी के शिष्य महंत जैतराम ने दादूपंथ को संगठित करने में अहम भूमिका निभाई। नरैणा की गद्दी पर विद्यमान महंत की सर्वोच्च सत्ता बताना, उन्हें दादू का अवतार मानना, वार्षिक मेले को औपचारिक रूप देना, दादू के शिष्यों द्वारा स्थापित दादूद्वारों के अन्य सभी केन्द्र जो राजस्थान, पंजाब और हरियाणा में फैले हुए थे उनका स्तरीकरण करना आदि इसमें प्रमुख था। देखें, डब्ल्यू. जी. ऑर., *ए सिक्सटीन्थ सेंचुरी इंडियन मिस्टिक,* लुटरवर्थ प्रैस, लन्दन, 1947 ई., पृ. 193, श्री दादूपंथ परिचय (भाग-1), पृ. 53-79
64. मोनिका हॉर्स्टमान, *द फ़्लो ऑफ़ ग्रेस : फ़ूड एंड फ़ीस्ट इन द हैगियोग्राफ़ी एंड हिस्ट्री*

ऑफ़ द दादूपंथ, Zeitschrift der Deutschen Morgenländischen Gesellschaft, वॉल्यूम 150, नं. 2, 2000 ई., पृ. 538-39

65. द *दादूपंथ, रिलिजस चेंज एंड आइडेंटिटी फ़ॉर्मेशन इन जयपुर स्टेट,* 1562-1860 ई., पृ. 159-60
66. वही, पृ. 302-03
67. डेनियल गोल्ड, *द दादूपंथ : ए रिलिजस ऑर्डर इन इट्स राजस्थान कॉन्टेक्स्ट,* पृ. 242 और मोनिका हॉर्स्टमान *द फ़्लो ऑफ़ ग्रेस : फ़ूड एंड फ़ीस्ट इन द हैगियोग्राफ़ी एंड हिस्ट्री ऑफ़ द दादूपंथ,* पृ. 544
68. *श्री दादूपंथ परिचय* (भाग-3), पृ. 38-41
69. मेहरानगढ़ म्यूज़ियम ट्रस्ट, ख़ास रुक्का नं. 6, दादूपंथी नागा साधुओं चैनराम, इन्दरदास और सर जीवनदास का उल्लेख करता है जो 1805 ई. में मारवाड़ राज्य का झगड़ों में साथ देने की बन्दगी का इक़रार करते हैं।
70. *श्री दादूपंथ परिचय* (भाग-1), पृ. 85
71. *अकथ कहानी प्रेम की—कबीर की कविता और उनका समय,* पृ. 290-97
72. मोनिका हॉर्स्टमान, थिओलॉजी एंड स्टेटक्राफ़्ट, *साउथ एशियन हिस्ट्री एंड कल्चर,* 2:2, 2011 ई., पृ. 184-204
73. पूर्वोद्धृत, देखें, इस अध्याय का उद्धरण 2
74. मोनिका हॉर्स्टमान, Ein Kapitel nordindischer Religionspolitik im 18. Jahrhundert: Jai Singh II. und die religiosen Orden", Zeitschrift fur Religionswissenschaft, Vol. 1 (1994) : 49-67. कापड़द्वारा, नं. 1282 सिटी पैलेस, जयपुर, 1733 ई. में नरैणा के दादूपंथियों द्वारा लिखित यह पत्र अपने मूल के अंग्रेज़ी अनुवाद का हिन्दी अनुवाद है। पत्र पर मोनिका हॉर्स्टमान ने यहाँ उद्धृत अपनी जर्मन किताब में विस्तृत चर्चा की है। मैं मोनिका जी का बहुत आभारी हूँ जिन्होंने COVID-19 के ज़माने में हाइडेलबर्ग विश्वविद्यालय को भेंट किए अपने संकलन की अनुपलब्धता के बावजूद अपनी जर्मन पुस्तक से इस पत्र के कुछ हिस्सों का अंग्रेज़ी अनुवाद मुझे 18 फ़रवरी, 2021 ई. को भेजा। पत्र में दादूपंथ के साथ जिस 'एग्रीमेंट' की बात की गई है महाराजा सवाई जयसिंह द्वारा इस तरह के 'एग्रीमेंट' सलेमाबाद के निम्बार्क सम्प्रदाय और गलता के रामानंदियों से भी किए गए थे।
75. *श्री दादूपंथ परिचय* (भाग-1), पृ. 87
76. *रिपोर्ट मर्दुमशुमारी राजमारवाड़ 1891 ई.,* राजस्थानी ग्रंथागार, जोधपुर, 2010 ई., पृ. 293
77. मेहरानगढ़ म्यूज़ियम ट्रस्ट, ख़ास रुक्का बही नं. 1 और सनद परवाना बही नं. 30
78. *मुहता नैणसी री लिखी मारवाड़ रा परगनां री विगत* (भाग-2), सम्पादक—नारायणसिंह भाटी, राजस्थान प्राच्यविद्या प्रतिष्ठान, जोधपुर, 1968, पृ. 436
79. *श्री दादूपंथ परिचय* (भाग-1), पृ. 155
80. *रिपोर्ट मर्दुमशुमारी राजमारवाड़ 1891 ई., राजस्थानी ग्रंथागार,* जोधपुर, 2010 ई., पृ. 294
81. विनान्द कैलवर्ट, *द हिन्दी बायोग्राफ़ी ऑफ़ दादूदयाल,* 13:15-7
82. *राघवदास कृत भक्तमाल,* पृ. 188

83. देखें, पांडुलिपि क्रमांक 34 प्राच्यविद्या प्रतिष्ठान (विद्याभूषण संग्रह), जयपुर
84. *ब्रह्मदास कृत भगतमाळ,* सम्पादक उदयराज उज्ज्वल, राजस्थान प्राच्य विद्या प्रतिष्ठान, जोधपुर, 1956 ई.
85. डिंगल कोष, सम्पादक—नारायणसिंह भाटी, राजस्थानी शोध संस्थान चौपासनी, जोधपुर, 1978 ई., पृ. 11
86. *द दादूपंथ, रिलिजस चेंज एंड आइडेंटिटी फ़ॉर्मेशन इन जयपुर स्टेट,* 1562-1860 ई.
87. *पांडव यशेंदु चन्द्रिका (राजस्थानी महाभारत),* सम्पादक—चन्द्रप्रकाश देवल, साहित्य अकादेमी, दिल्ली, 2001 ई., पृ. 16-25
88. *वंश भास्कर* (सूर्यमल्ल मीसण प्रणीत), भाग-1, सम्पादक—चन्द्रप्रकाश देवल, साहित्य अकादेमी, दिल्ली, 2007 ई., पृ. 18

अध्याय : तीन

संत होने की पुनःपरिभाषा

(i) शेखावाटी के कायमख़ानी और दादू के वणिक शिष्य
(ii) सुन्दरदास : जीवन और रचनाओं की पांडुलिपियाँ
(iii) संत होने की पुनःपरिभाषा

(i) शेखावाटी के कायमख़ानी और दादू के वणिक शिष्य

वणिक-वर्ग का एक विशेष उपसमूह जो मुग़लकालीन भारत के गुजरात और राजस्थान में स्थित था, उसमें मुख्य रूप से जैन और वैष्णव-मतावलम्बी शामिल थे। इस वर्ग को अपने व्यवसायों के आधार पर शाह, कोठीवाल, महाजन, साहूकार, बनिया, या व्यंग्य से 'बन्यौटा' आदि कहा जाता था। ओसवाल और श्रीमाल जैसे सम्पन्न व्यापारी समुदाय जैन धर्मावलम्बी थे और अग्रवाल, खंडेलवाल, माहेश्वरी आदि समुदाय वैष्णव-धर्म की ओर झुके हुए थे। इस पूरे वणिक-वर्ग की इकहरी बनिया या महाजन पहचान थी। मारवाड़ के परगनों का विवरण या 'विगत' लिखने वाले दीवान मुहता नैणसी से यही ज्ञात होता है। नैणसी ने 1663 ई. में मेड़ता क़स्बे की बसावट का हाल कुछ ऐसे लिखा जिसमें जैनी और वैष्णव दोनों एक ही 'बनिया' अस्मिता के अन्दर समाहित किए गए हैं—

"परगने मेड़ता री बसती संवत् 1720 रा काती मांहे मु. नैणसी मांडी, तिण री विगत—

2512 महाजनां री लांहण
2158 बांणीया
1371 ओसवाल
551 महेसरी

	161	अगरवाळ
	75	खंडेलवाळ
[कुल]	2158	
	354	बीजी जात लांहण भेळी पावै
[कुल]	2512"[1]	

ऊपर 'लाहण' से तात्पर्य जाति-विशेष या समूह से है। हालाँकि यह वणिक समुदाय जैनी और वैष्णव था लेकिन धार्मिक पहचान से ऊपर इनकी जातिगत या गोत्र-आधारित पहचान थी। कुछ वणिक जातियों में जैनी और वैष्णवों में आपस में शादियाँ होने के उदाहरण 20वीं सदी तक देखे जा सकते हैं।[2] औपनिवेशिक काल में इस समुदाय की कलकत्ता, बम्बई आदि शहरों में 'मारवाड़ी' पहचान बनी। इतिहास में देखा जाए तो पुष्टिमार्गियों ने गुजरात के वणिक समुदायों को वैष्णव भक्ति सम्प्रदायों के साथ जोड़ने के शुरुआती उदाहरण स्थापित किए। वल्लभाचार्य (1479-1531 ई.) के समय से ही मालवा और गुजरात के कठियावाड़ क्षेत्र के कृषक और धनवान वणिक समुदाय उनकी नई तरह की कृष्ण भक्ति के साथ जुड़ना शुरू हुए। स्वयं वल्लभाचार्य ने इन क्षेत्रों की यात्राएँ की थीं। वल्लभ सम्प्रदाय की वर्णाश्रम सम्बन्धी पारम्परिक विचारधारा ने ऐतिहासिक उठापटक और सामाजिक तनावों के बीच वणिक-वर्ग को स्थिरता की भावना प्रदान की। वृंदावन में उभरते हुए वल्लभ सम्प्रदाय से वणिक-समुदायों का जुड़ना उनके सामाजिक प्रभुत्व को बढ़ाने के अवसर प्रदान करता था। 16वीं-17वीं सदियों में सत्ताधारी वर्ग के साथ गहरे हो रहे पुष्टिमार्गियों के सम्बन्ध व्यापारियों को इस सम्प्रदाय के 'महाराजाओं' के निरन्तर क़रीब ला रहा था जिससे वणिक-वर्ग में सुरक्षा की भावना पैदा हुई।[3]

राजस्थान में दादूपंथ के साथ वणिक-वर्ग के जुड़ने की कहानी पुष्टिमार्ग से थोड़ी अलग है। वणिक परिवारों के द्वारा दादू को आर्थिक सहारा देने और उनका शिष्यत्व ग्रहण करने को दो तरह से समझा जा सकता है। पहला तो वणिक-समुदाय दादू और उनके शिष्यों के बढ़ते प्रभाव को आर्थिक सहारा देकर स्वयं उस भौगोलिक क्षेत्र में प्रतिष्ठा हासिल कर रहे थे। वणिक-वर्ग से प्राप्त आर्थिक सहायता से दादूपंथी संतों को मठ आदि निर्माण कार्य करने में तथा महोत्सव, चौमासा आदि आयोजन करने में सहायता मिली। दादू के शिष्य संतबानी संकलन, संस्कृत ग्रंथों का अनुवाद के साथ अपने मठों में संतों की शिक्षा पर भी बल दे रहे थे। सत्संग, प्रवचन और कथा इत्यादि के माध्यम से आम जन से जुड़ाव को हम दादूपंथी साहित्य में 'लोक-प्रसिद्धि' और 'दृष्टान्त' पर दिए गए बल के रूप में देख सकते

हैं। राघवदास का 'भक्तमाल' रज्जब की कविता की सराहना ही इसीलिए करता है कि उनकी कविता दृष्टान्तों से भरी हुई होती थी। ये दृष्टान्त आसपास के आम-जीवन और लोक व्यवहारों से आते थे। वणिक-वर्ग का अपना 'नेटवर्क' होता था जिससे दादूपंथी कविता एक बड़े भूभाग में पहुँचने लगी। दूसरा बड़ा बदलाव यह हुआ कि स्वयं वणिक जाति के व्यक्ति दादू का शिष्यत्व ग्रहण करने लगे। जैसा कि मोनिका हॉर्स्टमान का कहना है दादूपंथ ने भक्ति परम्पराओं में एक विशिष्ट प्रकार के 'सामाजिक संगठन' का प्रतिनिधित्व किया जिसमें एक गृहस्थ और एक संत के बीच की सीमाएँ धुँधली हो गई थीं। वणिक समुदाय और संतों की पारस्परिक निर्भरता को दिखाने के लिए दादूपंथी अपने साहित्य में संतों और गृहस्थों की वणिक जाति को विशेष रूप से रेखांकित करते थे।[4] दादूपंथी साहित्य में वणिक-वर्ग के गृहस्थों और संतों को न केवल सामान्य शब्द बनिया, साहूकार, महाजन, वैश्य कहकर सम्बोधित किया है बल्कि उनकी उप-जातियों (अर्थात् गोत्र) के साथ भी सन्दर्भित किया गया है।

दादूपंथ के दर्शन में एक तरफ़ गृहस्थों को सांसारिक दोषों से छुटकारा पाने के लिए तपस्वियों के गुणों को अपनाने की आवश्यकता होती है वहीं दूसरी तरफ़ गृहस्थों पर संतों की निर्भरता भी साफ़ दिखाई गई है। इसी बात को सुन्दरदास (जिनकी 'बूसर' गोत्री खंडेलवाल महाजन पृष्ठभूमि पर हम आगे बात करेंगे) अपने 'गृह-वैराग्य बोध' में कहते हैं, "विरक्त धर्म रहै जु गृही तें गृहि कौं विरक्त तारे जू।"[5] इसलिए प्रचलित सूदखोर 'बनिये' की पहचान दादूपंथी साहित्य में, ख़ासकर सुन्दरदास की कविता में बहुत ही सकारात्मक ढंग से चित्रित की गई है। उनके पदों में साधक की आध्यात्मिक उन्नति को व्यापार में प्रगति (साधारण बनिये से बड़े कोठीवाल) के रूपक में प्रस्तुत किया है। परमात्मा के प्रति समर्पण तथा आत्मचिन्तन को असली पूँजी और व्यापार में लाभ-निर्माण से जोड़ा गया है। उनके लिए परमात्मा बड़े 'शाह' हैं जिन्होंने सुन्दरदास 'बन्यौटे' को यह शरीर रूपी दुकान देकर दुनिया के बाज़ार में 'कोठीवाल' बनाकर भेजा है। सुन्दरदास यहाँ ज्ञान-विचार का व्यापार कर रहे हैं जो कितना ही बिके उनका गोदाम कभी ख़ाली नहीं होता—

अपना करि बैठाइया कीया बहुत निहाल।
जो चाहै सो आइल्यौ सुन्दर कोठीवाल॥[6]

ग़ौरतलब है कि सुन्दरदास यहाँ व्यापार की उन्नत अवस्था की ओर भी संकेत कर रहे हैं जिसमें एक शाह व्यापार शुरू करने के लिए किसी वणिक को सूद पर पूँजी दे रहा है। व्यापार के इस बढ़ाव की विस्तृत चर्चा पुरुषोत्तम अग्रवाल ने 'देशज

आधुनिकता' सम्बन्धी अपने चिन्तन में की है जिसकी चर्चा हम पहले अध्याय में कर आए हैं। कविता में इस तरह के व्यापार के बिम्ब कबीर की कविता में भी मिलते हैं लेकिन सुन्दरदास के यहाँ ये रूपक अपने पूरे विस्तार के साथ उपस्थित हैं। सुन्दरदास के ऐसे पद उनकी *'बनिया सुन्दरदासा'* टेक से ख़त्म होते हैं जिनमें उनकी बनिया पहचान और भक्ति आपस में घुल-मिल जाते हैं।

सुन्दरदास की कविता का महत्त्व इसलिए भी है कि उसमें मारवाड़ क्षेत्र में देखी गई वणिक संस्कृति के विस्तृत बिम्ब मौजूद हैं। बार-बार अकाल पड़ने वाले, नमक वाली धरती और बंजर मरु-प्रदेश को सुन्दरदास ने आध्यात्मिक आधार पर एक नया अर्थ दिया है और उसे काशी के समकक्ष स्थान दिया है। उनकी कविता में उपस्थित बागड़ देश (शेखावाटी-नागौर क्षेत्र) कबीर के बागड़ देश से एकदम अलग है। कबीर के अनुसार—

बागड़ देस लूवन का घर है,
वहाँ जिनि जाई दाझन का डर है।[7]

यानी बागड़ देश की धरती में केवल नमक उपजता है और वहाँ जाने पर झुलसती गर्मी में जल जाने का डर भी है। लेकिन सुन्दरदास के लिए ज्ञान प्राप्त किए विवेकवान व्यक्ति के लिए काशी और बागड़ दोनों एक ही समान हैं—

जैसौ कासी क्षेत्र है तैसौ बागड़ देस।
सुन्दर जीवन मुक्त के संक नहीं लवलेस।[8]

संत किस तरह से एक भू-भाग में बसकर उसे नया अर्थ प्रदान करते थे उसकी दिलचस्प कहानी फ़तेहपुर-शेखावाटी में सुन्दरदास के मठ के निर्माण की है जिसमें वणिक-वर्ग ने महती भूमिका निभाई। शेखावाटी क्षेत्र से भारत के अनेक वणिक-वर्ग अपनी उत्पत्ति का इतिहास जोड़ते हैं जिस पर चर्चा करने का अवकाश यहाँ नहीं है लेकिन यही क्षेत्र वणिक जाति के दादू के शिष्यों का मुख्य क्षेत्र बना। सुन्दरदास के मठ से न केवल वणिक-परिवार और दादू के वणिक-शिष्य जुड़े हुए थे बल्कि वहाँ का क़ायमखानी वंश भी दादूपंथियों के साथ ऐतिहासिक रूप से जुड़ा हुआ था।

बनारस में क़रीब बीस वर्ष अध्ययन करने के बाद सुन्दरदास जब 1625 ई. में राजस्थान लौटे तो कुछ महाजन परिवारों ने अनुदान देकर उनका मठ या 'बिराजने का स्थल' बनाया। मठ का निर्माण कार्य फ़तेहपुर में उसी जगह पर हुआ जहाँ 1606 ई. से ही प्रागदास बिहाणी, संतदास आदि दादूपंथी संत विद्यमान थे। मठ पर अनेक संत रहते थे लेकिन प्रागदास, सुन्दरदास और संतदास तीनों प्रधान संतों

की पृष्ठभूमि वणिक जाति की थी। यह मठ एक तरह से वणिक-वर्ग के परिवारों का दादू के शिष्य बनने की प्रक्रिया का चरमोत्कर्ष था जो दादू के राजस्थान में 1570 ई. के दशक में अपने शुरुआती जीवन के सांभर में बिताने से शुरू हुई थी। सांभर से दस मील दक्षिण में ही नरैणा क़स्बा है जो दादूपंथ का प्रधान केन्द्र बना। सांभर झील पर दादू को समर्पित एक छत्री और सांभर शहर के बाज़ार में एक मन्दिर होने का ज़िक्र दादूपंथी इतिहासकार नारायणदास ने अपने 'दादूपंथ परिचय' में किया है।[9] सांभर में बैठकर गोपालदास ने 1628 ई. में अपने विशाल 'सर्वंगी' ग्रंथ का संकलन किया था जो भक्ति, सूफ़ी और नाथपंथी कविता के अध्ययन का मुख्य ग्रंथ है। ये गोपालदास दादू के शिष्य संतदास के शिष्य थे। सांभर के आसपास के क़स्बों से ही कुछ ऐसे परिवार दादू के प्रभाव में आए जो वणिक-पृष्ठभूमि के थे जिन्होंने बाद में सुन्दरदास का मठ बनवाया, जैसा कि यह अनुदान-पत्र दिखाता है—

> श्री स्वामी सुन्दरदास जी फ़तेहपुर पधार्या संबत 1682 कै काती बदि 14 नैं। अरु स्वामी सुन्दरदास जी कै बिराजणैं कू अस्तल करायो सूरैं कै किसोरदास महाजन अग्रवाल तत्पुत्र छबीलदास हरिरामदास हरिनाथदास संवत् 1695 मिती असाढ़ बदि 13 ने सम्पूरण हुवौ रुपैया 335) लागा।...अरु बाबजी श्री सुन्दरदास जी की आज्ञा सू सर्व सेवगा कूवो करवायो अस्तल को पोद्दार 1 केजड़ीवाल 2 सूरैका 3 चमड़िया 4 मोर 5 बुधिया 6 रुपैया 101) सै इकोतरै सू छहू तिड़का रुपैया दीया 611) लागा संबत् 1698 मित्ति माह बदि ५ सम्पूरण हूवो। जीरण कागदां सू नकल उतारी चत्रदास। नकल सू नकल उतारी साधु रामभक्त।[10]

इस अनुदान-पत्र में दी गई तारीखों के अनुसार सुन्दरदास 1625 ई. (1682 विक्रमी) में फ़तेहपुर-शेखावाटी आए, 1638 ई. (1695 विक्रमी) में उनका अस्थल बना और सुन्दरदास जी की आज्ञा से केजड़ीवाल, पोद्दार आदि परिवारों ने 1641 ई. (1698 विक्रमी) में उनके स्थल के पास एक कुएँ का निर्माण करवाया। यह पत्र बड़ा है और इसके बाक़ी हिस्से से ज्ञात होता है कि 1577 ई. में दादू जब सांभर के पास के क़स्बे 'किरडोली' आए तब प्रागदास बिहाणी (माहेश्वरी) उनके शिष्य हुए। प्रागदास ही सबसे पहले 1606 ई. में फ़तेहपुर आए थे और इस मठ पर हुए निर्माण-कार्यों के लिए पहला अनुदान स्वयं उनके पुत्र मथुरादास ने दिया था। यहाँ हम एक पिता (जो संत/तपस्वी हुए) और एक पुत्र (जो गृहस्थ है) का सम्बन्ध देख सकते हैं। ठीक वैसे ही जैसे दादूपंथ के एक 'सामाजिक संगठन' की बात ऊपर हुई है। इन्हीं वणिक-परिवारों में एक चमड़िया अग्रवालों का परिवार था जिनसे दादू के

शिष्य संतदास सम्बन्धित थे।[11] फ़तेहपुर में सुन्दरदास के मठ पर स्थित संतदास की समाधि पर मिला शिलालेख, जो 1639 ई. का लिखा है वह संतदास के अग्रवाल होने का ज़िक्र करता है—

दिवस माघ बदि पंचमी पंचघटी परमाण।
संतदास समरथ सुतन पायो पद निरवाण॥
अग्रवंश हो आपनो चहुँदिस अधिक सुवास।
फतेपुर में आय कर कियो सुगंधे वास॥
सुत मधुसूदन हरिभगति संत आगे दीन।
प्रीत गदाधर अति भली मिलि कै कथा जु कीन॥
माघ बदि पंचमी पक्ष कृष्ण सुकरवार सुजान।[12]

निष्कर्ष : देखा जाए तो मुहता नैणसी ने जिन तीन प्रमुख बनिया जातियों खंडेलवाल, माहेश्वरी और अग्रवाल का ज़िक्र 'मेड़ता' क़स्बे के प्रसंग में ऊपर में किया है, ये तीनों समुदाय दादूपंथ से जुड़ गए थे। इन्हीं समुदायों से दादू के शिष्य भी आए और इन्हीं समुदायों से दादूपंथी केन्द्रों जैसे फ़तेहपुर और पहले डीडवाना को सामाजिक-आर्थिक सहारा मिला। दादूपंथ से जुड़ाव इस क्षेत्र में वणिक-वर्ग की नई पहचान का हिस्सा बन गया था। इस पंथ के कवि, जैसा कि हमने सुन्दरदास के प्रसंग में देखा, वणिक-वर्ग के अनुभवों, उनकी आकांक्षाओं को व्यापार और भक्ति के मिले-जुले रूपकों में प्रस्तुत करते थे।

जब हम इस पंथ की तुलना कबीर और रैदास जैसे निर्गुण संतों से करते हैं जिन्होंने जाति-व्यवस्था के विरोध में कठोर स्वर अपनाया था, तब दादूपंथ में वणिक-वर्ग के संतों की जातियों और उप-जातियों का उल्लेख होना और वणिक-परिवारों का संतों के साथ जुड़ना कुछ सवाल खड़े करता है। दादू और दादूपंथियों ने भी जाति-प्रथा, तीर्थ-व्रत आदि की निस्सारता बताई है लेकिन कबीर की तरह सीधे शब्दों में नहीं। जहाँ तक वणिक-वर्ग के साथ दादूपंथ के बन रहे दृढ़ सम्बन्धों की बात है इसे हम जैनधर्म के पंथों के संगठन और जैन मुनियों की कविता के सन्दर्भ में बेहतर तरीक़े से समझ सकते हैं। नरैणा, सांगानेर, मेड़ता, आम्बेर, डीडवाना, फ़तेहपुर-शेखावाटी आदि नगरों जहाँ दादू की शिष्य-परम्परा विकसित हो रही थी इन नगरों में जैन धर्म का प्रभाव पहले से था और जैन संत ब्रजभाषा में भी कविता करते थे। आम्बेर में राजा भगवंतदास के समय से जैनों का प्रभाव बढ़ने लगता है और दिगंबर जैन भट्टारकों की गद्दी दिल्ली से आम्बेर में स्थानान्तरित होती है। भट्टारक देवेंद्रकीर्ति का पट्टाभिषेक 1605 ई. में चाटसू में हुआ उसके बाद

आम्बेर, सांगानेर आदि नगर भट्टारकों की गतिविधियों के प्रमुख केन्द्र बनते हैं।[13] सांगानेर में दादू के शिष्य रज्जब का स्थान था। यहाँ के जैन और दादूपंथी दोनों की एक दूसरे से प्रतिस्पर्धा-स्वरूप कविता मिलती है।[14] दरअसल दादूपंथी संत भी उसी वणिक-वर्ग में अपने अनुयायी-वर्ग की तलाश कर रहे थे जिस पर जैन धर्म का प्रभाव अधिक था। यह प्रक्रिया दादूपंथी संतों को ऐतिहासिक रूप से जैनों के ज़्यादा नज़दीक लाई। ओसवाल और श्रीमाल जैन किस तरह से अपने 'गच्छ' या 'संघ' से जुड़े हुए थे और जैन मुनि अपनी कविताओं में जैन गृहस्थों द्वारा मिले अनुदान को किस तरह सराहते थे उसका अच्छा उदाहरण सुन्दरदास के समकालीन जैन मुनि समयसुन्दर की कविता है—

न्याति चउरासी निरखतां रे, ओसवाल उत्तम न्याति।
बुद्धिवंत कुल बोथरा रे, बीकानेर विख्यात रे॥[15]

जैन सेठों की समाज-सेवा ख़ासकर जैन समुदायों को दी गई उनकी सेवाओं का जैन मुनियों द्वारा रचित कविता में विशेष तौर पर उल्लेख होता था। अपने बढ़ते व्यापारिक 'नेटवर्क' के कारण सामाजिक रूप से जैन आपस में ज़्यादा जुड़े भी होते थे। वणिक-वर्ग अपने आपसी नेटवर्क से ही स्थिरता तथा अनजान जगहों में सहारा पाता था। वणिक-वर्ग में सामुदायिक भावना कैसी गहरी होती थी उसे मुकुंद लाठ ने सुन्दरदास के समकालीन बनारसीदास जैन की आत्मकथा 'अर्द्धकथानक' के अपने अनुवाद और भूमिका में गहराई से रेखांकित किया है। मुकुंद लाठ लिखते हैं कि बनारसीदास जैन को केवल व्यापारिक वर्ग में रखकर देखना उनके जीवन और परिवेश के केवल एक हिस्से को देखना है। उनकी आत्मकथा का सबसे प्रभावशाली पक्ष है उनकी ज़िन्दगी में उनके समुदाय का महत्त्व *(ज़ोर मेरा)*। बनारसी के समय में व्यक्ति अपने आसपास समुदाय को एक विस्तृत सामाजिक सच्चाई के रूप में पाता था। आपस में नज़दीक से जुड़ा यह समुदाय व्यक्ति और राज्य के बीच में एक प्रतिरोधी कवच का काम करता था।[16] दादूपंथ के साथ जुड़ रहा वणिक-वर्ग अपनी यही सामुदायिक भावना अपने साथ लाया।

विषयान्तर न हो इसलिए संक्षेप में सुन्दरदास की कविता का एक उदाहरण लेते हैं जो जैन साहित्य के साथ उनके जुड़ाव को स्पष्ट करेगा। वणिक-वर्ग में दादूपंथियों के अपने प्रभाव की तलाश इससे ज़ाहिर होती है कि सुन्दरदास ने उन विधाओं में ग्रंथ लिखे जो केवल राजस्थान-गुजरात के जैन मुनियों में प्रचलित थे। मसलन उनका 'ग़ज़ल' (या गजल) ग्रंथ, जो हरिनारायण शर्मा के देखने में नहीं आया और अभी तक अप्रकाशित ही रहा। इस ग्रंथ का ज़िक्र राघवदास के

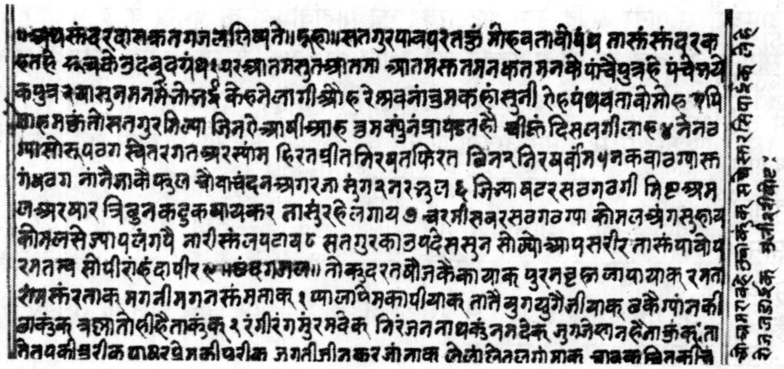

सुन्दरदास का ग़ज़ल ग्रंथ। आभार : चौपासनी शोध संस्थान, जोधपुर (ग्रंथांक 5894)

'भक्तमाल' पर अपनी टीका में चतुरदास करते हैं। यह ग्रंथ जोधपुर में हमें देखने को मिला। ग़ज़ल, दरअसल 17वीं सदी से जैन-मुनियों में प्रचलित विधा रही है जिसमें किसी मुनि को एक क़स्बे में चतुर्मास हेतु आमंत्रण के लिए उस क़स्बे की शोभा बखानी जाती थी। जैन ग़ज़लों में उस क़स्बे का धार्मिक वातावरण, जैन समुदाय की उपस्थिति, बाज़ारों के हाल लिखे जाते थे। फ़ारसी में क़स्बों की सुन्दरता के वर्णन के लिए 'शहरआशोब' जैसी विधाएँ थीं जिससे जैनों की ये ग़ज़लें मेल खाती हैं। जैन ग़ज़लें उर्दू की ग़ज़ल, जो दकन से उत्तर भारत में प्रचलित हुई, से अपने शिल्प और कथ्य में एकदम अलग हैं। जैनों की इस ग़ज़ल विधा को सुन्दरदास अपनी 'ग़ज़ल' में एकदम बदल देते हैं। उनकी ग़ज़ल का 'शहर' योग-परम्परा में दिखाया योगी का शरीर है जिसमें ज्ञानेन्द्रियों को वश में करने से लेकर 'अनहद नाद' को सुनने तक की साधक की यात्रा का वर्णन है। यह ग्रंथ बहुत कुछ स्वत्वराम की 'हठयोगप्रदीपिका' से अपनी प्रेरणा लेता है।

फ़तेहपुर-शेखावाटी के दादूपंथी संत वहाँ शासन कर रहे कायमख़ानी वंश से जुड़े हुए थे और उनके नवाबों के दानी होने को रेखांकित भी करते थे। जहाँ सुन्दरदास का मठ बना उस फ़तेहपुर में कायमख़ानी नवाबों का शासन था जिन्होंने अकबर और जहाँगीर के शासनकाल में मुग़लों से जुड़कर बहुत शक्ति पाई थी। इस वंश की प्रतिष्ठा नवाब अलफ़ख़ान के समय सबसे ज़्यादा बढ़ गई थी जिनके पुत्र न्यामतख़ान (उपनाम जान कवि) ब्रजभाषा के महत्त्वपूर्ण कवि थे। फ़तेहपुर के नवाबों के बारे में ऐतिहासिक स्रोत जैसे जान कवि का 'कायमख़ान रासो' यह दर्शाता है कि इन नवाबों का पूर्वज करमचन्द चौहान राजपूत था जो दिल्ली के सुल्तान फ़ीरोज़शाह तुग़लक़ के समय इस्लाम स्वीकार करके 'कायमख़ाँ'

बन गया था। कायमख़ाँ की वंश परम्परा के होने के कारण फ़तेहपुर के नवाबों को कायमख़ानी कहते हैं। कायमख़ाँ के पोते फ़तह ख़ाँ ने 1451 ई. के लगभग फ़तेहपुर नगर बसाया था। 'कायमख़ान रासो' एक तरह से इस राजवंश का 'राजपूत से तुर्क धर्मान्तरण' का आख्यान भी है जिसमें इस वंश की धार्मिक पहचान की बजाय 'चौहान' अस्मिता पर सबसे ज़्यादा बल दिया है। जान कवि एक दिलचस्प वंशावली अपने पूर्वजों की देते हैं जो आदम से लेकर नहू और उनके बड़े पुत्र साम (जिनसे वे चौहानों की उत्पत्ति की बताते हैं), परशुराम, गोगादेव चौहान, पृथ्वीराज चौहान आदि से होते हुए अपने पूर्वज करमचंद (कायमख़ान) तक लाते हैं। जानकवि चौहानों के माध्यम से ईसाई, यहूदी, इस्लाम तथा हिन्दू हैं की एक ही परम्परा से उत्पत्ति और एकता दिखाते हैं। इतिहासकार सिंथिया टेलबट लिखती हैं, "17वीं सदी में (फ़तेहपुर) के कायमख़ानी नवाबों के क्रियाकलाप देशी राजपूत रजवाड़ों जैसे हुआ करते थे। मुग़ल दरबार से सम्बन्धित मुसलमान अभिजात वर्ग जहाँ फ़ारसीकृत संस्कृति को ज़्यादा अपनाता था, जान कवि ने घोषित रूप से भारतीय संस्कृति और साहित्य को अपनाया।...इसका यही कारण हो सकता है कि जान कवि उस साहित्यिक परिवेश में हिस्सा लेना चाहते थे जो उनके पड़ोसी राजपूत राज्यों में फैला हुआ था, ब्रजभाषा जिन राज्यों की साहित्यिक गतिविधियों की प्रधान भाषा हुआ करती थी।" [17]

राजस्थान की इतिहासकार रीमा हूजा का यह तर्क है कि आम्बेर और मारवाड़ जैसे बड़े राज्यों की तुलना में, शेखावाटी क्षेत्र कई छोटे-छोटे राजवंशों के क़ब्ज़े में रहा। इन छोटे राज्यों के अस्तित्व में आने के परिणामस्वरूप अधिक क़िलों और क़स्बों की स्थापना भी हुई, जो अर्थव्यवस्था की माँग के अनुसार एक बाज़ार-क़स्बे की तरह काम करते थे। रीमा हूजा ने इसे एक ऐतिहासिक प्रक्रिया बताया, जिसे 1700-1800 ई. के दौरान अधिक प्रमुखता मिली।[18] इतिहासकार रीमा हूजा और रतनलाल मिश्र दोनों सहमत हैं कि कायमख़ानी नवाबों ने आधिकारिक तौर पर व्यापारियों को क़स्बों में निवास करने के लिए आमंत्रित किया था। रतनलाल मिश्र लिखते हैं कि यह प्रक्रिया कायमख़ानी फ़तेहख़ान के समय (15वीं शताब्दी) में शुरू हुई, जो हिसार से कई व्यापारियों को अपने साथ फ़तेहपुर लाया था।[19] यह व्यापारी वर्ग समय-समय पर छोटे राजवंशों के लिए एक बैंकर की तरह भी काम करते थे और जिनसे राजवंश आर्थिक मदद लेते थे।

दरअसल सांभर के आसपास का पूरा इलाक़ा जहाँ से दादू के वणिक शिष्य आए मुग़लों तथा राजपूतों के लिए व्यापारिक व राजनीतिक दृष्टि से महत्त्वपूर्ण था। सामरिक दृष्टि से यह इलाक़ा इसलिए अहम था कि यह मारवाड़ और आम्बेर

दो बड़े राज्यों के बीच में पड़ता था और इस पर अधिकार के लिए दोनों राज्य ज़ोर-आज़माइश करते आ रहे थे। यह इलाक़ा शाकम्भरी देवी के मन्दिर जहाँ से चौहानों की उत्पत्ति मानी जाती है तथा अपने नमक सम्बन्धी व्यापारिक महत्त्व के कारण राजपूत राजाओं की प्रतिष्ठा का सवाल भी बना हुआ था। दिल्ली सल्तनत के ज़माने से फ़ीरोज़शाह तुग़लक़ के शिलालेख सांभर के नमक सम्बन्धी व्यापार का ज़िक्र करते हैं। इसी समय जैनों का बड़ा मन्दिर सांभर में बना। बाद में सांभर इस पर मेवाड़ का क़ब्ज़ा रहा।[20] मुग़लों के समय यह अजमेर 'सरकार' का हिस्सा था और हिन्दू-मुस्लिम सामासिक संस्कृति का प्रधान केन्द्र बना। 1562 ई. में आम्बेर के राजा भारमल की बेटी और अकबर की शादी इसी शहर में हुई थी। अकबर और जहाँगीर ने इस शहर में मस्जिदें और बावड़ियाँ बनवाईं। जहाँगीर ने शाकम्भरी देवी के मन्दिर का गुम्बद भी बनवाया।[21] इस इलाक़े से मुग़ल राज-मार्ग (शाह-राह) गुज़रता था और इलाक़े के क़स्बे जैसे डीडवाना, खाटू, मकराणा, परबतसर, कल्याणपुर आदि छोटे मार्गों के ज़रिये इस शाह-राह से जुड़े हुए थे। यह 'शाह-राह' आगरा व दिल्ली को सूरत से जोड़ता था और बीच में आम्बेर (जयपुर) और अजमेर इस रास्ते के दो बड़े पड़ाव थे।[22] सूरत (गुजरात) से फिर हिन्द महासागर, अरब सागर के ज़रिये होने वाले समुद्री-व्यापार से भारत जुड़ा हुआ था जिसकी चर्चा हमने पहले अध्याय में की है। इरफ़ान हबीब द्वारा सम्पादित मुग़ल-एटलस में सांभर को नमक और शोरे (सज्जीखार) के उत्पादन के लिए नामित किया गया है और फ़तेहपुर-शेखावाटी को इसके लाल पत्थरों के व्यापार के लिए।[23] फ़तेहपुर में बैठे कायमख़ानी जान-कवि अपने ब्रजभाषा में रचित 'क्यामख़ाँ रासा' या 'कायमख़ाँ रासा' (रचनाकाल 1630-55 ई.) में सांभर के नमक की एक प्रशस्ति भी लिखते हैं—

संभर लयो निकास जिंह, ताकि सम सर कौन।
सब ही कोउ खातु है, चाहुवान को लौंन॥[24]

दोहे में चौहानों के उद्‌भव के साथ मुग़लकाल में व्यापार की उस विकसित स्थिति की तरफ़ संकेत है जिसमें सांभर का नमक प्रचलित हो चला था। तभी जान कवि कहते हैं, *सब ही कोउ खातु है, चाहुवान को लौंन।* सांभर के नमक की बात भले ही लोक-प्रचलित हो लेकिन डीडवाना के नमक व्यापार का केन्द्र बनने और सांभर से भी अच्छी गुणवत्ता वाला होने का हवाला भी जान कवि अपनी 'कथा कौतूहली' में देते हैं। जान कवि के अनुसार 'कथा' की इस सुन्दरी का रूप-लावण्य ऐसा 'सलोना' है कि सांभर के नमक की तो बात ही छोड़िए जैसे डीडवाना का नमक उड़ेल के रख दिया हो—

अति ही सलौंनी कहा लौंन की निकाइ कहूं,
सांभर औसरि डैडवानौ झड़ लाई है।[25]

जान कवि अपने पिता का नाम अलफ़ या अलिफ़ ख़ाँ बताते हैं। अलिफ़ ख़ाँ के बाद दौलत ख़ाँ फ़तेहपुर के नवाब बने। इन्हीं दौलत ख़ाँ द्वितीय (जो जान कवि के भाई थे) के साथ सुन्दरदास का सत्संग हुआ था। सुन्दरदास के मठ में विद्यमान दादूपंथी संत भीखन ने दौलत ख़ाँ को दानी और विभिन्न कलाओं को जानने वाला कहा है—

राज करत रस सौं भयों, ज्यों जगति पति इंद्र।
अलिफ़ख़ान नंदन नवल, दौलतिख़ान नरिन्द्र।
दानक्रिपान सुजानपन, सकल कला सम्पूर।[26]

राघवदास सुन्दरदास और दौलत ख़ान की गोष्ठी का दिलचस्प वर्णन करते हैं—

आयौ है नवाब फतेपुर मै लग्यौ है पाइ,
अजमति देहु तुम गुसंई (यां) रिझायौ है।
पलौ जौ दुलीचा कौ उठाइ करि देख्यौ तब,
फतैपुर बसै नीचै प्रगट दिखायौ है।
येक नीचै सर येक नीचै लसकर बड़,
येक नीचै गैर बन देखि भय आयौ है।
राघो घोरे रखि लीये दबते नवाब केर,
सुन्दर ग्यांनी कौ कोई पार नहीं पायौ है॥[27]

ऊपरी तौर पर देखा जाए तो उपर्युक्त छंद 'भक्तमालों' की आम प्रवृत्ति है जिसमें 'परचे' या करामात के द्वारा किसी संत या पीर की 'दैवीय शक्ति' को दुनियावी सत्ता से बड़ा बताया जाता है। इसीलिए छंद में दौलतख़ान की बजाय सुन्दरदास को रहस्यमय तरीक़े नवाबी संत दिखाया है। दिलचस्प बात यह है कि सुन्दरदास का नवाबी शक्तिसम्पन्न होना केवल क़िले या सेना रखने से जुड़ा हुआ नहीं है बल्कि जन-सामान्य के लिए कुएँ, बावड़ियों के निर्माण *(येक नीचै सर)* से भी जुड़ा है जो एक संत की 'सत्ता' का लोकहितकारी पक्ष है। राघवदास का यह वर्णन सुन्दरदास के मठ के ऊपर चर्चित अनुदान-पत्र से समानता दिखाता है जिसमें उनके वणिक-सेवकों द्वारा कुएँ के निर्माण को विशेष महत्त्व दिया है। सुन्दरदास के एक छंद से यह ज्ञात होता है मानो फ़तेहपुर में उनके मठ की रूपरेखा उनकी स्वयं की थी। योग-साधना के लिए आदर्श राज्य कैसा हो और एक मठ

का वातावरण कैसा हो इस पर सुन्दरदास का कहना है—

प्रथम सु धर्म देश कहुँ ताकै। भलौ राज्य कछु दखल न जाकै॥
तहाँ जाइ कै मठिका करई। अल्प द्वार अरु छिद्र सु भरई॥
लिप्त करै चहुँ ओर सुगंधा। कूप सहित मठ इहिं बिधि बंधा॥[28]

ऐसा ही बिना 'दख़ल' वाला और दादूपंथी संतों का सहयोगी वंश फ़तेहपुर में कायमख़ानियों का था। सुन्दरदास के इसी मठ से मिले 1631 ई. के एक शिलालेख (जो प्रागदास बिहाणी के देहावसान के समय लिखा गया था) को पढ़ें तो ज्ञात होता है की दादूपंथी संत अक्सर दादू को एक बादशाह और उनके शिष्यों को उनकी वंशावली में स्थित मानते थे। ठीक उसी तरह जैसे जान-कवि हिन्दू या तुर्क अस्मिता से परे जाकर अपनी 'चौहान' अस्मिता की बात कर रहे थे और अपनी वंशावली लिख रहे थे। यह उन मुग़लकालीन राजनीतिक-सामाजिक आदर्शों को दिखाता है जिनकी चर्चा हमने पिछले अध्याय में की है। उस समय मारवाड़ और मेवाड़ इत्यादि राजघरानों में वंशावली और पीढ़ियावली लिखने का प्रचलन बढ़ गया था जो मुग़लकाल में हुई 'राजपूतीकरण' (अर्थात् राजपूतों का जातियों के रूप में वर्गीकरण और प्रमुख क्षत्रिय वर्ग के रूप में उभारना) की प्रक्रिया का हिस्सा था। सुन्दरदास के मठ से मिले शिलालेख में जिस तरह तत्कालीन मुग़ल बादशाह शाहजहाँ को जहाँगीर का पुत्र और ताहर ख़ान को दौलत ख़ान का पुत्र लिखा है ठीक उसी प्रकार दादू और प्रागदास, संतदास आदि उनके शिष्यों का एक पीढ़ियावली की तरह उल्लेख हुआ है—

सोलह सो अठ्यासिये कातिग मास उदार।
असित अष्टमी तिथि हुती वार कहत बुधवार॥
दादू को सिख संत जन ताकी पटतर कौन।
प्रागदास जगजीत के कियो परम पद गौन॥
ढीलीपति जहाँगीर सुत राजति साहिजहान।
दौलतख़ाँ नृप फतेहपुर तानंद ताहरख़ान॥
संतदास सब बिधि सरस सकल मंडली संत।
रामसाल बहुबिधि रची जहाँ हरिदास बसंत॥ [29]

संत-समुदाय के अलावा सूफ़ी कविता और चिश्ती सिलसिले के सूफ़ी पीरों का इस क्षेत्र में बहुत प्रभाव था। 'क्यामख़ाँ रासा' के अलावा जान कवि ने 1613 ई. से 1644 ई. के मध्य कई ग्रंथों की रचना की। जान कवि के बाक़ी ग्रंथ अवधी

की सूफ़ी प्रेमाख्यान परम्परा की तर्ज़ पर ब्रजभाषा में प्रेमाख्यान प्रस्तुत किए जाने के अच्छे उदाहरण हैं। जान कवि पीर शेख़ मुहम्मद चिश्ती के शागिर्द थे जिनको वे हाँसी (वर्तमान हरियाणा) में स्थित बताते हैं। हाँसी दिल्ली-आगरा को मुल्तान से जोड़ने वाले मार्ग पर पड़ता था। हाँसी का यह चिश्ती सिलसिला दिल्ली सल्तनत के ज़माने से पाकपत्तन के मशहूर सूफ़ी शेख़ बाबा फ़रीद की परम्परा में आता है।[30] वही फ़रीद जिनके पद दादूपंथी सर्वंगी ग्रंथों में मिलते हैं। अत: दादूपंथी संतों की अपनी भक्ति में क़ायमख़ानी वंश की पीर परम्परा भी समाहित थी।

(ii) सुन्दरदास : जीवन और रचनाओं की पांडुलिपियाँ

सुन्दरदास का जीवनकाल (1596-1689 ई.) लगभग पूरी 17वीं सदी है। संत कवियों की परम्परा में इनका विशेष स्थान है। हज़ारीप्रसाद द्विवेदी ने इन्हें 'शास्त्रीय ढंग के एकमात्र निर्गुणिया कवि' कहा है।[31] रामचन्द्र शुक्ल जो संतों को ठेठ अर्थों में कवि नहीं मानते सुन्दरदास के बारे में कहते हैं—"निर्गुण पंथियों में ये ही ऐसे व्यक्ति हुए हैं, जिन्हें समुचित शिक्षा मिली थी और जो काव्यकला की रीति आदि से अच्छी तरह परिचित थे।...संत तो ये थे ही पर कवि भी थे।"[32] सुन्दरदास के कवि रूप को शुक्ल जी ने ठीक ही पहचाना था। वे इस बात को भी उचित ही रेखांकित करते हैं कि सुन्दरदास की रचना और संतों से भिन्न दिखाई देती है।

दादूपंथ में दो सुन्दरदास प्रसिद्ध हैं। इस पुस्तक में हम जिन सुन्दरदास की चर्चा कर रहे हैं वे 'छोटे' उपनाम से भी जाने जाते हैं। 'बड़े' सुन्दरदास बीकानेर के राजा भीमराज थे जिनको दादूपंथ की नागा जमात अपना गुरु मानती आई है। 'बड़े' सुन्दरदास का उल्लेख हम पिछले अध्याय में दादूपंथी नागा शाखा के सम्बन्ध में कर चुके हैं।[33] सुन्दरदास 'छोटे' ने स्वयं अपने ग्रंथ 'गुरु सम्प्रदाय' में बाल्यकाल में दादू के शिष्य बनने की बात कही है। उन्होंने कहा कि दादू जब दौसा आए तो बालक सुन्दर ने उनके दर्शन किए थे। वर्तमान जयपुर से पूर्व दिशा में कुछ ही दूरी पर स्थित दौसा शहर सुन्दरदास का जन्मस्थान था। दौसा प्रकारान्तर से ही कछवाहा राजपूतों का प्रमुख केन्द्र था। राघवदास के 'भक्तमाल' (छप्पय 391, छंद 392-93) के अनुसार दादू के प्रधान शिष्य जगजीवनदास का निवास दौसा के निकट टहलड़ी पहाड़ी पर था। जनगोपाल की दादू जन्मलीला परची (अध्याय 14, छंद 24) के अनुसार दादू इस पहाड़ी पर अपने जीवन के आख़िरी कुछ वर्षों में अर्थात् 1600 ई. के थोड़ा पहले आए थे। वे वहाँ एक दिन (चार पहर) रहे थे। जगजीवनदास ने भारी 'महोत्सव' करवाया। इसी समय ऐसा माना जा सकता है

कि सुन्दरदास ने अपने परिवार सहित दादू के दर्शन किए होंगे। मोनिका हॉर्स्टमान का कहना है कि वणिक-परिवारों के भारी सहयोग से जगजीवनदास का यह थांबा दादूपंथ का बड़ा केन्द्र बना। दौसा के दादूपंथी गृहस्थों में आज भी जगजीवनदास के इस केन्द्र के दादू के जुड़ने, उसे सहारा देने, महोत्सव आयोजित करवाने के उनके इतिहास की स्मृति ज़िन्दा है। जैसा कि हम पहले कह आए हैं यह वही समय था जब वणिक-समुदायों की दुनिया तेज़ी से बदल रही थी और इस समय में दादू जैसे संत की परम्परा से जुड़कर, उनके शिष्यों को आर्थिक सहारा देकर, उन्होंने इस भौगोलिक क्षेत्र में स्वयं का दावा भी मज़बूत किया।[34] सुन्दरदास का अपना परिवार भी एक ऐसा ही वणिक परिवार रहा होगा जो दौसा में स्थित जगजीवनदास के इस स्थान के माध्यम से दादू की शिक्षाओं की तरफ़ मुड़ा होगा। राघवदास का 'भक्तमाल' सुन्दरदास का समकालीन ग्रंथ है जिससे उनके जीवन के बारे में महत्त्वपूर्ण सूचनाएँ मिलती हैं। इस ग्रंथ में सुन्दरदास को अद्वैत वेदांत के दर्शन पर अधिकार रखने वाले, योग, भक्ति, सांख्य, पुराण और शास्त्रों के ज्ञानी तथा 'दूसरा शंकराचार्य' कहा है—

संक्राचारय दूसरौ, दादू कै सुन्दर भयौ।
द्वीत-भाव करि दूरि, येक अद्वीत ही गायौ।
जगत-भगत षट-दरस, सबनि कै चांणिक लायौ॥
अपणौ मत मज़बूत थप्यौ, अरु गुरु पक्ष भारी।
आंन-धर्म करि खंड, अजा घट तैं निर वारी॥
भक्ति ग्यान हट सांखि लौं, सर्ब सास्त्र पारहि गयौ।
संक्राचारय दूसरौ, दादू कै सुन्दर भयौ॥[35]

इस 'छप्पय' से यह बात साफ़ हो जाती है कि सुन्दरदास षट्दर्शन से सम्बन्धित अपने ग्रंथों की रचना राघवदास के 'भक्तमाल' की रचना (1660 ई.) से पहले कर चुके थे। 'भक्तमाल' में सुन्दरदास का 'दौसा' नगर का 'बूसर गोत्री साहूकार' (वैश्य) होना,[36] ग्यारह वर्ष की आयु में शिक्षा के लिए बनारस जाना, बनारस से आकर फ़तेहपुर में बसना और फ़तेहपुर के क़ायमख़ानी नवाबों को अपनी 'करामातें' (अज़मत) दिखाना प्रमुख हैं।[37]

राघवदास फ़तेहपुर-शेखावाटी में सुन्दरदास के प्रसिद्ध पाँच शिष्यों का होना भी बताते हैं। सुन्दरदास के शिष्यों ने अपने गुरु के ग्रंथों की प्राचीन हस्तलिखित प्रतियाँ, उनके जीवन से जुड़ी अन्य जानकारियाँ लिखित रूप में संरक्षित कीं। सुन्दरदास के जीवन से जुड़ी जिन घटनाओं का वर्णन राघवदास ने अपने 'भक्तमाल' में

मानसिंह, दादू और सुन्दरदास। आभार: चौपासनी शोध संस्थान, जोधपुर, पांडुलिपि 18वीं सदी

किया है उन्हें बाद के दादूपंथी साहित्य में और विस्तार मिला। 20वीं सदी तक सुन्दरदास के जीवन के बारे में विकसित हुए दादूपंथ के विश्वासों, अन्य सम्प्रदायों में उनकी प्रसिद्धि, सुन्दरदास के थांबे, उनकी शिष्य परम्परा और उनके जीवन से जुड़ी तमाम जानकारी हम 'श्री दादू पंथ परिचय' और 'श्री दादू चरितामृत' नामक ग्रंथों में संगृहीत पाते हैं।[38] दादूपंथ की मान्यता के अनुसार सुन्दरदास दादू के शिष्य जग्गाजी के अवतार थे, जिन्होंने एक लघु 'भक्तमाल' की रचना भी की है और जिन्होंने गुजरात में दादू की शिक्षाओं को फैलाया।[39] सांगानेर में जहाँ सुन्दरदास के गुरु भाई रज्जब का थाम्बा था वहाँ सुन्दरदास की समाधि भी बनी हुई है। समाधि पर स्थित सुन्दरदास की 'चरण चौकी' के शिलालेख की चौपई के अनुसार 1746 विक्रमी (1689 ई.) में सुन्दरदास ने अपनी देह त्यागी। सुन्दरदास की उस काल की कुछ तस्वीरें जो हमें प्राप्त हो सकी हैं उनमें से सर्वाधिक प्रसिद्ध इस छवि में वे दादू और जयपुर के राजा मानसिंह के साथ एक बालक रूप में दिखाए गए हैं।

गोपालदास ने सांभर में अपनी 'सर्वंगी' को 1628 में संकलित किया था जिसमें सुन्दरदास का एक 'अष्टक' संगृहीत है। फिर राघवदास के 1660 ई. में संकलित भक्तमाल में 'सुन्दरदास' दूसरे शंकराचार्य के रूप में प्रतिष्ठित हो जाते हैं। तो इसका मतलब यह है कि ये तीन दशक 1628 ई. से 1660 ई. तक सुन्दरदास के लिए कविता लेखन के सर्वाधिक सर्जनात्मक वर्ष थे। इन्हीं तीन दशकों में सुन्दरदास ने अपने दो ग्रंथों के लिखे जाने की तारीख़ें दी हैं जिनमें 'पंचेन्द्रिय चरित्र' 1634 ई. में लिखा गया तथा 'ज्ञान समुद्र' 1653 ई. में पूरा हुआ। सुन्दरदास के मठ को

वणिक-परिवारों से मिले अनुदान पत्र से यह भी तय हो जाता है कि इन्हीं तीन दशकों में उनके फ़तेहपुर मठ पर निर्माण कार्य भी चला। इससे यह धारणा बलवती होती है कि कविता लेखन और साधना के लिए संतों को मठ बनाने होते थे और दादूपंथ ने वणिक-परिवारों को अपने प्रभाव में लेकर इसमें बहुत सफलता पाई। सुन्दरदास के ग्रंथों की प्रसिद्धि ही वह कारण था कि राघवदास के 'भक्तमाल' पर 1800 ई. में टीका करने वाले चतुरदास, सुन्दरदास द्वारा रचित छोटे-बड़े प्रत्येक ग्रंथ का उल्लेख करते हैं।[40] ये चतुरदास स्वयं सुन्दरदास की शिष्य परम्परा या उनके थांबे के संत थे।[41] जिससे यह पता लगाया जा सकता है कि सुन्दरदास के शिष्य ज्ञान-चर्चा, शास्त्रार्थ और संत-भक्त कवियों के इतिहास को जानने और लिखने में गहरी दिलचस्पी लेते थे। इन चतुरदास ने सुन्दरदास के ग्रंथों, उनके जीवन से जुड़ी कई घटनाओं के पुराने पत्रों (काग़ज़ों) का संग्रह किया था जो उनकी शिष्य परम्परा के महंत गंगाराम से 'सुन्दर ग्रंथावली' के यशस्वी सम्पादक पुरोहित हरिनारायण शर्मा 'विद्याभूषण' को प्राप्त हुए थे।

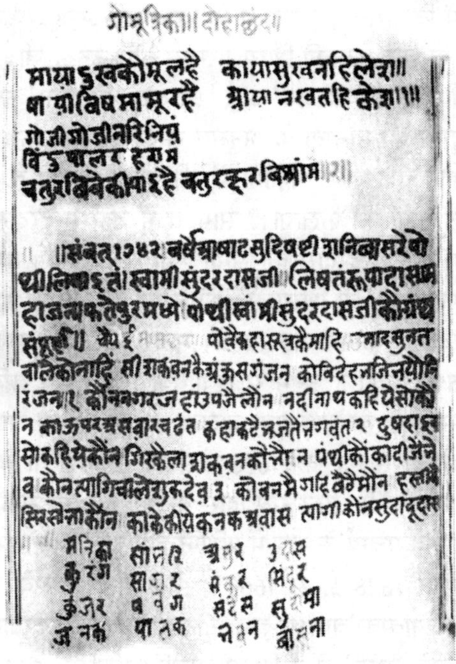

सुन्दरदास के सम्पूर्ण ग्रंथों की प्राचीनतम पांडुलिपि 1685 ई., आभार : राजस्थान प्राच्यविद्या प्रतिष्ठान, जयपुर

सौभाग्य से सुन्दरदास की कविता की कई हस्तलिखित प्रतियाँ राजस्थान, पंजाब, उत्तर प्रदेश, गुजरात आदि राज्यों के संग्रहालयों में संरक्षित हैं। सुन्दरदास के काव्य की सर्वाधिक महत्त्वपूर्ण पांडुलिपि 1742 विक्रमी (1685 ई.) की है जिसे सुन्दरदास की शिष्य परम्परा के ही महन्त गंगाराम जी (मृत्यु 1920 ई.) से पुरोहित हरिनारायण शर्मा ने प्राप्त किया था। हरिनारायण शर्मा की 'सुन्दर ग्रंथावली' इसी प्राचीन पांडुलिपि पर आधारित है जो सुन्दरदास ने स्वयं अपने जीवन काल में तैयार करवाई थी। हरिनारायण शर्मा लिखते हैं—"पाठकों को विदित हो

कि—(1) मूल प्राचीन गुटका स्वामी सुन्दरदास जी ने अपने सामने ही अपनी देखरेख में स्थान फ़तेहपुर में अपने वैश्य शिष्य वा सेवक लेखक रूपादास से लिखवाया था। जो मिती आषाढ़ शुक्ला 6 शनिवार संवत् विक्रमी 1742 को पूर्ण हुआ। स्वामी सुन्दरदास जी के ये ग्रंथ 89 वें वर्ष में लिखे जा चुके थे। इसके 3 ही वर्ष पीछे वे सांगानेर में शरीरत्यागी हो गए थे।"[42] ग्रंथ की पुष्पिका है—"संवत् 1742 वर्षे आषाढ़ सुदि षष्टी शनिवासरे पोथी लिखायितं स्वामी सुन्दरदास जी लिखितं रूपादास महाजन फतहपुर मध्ये पोथी स्वामी सुन्दरदास जी को ग्रंथ सम्पूर्ण।" सुन्दरदास के जीवनकाल में तैयार हुई यह पांडुलिपि, जिसमें उनके लिखे लगभग सभी 48 ग्रंथ समाहित हैं, प्राच्यविद्या प्रतिष्ठान—जयपुर के 'विद्याभूषण-संग्रह' में संरक्षित है।

अपनी कविता को केवल मौखिक परम्परा या 'रामत' के माध्यम से ही लोक में पहुँचाना सुन्दरदास का उद्देश्य नहीं था इसीलिए उन्होंने अपने सम्पूर्ण ग्रंथों को उक्त पांडुलिपि में लिपिबद्ध करवाया होगा। सुन्दरदास के सम्पूर्ण ग्रंथों की उपर्युक्त पांडुलिपि के अलावा अलग-अलग ग्रंथ भी पांडुलिपियों में मिलते हैं जिन्हें लोगों ने अपनी रुचियों के अनुसार लिखवाया था।

सुन्दरदास की कविता की आरम्भिक आधुनिक काल में मिली पांडुलिपियों में सर्वाधिक प्रसिद्ध उनका 'ज्ञान समुद्र' ग्रंथ था। चूँकि इस ग्रंथ के पाँच अध्याय गुरु-शिष्य सम्बन्ध, भक्ति, योग, सांख्य, अद्वैत वेदांत पर दार्शनिक ढंग से लिखे गए हैं इसलिए इस ग्रंथ को एक साथ न पढ़कर अपनी ज़रूरत के हिसाब से अलग-अलग अध्यायों की प्रतियाँ भी तैयार करवाई जाती थीं। मसलन गुजरात में 'ज्ञान समुद्र' के पढ़े जाने का एक पैटर्न दिखाई देता है जिसमें अधिकतर 'गुरु-शिष्य' और 'अद्वैत' वाले दो अध्याय ही लिपिबद्ध मिलते हैं बाक़ी के अध्याय छोड़ दिए गए हैं—

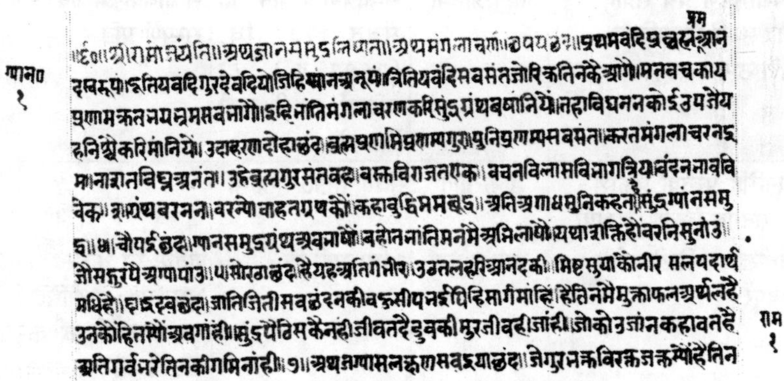

ज्ञान समुद्र। आभार : श्री महावीर जैन आराधना केन्द्र (कोबा तीर्थ), अहमदाबाद, पांडुलिपि क्रमांक 0064143

ऐसा अनुमान किया जा सकता है कि ये पांडुलिपियाँ जैन मुनियों ने लिखवाई होंगी जो इस समय अद्वैत वेदांत में दिलचस्पी ले रहे थे। सुन्दरदास के अन्य ग्रंथों की तुलना में 'ज्ञान समुद्र' की पांडुलिपियाँ गुजरात में ज़्यादा मिलती हैं।

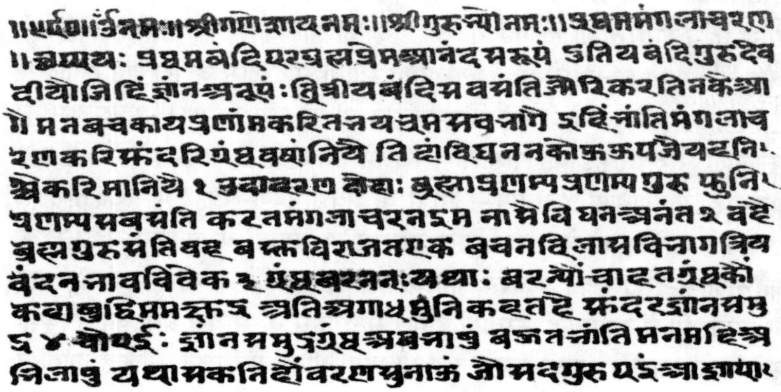

ज्ञान समुद्र। आभार : श्री महावीर जैन आराधना केन्द्र (कोबा तीर्थ), अहमदाबाद, पांडुलिपि क्रमांक 0067797

राजस्थान के ग्रंथागारों में 'ज्ञान समुद्र' की मिली हस्तलिखित प्रतियों की संख्या इस प्रकार है—

ग्रंथागार	'ज्ञान समुद्र' की प्रतियाँ	समय	टिप्पणी
विद्याभूषण ग्रंथ संग्रह, राजस्थान प्राच्यविद्या प्रतिष्ठान, जयपुर	तीन प्रतियाँ	सर्वाधिक प्राचीन प्रति संवत् 1742 वि. (1685 ई.), दो प्रतियाँ 19वीं सदी विक्रमी	सर्वाधिक प्राचीन सम्पूर्ण प्रति
मानसिंह पुस्तक प्रकाश मेहरानगढ़ किला, जोधपुर	एक प्रति	संवत् 1830 विक्रमी	
पोथीखाना, सिटी पैलेस जयपुर	सात प्रतियाँ	18वीं सदी वि.	प्रतियों पर कुँवर अमरसिंह, हाथीसिंह पुत्र श्रीरामजी, श्री चाँदजी और बादशाह ग़ाज़ी औरंगज़ेब की मुद्राएँ भी मिलती हैं।

चौपासनी शोध संस्थान जोधपुर	दस प्रतियाँ	18वीं, 19वीं सदी वि.	
राजस्थान प्राच्यविद्या प्रतिष्ठान, अलवर	दो प्रतियाँ	18वीं सदी वि.	
राजस्थान प्राच्यविद्या प्रतिष्ठान, बीकानेर	एक प्रति	19वीं सदी वि.	
राजस्थान प्राच्यविद्या प्रतिष्ठान, जयपुर	एक प्रति	18वीं सदी वि.	
राजस्थान प्राच्यविद्या प्रतिष्ठान, जोधपुर	पूर्ण-अपूर्ण पचास प्रतियाँ	18वीं, 19वीं सदी वि.	लिपिकर्ता में दादूपंथियों के साथ कबीरपंथी भी हैं
राजस्थान प्राच्यविद्या प्रतिष्ठान, कोटा	दो प्रतियाँ	19वीं सदी वि.	
राजस्थान प्राच्यविद्या प्रतिष्ठान, उदयपुर	तीन प्रतियाँ	18वीं सदी वि.	

'ज्ञान समुद्र' पंजाब में भी चर्चित था। गुरुमुखी लिपि में लिखी इसकी चार प्रतियाँ 'पंजाब डिजिटल लाइब्रेरी' में संरक्षित हैं। इनमें एक पांडुलिपि की तारीख भी लिखी है जो 1859 ई. की है। इसी लाइब्रेरी में सुन्दरदास के 'सवैया-ग्रंथ', 'अद्‌भुत उपदेश' और 'उपदेश चितावनी' भी गुरुमुखी लिपि में देखे जा सकते हैं—

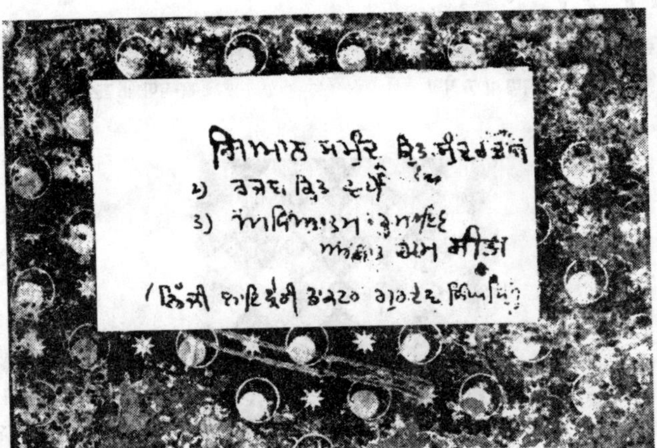

ज्ञान समुद्र, सुन्दरदास रचित (गुरुमुखी); सम्पूर्ण ॥ 118 पेज

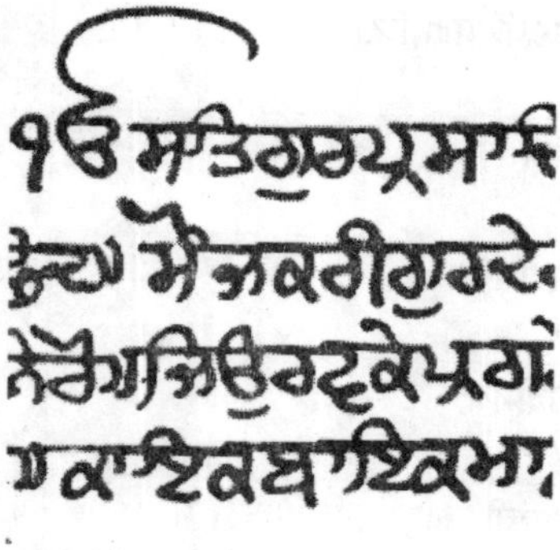

स्वाय सुन्दरदास जी के, सुन्दरदास रचित (गुरुमुखी); सम्पूर्ण ॥ 339 पेज

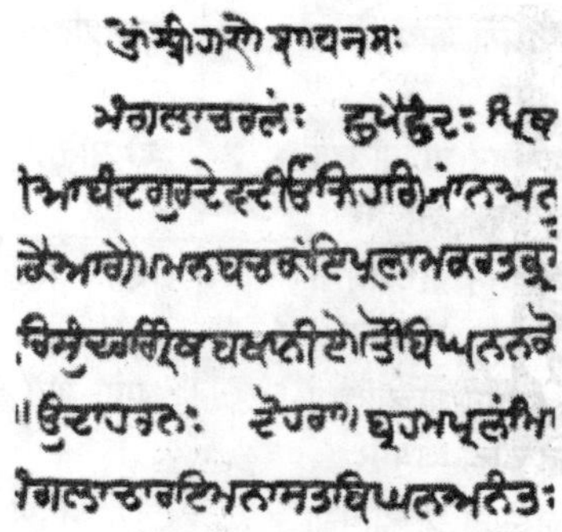

ज्ञान समुद्र, सुन्दरदास रचित (गुरुमुखी); सम्पूर्ण ॥ 54 पेज

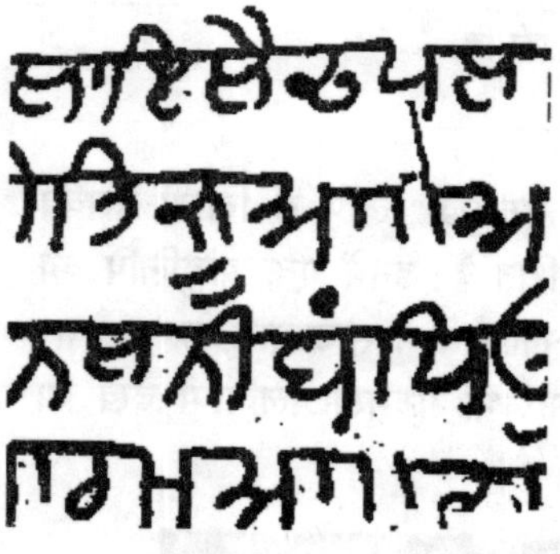

उपदेश चितावनी कौ अंग, सुन्दरदास रचित (गुरुमुखी); सम्पूर्ण ॥ 7 पेज

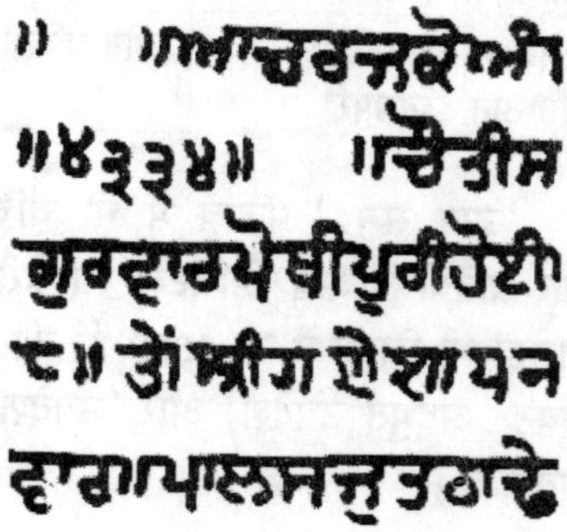

ज्ञान समुद्र, सुन्दरदास रचित (गुरुमुखी); सम्पूर्ण ॥ 224 पेज

ज्ञान समुद्र, सुन्दरदास रचित (गुरुमुखी); सम्पूर्ण ॥ 116 पेज

जुंज अटे चंद, सुन्दरदास रचित
(गुरुमुखी); सम्पूर्ण ॥ 27 पेज

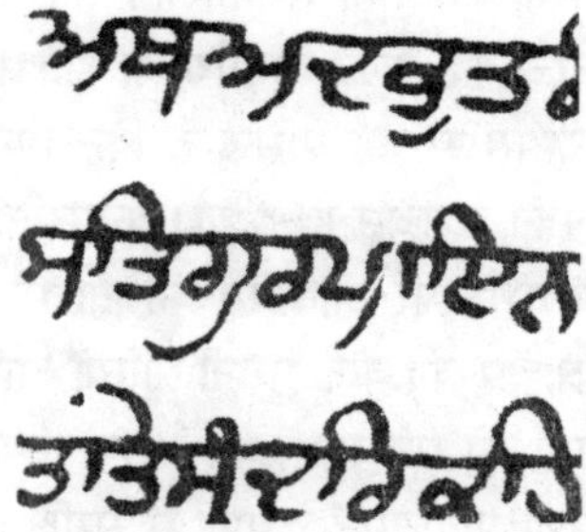

अद्भुत ग्रंथ, सुन्दरदास रचित
(गुरुमुखी); सम्पूर्ण ॥ 14 पेज

सुन्दरदास ने देशाटन पर कविता की है। इस कविता में आए अनेक क़स्बों और दिशाओं में कुछ स्थान ऐसे हैं जिनका उन्होंने भ्रमण किया था। देशाटन कविता की एक विधा भी रही है इसलिए कुछ दिशाओं और जगहों का वर्णन संत परम्परानुसार

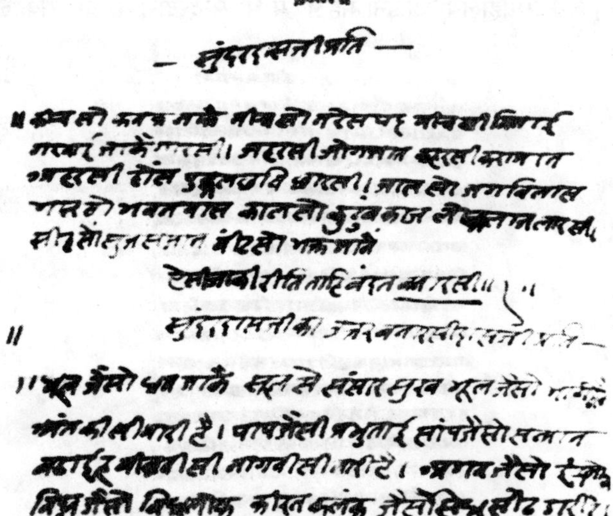

सुन्दरदास और बनारसीदास जैन के पत्राचार-स्वरूप माने गए पद।
आभार : राजस्थान प्राच्यविद्या प्रतिष्ठान, जयपुर

करते थे। अपने समकालीन संतों-भक्तों से भी सुन्दरदास के मिलने और ज्ञान-चर्चा करने का वर्णन दादूपंथ के इतिहास-ग्रंथों में मिलता है। संत समुदाय के अलावा परम्परा से यह प्रसिद्ध है कि 'अर्द्धकथानक' के रचयिता बनारसीदास जैन से भी इनका पत्राचार हुआ था। बनारसीदास जैन ने 'अर्द्ध-कथानक' के अलावा जैन धर्म के दर्शन पर आधारित कविता भी की है। बनारसीदास जैन के साथ सुन्दरदास के पत्राचार की कुछ पुरानी प्रतियाँ आज भी देखने को मिलती हैं। ये प्रतियाँ हरिनारायण शर्मा को सुन्दरदास की शिष्य परम्परा के महंत गंगाराम से मिली थी जो अब 'प्राच्य विद्या प्रतिष्ठान' जयपुर में सुरक्षित हैं।

सुन्दरदास की कविता केवल संत समुदाय द्वारा ही पढ़ी जाती थीं यह भी सच नहीं है, उनके ग्रंथ दरबारी वर्ग में भी लोकप्रिय थे। जयपुर के सिटी पैलेस म्यूज़ियम में सुन्दरदास के ग्रंथों की कई पांडुलिपियाँ सुरक्षित हैं। एक पांडुलिपि पर मुग़ल बादशाह औरंगज़ेब की सील भी लगी हुई है।[43] जिससे अनुमान लगाया जा सकता है कि राजस्थान के राजपूत रजवाड़ों के साथ मुग़लों तक भी सुन्दरदास के ग्रंथों की पहुँच थी। राजस्थान से दूर गुजरात के जाडेजा राजवंश के कच्छ राज्य की राजधानी भुज के संग्रहालय 'आईना महल' में भी सुन्दरदास के ग्रंथ संकलित हैं—

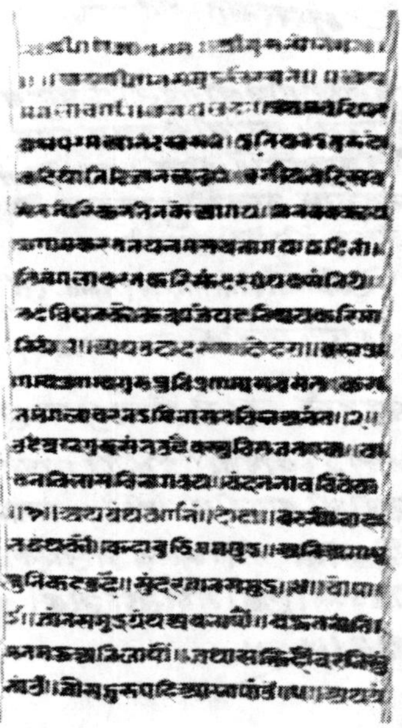

भुज के शासक राव देशल जी (शासनकाल 1718-41 ई.) द्वारा स्वाध्याय हेतु तैयार करवाई गई 'ज्ञान समुद्र' की प्रति। आभार : आईना महल संग्रहालय, भुज।

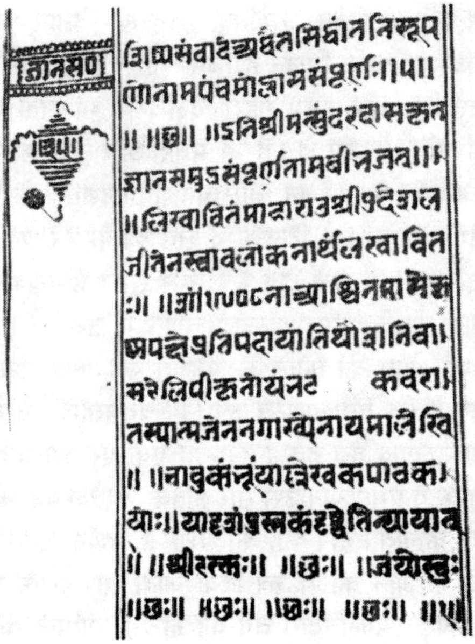

ज्ञान समुद्र। आभार : आईना महल संग्रहालय, भुज।

यह विशाल काव्य संसार जिसमें भक्ति, योग, सांख्य और वेदांत आदि दर्शन प्रधान रचनाएँ, छंद और अलंकार प्रधान पांडित्यपूर्ण ग्रंथ, षट्भाषा की रचनाएँ, चित्रकाव्य, बारहमासा आदि विविध विषयों पर कविता शामिल है, निश्चय ही सुन्दरदास को भक्ति परम्परा में विशिष्ट स्थान दिलाता है।

(iii) संत होने की पुन:परिभाषा

सुन्दरदास 17वीं सदी के मुग़लकालीन उत्तर भारत में संत होने को पुन:परिभाषित कर रहे थे और स्वयं उस नई बन रही संत अस्मिता का उदाहरण भी थे। इस प्रक्रिया को हम अवधी प्रेमाख्यानों पर हुए शोध के सन्दर्भ में बेहतर समझ सकते हैं। फ्रांचेस्का ओर्सीनी ने मुग़लकाल में लिखे गए तीन अवधी सूफ़ी प्रेमाख्यानों का अध्ययन करते हुए उनमें तत्कालीन सन्दर्भ में कुछ नई बातों पर चर्चा की है। वे कुछ ऐसे तत्त्व हैं जो उन्हें पहले के प्रेमाख्यानों (चंदायन, मृगावती, पद्मावत और मधुमालती) से अलग करते हैं। मुग़लकाल में लिखे गए तीन प्रेमाख्यान, आलम का माधवानल कामकंदला (1582 ई.), उस्मान की चित्रावली (1613 ई.), पुहकर

का रसरतन (1618 ई.) में संगीत, ज्योतिष, हस्तरेखा-विज्ञान, कोकशास्त्र आदि के अंग-उपांगों के विस्तृत वर्णन मिलते हैं जिन्हें मुग़ल इलीट वर्ग सांस्कृतिक रूप से ज़्यादा महत्त्व देता था और उनमें गहरी दिलचस्पी भी लेता था।[44] माधवानल कामकंदला ऐसे 'गुणियों' पर ज़ोर देता है जो संगीत और नृत्य को बेहतर जानते हों, उस्मान अपनी 'चित्रावली' में गुणीजन, कलावंत, पिंगलशास्त्र के जानकार, अनेक 'एथनिसिटी' के लोगों के वर्णन में दिलचस्पी लेते हैं। पुहकर का 'रसरतन' अपने प्रेमाख्यान को 'रीति-कथा' ही बना देता है जिसमें सूफ़ी प्रेमाख्यानों की बहुचर्चित 'प्रेम की पीर' शृंगार रस के काव्यशास्त्रीय वर्णन में तब्दील हो जाती है। वहाँ विरह-वर्णन, विप्रलम्भ शृंगार की कोटि के अनुसार ज़्यादा व्याख्यायित किया गया है। पुहकर यह कहते हैं कि पिंगलशास्त्र उन्होंने 'चंदबरदाई' से सीखा है जिनका दरबारी कवियों द्वारा उल्लेख तब तक निस्सन्देह एक परम्परा बन चुका था। कुल मिलाकर मुग़लकाल के ये प्रेमाख्यान उस सांस्कृतिक परिवेश की ओर इशारा कर रहे हैं जिसमें गुणीजन या कलावंत होने को, काव्यशास्त्र, दर्शन, कोकशास्त्र, ज्योतिष, आयुर्वेद, योग आदि के ज्ञान को महत्त्व दिया जाता था। इसके पीछे मुग़ल और उनके विशाल (छोटे-बड़े) मनसबदारी वर्ग की रुचियाँ शामिल थीं।

उपर्युक्त तर्क को ध्यान में रखकर हम इसी काल में भक्ति-कविता में हो रहे बदलाव को देखेंगे तो सुन्दरदास को बेहतर तरीक़े से समझ पाएँगे। सुन्दरदास की कविता का एक हिस्सा 'साखी' और 'पदों' में हैं जो पहले से चली आ रही परम्परा का हिस्सा था। बाक़ी के विशाल काव्य संसार में वे एक प्रशिक्षित कवि, योगी, शिक्षक, दार्शनिक, प्रवचनकार, कथाकार और संगीतकार नज़र आते हैं। सुन्दरदास के मुहावरे में कहें तो वे एक 'ज्ञानी' नज़र आते हैं। 'ज्ञानी' संज्ञा को सुन्दरदास के युगीन सन्दर्भ में समझने की ज़रूरत है। अपनी कविता में वे इसे समझाते भी हैं।

मसलन उनके 'पंच प्रभाव' नामक छोटे ग्रंथ को लेते हैं जिसकी प्रेरणा सुन्दरदास को 'विष्णुपुराण' और 'भागवतपुराण' से मिली होगी। 'विष्णुपुराण' में 'वर्णाश्रम' आदि की शुद्धता मानने वाले को योग्य वैष्णव माना गया है।[45] सुन्दरदास के 'पंच प्रभाव' में भक्ति परब्रह्म की 'पुत्री' है जो माया 'दासी' के साथ संसार में आई है और अपने लिए योग्य वर खोज रही है। योगी, जंगम, संन्यासी, षट्दर्शन के पंडित, सूफ़ी, जैन सबमें उसे कोई नहीं जँचता। आख़िर में वह संतों से मिलती है जिनके क्षमा, दया, धीरज, दीनता आदि गुणों को देखकर वह उनसे विवाह करती है। एक गृहस्थ जीवन का रूपक बाँधते हुए सुन्दरदास यहाँ तीन तरह के संतों व चौथे सांसारिक जीवों की व्याख्या करते हैं। जिसमें भक्ति के प्रति पूर्ण समर्पण हो, जो वर्णाश्रम के नियमों का पालन करता है, साथ ही साथ विषय-वासनाओं से

स्वयं को अलग रखता है वह उच्चस्तर का संत है। फिर अनुक्रम से वर्णाश्रम के नियमों को तोड़ने वाले व सांसारिकता (माया) से लगाव के अनुसार मध्य और निम्न स्तर के संत आते हैं। सबसे निचले स्तर के सांसारिक जीव भवसागर में हैं क्योंकि वे भक्ति से सर्वथा विमुख हैं। सबसे महत्त्वपूर्ण यहाँ सुन्दरदास की पाँचवीं और सबसे उच्च स्तर की श्रेणी है जो भक्त-संत से भी ऊपर की है। सुन्दरदास के अनुसार यह अवस्था 'ज्ञानी' की है जो संसार में होकर भी उससे परे है और जिसने ब्रह्म का साक्षात्कार कर लिया है। वे कहते हैं—*भक्ति भक्त माया जगत, ज्ञानी सबको सीस।* सुन्दरदास के काव्य-संसार में यह 'ज्ञानी' हमेशा भक्त से एक दर्ज़ा ऊपर रहता है। अपने मत को प्रामाणिक तौर पर रखने के लिए वे बाक़ायदा 'ब्रह्म-सूत्र', 'योगवाशिष्ठ', 'अष्टावक्र-गीता', 'भगवद्गीता', 'उपनिषद', 'दत्तात्रेय संहिता', 'हठयोगप्रदीपिका' का सन्दर्भ देते हैं। सुन्दरदास के लिए 'ज्ञानी' होने का अर्थ अद्वैत-वेदांत में बताई गई ब्रह्म-ज्ञान की अवस्था है जहाँ जीव और ब्रह्म का द्वैत मिट जाता है। भगवद्गीता में उसे इस प्रकार कहा गया है—

उदारा सर्व एवैते ज्ञानी त्वात्मैव मे मतम्।
आस्थित स हि युक्तात्मा मामेवानुत्तमां गतिम्॥[46]

'ज्ञानी' होना अनुभवजन्य 'विवेक' पाने की भी अवस्था है जिसमें व्यक्ति कविता करने के भेद या उसके सारतत्त्व को जानता हो। जिसे बोलने, गाने आदि के ढंग मालूम हो या वाणी से आम-जन पर पड़ने वाले प्रभाव का मर्म जो व्यक्ति जानता हो। भले ही कितना ही शास्त्र पढ़ा संत हो उसे यह चाहिए कि वह मनुष्य के भीतर स्थित परम सत्य का मर्म समझता हो। इसी तरह का 'विवेक' उस ज्ञानी का स्वभाव होता है। सुन्दरदास की कविता में यह 'विवेक' उनके सवैया और साखी ग्रंथों के 'वचन विवेक' नामक अध्यायों में समझाया गया है।

मामला थोड़ा जटिल वहाँ होता है जहाँ बात 'सहज' या 'आत्मानुभव' की आती है, वहाँ सुन्दरदास आत्मानुभव को किसी भी दर्शन से ऊपर बताते हैं और एक तरह से कबीर आदि संतों से जुड़ जाते हैं। यानी वैष्णव भक्ति की तुलना में 'राम' की भीतरी सत्ता को वे ऊपर ही रखते हैं और निर्गुण-भक्ति को शास्त्रीय आधार देकर उसे सगुण भक्ति से ज़्यादा प्रामाणिक बताते हैं। 'आत्मानुभव' अद्वैत वेदांत दर्शन में ब्रह्म के साक्षात्कार का प्रमाण भी है जहाँ किसी शास्त्र की पहुँच नहीं है। उनके लिए वेदांत का 'आत्मानुभव' और संतों का 'सहज' दार्शनिक धरातल पर एक ही सिक्के के दो पहलू हैं। इसलिए वेदांत का शास्त्रीय पक्ष सुन्दरदास की कविता में सदैव हावी रहता है।

इसी शास्त्रीय पक्ष के कारण सुन्दरदास जाति-व्यवस्था, कुल-शील आदि के व्यवहार से कबीर की तरह सीधे नहीं टकराते हैं। वर्णाश्रम के व्यवहार वे संतों-भक्तों के लिए ही उचित रखते हैं जिनको 'ज्ञानी' के लिए अप्रासंगिक ठहराते हैं। कुछ साखियों में इतना ही कहते हैं कि ब्राह्मण या शूद्र में जो भी प्रयत्न करता है वह समान रूप से उस ज्योति/परम सत्ता को पाता है क्योंकि तात्त्विक रूप से दोनों के 'घरों' में एक ही ज्योति से अन्धकार मिटता है—

अन्त्यज ब्राह्मण आदि दै दार मथै जो कोइ।
सुन्दर भेद कछू नहीं प्रगट हुतासन होइ॥[47]

कहें तो उनके 'ज्ञानी सबको सीस' में भी सामाजिक पदानुक्रम में ऊपर जाने को आध्यात्मिक उन्नति से जोड़ा गया है और वर्णाश्रम को कबीर की तरह चुनौती नहीं दी गई है।

अपने 'ज्ञान समुद्र' ग्रंथ में वे नवधा, प्रेमलक्षणा और पराभक्ति तीन तरह की भक्ति-परम्पराओं की बात करते हैं। वे अनुक्रम से 'पराभक्ति' को सबसे श्रेष्ठ बताते हैं और 'चैतन्य महाप्रभु' द्वारा प्रतिपादित भक्ति से सहमत होते हैं। इस भक्ति में ब्रह्म और जीव का एकाकार तो होता है लेकिन जीव अपना सेव्य-भाव नहीं छोड़ता है। सुन्दरदास के लिए अद्वैत वेदांत समर्थित भक्ति सबसे ऊपर है। वे अद्वैत को समझाते हुए कहीं भक्ति में अद्वैत का दर्शन लाते हैं तो कभी अद्वैत को अलग से सवर्श्रेष्ठ दर्शन बताते हैं।

यही 'अद्वैत वेदांत' और आत्मानुभव उनको सूफ़ी विचारधारा ख़ासकर 12वीं सदी के 'इब्न अल-अरबी' के दर्शन से जोड़ते हैं। अपने फ़ारसीनिस्ट 'पीर-मुरीद अष्टक' में उस्ताद/पीर अपने मुरीद/बन्दे को अर्श के ऊपर बैठे महबूब से मिलन की राह तो बताता है लेकिन उस महबूब के वर्णन में मौन साध लेता है। पीर-मुरीद की यह आध्यात्मिक चर्चा 'हैरान' की दशा में परिणत हो जाती है जहाँ शब्द या 'सुख़न' नहीं पहुँच सकता। सुन्दरदास अपने नाम 'सुन्दर' का रूपक बाँधते हुए कहते हैं कि उस 'सुन्दर' परमात्मा को 'सुन्दर' होकर यानी स्वयं में उसकी उपस्थिति देखकर ही पाया जा सकता है उसे वर्णित नहीं किया जा सकता—

बैठा उठा कहिये तिसे औजूद जिसकै होइ।
बेचूंन उसकौ कहत हैं अरु बेनिमूनै सोइ।[48]

सुन्दरदास द्वारा व्याख्यायित 'ज्ञानी' होने में अद्वैत-वेदांत, सूफ़ीवाद और भक्ति घुले-मिले हैं। देखा जाए तो सुन्दरदास के ग्रंथों का ढाँचा ही ऐसा होता है जो उसे

पढ़ने वाले को भक्ति संवेदना समझाता नहीं है बल्कि उसे परम सत्य की खोज में ले जाता है। उनकी कविता आत्मानुभव या विश्वव्यापी ब्रह्म सत्य को पाने की खोज की कविता है। इसलिए अक्सर उनकी कविता में पहले गुरु-शिष्य, पीर-मुरीद, आम साधक और सिद्धि-प्राप्त योगी, कवि और लोक का मिलन होता है, फिर वे एक-दूसरे का महत्त्व पहचानते हैं और उसके बाद एक-दूसरे से संवाद करते हुए सत्य की, स्वयं की खोज को निकल पड़ते हैं। सुन्दरदास के यहाँ भक्ति एक संवेदना या अनुभव से बढ़कर एक यात्रा है। जिसमें साधक जितनी जिज्ञासा बढ़ाता है वह सत्य को पाने के उतने ही नए तरीक़ों को खोजता है। उनकी कविता के माध्यम से साधक इसी खोज से अपने अस्तित्व का दायरा बढ़ाता जाता है।

सुन्दरदास शब्द शिल्पी थे। इसलिए कविता के शिल्प सम्बन्धी उनके नज़रिये को देखे बिना उनके द्वारा प्रस्तावित इस 'ज्ञानी' होने को पूरी तरह से नहीं समझा जा सकता। कविता के सन्दर्भ में 'ज्ञानी' होना ठीक वैसा ही है जैसा गुणी और कलावंत होना है जिनकी चर्चा ऊपर की गई है—

केचित् कहै संस्कृत बांनी, कठिन श्लोक सुनावहिं जांनी॥
केचित् तर्कत शास्तर पाठी, कौशल विद्या पकरिहिं काठी।
केचित् वाद विविध मत जानैं, पढ़ि व्याकरण चातुरी ठानैं॥
केचित् कविता कवित सुनावैं, कुंडलिया अरु अरिल बनावैं।
केचित् छंद सवैया जोरैं, जहाँ तहाँ के अक्षर चोरैं॥[49]

सुन्दरदास उपर्युक्त पद में संस्कृत के पंडितों और रीतिकवियों पर कटाक्ष कर रहे हैं जो कविता लिखने, छंदशास्त्र और व्याकरण ग्रंथों को जानने में अपनी 'चतुराई' समझ रहे थे। वे बाक़ायदा 'रसमंजरी', 'रसिकप्रिया' और 'सुन्दरशृंगार' आदि ग्रंथों का सन्दर्भ देकर ऐसे रीतिग्रंथों को पढ़ने की मनाही कर देते हैं जो नख-शिख और शृंगार रस का अतिशय वर्णन करते हैं। गुणियों और कवियों के प्रति यह व्यंग्य अपनी जगह है लेकिन इस बात को सुन्दरदास की कविता में गहराई से देखा जा सकता है कि काव्य की 'रिफाइंड' शैली को वे नहीं नकारते जिसे मुग़लकाल में प्रतिष्ठा मिल रही थी। सुन्दरदास के लिए रीतिकवियों का 'कवित्त' (यानी कविता) और संतों की 'वाणी' का पैमाना एक ही है कि उसे कवियों की सभा में भी सराहा जाना चाहिए—

नख शिख शुद्ध कवित्त पढ़त अति नीकौ लग्गै।
अंग हीन जो पढ़ै सुनत कवि जन उठि भग्गै॥[50]

वे कहते हैं कि अगर संतों की वाणी छंदों के नियमों से परिष्कृत नहीं हो तो उसे न कहना ही उचित है—

तुक भंग छंद भंग अरथ न मिलै कछु,
सुन्दर कहत ऐसी बानि नहिं कहिये॥[51]

अपने गुरु भाई रज्जब के शिष्य मोहनदास को लिखे एक पत्र में वे फटकार लगाते हैं कि मोहनदास कविता करने को हल्के में न लें और छंदों के नियमों अर्थात् 'पिंगल' का पूरा ध्यान रखें—

पिंगल तुम कैसो पढ़े, सुद्ध न किए कवित्त।
कै ऐसे ही लिखि गए, कै थिर न भयौ चित्त॥[52]

कबीर, रैदास आदि संतों की परम्परा में यह बड़ा परिवर्तन था। सुन्दरदास के लिए कविता की उस शैली से परिचित होना ज़रूरी था जो न केवल परम्परा प्रसिद्ध थी बल्कि मुग़ल-राजपूत दरबारी आश्रय में फिर से प्रासंगिक हो चुकी थी। उनके लिए 'ज्ञानी' होने में ठीक रीतिकवियों की तरह का कवि होना भी शामिल था। सुन्दरदास के सबसे प्राचीन चित्र की कबीर के चित्र से तुलना करें तो बात और स्पष्ट होगी। कबीर के सर्वाधिक प्रसिद्ध चित्र में उन्हें एक जुलाहा दिखाया गया है जो कपड़ा बुनते हुए अन्य संतों से चर्चा में मग्न हैं, लेकिन यहाँ सुन्दरदास एक 'गुणी' हैं और वे दादू के 'दरबार' में स्वयं दादू को अपना संगीत सुना रहे हैं। जिस मुग़लकालीन राजनीतिक 'मॉडल' पर दादूपंथ के विकसित होने की चर्चा हमने पिछले अध्याय में की है उसकी एक झलक इस चित्र में देख सकते हैं।

सुन्दरदास और दादू। आभार : वेलकम इंस्टिट्यूट फ़ॉर द हिस्ट्री ऑफ़ मेडिसिन, लंदन। (हिन्दी 371), 1715 ई., नरैणा

राघवदास का 'भक्तमाल' 'गुणीजनों' और 'कलावंतों' की बढ़ रही प्रतिष्ठा की दिलचस्प कहानी कहता है। सुन्दरदास के फ़तेहपुर-शेखावाटी थाम्बे के शिष्य नारायणदास को वे अपने 'भक्तमाल' में मुग़ल हरम में एक रानी के साथ के गोष्ठी करते चित्रित करते हैं।[53] इस भक्तमाल में दादू के बावन शिष्यों में सोलह को विशेष जगह मिली है जिनके व्यक्तित्व के विशिष्ट गुणों को राघवदास चिह्नित कर रहे थे। ग़रीबदास विभिन्न रागों के गायन व वीणा बजाने में प्रवीण थे, रज्जब ग्रंथन-कला और कविता में दृष्टान्त देने में प्रवीण थे, मेवाड़ के मोहनदास हठयोग साधना में प्रवीण, जगजीवनदास दृष्टान्त देने की कला व शास्त्रों को जानने वाले (काशी के) महापंडित, जनगोपाल संस्कृत ग्रंथों और पौराणिक-कथाओं को टकसाली रूप में भाषा में प्रस्तुत करने वाले, बखना कविता और गायकी को जानने वाले, कायस्थ जगन्नाथदास ग्रंथन-कला में प्रवीण और 'योगवाशिष्ठ' तथा गीता के सार को देशभाषा में प्रस्तुत करने वाले व्यक्ति थे। 'भक्तमाल' में दादूपंथी संतों के ये वर्णन उस काल के सांस्कृतिक सन्दर्भों को बख़ूबी बयान करते हैं। यह एक निर्गुण संत की बदलती हुई छवि थी जिसकी पुनःपरिभाषा सुन्दरदास की कविता में ज्ञानी, ज्ञान और विवेक पर दिए गए बल में देखी जा सकती है। वे स्वयं इस नई अस्मिता का गहरे में निर्वाह कर रहे थे। सुन्दरदास एक तरह से 17वीं सदी में विकसित हो रहे दादू के बहुआयामी पंथ के केन्द्र में समझे जा सकते हैं। राजस्थान, पंजाब, गुजरात, उत्तर प्रदेश की तरफ़ फैल रहे पंथ के विस्तृत भूगोल को बहुभाषिक कविता के माध्यम से प्रस्तुत करना, भक्ति कविता के नए प्रतिमानों का प्रस्ताव रखना, दादूपंथी संतों की शिक्षा के लिए ग्रंथ लिखना आदि कई वे ऐसी बातें थीं जो सुन्दरदास को अपनी परम्परा का प्रधान कवि, गुणी या ज्ञानी के रूप में स्थापित करती हैं। अगले अध्याय में भक्ति कविता में आ रहे इन्हीं बदलावों की विस्तृत चर्चा करेंगे। राघवदास ने अपने समकालीन इन सुन्दरदास के बारे में ठीक ही लिखा था—संक्राचारय दूसरौ, दादू कै सुन्दर भयौ।

सन्दर्भ

1. मुहता नैणसी, *मारवाड़ रा परगना री विगत* (भाग-दो), पूर्वोद्धृत, पृ. 83
2. मोतीलाल गुप्त, *खंडेलवाल जाति का प्रारम्भिक इतिहास,* श्री खंडेलवाल वैश्य महासभा, जयपुर, 1963 ई., पृ. 29-30, विलास सांगवे, *जैन कम्यूनिटी : ए सोशल सर्वे,* पॉपुलर बुक डिपो, मुम्बई, 1959 ई., पृ. 156-57
3. संदीप साहा, द मूवमेंट ऑफ़ भक्ति अलांग ए नार्थ-वेस्ट एक्सिस : ट्रेसिंग द हिस्ट्री ऑफ़ द पुष्टिमार्ग बिट्वीन सिक्सटींथ एंड नाइनटींथ सेंचुरीज़, *इंटरनेशनल जर्नल ऑफ़ हिन्दू स्टडीज़* 2007, 11, 3 : पृ. 299-318

4. मोनिका हॉर्स्टमान, सिम्बायोटिक एंटीमनी : द *सोशल ऑर्गनाइजेशन ऑफ़ ए नार्थ इंडियन सेक्ट,* ए. एल. बाशम व्याख्यान, ऑस्ट्रेलियाई नेशनल यूनिवर्सिटी, केनबरा, 1986 ई.
5. रमेशचन्द्र मिश्र, *सुन्दर ग्रंथावली* (भाग-एक), पूर्वोद्धृत, पृ. 276
6. वही, (भाग-दो), पृ. 444
7. *कबीर ग्रंथावली,* सम्पादक—श्यामसुन्दर दास, नागरीप्रचारिणी सभा, काशी, संवत् 2013, पद 68, पृ. 109
8. रमेशचन्द्र मिश्र, *सुन्दर ग्रंथावली* (भाग-दो), पृ. 531
9. नारायणदास पुष्कर, *श्री दादू पंथ परिचय* (भाग तीन), पूर्वोद्धृत, पृ. 573-74
10. हरिनारायण शर्मा, *सुन्दर ग्रंथावली* (भाग-एक), पूर्वोद्धृत, जीवनचरित्र, पृ. 36
11. वही, पृ. 26-27
12. *राजस्थान के अभिलेख,* सम्पादक रतनलाल मिश्र, श्री सरस्वती पुस्तकालय, फ़तेहपुर, 1991, पृ. 84-86
13. कस्तूरचंद कासलीवाल, *राजस्थान के जैन संत : व्यक्तित्व और कृतित्व,* साहित्य शोध विभाग-महावीर भवन, जयपुर, 1967 ई., पृ. 165
14. *बनारसीदास विरचित अर्ध कथानक,* सम्पादन व भूमिका नाथूराम प्रेमी, हिन्दी ग्रंथ रत्नाकर प्रा. लि. बम्बई, 1957 ई., पृ. 53
15. *समयसुन्दर-कृति-कुसुमांजलि,* पूर्वोद्धृत, पृ. 413
16. मुकुंद लाठ, द *अर्द्धकथानक,* राजस्थान प्राकृत भारती संस्थान, जयपुर, 1981 ई., पृ. 4
17. सिंथिया टेलबट, *'बिकमिंग टर्क द राजपूत वे : कन्वर्ज़न एंड आइडेंटिटी इन एन इंडियन वारियर नैरेटिव',* मॉडर्न एशियन स्टडीज़ 43-1 (2009), पृ. 211-43
18. *राजस्थान का इतिहास,* पूर्वोद्धृत, पृ. 696
19. रतनलाल मिश्र, *कायमख़ानी वंश का इतिहास।* कुटीर प्रकाशन, मंडावा, 1994 ई., पृ. 71
20. कैलाश चन्द्र जैन, *एंशिएंट सिटीज़ एंड टाउन्स ऑफ़ राजस्थान,* मोतीलाल बनारसीदास, दिल्ली, 972 ई., पृ. 253-54
21. वही, पृ. 254
22. जहूर अली ख़ान, *इन परस्यूट ऑफ़ मुग़ल हाइवेज़, प्रोसीडिंग्स ऑफ़ द इंडियन हिस्ट्री कांग्रेस,* 1984 वॉल्यूम 45, पृ. 327
23. इरफ़ान हबीब, *ऐन एटलस ऑफ़ द मुग़ल एम्पायर,* ऑक्सफ़ोर्ड यूनिवर्सिटी प्रेस, नई दिल्ली, 1982 ई., पृ. 20
24. *कायम ख़ाँ रासा,* दशरथ शर्मा, अगरचन्द नाहटा द्वारा सम्पादित, राजस्थान पुरातत्त्व मन्दिर, जयपुर 1953 ई., दोहा-50
25. *जान-ग्रंथावली* (भाग-तीन), राजस्थान प्राच्य विद्या प्रतिष्ठान, जोधपुर, ई. 2004, पृ. 141
26. *कायम ख़ाँ रासा,* रचयिता कवि जान उर्फ़ नियामत ख़ान कायमख़ानी, हाजी हाशम ख़ान झाड़ोद आदि (सम्पादक), राजस्थान कायमख़ानी शोध संस्थान, जोधपुर, 2007, पृ. 30
27. *राघवदास कृत भक्तमाल,* पूर्वोद्धृत, पृ. 198-201
28. रमेशचन्द्र मिश्र, *सुन्दर ग्रंथावली* (भाग-एक), पृ. 99
29. *राजस्थान के अभिलेख,* पृ. 82
30. *मुस्लिम श्राइन्स इन इंडिया,* क्रिस्चन ट्रोल द्वारा सम्पादित (देखें, अध्याय *'द अर्ली चिश्ती*

दरगाह'), ऑक्सफ़ोर्ड यूनिवर्सिटी प्रेस,नई दिल्ली, पृ. 17

31. हजारीप्रसाद द्विवेदी, *हिन्दी साहित्य की भूमिका,* राजकमल प्रकाशन, नई दिल्ली, 2003, पृ. 103
32. रामचन्द्र शुक्ल, *हिन्दी साहित्य का इतिहास,* पृ. 49
33. रतनलाल मिश्र, *दादूपंथी नागा समुदाय-साधना एवं साहित्य* (अध्याय—तृतीय), संत कुटीर सांगानेर (जयपुर) 1997, तथा *श्री दादू पंथ परिचय* (प्रथम भाग), पृ. 378-396
34. *द एग्ज़ाम्पल इन दादूपंथी होमलेटिक्स,* पूर्वोद्धृत, पृ. 58-59
35. *राघवदास कृत भक्तमाल,* छप्पय 419, पृ. 198
36. हरिनारायण शर्मा, *सुन्दर ग्रंथावली* (भाग-एक), जीवन चरित्र, पूर्वोद्धृत, पृ. 4, खंडेलवाल वैश्यों की दो शाखाएँ बताई जाती हैं एक खंडेलवाल वैष्णव और दूसरी खंडेलवाल जैनी। बूसर गोत्र खंडेलवाल वैष्णवों की चौरासी गोत्रों में एक मानी जाती है।
37. *राघवदास कृत भक्तमाल,* पृ. 199
38. स्वामी नारायणदास पुष्कर, *श्री दादू पंथ परिचय* (भाग दो), पृ. 535-601, तथा स्वामी नारायणदास पुष्कर, श्री दादू चरितामृत (द्वितीय भाग), मंत्री स्वामी जयरामदास स्मृति ग्रंथमाला, जयपुर, 1975, पृ. 920
39. स्वामी नारायणदास पुष्कर, *श्री दादू चरितामृत* (द्वितीय भाग), पृ. 920
40. *राघवदास कृत भक्तमाल,* पृ. 200-01
41. हरिनारायण शर्मा, *सुन्दर ग्रंथावली* (भाग-एक की भूमिका), पृ. 25
42. वही, भूमिका, पृ. 8-9
43. द्रष्टव्य ग्रंथांक 2008 (1) पोथीख़ाना म्यूज़ियम, सिटी पैलेस जयपुर
44. फ्रेंचेस्का ओर्सीनी, द सोशल हिस्ट्री ऑफ़ ए जानरा : कथाज़ अक्रॉस लैंग्वेजेज़ इन अर्ली मॉडर्न नार्थ इंडिया, *द मिडीवल हिस्ट्री जर्नल,* 20, 1 (2017) : 1-37
45. *द विष्णुपुराण,* एच. एच. विल्सन (बुक-3, अध्याय-8 'हाउ विष्णु इज़ टु बी वरशिप्ड'), लन्दन : ट्रूबनर एंड कम्पनी, 1864-1877 ई.
46. अर्थात् ज्ञानी तो साक्षात् मेरा स्वरूप ही है— *ऐसा मेरा मत है। क्योंकि वह मद्‌गत मन-बुद्धिवाला ज्ञानी भक्त अति उत्तम गतिस्वरूप मुझमें ही अच्छी प्रकार स्थित है।* श्रीमद्‌भगवद्‌गीता, अध्याय-7, श्लोक-18, पृ. 103, गीताप्रेस गोरखपुर, 2064 विक्रमी
47. रमेशचन्द्र मिश्र, *सुन्दर ग्रंथावली* (भाग-एक), पृ. 534
48. वही, पृ. 86
49. वही, पृ. 258
50. हरिनारायण शर्मा, *सुन्दर ग्रंथावली* (भाग-दो), पृ. 972
51. वही, पृ. 467
52. देखें, पांडुलिपि क्रमांक 108 प्राच्यविद्या प्रतिष्ठान (विद्याभूषण संग्रह) जयपुर
53. *राघवदास कृत भक्तमाल,* पृ. 239

अध्याय : चार

भक्ति-कविता के नए प्रतिमान*

(i) कविता की आत्मा और शरीर
(ii) कविता का विस्तार और उद्‌देश्य
(iii) चाक्षुष या 'विज़ुअल' कविता
(iv) लोक और पंथ की कविता
(v) कविता का पाठ : परम्परा और प्रयोग

संतों की परम्परा में नामदेव, कबीर, रैदास, पीपा, दादू, आदि का समय 1600 ई. के लगभग ख़त्म हो जाता है। भक्ति-काव्य की धारा 1600 ई. के बाद भी अनवरत चलती रही, जिसमें संतों-भक्तों की दूसरी पीढ़ियाँ और सम्प्रदाय सामने आए। सुन्दरदास एक तरह से संतों की दूसरी पीढ़ी के प्रतिनिधि कवि कहे जा सकते हैं। हिन्दी साहित्य के इतिहास ग्रंथ दादूपंथ का परिचय करवाते समय दादू के बावन शिष्यों में सुन्दरदास को प्रमुख स्थान देते हैं।[1]

सुन्दरदास जैसे संत कवियों को अपनी पहली पीढ़ी के संतों-भक्तों से कविता, काव्य-रूप, लोक में उनकी स्वीकृति, भक्ति का स्वरूप आदि विरासत में मिला था, जिनसे जुड़ने में उनकी पीढ़ी गर्व का अनुभव करती थी। कबीर, दादू, हरिदास आदि संतों की एक लम्बी शिष्य परम्परा थी और उनके नाम पर पंथ भी चले। सुन्दरदास अपनी पहली पीढ़ी के संतों को बड़े सम्मान के साथ याद करते हैं—

कोउक गोरख कौं गुरु थापत कोउक दत्त दिगम्बर आदू।
कोउक कंथर कौ भरथ्थर कौ कबीर कोउ राखत नादू॥

---

* इस अध्याय के कुछ अंश 'बुलेटिन ऑफ़ द स्कूल ऑफ़ ओरिएंटल एंड अफ्रीकन स्टडीज़' Bulletin of the SOAS, 84, 1 (2021), 95-113। जर्नल में 'भक्ति वर्सेज रीति? द संत'स पर्सपेक्टिव' शीर्षक से मेरे प्रकाशित आलेख के संवर्द्धित संस्करण हैं।

कोउ कहै हरदास हमारै जु यौं करि ठानत बाद-बिबादू।
और तो संत सबै सिर ऊपर सुन्दर कै उर है गुरु दादू॥[2]

देखा जाए तो संतों की भक्ति के लिए काव्य के विमर्शों में जगह खोजना सुन्दरदास का युगान्तरकारी काम था। वे 17वीं सदी के संतों की काव्यशास्त्र में बढ़ती दिलचस्पी के प्रधान उदाहरण हैं जिस प्रवृत्ति की बाद में एक परम्परा सी बन जाती है। ये संत तुलसीदास के *'कवित-विवेक एक नहीं मोरे'* से हटकर भक्ति-कविता के कुछ नए प्रतिमानों को स्थापित कर रहे थे।

सुन्दरदास की पीढ़ी के संत दो बढ़ते साहित्यिक परिवेशों के मिलन बिन्दु पर स्थित थे। एक तो रीति कविता का बढ़ता दायरा था और दूसरा वह परिवेश जिसमें भक्ति को काव्यशास्त्रीय प्रतिमानों पर व्याख्यायित किया जा रहा था। दूसरी धारा का प्रधान ग्रंथ चैतन्य (या गौड़ीय) सम्प्रदाय का संस्कृत में लिखित 'भक्तिरसामृतसिंधु' था जिसकी रचना 16वीं सदी में हो चुकी थी। यह ग्रंथ भक्ति को एक 'रस' के रूप में स्थापित करता है और वृंदावन में पैदा हुई कृष्ण-भक्ति को 'भाव-भक्ति' के रूप में व्याख्यायित भी करता है। कृष्ण-राधा के प्रेम जो उदाहरण रीति-ग्रंथों में मिलते हैं उन पर 'भक्तिरसामृतसिंधु' जैसे ग्रंथों के प्रभाव को नकारा नहीं जा सकता। दूसरी तरफ़ जिस ओरछा दरबार में रीतिकवि केशवदास आश्रय पाते हैं उस दरबार में मधुकरशाह (शासनकाल 1554-92 ई.) के समय से ही वृंदावन में बसे भक्त हरिराम व्यास की कृष्ण-भक्ति का प्रभाव था। हरिराम व्यास के कुछ ऐसे पद मिलते हैं जो मधुकरशाह को सम्बोधित करके लिखे गए हैं। मतलब यह कि मधुकरशाह के पुत्र जो केशवदास को आश्रय दे रहे थे उस दरबार में वृंदावन से कृष्णभक्ति की लहर पहले से पहुँच चुकी थी। उसी का प्रभाव केशवदास के रीतिग्रंथों में कृष्ण-राधा वाले उदाहरणों पर पड़ता है।[3] सुन्दरदास जैसे संत, रीति और कृष्ण-भक्ति के मिलने से विकसित हो रहे साहित्यिक परिवेश से बहुधा परिचित थे। काव्यशास्त्र के जो प्रधान विषय रीति और कृष्ण-भक्ति को जोड़ रहे थे वे थे 'शृंगार', 'नायिका-भेद' या 'नख-शिख-वर्णन'। सुन्दरदास इसी के बरक्स संत कविता की अपनी अलग पहचान की सबसे शक्तिशाली आवाज़ थे। सुन्दरदास की पीढ़ी के संतों की रचनाएँ मुख्यत: दो तरह की होती थीं। एक तो साखी और पद लेखन जिनकी परम्परा पहले से चली आ रही और वह भक्ति को संवेदनात्मक रूप से प्रकट करती थी। प्रेम, वियोग, जीवन, मृत्यु आदि सवालों से गुज़रती हुई यह परम्परा मुख्यत: भावनात्मक धरातल पर स्थित थी। सुन्दरदास के समय भक्ति-कविता का दूसरा और महत्त्वपूर्ण हिस्सा ऐसी रचनाओं का है जिन्हें 'ग्रंथ' कहा जाता था। इन ग्रंथों की भावभूमि दार्शनिक, शैक्षिक और विमर्शकारी होती थी। दूसरी तरह की रचनाओं की संख्या सुन्दरदास

के समय बढ़ती जाती है इसलिए भक्ति-आन्दोलन पर पुनर्विचार करते समय हमें ऐसी रचनाओं पर विशेष ध्यान देने की आवश्यकता है।

(i) कविता की आत्मा और शरीर

रीतिकवि कविता को ऐसी स्त्री के रूप में देखते थे जिसे अगर विभिन्न आभूषणों (छंद, अलंकार) से सजाया जाए तो उसकी सुन्दरता बढ़ जाती है। केशवदास ने कहा भी है—

भूषन बिनु न बिराजहीं, कविता बनिता मित्त।[4]

यानी कविता और स्त्री बिना आभूषणों के शोभा नहीं पाती। लेकिन सुन्दरदास के लिए कविता का शरीर स्त्री का नहीं है, उनके लिए वह एक ऐसा शरीर है जिसकी शोभा की ही नहीं जा सकती बल्कि उसका परिष्कार किया जाना चाहिए। ठीक वैसे ही जैसे योग की विधियों में शरीर के परिष्कार की बात की जाती है। सुन्दरदास की कविता का शरीर एक योगी या तपस्वी का शरीर है। जिस ढंग से योग के यम-नियम शरीर के परिष्कार की बात करते हैं सुन्दरदास के अनुसार यह परिशोधन कविता रूपी शरीर में शृंगार की जगह भक्ति को स्थापित करके ही हो सकता है। वे यह व्यवस्था देते हैं कि संतबानी को (अर्थात् उसके रूप को) छंदों की दृष्टि से शुद्ध होना चाहिए जिसमें गण, मात्रा और अक्षर खंडित नहीं होने चाहिए। वहीं दूसरी तरफ़ उनके अनुसार कविता करने का उद्‌देश्य 'भक्ति' या 'हरिजस' के अलावा कुछ और नहीं हो सकता—

नख शिख शुद्ध कवित्त पढ़त अति नीकौ लग्गै।
अंग हीन जो पढ़ै सुनत कवि जन उठि भग्गै॥
अक्षर घटि बढ़ि होइ खुड़ावत नर ज्यौं चल्लै।
मात घटै बढ़ि कोइ मनौ मतवारौ हल्लै॥
औढेर कांण सो तुक अमिल, अर्थहीन अंधो यथा।
कहि सुन्दर हरिजस जीव है, हरिजस बिन मृतकहि तथा॥[5]

यानी कविता छंदों और अलंकारों से सजी हो तो कवि-जनों को प्रिय लगती है। अक्षरों का संयोजन बिगड़ने से काव्य पढ़ने में बाधा उत्पन्न होती है। मात्रा के बिखराव से काव्य मतवाले हाथी की तरह कविता के नियमों को तोड़ता हुआ चलता है और सुनने वाले में कोई भावोन्मेष नहीं करता। अर्थ के बिना तो कविता अन्धी

है लेकिन अगर कविता का प्रधान विषय 'हरिजस' या 'भक्ति' न हो तो कविता निर्जीव है। जिस रूपक से सुन्दरदास ने यहाँ काव्य की तुलना मानव शरीर से की है वैसा रूपक संस्कृत काव्य परम्परा में प्रसिद्ध था जिसे एक तरफ़ रीति-कवि ग्रहण करते हैं तो दूसरी तरफ़ संतकवि सुन्दरदास भी अपने ढंग से व्याख्यायित कर रहे थे। आचार्य विश्वनाथ ने 'साहित्यदर्पण' में उपर्युक्त बात ही लिखी है : *श्रुतिदुष्टापुष्टार्थत्वादय काणत्वखंजत्वादय इव, शब्दार्थद्वारेण देहद्वारेणेव*[6] (अर्थात् शब्द और अर्थ में श्रुतिदोष का होना या अर्थ की पुष्टि का न होना मानव शरीर के काने और लँगड़े होने जैसा है)।

ग़ौरतलब है कि सुन्दरदास जैसा ही रूपक केशवदास भी बाँधते हैं जब वे 'सदोष कवित्त' की बात करते हैं—

छंद बिरोधी पंगु गनि, नग्न जु भूषन हीन।
मृतक कहावै अर्थ बिनु, केसव सुनहु प्रवीन॥[7]

यानी जिस कविता में छंद भंग होता है, पढ़ने में लय टूटती है, वह काव्य वैसा ही है जैसे कोई व्यक्ति लँगड़ाता हुआ चलता हो। अलंकार के बिना काव्य भोंड़ा लगता है और अर्थ के बिना मरा हुआ। इन उदाहरणों से स्पष्ट है कि कविता में उचित छंद प्रयोग के महत्त्व पर केशवदास और सुन्दरदास दोनों एक ही धरातल पर खड़े हैं लेकिन जहाँ 'जीव' या काव्य रचना के प्रमुख उद्देश्य की बात आती है तो दोनों कवियों के रास्ते अलग हो जाते हैं। संस्कृत की तर्ज़ पर केशवदास काव्य का जीव उसके 'अर्थ' को मानते हैं जैसा कि मम्मट ने कहा भी है *'मुख्यार्थहतिर्दोषो।'*[8] लेकिन सुन्दरदास के लिए काव्य की आत्मा 'हरिजस' है। सुन्दरदास यहाँ काव्य की आत्मा को 'हरिजस' बताकर काव्य की आत्मा पर चली आ रही बहस को काव्यशास्त्र के रूढ़ बन्धनों से मुक्त करते हैं और संतबानी के लिए भी काव्य-विमर्श में एक स्थान निर्धारित करते हैं। जब तक कविता उसके जीव, अर्थात् हरिजस, पर लिखी जाएगी वह प्रासंगिक होगी। वे अपने तर्क को समझाने के लिए फिर से एक रूपक बाँधते हैं—

रचना करि अनेक बिधि, भलौ बनायो धाम।
सुन्दर मूरति बाहरी, देवल कौने काम॥[9]

संतबानी के लिए बाहरी सौन्दर्य (छंद, अलंकारों) पर बल देते हुए भी सुन्दरदास उपर्युक्त साखी में यह स्पष्ट कर देते हैं कि जिस तरह देव-प्रतिमा के बिना एक सुगढ़ और सुसज्जित मन्दिर का कोई महत्त्व नहीं होता उसी तरह काव्य का प्रधान

हेतु भक्ति न हो तो काव्य का कोई महत्त्व नहीं होता। सुन्दरदास कविता के कर्णप्रिय और ग्राह्य होने के पीछे उसके छंद-अलंकार विधान का होना मानते हैं। वे संतों को कड़ी सलाह देते हैं कि अगर काव्यशास्त्र का उचित ज्ञान नहीं है तो कविता करने से बचना चाहिए और संगीत का ज्ञान न हो तो गाने से—

बोलिये तौ तब जब बोलिबै की सुधि होइ,
न तो मुख मौंन करि चुप होइ रहिये।
जोरिये ऊ तब जब जोरिबौ ऊ जांनि परै,
तुक छंद अरथ अनूप जामैं लहिये।
गाइये ऊ तब जब गाइबै कौ कंठ होइ,
श्रवण के सुनत ही मन जाइ गहिये।
तुक भंग छंद भंग अरथ न मिलै कछु,
सुन्दर कहत ऐसी बानि नहिं कहिये॥[10]

इस बात को कुछ लोक-प्रचलित प्रतीकों द्वारा सुन्दरदास और स्पष्ट करते हैं कि कविता करने की कला को जानने वाले कवि वैसे ही होते हैं जैसे किसी योग्य घुड़सवार को तुर्की और ताज़िकिस्तान के घोड़ों की क़िस्मों और टट्टुओं के बीच के अन्तर का पता होता है—

सुन्दर घर ताज़ी बँधे, तुरकिन की घुरसाल।
ताकै आगे आइ के, टटुवा फैरे बाल॥[11]

सुन्दरदास दंडी, मम्मट आदि संस्कृत आचार्यों से कविता को परिभाषित करने वाला 'मॉडल' लेते हैं और काव्य के तीन भेद करते हैं। लेकिन संस्कृत काव्यशास्त्र से परे जाकर तीन तरह के काव्य को वे अपनी समकालीन काव्यधाराओं से जोड़ देते हैं[12]—

एक बांणी रूपवंत भूषण बषन अंग,
अधिक बिराजमान कहियत ऐसी है।
एक बांणी फाटे टूटे अंबर उढ़ाये आंनि,
ताहू मांहि बिपरीति सुनियत तैसी है।
एक बांणी मृतकहि बहुत सिंगार किए,
लोकनि को नीकी लगै संतनि को भै सी है।
सुन्दर कहत बाणीं त्रिबिध जगत मांहि,
जानै कोऊ चतुर प्रबीन जाकै जैसी है॥[13]

वे कहते हैं कि छंदों और अलंकारों से सजी कविता सुनने वालों को सदैव प्रिय लगती है। वह उत्तम प्रकार की कविता है। जिस कविता का छंद विधान टूटा हुआ होता है और वह मानव के हित की बात नहीं करती है वह निम्न कोटि की कविता है। एक तीसरे प्रकार की कविता भी है जो लोगों को भले ही अच्छी लगे लेकिन संत इससे दूर ही भागते हैं। यह तीसरे प्रकार की कविता वह है जो बहुत 'श्रृंगार' की बात करती है। कविता के शरीर का विषय यहाँ प्रमुख हो उठता है। सुन्दरदास सहज रूप से रीति कवियों के 'नायिका भेद' को संतकवियों के 'नारी निन्दा' वाले विषय से जोड़ते हैं जिसमें नारी को 'माया' बताकर साधना के मार्ग में बाधक माना जाता है—

रसिकप्रिया रसमंजरी और सिंगार हि जांनि।
चतुराई करि बहुत विधि विषैं बनाई आंनि॥
विषै बनाई आंनि लगत विषयन कौं प्यारी।
जागै मदन प्रचंड सराहैं नख शिख नारी॥
ज्यौं रोगी मिष्ठान खाइ रोगहि बिस्तारै।
सुन्दर यह गति होइ जु तौ रसिक प्रिया धारे॥[14]

यहाँ वे अपने योगी या तपस्वी वाली धारणा को नायिका के बरक्स रखते हैं और कहते हैं कि 'नख-शिख' या 'रसिकप्रिया' की बात करना किसी बीमार व्यक्ति की बेहतरी की बात न करके उसे और मिठाई खिलाने जैसा है। जाहिर है ऐसा करने से शरीर सुन्दर न होकर अपने रोग का ही विस्तार करेगा। ऊपर के पद में रसिकप्रिया, रसमंजरी और श्रृंगार शब्दों में श्लेष है। सुन्दरदास केशवदास की 'रसिकप्रिया' (1591 ई.), शाहजहाँ के दरबारी कवि सुन्दर कविराय के 'सुन्दर श्रृंगार (1631 ई.) जैसे आचार्यत्व वाले ग्रंथों की आलोचना कर रहे हैं और संत-समुदाय को सचेत करते हैं कि ज़्यादा श्रृंगार वाले विषय और नख-शिख वर्णन काम-वासना को ही बढ़ाता है। दिलचस्प बात यह है कि सुन्दरदास के लिए ये रीतिग्रंथ केवल काव्य-शास्त्र का विमर्श नहीं हैं बल्कि उनका सीधा सम्बन्ध मनुष्य की इन वर्णनों के प्रति होने वाली प्रतिक्रिया से है। सुन्दरदास यहाँ केवल रीतिकवियों ही नहीं वल्लभ सम्प्रदाय के कवियों की भी आलोचना कर रहे हैं। एक उदाहरण यहाँ वल्लभ सम्प्रदाय के नंददास का लिया जा सकता है जिन्होंने ब्रज में 'रसमंजरी' लिखी थी। ये वे ग्रंथ थे जो भानुदत्त की रसमंजरी (1500 ई. के आसपास) से प्रेरणा पाकर देशभाषा में बने थे। श्रृंगार वर्णन न केवल कृष्ण-भक्ति के सम्प्रदायों में बल्कि राम-भक्ति के सम्प्रदायों में भी प्रमुखता पा रहा था। लेकिन संत जब काव्य के विषय में दिलचस्पी लेते हैं तो

शृंगार, नायिका-भेद और नख-शिख उनकी भक्ति में उतने प्रासंगिक नहीं रह जाते।

संत-काव्य में विद्यमान वियोग, जिसमें संत स्वयं नारी बन जाते हैं और नारी के नज़रिये से प्रेम की पीड़ा व्यक्त करते हैं, साथ ही संत-काव्य में विरह की प्रधानता ही वे कारण थे जिनकी वजह से राधा-कृष्ण का संयोगजनित प्रेम कविता में उनका आदर्श नहीं बना। इसलिए सुन्दरदास पूरे नायिका-भेद विषय को ही 'डीकंस्ट्रक्ट' करते हैं और रीति कविता में उपस्थित नारी के सुन्दर शरीर की जगह उस शरीर या काया की बात करते हैं जिसमें विकार हैं, जो मलिन है और जिसके परिष्कार का विधान योग दर्शन में दिया है—

कामिनी कौ अंग अति मलिन महा अशुद्ध,
रोम रोम मलिन मलिन सब द्वार हैं॥
हाड़ मांस मज्जा मेद काम सौं लपेट राखैं।
ठौर ठौर रकत के भरेई भंडार हैं॥
मूत्र ऊ पुरीष आंत एकमेक मिली रही।
और ऊ उदर मांहि बिबिध विकार हैं॥
सुन्दर कहत नारी नख शिख निंद रूप।
ताहि जे सराहैं ते तौ बड़ेई गँवार हैं॥[15]

सुन्दरदास की नज़र में नख-शिख की सुन्दरता की बात करने वाले 'आचार्य' नहीं हैं वे 'गँवार' हैं। इसलिए वे रीति कवियों के नख-शिख का 'रिप्लेसमेंट' खोजते हैं। वे जहाँ नख-शिख शुद्ध कवित्त की बात करते हैं वहाँ उनका तात्पर्य केशव, बिहारी की नायिकाओं के नख-शिख वर्णन से नहीं है; बल्कि जिस योगी और तपस्वी के शरीर की बात चल रही थी वह यहाँ सशरीर उपस्थित होता है। सुन्दरदास के अनुसार अगर नख-शिख की ही बात करनी है तो 'गुरु' की बात की जाए जिसमें नख से शिख तक ज्ञान भरा है। उनके 'गुरु सम्प्रदाय' ग्रंथ में अपनी गुरु परम्परा को वे स्वयं 'शिख' से शुरू करके 'परब्रह्म' 'नख' तक ले जाते हैं—

परम्परा परब्रह्म तें आयौ चलि उपदेश।
सुन्दर गुरु तें पाइये गुरु बिन लहै न लैश॥
सम्प्रदाय इहिं बिधि चली प्रगट करी जगदीश।
सुन्दर सिर तें नख गनहिं नख तें गनिये शीश॥[16]

यहाँ परब्रह्म, गुरु और स्वयं का 'शिख' से 'नख' फिर 'नख' से 'शिख' जोड़ना इस बात का संकेत करता है कि सुन्दरदास उस परम्परा को दिखा रहे हैं

जिसमें 'अनुलोम' और 'प्रतिलोम' प्रणालियों में नख-शिख वर्णन को विधिवत् रूप से व्याख्यायित किया जाता था। सुन्दरदास भी उसी परम्परा पर कविता कर रहे हैं जिसकी बात केशवदास कर रहे हैं लेकिन देवी या नायिका की जगह उनके गुरु ने ले ली है। केशवदास की 'कविप्रिया' के अनुसार 'अनुलोम' प्रणाली में देवी के 'नख' से 'शिख' का वर्णन होता है और 'प्रतिलोम' प्रणाली में नायिकाओं का 'शिख' से 'नख' वर्णन होता है—

नख तैं सिख लौं बरनियै, देवी दीपति देखि।
सिख तैं नख लौं मानुषी, 'केसवदास' विसेषि॥[17]

सुन्दरदास यही विधान उनके गुरु के सम्प्रदाय पर लागू करते हैं।

रीति कविता और वैष्णव सम्प्रदायों के श्रृंगारी पक्ष की आलोचना दादूपंथ के साथ ही विकसित हो रहे निरंजनी सम्प्रदाय, आगरा के जैन हिन्दी कवियों और गुजरात के स्वामीनारायण सम्प्रदाय में भी प्रमुखता पा रही थी। दिलचस्प बात यह है कि बाद की आलोचना बहुत कुछ सुन्दरदास के प्रतिमानों पर विकसित हुई। जैन भगवतीदास 'भैया' आगरा की अपनी कवि-मंडली में काफ़ी चर्चित रहे हैं। ये वेदांती थे और इनका कविताकाल 1674-1698 ई. है। जैन हिन्दी कविता के इतिहास में परम्परा से इनके साथ सुन्दरदास की साहित्यिक चर्चाएँ होना प्रसिद्ध है। सुन्दरदास की ही परम्परा पर भगवतीदास 'भैया' के यहाँ भी कविता में चर्चित शरीर को संन्यासी का शरीर माना है। इन्होंने भी नख-शिख परम्परा में वर्णित श्रृंगारी शरीर पर क्षरणशील या मरणासन्न काया को आरोपित किया है—

बड़ी नीति लघु नीति करत है, वाय सरत बदबोय भरी।
फोड़ा आदि फुनगुणी मंडित, सकल देह मनु रोग दरी॥
शोणित हाड़ मांसमय मूरत, तापर रीझत घरी-घरी।
ऐसी नार निरखकर केशव, 'रसिकप्रिया' तुम कहा करी?॥[18]

गुजरात के स्वामीनारायण सम्प्रदाय के अष्टकवियों में से एक मुक्तानंद (18वीं सदी) सुन्दरदास के 'वचन-विवेक' की तर्ज़ पर अपना ग्रंथ 'विवेक चिन्तामणि' लिखते हैं। वे भी केशवदास के 'रसिकप्रिया' और संस्कृत के 'रसमंजरी' के श्रृंगारी पक्ष की निन्दा करते हैं।[19] राजस्थान के निरंजनी सम्प्रदाय के हरिरामदास निरंजनी (18वीं सदी), जिन्होंने छंद-अलंकारों पर एक रीतिग्रंथ 'छंदरत्नावली' (रचनाकाल 1738 ई.) लिखा, भी केशवदास की कविता के श्रृंगारी पक्ष की अालोचना करते हैं जिस पर सुन्दरदास की छाया दिखती है—

केसोदास श्रृंगारी के रचे ग्रंथ अदभूत।
नवगुनधर उन गुनन तैं अंति भयो सो भूत॥
अंति भयो सो भूत, कौंन जिहि निर्गुण गायो।
जाति जुलाह कबीर, सुक्ति सैं देह सिधायो॥
सोही काव्य सुकाव्य, नाहि इस माहि अंदेसो।
कामादिक को त्याग, बरणि बरणै जह केसो॥[20]

इस पद में हरिरामदास निरंजनी केशवदास को श्रृंगारी काव्य की रचना करने से भूत-योनि को प्राप्त हुआ बताते हैं और कबीर की कविता को सुकाव्य कहते हैं। हम यहाँ साफ़ देख सकते हैं कि हरिरामदास की असहमति केवल केशवदास से नहीं है, बल्कि कृष्ण-राधा के श्रृंगारिक वर्णन पर भी है जो वैष्णव सम्प्रदायों में प्रमुखता पा रहा था—

सोही काव्य सुकाव्य, नाहि इस माहि अंदेसो।
कामादिक को त्याग, बरणि बरणै जह केसो॥

विषयान्तर न हो इसलिए संक्षेप में इसे रेखांकित करना ज़रूरी है कि हमें यह भी नहीं मानना चाहिए कि सुन्दरदास की कविता या दादूपंथ में स्त्रियों की कोई जगह नहीं थी। कविता की शैली या विधा के आधार पर उस समय में स्त्रियों की वास्तविक स्थिति के बारे में निष्कर्ष निकालना कविता की संकीर्ण 'रीडिंग' ही होगी। दादूपंथ में स्त्री संत भी थीं और उनका बहुत सम्मान भी था। राघवदास के 'भक्तमाल' का नारायणदास ने जो सम्पादन किया है उसमें तेरह 'बाइयों' का वर्णन हैं जो दादू को गुरु मानती थीं।[21] जनगोपाल की दादू जन्म लीला परची में स्त्री गृहस्थों का वर्णन भी आता है जो दादू और उनके शिष्यों को आर्थिक सहारा देती थीं। सुन्दरदास ने दादू की दो पुत्रियों/शिष्याओं से उन्हें मिले स्नेह पर कविता की है।[22] इन दोनों पुत्रियों का नाम रामा और श्यामा बाई था, जिन्हें राघवदास का 'भक्तमाल' (छप्पय 361) दादू के प्रधान बावन शिष्यों में जगह देता है।

सुन्दरदास आदि संतकवियों का श्रृंगार सम्बन्धी चिन्तन कविता का सैद्धान्तिक चिन्तन है स्त्रियों पर उनका 'वैल्यू जजमेंट' नहीं। कविता के विषयों पर रीति परम्परा और वैष्णव सम्प्रदायों से संवाद स्थापित करते हुए भी संतकवियों ने अपनी अलग पहचान बनाई। संतों की यही अलग पहचान धीरे-धीरे 19वीं-20वीं सदी में नैतिकता, चरित्र निर्माण आदि विमर्शों में परिवर्तित होती जाती है। आधुनिक काल में ये विमर्श कविता और समुदाय/पंथ निर्माण के नहीं रह जाते बल्कि राष्ट्र निर्माण के बन जाते

हैं जिनमें रीति-कविता को कामुक और अश्लील मानकर मूल्यहीन कहा जाता है जिस पर विस्तार से हम अध्याय छह में लौटेंगे।

(ii) कविता का विस्तार और उद्देश्य

'रसिकप्रिया' और 'रसमंजरी' जैसे ग्रंथों की आलोचना एक ब्रह्मचारी संत की श्रृंगार वर्णन के प्रति पैदा हुई उत्कंठा नहीं है। बल्कि एक अलग विश्व-दृष्टि है जिसमें वह संत यह प्रस्ताव रखता है कि किस तरह के संस्कृत ग्रंथों का अध्ययन करना चाहिए और काव्य के कौन से पहलू कविता को मनोहारी बनाते हैं? यानी रीति-ग्रंथों का अगर विकल्प ही खोजना हो तो वह विकल्प कैसा होगा? सुन्दरदास उनके 'ज्ञान समुद्र' ग्रंथ में उस विकल्प का निर्माण करते हैं।

'ज्ञान समुद्र' में हर सैद्धान्तिक बात को कहने के लिए सुन्दरदास ने अक्सर नए छंद का प्रयोग किया है। संस्कृत, प्राकृत और भाषा के क़रीब 34 प्रकार के छंदों (मुख्यतः भुजंगी, त्रोटक, रोड़ा, छप्पय, सवैया, गीतक) में कविता करते हुए भी वे अपने विषयों को रीति-ग्रंथों से एकदम अलग परम्पराओं से उठाते हैं। उनके विषय गुरु-शिष्य परम्परा, भक्ति, अष्टांग और राजयोग, सांख्य और अद्वैत वेदांत पर आधारित हैं। सुन्दरदास ने निश्चय ही एक बढ़ते हुए संत-समुदाय को अपने पाठक-वर्ग के रूप में मानते हुए ही यह ग्रंथ लिखा होगा। इसी ग्रंथ में वे ज़बरदस्त तरीक़े से भक्ति को मानव की अपनी ज्ञान पाने की लालसा और खोज के रूप में प्रस्तुत करते हैं। भक्ति यहाँ साधन या साधक की प्रगति की अवस्था है जिसका परम लक्ष्य ज्ञान-प्राप्ति है। यानी कविता का उद्देश्य या 'प्रयोजन' उस ज्ञान या सत्य की प्राप्ति है जो हमारे भीतर सहजात रूप से उपस्थित है। उनका पाठक रीति कविता का सहृदय नहीं है जो कविता की दाद देता हो बल्कि वह साधक या गोताखोर है जो समुद्र की गहराइयों में जाकर ज्ञान के मोती लाने का हौसला रखता हो—

जाति जिती सब छंदन की बहु सीप भई इहिं सागर माहीं।
है तिन में मुक्ताफल अर्थ लहैं उनकौं हितसौं अवगाहीं॥
सुन्दर पैठि सकै नहीं जीवत दै डुबकी मरिजीवहि जाहीं।
जे नर जान कहावत हैं अति गर्व भरे तिनकी गमि नाहीं॥[23]

छंदों को सीपी और अर्थ को मोती की उपमा का रूपक तुलसीदास ने भी 'रामचरितमानस' में बाँधा है[24] लेकिन सुन्दरदास का आदर्श साधक वह है जो भक्ति को साधन बनाकर ज्ञान पाना चाहता है। वह अपने थोथे ज्ञानी होने के दम्भ को

त्याग चुका है और गुरु से अपने सवाल पूछना चाहता है। इसलिए 'ज्ञान समुद्र' का पहला अध्याय ही गुरु-शिष्य के सवाल-जवाबों से शुरू होता है। वे गुरु-लक्षण निम्न तरीक़े से देते हैं—

अथ गुरु लक्षण—

सदा प्रसन्न सुभाव प्रगट सर्वोपरि राजय।
तृप्त ज्ञान विज्ञान अचल कूटस्थ बिराजय॥
सुख निधान सर्वज्ञ मान अपमान न जानै।
सारासार विवेक सकल मिथ्या भ्रम मानै॥
पुनि भिद्यन्ते हृदि ग्रंथि कौं छिद्यन्ते सब संशयं।
कहि सुन्दर सो सद्गुरु सही चिदानंदघन चिन्मयं॥[25]

उपर्युक्त पद में दूसरी पंक्ति भगवद्गीता के ही एक श्लोक का ब्रज अनुवाद है। गीता का निम्न श्लोक द्रष्टव्य है—

ज्ञानविज्ञानतृप्तात्मा कूटस्थो विजितेन्द्रिय।
युक्त इत्युच्यते योगी समलोष्ठाश्मकांचनम॥[26]

अन्तर यह है कि गीता में जो लक्षण योगी के बताए हैं, सुन्दरदास वही लक्षण गुरु के बताते हैं। उपर्युक्त पद की पाँचवीं पंक्ति में सुन्दरदास मुंडक उपनिषद् के मशहूर वाक्य का ब्रज अनुवाद करते हैं जो ब्रह्म के साक्षात्कार को दर्शाता है—

भिद्यन्ते हृदि ग्रंथिश्छिद्यन्ते सर्व संशयं।[27]

उपनिषद के ब्रह्म साक्षात्कार को सुन्दरदास सच्चे गुरु के मिलन के साथ जोड़ते हैं। इस तरह सुन्दरदास संतकवियों की शिक्षा के लिए दिए गुरु लक्षण को पारम्परिक शास्त्र ज्ञान द्वारा समर्थित करवाते हैं और शास्त्र ज्ञान की परम्परा को संतों की विचारधारा के अनुसार व्याख्यायित भी करते हैं।[28] फिर हर अध्याय साधक की एक यात्रा बन जाता है जिसमें भक्ति वाले अध्याय में गुरु अपने ज्ञान की प्यास रखने वाले शिष्य को कर्म-कांड की भक्ति से प्रेम की यात्रा में ले जाते हैं और अन्त में ऐसी अवस्था आती है जिसमें साधक और साध्य का फ़र्क़ ही मिट जाता है—

सेवक सेव्य मिल्यौ रस पीवत भिन्न नहीं अरु भिन्न सदा हीं।
ज्यौं जल बीच धर्यौं जल पिंड सु पिंड रु नीर जुदे कछु नांहीं॥
ज्यौं दृग मैं पुतरी दृग येक नहीं कछु भिन्नसु भिन्न दिखाहीं।
सुन्दर सेवक भाव सदा यह भक्ति परा परमातम माहीं॥[29]

यहाँ सुन्दरदास 'नवधा' तथा 'प्रेमा लक्षणा' से परे जाकर परमात्मा को यथार्थ रूप से जानने की जो बात करते हैं, वैसा ही भाव 'भगवद्गीता' में भी व्यक्त हुआ है—

मुष्याणां सहस्त्रेषु कश्चिद्यतति सिद्धये।
यततामपि सिद्धानां कश्चिचन्मां वेत्ति तत्त्वत: ॥[30]

शिष्य की ज्ञान प्राप्त करने की लालसा उसे योग की तरफ़ भी ले जाती है और तीसरे अध्याय में अष्टांग योग के पहलुओं से गुज़रते हुए शिष्य राजयोग की सिद्धि पाता है। योग का चरम लक्ष्य भी इनसान के भीतर स्थित पूर्ण सत्य या पूर्ण ब्रह्म को पाना ही है। यही अवस्था ब्रह्मानन्द सहोदर है। 'योग' वाले अध्याय के शुरू में ही सुन्दरदास कह देते हैं कि योग सम्बन्धी वर्णन में स्वत्वराम लिखित संस्कृत की 'हठयोगप्रदीपिका' उनका उपजीव्य रही है, साथ ही साथ 'घेरंड संहिता' 'गोरक्ष सिद्धान्त' आदि योग के तकनीकी ग्रंथों का आधार भी उन्होंने लिया है। अध्याय में विभिन्न आसनों को करने की विधि सुन्दरदास ने बड़ी सक्षमता के साथ कई छंदों में दर्शाई है—

अथ पद्मासन—

छप्पय-दक्षिण उरु उप्परय प्रथम बांमहिं पग आनय।
बांमहि उरु उप्परय तबहिं दक्षिण पग ठानय॥
दोऊ कर पुनि फेरि पृष्टि पीछै करि आवय।
दृढ़ कै ग्रहै अंगुष्ठ चिबुक वक्षस्थल लावय॥
इहिं भाँति दृष्टि उन्मेष करि अग्र नासिका राखिये।
सब ब्याधि हरण योगीन की पद्मासन यह भाषिये॥ [31]

सांख्य दर्शन पर आधारित चौथा अध्याय सुन्दरदास की प्रतिभा का सर्वोत्कृष्ट उदाहरण है। जिसमें वे जगत की उत्पत्ति (इवोल्यूशन) बताते हैं। सृष्टि के क्रम को अपने मूल तत्त्वों सत, रज, तम से शुरू करते हैं। उसी 'प्रकृति' से जब 'पुरुष' का संयोग होता है तो उससे अहंकार, महत्तत्त्व और मन पैदा होते हैं। फिर पाँच तन्मात्राएँ, पाँच महाभूत, पाँच ज्ञानेन्द्रियाँ, पाँच कर्मेन्द्रियों आदि का विकास होता है। इन पचीस संख्याओं के दर्शन का नाम सांख्य है। यह दर्शन पुरुष-प्रकृति में भेद दिखाता है और जड़ प्रकृति के मूल में चेतन पुरुष के होने की स्थापना करता है। इस अध्याय की प्रेरणा सुन्दरदास को 'सांख्य कारिका' और 'सांख्य सूत्रों' से मिली।

अब अन्त में साधक की जिज्ञासा अपने चरम पर पहुँचती है इसलिए सुन्दरदास सर्वोच्च अद्वैत दर्शन को समझाते हैं। वे अद्वैत को चार 'अभावों' के माध्यम से समझाते हैं। पहले वे 'प्रागभाव' को समझाते हैं। वे अक्सर उदाहरणों या दृष्टान्तों

से अपनी बात समझते हैं। मिट्टी की 'प्राग' अवस्था में उससे बनने वाली चीज़ों जैसे घड़ा, मटका, लोटा और अन्य बर्तन आदि का अभाव होता है। वही सृष्टि के आरम्भ में ब्रह्म के होने की स्थिति है जब सृष्टि के प्रपंच नहीं थे। बाद में वे 'अन्योन्या भाव' की बात करते हैं जिसके अनुसार एक चीज़ या पदार्थ में दूसरे पदार्थ का अभाव होना दिखाया जाता है। जैसे मिट्टी से कई चीजें हम बनाते हैं, उनके नाम अलग-अलग रखते हैं, उनके रूप अलग-अलग होते हैं, अर्थात् एक चीज़ दूसरी से अनन्य है लेकिन उनमें मूल तत्त्व मिट्टी ही होता है। चीज़ों के अनन्य होने में भी उस अनन्यता का 'अभाव' है। ब्रह्म कारण है और जगत उसका कार्य। फिर बात 'प्रध्वंसाभाव' की आती है। घड़े के उदाहरण से इसे यूँ समझा जा सकता है कि घड़ा टूटने पर उसका नाश होता है लेकिन उस नाश से वह उसी मूल तत्त्व 'मिट्टी' में मिल जाता है। इसलिए इस घटना में प्रध्वंस का अभाव है। न जिसकी उत्पत्ति होती है न नाश अर्थात् जो नित्य या सत् है वह 'अत्यंताभाव' कहा गया है। इस भाव को समझाने के लिए सुन्दरदास वेदांत के क्लासिक उदाहरण देते हैं। जैसे खरगोश के सींग, बंध्या का पुत्र, आकाश पुष्प, रेगिस्तान में जल, रस्सी में साँप आदि होने का भ्रम होता है या इनकी केवल बात की जाती है और वाक़ई में ये होते नहीं हैं। उसी तरह हम सोचते हैं कि संसार बनता-बिगड़ता है, लेकिन वस्तुतः न तो कुछ बनता है न कुछ बिगड़ता है। संसार के कुछ नहीं होने का अभाव ही अनादि और अनंत अर्थात् 'अत्यंत' अभाव है।

ऊपर जिन ग्रंथों का ज़िक्र हुआ है उनके अलावा भागवत्-पुराण, अध्यात्म-रामायण और उपनिषद् आदि सुन्दरदास के प्रेरक ग्रंथ हैं जिन पर देशभाषा में सुन्दरदास का यह 'ज्ञान समुद्र' अपनी तरह का पहला ग्रंथ था। यही एक संत के 'ज्ञानी' बनकर उभरने को विधिवत् रूप से प्रतिष्ठित कर रहा था जिसकी चर्चा पिछले अध्याय में हम कर आए हैं। ग्रंथ की शैली वही रीति-ग्रंथों की लक्षण-उदाहरण वाली है और भाषा साहित्यिक ब्रज है। शास्त्र आधारित ज्ञान का संतकवियों की संवेदना के अनुसार जिस तरह से उपयोग सुन्दरदास ने किया और साहित्यिक ब्रजभाषा तथा विविध छंदों के माध्यम से उसका जो प्रस्तुतीकरण हुआ, उससे 'ज्ञान समुद्र' आरम्भिक आधुनिक काल का कालजयी ग्रंथ बन जाता है। साहित्यिक ब्रज के प्रयोग से 'ज्ञान समुद्र' को अपनी क्षेत्रीय सीमाओं (वर्तमान राजस्थान) से बाहर गुजरात, पंजाब और उत्तर भारत में एक बड़ा पाठक वर्ग मिला। राघवदास 'ज्ञान समुद्र' की रचना के लगभग सात साल बाद अपने 'भक्तमाल' में सुन्दरदास की एक बड़े ज्ञानी के रूप में प्रतिष्ठा करवाते हैं।[32] इसी तरह रामसनेही सम्प्रदाय के 'भक्तमाल' में सुन्दरदास की कविता को अनुकरणीय माना जाता है।[33] 17वीं से 20वीं सदी

तक राजस्थान, उत्तर प्रदेश और गुजरात के विभिन्न संग्रहालयों में विद्यमान 'ज्ञान समुद्र' की सैकड़ों प्रतियाँ इस बात का प्रमाण हैं कि इस ग्रंथ को संत समुदाय और लोक के साथ दरबारों में भी प्रतिष्ठा मिली हुई थी।[34] इस ग्रंथ की लोकप्रियता की वजह से गुरुमुखी में भी इसका लिप्यंतरण हुआ। यही नहीं 1749 ई. में गुजरात के कच्छ राज्य के भुज में जब ब्रजभाषा की काव्यशाला स्थापित हुई तब ब्रजभाषा के रीतिग्रंथों के साथ-साथ 'ज्ञान समुद्र' को भी पाठ्यक्रम में शामिल किया गया।[35]

सुन्दरदास के काव्य का बाद के कवियों पर पड़े प्रभावों का प्रधान उदाहरण दादूपंथ के निश्चलदास (1791-1863 ई.) हैं जो एक ठेठ वेदांती की तरह अद्वैत वेदांत पर ही 'विचार-सागर' जैसा विद्वत्तापूर्ण ग्रंथ लिखते हैं। बूँदी नरेश रामसिंह ने वेदांत-चर्चा के लिए निश्चलदास को बूँदी बुलवाया था। जो यह साबित करता है कि 19वीं सदी में वेदांत को दरबारों में प्रतिष्ठा मिली हुई थी और यह दर्शन इसी शताब्दी के महान समाज सुधारकों को भी प्रभावित करने लगा था।[36] दूसरे अध्याय में सुन्दरदास और जसवंतसिंह की वेदांत सम्बन्धी चर्चा का जो ज़िक्र हमने किया था 19वीं सदी में बूँदी नरेश रामसिंह और निश्चलदास के रूप में उसका एक चक्र पूरा होता है। निश्चलदास से 19वीं सदी के समाज सुधारक स्वामी विवेकानन्द गहरे में प्रभावित थे। विवेकानन्द ने कहा भी है कि पिछले 300 वर्षों में भारत की किसी भी भाषा में 'विचार-सागर' जैसा ग्रंथ नहीं लिखा गया, जिसका इतना प्रभाव पड़ा है।[37] तात्पर्य यह है कि सुन्दरदास जैसे संतों ने भक्ति पर वेदांत का जो आरोपण किया वह देशभाषा में भक्ति के अद्वैत वेदांत की तरफ़ जाने का पहला और शुरुआती चरण था। भक्ति और अद्वैत-वेदांत के विमर्श में भक्ति का स्थान धीरे-धीरे केवल अद्वैत वेदांत लेता जाता है। और बाद में स्वयं दादूपंथी संत भक्ति को छोड़कर केवल अद्वैत वेदांत के ठेठ शास्त्रीय ग्रंथ लिखते हैं। 19वीं सदी के सुधारवादी आन्दोलन में अद्वैत वेदांत प्रमुखता पाता है और अद्वैत ही बाद में हिन्दू धर्म का सबसे बड़ा बौद्धिक दर्शन स्थापित हो जाता है।

(iii) चाक्षुष या 'विज़ुअल' कविता

सुन्दरदास केवल उपदेश देने वाले कवि नहीं थे। मानव के प्रश्नानुकूल और जटिल चित्त के विभिन्न भावों को बेहतर समझते थे। सैद्धान्तिक बात को रोचक माध्यमों से कहने के लिए वे चित्र-काव्य का सहारा लेते हैं। वे ज्ञान को एक पहेली के रूप में भी प्रस्तुत करते हैं जिसको पाने के लिए इनसान को 'रीज़निंग' का पता होने की ज़रूरत पहले होती है। सुन्दरदास के लिखे दस 'चित्र' हमें मिलते हैं, जो इस

प्रकार हैं—छत्र बंध, कमल बंध, चौकी बंध, गोमूत्रिका बंध, चौपड़ बंध, ज़ीनपोश बंध, वृक्ष बंध, सर्प बंध, हार बंध और कंकण बंध।

चित्रकाव्य को शब्दालंकारों की ही श्रेणी में माना जाता है। संस्कृत में वैदिक-काल, फिर बाद में 'क्लासिकल-एज' में काव्य-गोष्ठियों, मनोरंजन आदि के लिए भी विद्वज्जनों के बीच चित्र काव्य का प्रयोग होता रहा है। तंत्र के विकास के साथ अक्षरों के प्रतीकात्मक प्रयोग और तांत्रिक विज्ञान में आकृतियों के चलन ने भी चित्र-काव्य पर प्रभाव डाला। भारवि का 'किरातार्जुनीयम्' (15वाँ सर्ग) और माघ का 'शिशुपालवध' (19वाँ सर्ग) चित्र-काव्य के पहले उदाहरण हैं। महाकवि भोज ने अपने 'सरस्वतीकंठाभरण' में चित्र-काव्य के छह लक्षण माने हैं—

> जहाँ स्वर, व्यंजन, उच्चारण, विभिन्न आकृतियों, आकृतियों के अनुसार कविता करने, और पढ़ने के तरीक़े का विधान होता है, वह चित्र-काव्य है।[38]

संस्कृत काव्य परम्परा में आनन्दवर्धन के ध्वनि-सिद्धान्त की स्थापना के बाद व्यंग्य या व्यंजना की प्रधानता के आधार पर काव्य के तीन भेदों को बताया गया है—उत्तम, मध्यम और अधम जिनमें 'चित्र-काव्य' को अधम-काव्य माना गया है।

चूँकि यह काव्य केवल चित्रों के माध्यम से शब्द और अक्षर आधारित चमत्कार पैदा करता है और किसी व्यंग्यार्थ की व्यंजना नहीं करता इसलिए उच्च काव्य नहीं माना गया है।[39] आचार्य मम्मट ने लिखा है : *शब्दचित्रं वाच्यचित्रंव्यंग्य त्ववरं स्मृतम्।* अर्थात् व्यंग्य-अर्थ से रहित शब्दचित्र या अर्थचित्र (दो प्रकार के काव्य) को अधम काव्य कहते हैं।[40] आनन्दवर्धन अपने ध्वन्यालोक में व्यवस्था देते हैं—

गुणप्रधानभावाभ्यां व्यंग्यस्यैव व्यवस्थिते।
काव्ये उभे ततोअन्यद्यत् तच्चित्रमभिधीयते॥
चित्रं शब्दार्थभेदेन द्विविधं च व्यवस्थितम्।
तत्र किंचिच्छब्दचित्रं वाच्यचित्रं परम्॥

अर्थात् व्यंग्य के प्रधान और गुणभाव से स्थित होने पर वे दोनों (ध्वनि और गुणीभूत-व्यंग्य) काव्य होते हैं। और उनसे भिन्न जो काव्य रह जाता है उसे चित्र के समान काव्य के तात्त्विक व्यंग्यरूप से विहीन, काव्य की प्रतिकृति के समान होने से चित्र-काव्य कहते हैं। शब्द और अर्थ के भेद से चित्र-काव्य दो प्रकार का होता है।[41] आनन्दवर्धन ने वैसे 'चित्र-काव्य' को 'तीसरी' श्रेणी में रखा है लेकिन वे स्वयं 'चित्र-काव्य' की महत्ता जानते थे और उनका 'देवीशतक' चित्र-काव्य का उत्कृष्ट उदाहरण है।[42]

संस्कृत काव्य में हालाँकि 'चित्र-काव्य' को निम्न श्रेणी का काव्य माना जाता है लेकिन प्रकारान्तर से कवि शब्द और अर्थचित्रों द्वारा काव्य में चमत्कार प्रदर्शित करता आया है। हालाँकि रीति कवियों ने, जो अपनी पंडिताई दिखाने के लिए साहित्येतिहास में जाने जाते हैं, कम ही चित्र-काव्य लिखे हैं। ऐसे में सुन्दरदास का 'चित्र-काव्य' लिखना चौंकाता है। अगर संतों का मुख्य उद्देश्य अपने आध्यात्मिक अनुभव को आम लोगों तक पहुँचाना था तो सुन्दरदास ने शब्दों के चमत्कार पर आधारित तथा अपनी पंडिताई प्रदर्शित करने वाले 'चित्र-काव्यों' को क्यों लिखा? सुन्दरदास के लिखे 'चित्र-काव्यों' को अगर पढ़ा जाए और जिस भाव को कहने के लिए सुन्दरदास ने 'चित्र-काव्य' का सहारा लिया है तो दिलचस्प बातें सामने आती हैं।

संतकविता में कुछ ऐसे विषय थे जो चाक्षुष बिम्बों वाले होते थे। उन्हें इन चित्र- काव्यों के माध्यम से कहने/दिखाने से पाठक पर बात का प्रभाव और गहरा पड़ता है। मसलन सुन्दरदास के सर्प-बंध को लें। संतकवियों के चेतावनी के पद मृत्यु-बोध से जुड़े हैं। जिसमें व्यक्ति को यह याद दिलाया जाता है कि दुनियावी

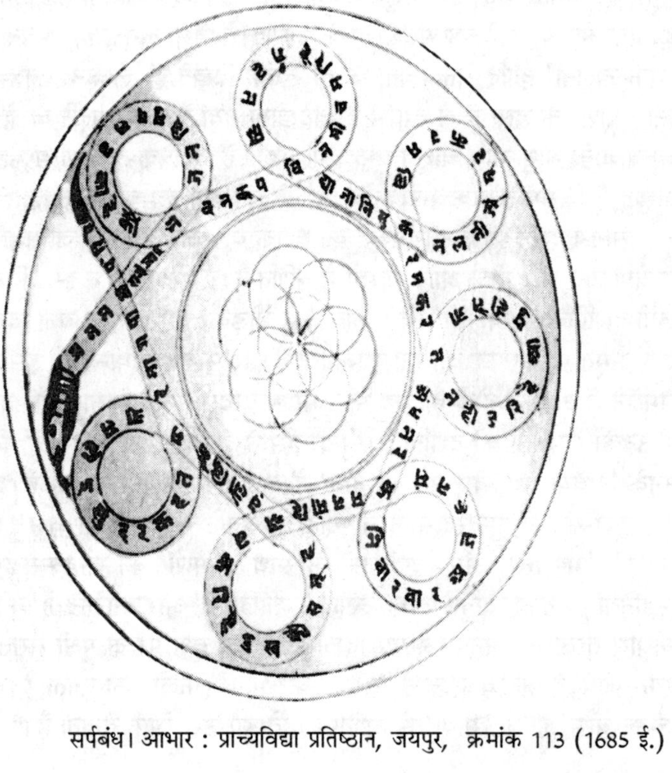

सर्पबंध। आभार : प्राच्यविद्या प्रतिष्ठान, जयपुर, क्रमांक 113 (1685 ई.)

जंजाल में पड़कर वह भूल गया है कि मृत्यु क़रीब है और इस शरीर का अन्त होना है। सुन्दरदास ने इस भाव को सर्प-बंध से जोड़ा है वह संतों के चेतावनी पदों में नया जोड़ता है।

इस सर्प-बंध को इस तरह पढ़ा जा सकता है—

जनम सिरानौ जाए भजन बिमुख सठ,
काहे कौं भवन कूप बिन मीच मरि है।
गहित अविद्या जांनि शुक नलिनी ज्यों मूढ़,
करम विकरम करत नहिं डरि है।
आपु ही तैं जात अंध नरकन बार बार,
अजहू न शंक मन मांहिं अब करि है।
दुख कौ समूह अवलोकि कै न त्रास होइ,
सुंदर कहत नर नागपासि परि है॥[43]

यह 'मनहर छंद' उनके सुन्दरविलास के 'उपदेश चितावनी कौ अंग' में आता है। एक बार पढ़ने में यह संतकाव्य के अन्य पदों जैसा लगता है, 'भवन का कूप', 'शुक-नलिनी' आदि संतकविता के ही रूपक दिखते हैं, लेकिन 'चित्र-काव्य' में 'नाग-पाश' के द्वारा जिस ढंग से इसे दिखाया गया है उससे पढ़ने वालों पर इसके व्यंग्यार्थ के साथ-साथ चाक्षुष प्रभाव भी पड़ता है। तांत्रिक-प्रक्रिया में भी नाग-पाश प्रसिद्ध है जिसमें तांत्रिक साधक अपने प्रतिद्वंद्वी-शत्रु को बाँध लेता है।[44]

सांख्य दर्शन में 'विटप-विश्व' का रूपक बार-बार आता है, जो मुंडकोपनिषद्, कठोपनिषद् और गीता आदि शास्त्रों में वर्णित है।[45] सुन्दरदास ने इस 'विटप-विश्व' रूपी दार्शनिक रूपक को 'चित्र-काव्य' से जोड़कर और रोचक बना दिया है, तथा एक अमूर्त परिकल्पना को मूर्त रूप दिया है। इससे जन सामान्य को इस रूपक को समझने में आसानी होती है। यह भाषा पर सुन्दरदास के अधिकार और काव्यशास्त्र में उनकी निपुणता को दर्शाता है। सुन्दरदास ने दो 'वृक्ष-बंध' लिखे हैं, जिनमें एक उनके 'सवैया ग्रंथ' के 'मन कौ अंग' में आए 'मनहर कवित्त' पर है।[46]

वृक्ष-बंध में सुन्दरदास ने नौ दोहों में प्रकट 'विश्व रूपी वृक्ष' की 'जड़' 'माया', 'महत्तत्त्व' और 'अहंकार' के साथ 'त्रिगुणों' को जोड़कर इसकी पाँच 'टहनियों', उनकी 'अनंत प्रपंच' रूपी 'उपशाखाओं' और 'ज्ञानेन्द्रियों' को दिखाकर चौबीस तत्त्वों का अनुपम संसार दिखाया है। इस वृक्ष पर दो पक्षी बसते हैं, उनमें एक 'जीव' है जो 'वृक्ष' रूपी 'संसार' के 'भोग' (फलों) को खाता है, और दूसरा 'चेतन ब्रह्म' है जो 'माया' से अलिप्त रहते हुए उसे सिर्फ़ देखता है।[47]

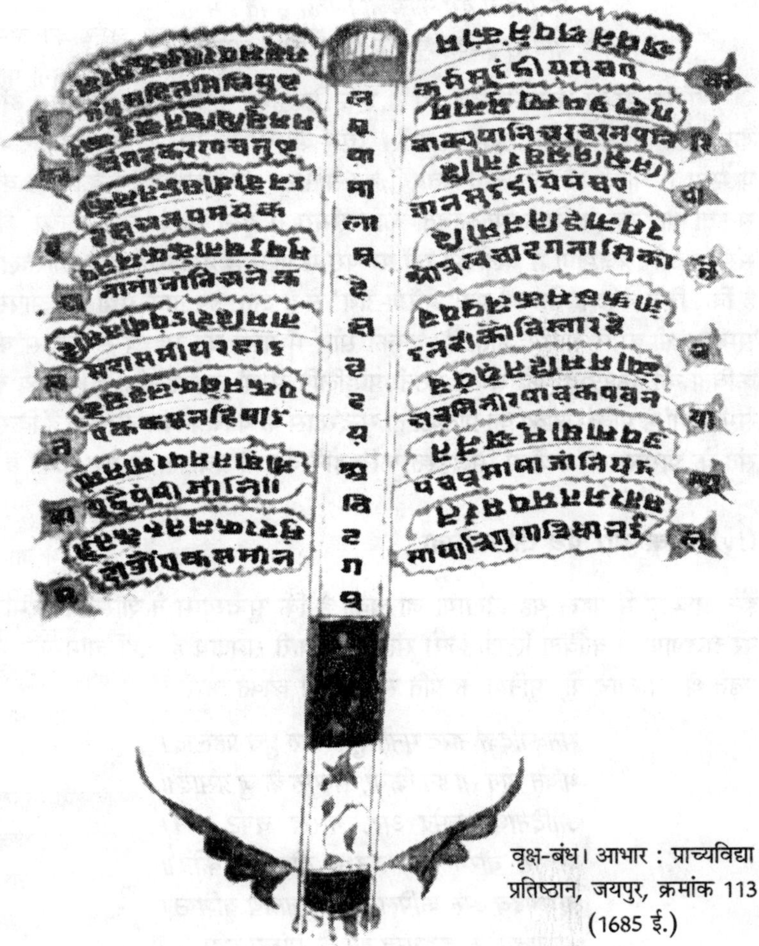

वृक्ष-बंध। आभार : प्राच्यविद्या प्रतिष्ठान, जयपुर, क्रमांक 113 (1685 ई.)

इस विश्व वृक्ष-बंध को इस प्रकार पढ़ा जाना चाहिए—

प्रगट विश्व यह वृक्ष है मूला माया मूल।
महातत्त्व अहंकार करि पीछे भया स्थूल॥
शाखा त्रिगुन त्रिधा भई सत रज तम प्रसरंत।
पंच प्रशाखा जानि यौं उपशाखा सु अनंत॥
अवनि नीर पावक पवन व्योम सहित मिलि पंच।
इनही कौ विस्तार है जे कछु सकल प्रपंच॥

श्रोत तुचा दृग नासिका जिव्हा है तिन माहिं।
ज्ञान सु इन्द्रिय पंच ये भिन्न भिन्न बरताहिं॥[48]

सुन्दरदास के 'चित्र-काव्यों' में वे एक सिद्धहस्त कवि, भाषा के मर्मज्ञ और काव्य-शास्त्र के आचार्य नज़र आते हैं। 'चित्र-काव्य' की विशुद्ध शब्दालंकार की परम्परा में भक्ति और दर्शन के विषयों की प्रतिष्ठा उन जैसा प्रवीण कवि ही कर सकता था। यह न सिर्फ़ संतकविता की परम्परा में वरन् स्वयं 'चित्र-काव्य' की संस्कृत और ब्रजभाषा में चली आ रही परम्परा में भी कुछ नया जोड़ता है। ग़ौरतलब है कि 'चित्र-काव्य' के कई पद 'सवैया-ग्रंथ' से हैं अत: इन दोनों ग्रंथों का आपसी सम्बन्ध भी हमारे सामने आता है। इनको साथ में पढ़ने का महत्त्व सुन्दरदास की कविता की 1685 ई. की सबसे पुरानी पांडुलिपि में भी दर्शाया गया है। काव्य के सभी अंगों में भक्ति-काव्य की प्रतिष्ठा तो सुन्दरदास के ये चित्र-बंध करते ही हैं किसी संत के पारम्परिक अर्थों में सिद्धहस्त कवि होने को भी प्रबलता से पेश करते हैं।

(iv) लोक और पंथ की कविता

इस अध्याय में पहले यह दिखाया जा चुका है कि सुन्दरदास ने शास्त्रीय परम्परा पर ब्रजभाषा में कविता लिखी जिसे संत या दरबारी समुदाय ही नहीं आम-जन भी पढ़ते थे। वे आचार्यों, मुनियों के प्रति सम्मान भी व्यक्त करते हैं—

सनकादिक नारद मुनी, शुक अरु ध्रुव प्रहलाद।
भक्ति योग सो इन कियो, सद्गुरु कैं जु प्रसाद॥
आदिनाथ मत्सेंद्र अरु, गोरख चर्पट मीन।
काणेरी चौरंग पुनि, हठ सु योग इनि कीन॥
ऋषभदेव अरु कपिल मुनि, दत्तात्रेय वशिष्ठ।
अष्टाबक्र रु जड़भरत इन कै सांख्य सुदृष्ट॥[49]

शास्त्रीय परम्परा से गहरे में परिचित होते हुए सुन्दरदास उससे आक्रान्त नहीं होते क्योंकि उनके अनुसार इनसान के भीतर स्थित ब्रह्म की सत्ता को पाना आत्मानुभव के साथ सम्भव है और वही कविता का उद्देश्य है। उनके अनुसार ज्ञान 'सहज' है, ज्ञान प्राप्ति के मार्ग भले ही दस हों लेकिन पहुँचते एक ही जगह हैं—

महापुरुष जे इन मतै तिनकी मैं बलि जाउं।
मारग आए दश दिशा पहुँचे एकहि गांउं॥[50]

शास्त्र से आक्रान्त न होने का कारण यह है कि सुन्दरदास ने लोक को भी ज्ञान का

प्रमुख स्रोत माना है। इसका प्रमाण उनका 'सुन्दरविलास' और कुछ अन्य छोटे ग्रंथ हैं।

लोकजीवन में बसी उक्तियों, मुहावरों का जिस कुशलता से सुन्दरदास ने अपनी कविता में प्रयोग किया है उससे पता चलता है कि वे मानते थे कि लोकजीवन में अनुभवजन्य ज्ञान ऐसा है जो स्वतः प्रमाण है। हरिनारायण शर्मा ने 'सुन्दर ग्रंथावली' की भूमिका में सुन्दरदास के काव्य में आईं 293 लोकोक्तियों का संग्रह किया है।[51] नन्नूलाल खंडेलवाल ने सुन्दरदास की कविता में उपस्थित 200 लोकोक्तियों और 500 मुहावरों का पूरा कोश ही तैयार किया है। वे लिखते हैं—

> "भाषा के प्रयोगकर्ता और प्रवाहपूर्ण एवं तरंगित शैली के शिल्पी के रूप में उन्होंने (सुन्दरदास ने) इन लोकोक्तियों को अपनी रचनाओं में नगीनों की तरह जड़ा है। किन्तु उनका यह प्रयोग हिन्दी कोशकारों की नज़रों से ओझल ही रहा, फलतः कोश इस निधि से ख़ाली ही रहे। उनके द्वारा प्रयुक्त अनेक कहावतें सटीक, सार्थक, गहरे अर्थों को व्यंजित करती हुई और मार्मिक हैं। उनके द्वारा इन कहावतों के प्रयोग की एक विशेषता और है। उन्होंने इन कहावतों के माध्यम से बहुत गहरे आध्यात्मिक अर्थों की निष्पत्ति की है।"[52]

कविता में लोकोक्ति का प्रयोग करना 16वीं सदी के अप्पय दीक्षित के 'कुवलयानंद' आदि काव्यशास्त्र के ग्रंथों में समझाया गया है। लोकोक्तियों को सुन्दरदास 'लोक प्रसिद्धि' या 'दृष्टान्त' कहते हैं। सुन्दरदास के लोकोक्तियों और मुहावरों को अपने सवैयों में इतना व्यापक स्थान देने के पीछे दो प्रमुख उद्‌देश्य थे। पहला तो इसके द्वारा वे संत-भक्ति या शास्त्रों में कही किसी बात को लोक से प्रमाणित करके देशभाषा में प्रस्तुत करते थे। यानी सिद्धान्त-कथन या शास्त्र की बात को सीधे लोक-विश्वासों और उनके अनुभवजन्य ज्ञान से जोड़ते थे। उनके सवैयों में यह कला गहरे में दिखाई देती है कि सुन्दरदास क्या वाक़ई में कोई सैद्धान्तिक बात कह रहे हैं या पूरी बात केवल एक लोकोक्ति की मिसाल देने के लिए कही गई है? लोक और शास्त्र मिश्रित बात को सवैया जैसे कलात्मक छंद में कहने के पीछे उनका दूसरा उद्‌देश्य लोक की अभिरुचि का परिष्कार करना भी था। इसलिए सुन्दरदास अभिजात वर्ग की काव्य परम्परा को लोक से जोड़ने वाले संत भी हैं।

चेतावनी संतों की एक प्रसिद्ध विधा है जिसमें वे सीधे लोक से जुड़ते हैं। यह एक ऐसा 'टूल' है जिससे सुनने वालों को मनुष्य जीवन के मूलभूत प्रश्नों के प्रति आगाह किया जाता है जिनमें मृत्यु की अनिवार्यता, प्रेम की शाश्वतता आदि प्रमुख हैं। जैसे किसी व्यक्ति या वस्तु के प्रति अत्यधिक मोह रखने से कोई फ़ायदा नहीं

होता और मोह का पैदा होना उस असाध्य रोग के जैसा है जिसका कोई इलाज नहीं है। एक मोहासक्त व्यक्ति को यह बात समझाने के लिए सुन्दरदास कई कहावतों का प्रयोग करते हैं : 'कूकस कूटहि कन बिना (ऐसे भूसे को कूटने से कोई फ़ायदा नहीं जिसमें अन्न पहले से ही न हो), 'बालू से तेल नहीं निकलता', 'पानी के मथने से घी नहीं निकलता', 'बंजर भूमि में अन्न नहीं उगता' आदि दृष्टान्त देकर वे अपनी बात समझाते हैं—

बालू माहिं तेल नहिं निकसत,
पाथर न भीजे बहु बरषत घन है।
पानी के मथे तें कहुं घीव नहिं पाइयत,
कूकस के कूटे नहिं निकसत कन है।
शून्य कूं मूठी भरे तें हाथ न परत कछु,
ऊसर के बाहें कहा उपजत अन है।
उपदेश औषध कवन विधि लागै ताहि,
सुन्दर असाध्य रोग भयो जाकै मन है॥[53]

बहुत ही चर्चित कहावत है कि 'चादर जितनी लम्बी हो उतने ही पैर पसारने चाहिए' अर्थात् साधन के अनुसार ही ख़र्च करना चाहिए। इसी को आधार बनाकर सुन्दरदास लिखते हैं—

काहे को करत नर उद्यम अनेक भाँति,
जीवनौ है थौरो तातैं कल्पना निवारिये।
साढ़े तीन हाथ देह छिनक मैं छूटि जाइ।
ताके लिए ऊँचे ऊँचे मन्दिर सँवारिये।
माल हू मुलक भये नृपति न क्यौं ही होइ,
आगै ही कौं प्रसरत इंद्री क्यौं न मारिये।
सुन्दर कहत तोहि बावरे समझि देखि,
जितनीक सोरि पाँव तितने पसारिये॥[54]

राजस्थान के लोकजीवन में एक कहावत है कि 'सोए हुए व्यक्ति की भैंस (नर) बछड़ा ही देती है', अर्थात् भैंस के बछड़ा देते वक़्त किसान सो जाता है तो पड़ोसी हमेशा अपने नर बछड़े की उसके मादा से अदला-बदली कर देता है। गोचारण संस्कृति में गायें-भैंसें ही किसान के घर की अर्थव्यवस्था चलाती हैं। किसान को हमेशा गायों-भैंसों (मादा) की ज़रूरत होती है। इसलिए इस कहावत का मंतव्य है

कि किसी के भरोसे पर छोड़े हुए काम बिगड़ ही जाते हैं। कहावत पर सुन्दरदास का यह सवैया द्रष्टव्य है—

जो कोउ राम बिना नर मूरष औरन के गुन जीभ भनैगी।
आंनि क्रिया गढ़तें गढ़वा पुनि होत है भेरि कछू न बनैगी॥
ज्यौं हथफेरि दिषावत चांवर अन्त तौ धूरि की धूरि छनैगी।
सुन्दर भूल भई अतिसै करि सूते की भैंसि पड़ाइ जनैगी॥[55]

अपने सवैयों में जिस ढंग से वे व्यंग्य का प्रयोग करते हैं उससे भक्ति-संवेदना जनजीवन की विडंबनाओं के साथ मिश्रित हो जाती है और कविता में रोचकता बढ़ती है। जैसे इस सवैये में आई कहावत जो उत्तर भारत में लोकप्रिय है—

मुख सौं कहत ज्ञान भ्रमै मन इन्द्री प्रांन, मारग के जल में न प्रतिबिम्ब लहिये।
गांठी में न पैका कोऊ भयौ रहे साहूकार, बातनि ही मुहर रुपैया गनि गहिये॥
स्वप्नै मैं पंचामृत जीमि के त्रिपति भयो जागै तें मरत भूख खाइबे कौं चहिये।
सुन्दर सुभट जैसैं काइर मारत गाल, राजा भोज सम कहाँ गांगौ तेली कहिये॥[56]

सुन्दरदास ने लोक-आधारित काव्य-रूपों का प्रयोग अपने आध्यात्मिक अनुभव को कहने के लिए भी किया है। उन्होंने इन काव्य-रूपों में आवश्यकतानुसार बदलाव भी किए हैं। इनमें प्रमुख है उनका 'बारहमासा'। देशभाषा काव्य की शुरुआत से ही 'बारहमासा' एक प्रमुख विधा रही है जिसे लोक से साहित्यिक धारा ने अपनाया। हिन्दी साहित्य में विरहानुभूति से जुड़े 'बारहमासा' अवधी, ब्रज, डिंगल, आधुनिक हिन्दी और उर्दू आदि भाषाओं में लिखे गए।[57] जैन, सूफ़ी, संत-भक्त भी बारहमासे या इस परम्परा से प्रभावित कविता लिखते थे।[58] अवधी प्रेमाख्यानों के बारहमासे तो हिन्दी साहित्य में प्रसिद्ध हैं ही। इन बारहमासों की कुछ सामान्य विशेषताएँ होती हैं, जैसे ये विरहानुभूति से जुड़े होते हैं, लोक में बसे विश्वासों, चरित्रों आदि का प्रतीकों, रूपकों के रूप में प्रयोग करते हैं और अधिकतर वर्षा ऋतु (आषाढ़-सावन) में शुरू होते हैं तथा गर्मी (जेठ) महीने में खत्म होते हैं। इसलिए विद्वानों ने बारहमासों का सम्बन्ध लोक में बसे चौमासा-लोकगीतों से भी जोड़ा है। सुन्दरदास ने हिन्दी के विरह-बारहमासों से थोड़ा हटकर उत्तर भारत के ऋतु-परिवर्तन और विक्रम मास संवत्सर को अपनाते हुए अपना बारहमासा चैत्र मास से शुरू किया है—

प्रथम सखी री चैत वर्ष लगौ नयौ।
मेरौ पिव परदेश बहुत दिन कौ गयौ॥

बिरह जरावै मोहि बिथा का सौं कहौं।
(परि हाँ) सुन्दर ऋतु बसंत कंत बिन क्यौं रहौं॥[59]

इस बारहमासा में ठेठ लौकिक बिम्बों को अपनाते हुए सुन्दरदास ने एक विरहिणी की पीड़ा दिखाई है—

फागुन घर घर फाग सु खेलहिं कंत सौं।
केसरि चन्दन अगर गुलाल बसंत सौं॥
मेरैं नख-शिख अग्नि बारि बिरहा दई।
(परि हाँ) सुन्दर मृतक समान देखि बिरहनि भई॥[60]

नायिका भेद की आलोचना करना, स्त्री को माया मानना लेकिन अपने प्रेम को व्यक्त करते वक़्त विरहिणी बन जाने की सुन्दरदास की संवेदना को कबीर के साथ पढ़ना चाहिए। कबीर के इस नारी रूप की चर्चा पुरुषोत्तम अग्रवाल ने विस्तार से की है।[61] अपने पदावली ग्रंथ में जब सुन्दरदास सरल ब्रजभाषा में रागों के अनुसार पद लिखते हैं तब भी वे अपने ज्ञान को लोक-स्वीकृत रूपकों में प्रस्तुत करते हैं। वे राग के शास्त्रीय पक्ष को भी नहीं भूलते। उदाहरण के लिए 'राग मल्हार' वर्षा ऋतु में गाया जाता है। एक तरफ़ वर्षा ऋतु में लोक में विरह की संवेदना वाले अनेक काव्य-रूप गाये जाते हैं, वहीं दूसरी तरफ़ इस वर्षा के रूपक को वीर-रस में प्रस्तुत करते हुए युद्धों का वितान भी कवि बाँधते हैं। इसीलिए 'आल्हा' जैसे वीर-रस प्रधान काव्य-रूप को वर्षा ऋतु में गाया जाता है। सुन्दरदास विरह और युद्ध दोनों रूपक को मिला देते हैं। वर्षा के रूपक को लेते हुए व युद्ध का वर्णन करते हुए सुन्दरदास एक विरहिणी की पीड़ा के साथ एकमेक हो जाते हैं—

हम पर पावस नृप चढ़ि आयौ,
बादल हस्ती हवाई दामिनि गरजि निसान बजायौ॥
पवन तुरंगम चलत चहुँ दिश बूँद बान झर लायौ।
दादुर मोर पपीहा पाइक मारै मार सुनायौ॥
दशहु दिशा आइ गढ़ घेर्यौ बिरहा अनल लगायौ।
जइये कहाँ भागि कैं सजनी रजनी दुन्द उठायौ॥
को अब करै सहाइ हमारी पिय परदेशहि छायौ।
सुन्दरदास बिरहिनी ब्याकुल करिये कौंन उपायौ॥[62]

जिस विरहिणी का प्रिय परदेश में होता है उसे वर्षा ऋतु में (जब सबके प्रिय अपने घर आ जाते हैं) विरह और भी सताता है। वर्षा ऋतु में विरहिणी के लिए पावस एक राजा है, जो बादल रूपी हाथी पर चढ़कर, बिजली रूपी ढोल को बजाकर, हवा रूपी घोड़ों के साथ, बूँदों के बाण चला रहा है। दादुर, मोर और पपीहे इस राजा के पैदल सैनिक हैं जो मारकाट को और तीव्र कर रहे हैं। यह युद्ध रात में भी नहीं रुकता है, विरहिणी इस घमासान युद्ध में चारों तरफ़ से घिर गई है और भाग के कहीं जा भी नहीं सकती है।

संत साहित्य की एक और विधा जिसे सुन्दरदास ने ज़बरदस्त साहित्यिक और दार्शनिक आधार दिया है वह है उलटबाँसी साहित्य। गोरखनाथ, कबीर, हरिदास, दादू अपनी उलटबाँसियों के लिए प्रसिद्ध हैं। उलटबाँसियाँ इनसान के प्रश्नानुकूल चित्त को और चुनौती देती हैं। ज्ञान सहज है लेकिन उस पर हमारे पूर्वग्रहों और विश्वासों का आवरण पड़ा है। इसलिए उलटबाँसियाँ ऐसे रूपक बनाती हैं जिनसे इनसान को थोड़ा ठहरकर सोचने की ज़रूरत पड़ती है। इस विधा को उलटी बानी या उलटा वेद कहा जाता है। सुन्दरदास ने जिस विस्तार से अपने सवैया और साखी ग्रंथ के 'विपर्यय शब्द कौ अंग' में उलटबाँसी को सुदृढ़ सैद्धान्तिक आधार दिया है, सांकेतिक भाषा को शास्त्रीय सन्दर्भ दिए हैं, उससे सुन्दरदास की उलटबाँसियों को पूरी संत परम्परा में सबसे समृद्ध कहा जा सकता है। उनके 'विपर्यय के अंगों' का प्रतीक विधान इतना गहरा है कि इन अंगों पर अलग से टीकाओं की परम्परा भी मिलती है।[63] हालाँकि ये अंग सुन्दरदास के 'सवैया' और 'साखी' ग्रंथों के ही हिस्से हैं लेकिन इनको इन अंगों को स्वायत्त रूप से भी पढ़ा जाता है। सुन्दरदास अपनी उलटबाँसियों के प्रतीक अधिकतर लोक-विश्वासों, कहावतों और ग्राम्य-जीवन व्यवहारों से लेते हैं। सुन्दरदास के 'विपर्यय के अंगों' में लिखी उलटबाँसियाँ पूरे उलटबाँसी साहित्य की आधार पीठिका हैं—

बुंदहि मांहि समुद्र समानौ राई मांहि समानौ मेर।
पानी मांहि तुंबिका बूड़ी पाहन तिरत न लागी बेर॥
तीनि लोक मैं भया तमासा सूरय कियौ सकल अंधेर।
मूरष होइ सु अर्थहि पावै सुन्दर कहे शब्द मैं फेर॥[64]

टीकाकारों ने इस तरह की कविता की विस्तृत व्याख्या की है और उसके प्रतीकात्मक अर्थ खोले हैं।[65] टीकाओं की परम्परा अपनी जगह है लेकिन जिस समय सुन्दरदास लिख रहे थे उस समय के सन्दर्भ में ये बिम्ब इतने भी पारिभाषिक नहीं बने होंगे जितने उलटबाँसी के व्याख्याकारों ने इन्हें बना दिया है। 'बूँद में

समुद्र का समाना', या 'राई में मेरु (पर्वत) का समाना' आदि रूपक उस समय के श्रोता को सहज समझ में आने वाले ही रहे होंगे। इन उलटबाँसियों को ये श्रोता और पाठक अपने-अपने अनुभवों पर अलग-अलग समझते होंगे। इसलिए इन पर ज़्यादा प्रतीकात्मक अर्थ लाद देने से इनके कविता होने पर पर्दा पड़ जाता है और उनमें कोरा उपदेश ही रह जाता है।

दार्शनिकता और साहित्यिकता का आधार होने पर भी सुन्दरदास की कविता में ज़बरदस्त पठनीयता है। वे अपनी कविता को इस ढंग से रचते हैं कि उसमें देशज शब्द, मुहावरे घुल-मिल जाते हैं जो जनमानस पर उसी के मुहावरे में चोट करते हैं। उनके बहुत से लघु-ग्रंथ समूह के पठन और श्रवण के लिए लिखे गए—

रचना यह परब्रह्म की चौरासी झकझौल।
मनुष देह उत्तम करी (सु) हरि बोलौ हरि बोल।
आयौ नर संसार में करि साहब सौं कौल।
पवन लगत बीसयौं (सु) हरिबोलो हरिबोल।[66]

यहाँ हर दोहे के अन्त में 'हरि बोलो हर बोल' की टेक से लगता है कि लोग सामूहिक रूप से इसे टेक-स्वरूप उच्चारित करते होंगे। हर दूसरी पंक्ति में एक टेक आती है जो समूह–पाठ के लिए होती है, बाक़ी का हिस्सा वह व्यक्ति जो उसे पढ़ सके उसके लिए होता होगा। ऐसे ग्रंथों से साधारण गृहस्थ भी समूह-पाठ में सम्मिलित हो सकते थे। उस कविता से स्वयं को जोड़ सकते थे और 'टेक' के दोहराव के साथ उसे एकाग्रचित्त होकर सुन सकते थे। ऐसे ही आज 'रामचरितमानस' का भी पाठ होता है। ऐसे पाठों में कभी-कभी कोई एक 'टेक' जो ग्रंथ में उपस्थित नहीं है, उसे स्वयं कथावाचक द्वारा डाल दिया जाता है, जिसे श्रोता किसी भी छंद की समाप्ति पर बोला करते हैं। या कभी कभी सिर्फ़ 'हरि' शब्द बोला करते हैं, जैसा कि सुन्दरदास ऊपर अपनी 'हरिबोल चितावणी' में दिखाते हैं। ऐसी कविताएँ हमें दिखाती हैं कि भक्ति-कविता कैसे एक भक्ति-समुदाय का गठन कर रही थी।

यह चर्चा एक बात का ज़िक्र किए बिना अधूरी रहेगी। वह यह कि सुन्दरदास विकसित हो रहे दादूपंथी संत समुदाय के लिए किस तरह की कविता लिख रहे थे? अर्थात् एक पंथ के नित्यपाठ के लिए कविता लिखना भी उनका उद्देश्य रहा होगा। इसका प्रमुख उदाहरण उनके तेरह 'अष्टक' हैं।[67] इनमें से कुछ अष्टकों की विशेषता यह है कि हर छंद के अन्त में दादू की महिमा वाली पंक्ति आती है जिसमें दादू के शिष्य होने पर बल दिया जाता है जिन्हें हर पद के अन्त में दोहराया जाता है। इससे पूरा अष्टक बँधा हुआ चलता है और त्वरित गति से लयबद्ध पाठ में आसानी

होती है। आरती की तरह लगते इन अष्टकों की अपनी साहित्यिक विशेषताएँ हैं क्योंकि वे 'त्रिभंगी' जैसे कलात्मक और विविध यति-योजना वाले छंद में भी लिखे गए हैं। एक उदाहरण देखें—

तौ तपी संन्यासी राख लगासी जटा बधासी भटकासी।
जब जोबन जासी धौला आसी तब करि दासी बैठासी॥
सब अकलि गमासी लोक हंसासी माया पासी अरझेला।
दादू का चेला भरम पछेला सुन्दर न्यारा व्है खेला॥[68]

इस अष्टक में हर त्रिभंगी के अन्त में *'दादू का चेला भरम पछेला सुन्दर न्यारा व्है खेला'* पंक्ति आती है। मारवाड़ी भाषा की क्रियाओं की सुन्दर यति योजना मारवाड़ी मातृभाषा वाले दादू के शिष्यों के लिए ज़रूर मनोहारी रही होगी। सुन्दरदास के कुछ अष्टकों का आज भी दादूपंथी केन्द्रों में नित्य-पाठ होता है। दादू-पंथी नागा-शाखा साहित्यिक रूप से उच्च मानदंड अपनाती थी और दादूपंथी इतिहासकार नारायणदास के अनुसार सुन्दरदास के अष्टक दादूपंथी नागा-शाखा के नित्यपाठ का हिस्सा रहे हैं।

दादूपंथियों के अनेक ग्रंथ एक पंक्ति से शुरू होते हैं वह है 'दादू नमो: निरंजन'। यह मंत्र स्मार्त परम्परा या पांचरात्र मत में प्रसिद्ध आठ अक्षरों के मंत्र की तरह है। नवधा भक्ति में जप का जहाँ उल्लेख होता है वहाँ दो तरह से मंत्रजाप होता है। बारह या तेरह अक्षरों का 'ओम नमो भगवते वासुदेवाय' और आठ अक्षरों का 'ओम नमो नारायणे।'[69] इन्हीं आठ अक्षरों की तरह दादूपंथियों का 'दादू नमो: निरंजन' लगता है। ठीक इसी तरह शंकराचार्य ने 'ब्रह्मसूत्र' भाष्य में वासुदेव के चतुर्व्यूह की उपासना की पाँच विधियों का उल्लेख किया है, जिसमें 'अष्टाक्षर' जाप एक है, जिसे वे 'स्वाध्याय' नाम देते हैं।[70] सुन्दरदास के 'अष्टक' लिखने के पीछे इस अष्टाक्षर मंत्र या आठों-याम की साधना का प्रभाव भी देखा जा सकता है। वे स्मार्त परम्परा के तत्त्व अपने पंथ के विश्वासों के आधार पर ढालते हैं।

(v) कविता का पाठ : परम्परा और प्रयोग

इतना तो स्पष्ट है कि सुन्दरदास के युग में संस्कृत, प्राकृत और देशभाषा के छंदों पर अधिकार कवि-प्रतिभा का परिचायक होता था। यही कारण है कि हिन्दी में रीति-कविता के पहले आचार्य-कवि केशवदास छंदों पर एक स्वतंत्र ग्रंथ 'छंदमाला' की रचना करते हैं।[71] छंदों पर अत्यधिक बल देने के कारण ही राम के आख्यान

को जब केशवदास अपनी 'रामचंद्रिका' में छूते हैं तो आख्यान से ज़्यादा महत्त्व वे छंद वैविध्य और अलंकारों के चमत्कार को देते हैं।[72] कवियों में छंद-परम्परा के प्रति आग्रह सुन्दरदास के युग में बढ़ता है। सुन्दरदास अपने ग्रंथों का नाम भी छंदों और कविता की विधाओं के आधार पर रखते हैं जैसे 'सवैया' ग्रंथ, गुरु महिमा 'नीसांनी', पूर्वी भाषा 'बरवै', अडिला, मडिल्ला और पवंगम आदि। छंदों का केन्द्र में आना काव्य-पाठ के बढ़ते महत्त्व की ओर संकेत कर रहा था इसलिए विषयान्तर का ख़तरा उठाते हुए हमें आरम्भिक आधुनिक काल में छंदों के साथ कविता के पठन (रेसिटेशन) के केन्द्र में आने की प्रक्रिया और उसके प्रभाव को जानना होगा।

छंदों का केन्द्र में आना 16वीं सदी के उत्तरार्द्ध और उससे आगे बढ़ती हुई एक दूसरी प्रवृत्ति की ओर इशारा करता है। दरबारी आश्रय में कविता रचने से मुक्तकों का चलन बढ़ने लगा था और कई बार कवि तुरत-फुरत कविता का निर्माण करते थे। काव्य कुशलता दिखाने के लिए समस्यापूर्ति करने की प्रवृत्ति भी दरबारों में ज़्यादा थी, जिसका बड़ा लक्ष्य यह होता था कि कौन-सा कवि काव्य-रूपों, कवि-समयों, काव्य-रूढ़ियों, उपमेय-उपमान का ज्ञाता है, जिनसे समस्यापूर्ति करने में सहायता मिलती थी।[73] इस पूरी प्रक्रिया का सम्बन्ध 'गेयता' से हटकर कविता के 'पठन' से था और छंदों पर अधिकार होना 'पठन की प्रक्रिया' को और रोचक बनाता है। रीतिग्रंथों में लक्षण-उदाहरण के लिए दोहा, सवैया और कवित्त को चुना जाता है जो मुख्यत: पठन की प्रक्रिया से जुड़े हुए थे।

सुन्दरदास के युग में कविता के ग्रहण और प्रस्तुतीकरण की दो शैलियाँ मुख्यत: देखी जा सकती हैं। एक गायन की परम्परा थी जिसमें भक्ति-कविता का बड़ा हिस्सा आता है तो दूसरी शैली कविता के पठन की भी थी। हालाँकि भक्ति-साहित्य का कथा-वार्ता, उपदेश, सिद्धान्त-कथन इत्यादि रूपों में पठन भी होता था लेकिन भक्ति काव्य ने लोक और अभिजात समाजों में गायन की एक समृद्ध परम्परा कायम की थी। लोक से तो भक्ति-काव्य इतना घुला-मिला था कि वह लोक-स्थापित कई गेय-रूपों को भी अपने अन्दर समाहित कर रहा था। कहा भी गया है कि आदि-युग के मौखिक लोकगीतों तथा प्रेमाख्यानों की पृष्ठभूमि पर हिन्दी के संत और भक्ति काव्य का उदय हुआ।[74]

हालाँकि यह भी पूरी तरह से सच नहीं है कि भक्ति-काव्य के उदय से पहले देशभाषा काव्य केवल मौखिक परम्परा में ही चलता था। उससे पहले भी काव्य को गाया जाता था, यहाँ तक कि उसका पठन (रेसिटेशन) होता था, उसे प्रस्तुत भी किया जाता था और इस प्रक्रिया में छंदों को बहुत महत्त्व मिला हुआ था। आदि-युग

की मौखिक परम्परा में वीर-रसात्मक काव्य की भी परम्परा रही है जिसका सम्बन्ध गायन के बजाय स्मृति के आधार पर उसके पठन से होता था। वीरगाथाओं का चूँकि राज-काज के विभिन्न अवसरों पर पठन या प्रस्तुतीकरण होता था इसलिए लय और तुकबद्ध होना, ध्वन्यानुरण पर बल आदि इस पठन की प्रक्रिया को रोचक बनाते थे। वीररसात्मक काव्यों में छंदबद्ध काव्य को महत्त्व हासिल था इसकी पुष्टि के लिए हमें उन प्राचीन ग्रंथों या स्रोतों को देखना होगा जो हिन्दी साहित्येतिहास के आदिकाल में उपस्थित वीर-रसात्मक कविता की जानकारी देते हैं। लोकप्रिय रूपों में हम ऐसी कविता को डिंगल और पिंगल कहते रहे हैं।

वीर-रसात्मक पदों की जानकारी देने वाले ग्रंथों में सर्वाधिक पुराना 'प्राकृतपैंगलम' है, जिसका रचनाकाल 14वीं सदी का पूर्वार्द्ध है। 'प्राकृतपैंगलम' छंदशास्त्र का ग्रंथ है, जिसमें रणथम्भौर (राजस्थान) के हम्मीरदेव चौहान (मृत्यु 1301 ई.) से जुड़े वीर-रसात्मक पदों को छंदों के उदाहरणस्वरूप दिया गया है। 'प्राकृतपैंगलम' की भाषा को पुरानी पश्चिमी हिन्दी माना जाता है।[75] इस ग्रंथ (जिसे हम्मीर के काल में ही राजस्थान में संगृहीत हुआ माना जाता है) से यह भी पता चलता है कि वीर-रस या प्रशस्ति से जुड़ी कविता उस दौर में मौखिक या लिखित परम्परा में उपस्थित थी। 'प्राकृतपैंगलम' में जो राजस्तुतिपरक पद पाए जाते हैं उनका विकास एक ओर तो चारण-भाट परम्परा के डिंगलकाव्य में हुआ, दूसरी ओर पृथ्वीराज रासो जैसे प्रबन्ध काव्यों में हुआ। आगे जाकर रीतिकाल के भूषण, मतिराम और पद्माकर के प्रशस्तिपरक पद्यों में भी इसी का विकास हुआ।[76]

दूसरे महत्त्वपूर्ण ग्रंथ 'पृथ्वीराज रासो' से हिन्दी में विविध-छंदों में कविता करना एक मानक बन जाता है। अकबर के मनसबदार राजा मानसिंह के दरबारी कवि अमृतराय जब अपने आश्रयदाता के लिए 'मानचरित' (रचनाकाल 1585 ई.) नामक ग्रंथ लिखते हैं तो पहले 'चंद बलिद्दिया' कवि को याद करते हैं। यह ब्रजभाषा की प्रबन्धकाव्य परम्परा पर कवि चंद के प्रभाव को दिखाता है।[77] पृथ्वीराज रासो के बारे में कहा भी जाता है कि "छंद परिवर्तन के प्रवाह में सहज आत्मविस्मृति का ऐसा सुख अन्यत्र कहीं नहीं मिलता। रासो एक ही साथ संस्कृत, प्राकृत तथा अपभ्रंश की प्राचीन छंद परम्परा के पुनरुज्जीवन तथा हिन्दी के नूतन छंद-संगीत के सूत्रपात की संधि वेला है।...इसलिए तो सरोज के रचयिता श्री शिवसिंह सेंगर ने चंद को छप्पयों का राजा कहा है।"[78]

इसी रासो काव्य परम्परा (जिसमें विविध छंदों में काव्य रचना को प्रतिष्ठा मिलती है) के समानान्तर पश्चिमी राजस्थान की सशक्त डिंगल (मारवाड़ी) काव्य परम्परा आती है जो युद्धों के वर्णन और 'परफ़ॉरमेन्स' में विशेष दिलचस्पी लेती

है।[79] डिंगल के कवि स्वयं को कवि कहलाना भी पसन्द करते थे और अपनी कविता को बाद के कवियों द्वारा सराही जाने योग्य भी मानते थे। यह बात तब और भी दिलचस्प हो जाती है जबकि आरम्भिक आधुनिक काल में 'जायसी' आदि कम ही कवियों ने स्वयं को प्रमुख रूप से 'कवि' कहा है। अकबर के सहयोगी बीकानेर के राजा रायसिंह के छोटे भाई और डिंगल के सर्वोत्कृष्ट कवि पृथ्वीराज राठौड़ (मृत्यु 1600 ई.)[80] अपने प्रसिद्ध ग्रंथ 'क्रिसन-रुकमणी री वेली' में लिखते हैं—

जोतिखी, वयद, पउराणिक, जागी संगीती तारकिक सहि
चारण भाट सुकवि भाखा-चत्र करि अेकठा त अरथ कहि।[81]

(अर्थात् ज्योतिषी, वैद्य, पौराणिक, योग, संगीत, न्याय आदि शास्त्रों के ज्ञाता के साथ चारण-भाट, कुशल कवियों और भाषा के मर्मज्ञों को इकट्ठा करके इस कविता को पढ़ेंगे तो अर्थ समझ में आएगा।)

डिंगल काव्य की सभी प्रवृत्तियों का निर्वहन करते हुए पृथ्वीराज राठौड़ यह आग्रह करते हैं कि मेरा ग्रंथ सु-कवियों और भाषा के मर्मज्ञों द्वारा सराहा जाने योग्य है। उनकी बात सही भी निकली कि उनके ग्रंथ की रचना के तुरन्त बाद ही नाभादास तथा राघवदास अपने-अपने 'भक्तमाल' में पृथ्वीराज राठौड़ को श्रेष्ठ कवि घोषित करते हैं। ब्रजभाषा के 'दो सौ बावन वैष्णवन की वार्ता' साहित्य में भी उन पर एक अध्याय समाहित है।[82] 'क्रिसन-रुकमणी री वेली' का संस्कृत और ब्रजभाषा में रूपान्तरण भी होता है। पृथ्वीराज राठौड़ के गुज़र जाने पर ब्रजभाषा के कवि वृंद अकबर से कहलवाते हैं कि पृथ्वीराज के गुज़रने के साथ सभा का आनन्द भी चला गया।[83] यानी डिंगल काव्य परम्परा का ब्रज कवियों और दरबारों में बहुत सम्मान था और इसका प्रभाव भी ब्रज कविता पर कम नहीं पड़ा। 'क्रिसन-रुकमणी री वेली' के पूर्व भी डिंगल काव्य लिखे जा रहे थे। जिनमें दोहा, कवित्त आदि छंदों का बहुधा प्रयोग भी हो रहा था। डिंगल के ग्रंथ 'अचलदास खींची री वचनिका' (रचनाकाल 15वीं सदी का पूर्वार्द्ध) में चारण कवि गाढन शिवदास मंगलाचरण में चारणों की कुलदेवी 'देवी हिंगलाज' के बाद सरस्वती की ही उपासना करते हैं जो उनके अनुसार कवियों को कविता करने की प्रतिभा देती है—

वैणा पुस्तक धारिणी, कासमीर कंदरि वसंति।
गीत नाद गुण गाह दियण, देखि कवियण दियंति॥[84]

तात्पर्य यह है कि भक्ति काव्य के उदय के पहले डिंगल में काव्य रचना की सशक्त परम्परा स्थापित हो चुकी थी। भले ही हम इस डिंगल काव्य परम्परा को

चारण-भाटों की ऊहात्मक कविता कहकर नकारते रहें लेकिन इस काव्य परम्परा का बाद की ब्रजभाषा और अवधी काव्य-धारा, ख़ासकर इनके प्रबन्ध-काव्यों, युद्ध वर्णन, आदि पर बहुत प्रभाव भी पड़ा। इसलिए ब्रज और अवधी प्रबन्ध काव्यों पर डिंगल की युद्ध-वर्णन और चारण-भाटों की काव्य-पठन (रेसिटेशन) की परम्परा के प्रभाव का विस्तृत अध्ययन ज़रूरी है, क्योंकि इसका सम्बन्ध काव्यशास्त्र (विशेषकर छंद) के कविता के केन्द्र में आने से जुड़ता है। भक्ति के उदय से पहले पश्चिमी राजस्थान और गुजरात में प्रचलित वीरगाथाओं की परम्परा का सम्बन्ध चारण-भाटों से जोड़ा जाता है। चारण-भाटों का काव्य मुख्यत: दरबारी था लेकिन वह लोकभाषा में ही रचा जा रहा था। यह साहित्य राज-काज के शुभ अवसरों पर 'परफ़ॉर्म' भी किया जाता था। 'परफ़ॉरमेन्स' की यह प्रक्रिया स्मृति से होती थी जिसमें चारण-भाट कवि लय-ताल और छंदबद्ध कविता सुनाते थे। इस काल से ही लय और छंदबद्ध कविता कहना कवियों का अनिवार्य कर्म हो गया था। छंदों पर बल देने से कविता को स्मृति में रखना आसान हो जाता था जो इन कवियों के लिए सहायक था। चारण-भाट अपने विशेष तरह के शब्दालंकार (वयण-सगाई)[85], मूर्धन्य व्यंजनों (ट, ठ, ड/ड़, ढ/ढ़, ण) की अधिकता, ध्वन्यानुरण आदि से युद्धों का सजीव वर्णन करते थे। यह वर्ग अपनी ज़रूरतों के अनुसार छंदों को परिवर्तित (मोडिफ़ाई) भी कर रहा था। दोहे को डिंगल में अलग-अलग मात्राओं के आधार पर चार ढंग से पढ़ा जाता था, ठीक इसी तरह छप्पय भी तीन तरह के होते थे।[86] यानी डिंगल काव्य में दोहा, छप्पय आदि छंदों को 'पठन की प्रक्रिया' में और 'परफ़ॉरमेन्स' की ज़रूरतों के हिसाब से परिवर्तित किया जाता था। छंदों के प्रति लगाव होने की वजह से चारण-भाट कवि अपने प्रशस्तिपरक ग्रंथों के नाम भी छंदों या काव्य विधाओं पर रखते थे—जैसे अचलदास खींची री 'वचनिका', 'छंद' राव जैतसी रौ, क्रिसन-रुकमणी री वेली' और 'रासो' काव्य इत्यादि। इसी चारण-भाट साहित्य का सम्बन्ध बाद के ब्रजभाषा और अवधी प्रशस्ति काव्यों में युद्धों के सजीव वर्णन से जुड़ता है। तुलसीदास अपने रामचरितमानस के लंकाकांड में राम-रावण का जो युद्ध वर्णन करते हैं उस पर डिंगल की चली आ रही युद्ध-वर्णन की परम्परा का प्रभाव स्पष्ट दिखाई देता है।[87]

निष्कर्षत: कहा जा सकता है कि देशभाषा काव्य की परम्परा की शुरुआत से ही हमें 'प्राकृतपैंगलम' जैसे ग्रंथ कविता के छंदबद्ध होने का उदाहरण देते हैं। 'पृथ्वीराज रासो' जैसे ग्रंथ विविध-छंदों में काव्य रचना को काव्य का मानक साबित करते हैं। ठीक उसी तरह डिंगल काव्य और चारण-भाटों की परम्परा में छंदों का 'परफ़ॉरमेन्स' की ज़रूरतों के हिसाब से प्रयोग होता रहा है। भक्ति काव्य के आने

से पहले ही देशभाषा में कविता रचने के यही कुछ मानक बन चुके थे। ब्रजभाषा कवियों के सशक्त छंद-विमर्श से पहले भी छंद देशभाषा-साहित्य के महत्त्वपूर्ण अंग होते थे, साथ ही साथ विविध छंदों में काव्य के पठन की परम्परा भी विकसित हुई थी, जिन पर अधिकार होना एक अनिवार्य कवि-कर्म था। इसलिए प्राकृत, संस्कृत और भाषा के छंदों के प्रति सुन्दरदास का विशेष आग्रह उनका इस परम्परा से संवाद और उनके ब्रजभाषा का उत्कृष्ट कवि होने को सिद्ध करता है।

सन्दर्भ

1. आचार्य रामचन्द्र शुक्ल, *हिन्दी साहित्य का इतिहास,* पृ. 48-50, शुक्ल जी ने अपने 'इतिहास' में दादू के बाद उनके शिष्यों में केवल सुन्दरदास को स्थान दिया है। हजारीप्रसाद द्विवेदी, *हिन्दी साहित्य की भूमिका,* राजकमल प्रकाशन, नई दिल्ली, 2003 ई., पृ. 103-04, हजारीप्रसाद द्विवेदी दादू के शिष्यों में सुन्दरदास के साथ रज्जब को भी प्रमुख स्थान देते हैं।
2. रमेशचन्द्र मिश्र, *सुन्दर ग्रंथावली* (भाग-दो), पूर्वोद्धृत, पृ. 689
3. देखें, हायदी पाउल्स, *इन प्रेज़ ऑफ़ होली मैन,* एग्बर्ट फॉर्स्टन, ग्रोनिंगन, 2002 ई., पृ. 19, और एलिसन बुश, *पोइट्री ऑफ़ किंग्स,* पूर्वोद्धृत, पृ. 28
4. विश्वनाथ प्रसाद मिश्र, केशव ग्रंथावली (भाग-एक), पूर्वोद्धृत, पृ. 112
5. हरिनारायण शर्मा, *सुन्दर ग्रंथावली* (भाग-दो), पूर्वोद्धृत, पृ. 972
6. देवदत्त कौशिक (सम्पादक), *साहित्यदर्पण-विश्वनाथ,* भारतीय विद्या प्रकाशन, दिल्ली 1978 ई., पृ. 62, प्राकृत और अपभ्रंश के छंदों को समझाने के लिए लिखे गए ग्रंथ *'प्राकृतपैंगलम'* में भी मानव-शरीर के साथ काव्य की तुलना मिलती है।
7. विश्वनाथ प्रसाद मिश्र (सम्पादक), केशव ग्रंथावली (भाग-एक), हिन्दुस्तानी अकादमी, इलाहाबाद, 1954 ई., पृ. 101
8. मधुसूदन शास्त्री (सम्पादक), *काव्यप्रकाश*—मम्मट, ठाकुरप्रसाद एंड सन्स बुकसेलर, वाराणसी, 1972 ई., पृ. 245, *'मुख्यार्थहतिर्दोषो'* अर्थात् जहाँ काव्य के मुख्य अर्थ का हनन हो या उसे समझने में बाधा हो वही दोष है।
9. हरिनारायण शर्मा, *सुन्दर ग्रंथावली* (भाग-दो), पृ. 738
10. वही, पृ. 467
11. वही, पृ. 737
12. श्री रामचन्द्र मिश्र (सम्पादक), *काव्यादर्श—दंडी, चौखंभा* विद्याभवन, वाराणसी,1972 ई., पृ. 14, आचार्य दंडी काव्य की तीन श्रेणियाँ बताते हैं—गद्य, पद्य और मिश्रित तथा द्रष्टव्य, मधुसूदन शास्त्री (सम्पादक), *काव्यप्रकाश*—मम्मट, पृ. 30-32, मम्मट शब्द और अर्थ के चमत्कार पर आधारित काव्य की तीन—उत्तम, मध्यम और अधम श्रेणियाँ बताते हैं।
13. हरिनारायण शर्मा, *सुन्दर ग्रंथावली* (भाग दो), पृ. 466-67
14. वही, पृ. 439
15. रमेशचन्द्र मिश्र, *सुन्दर ग्रंथावली* (भाग-दो), पूर्वोद्धृत, पृ. 756

16. वही, (भाग एक), पृ. 197
17. विश्वनाथ प्रसाद मिश्र, *केशव ग्रंथावली* (भाग-एक), पृ. 197
18. *भैया भगवतीदास कृत ब्रह्मविलास,* नाथूराम प्रेमी द्वारा सम्पादित, डिजिटल लाइब्रेरी ऑफ़ इंडिया, आइटम नं. 2015.340880, 1904 ई., पृ. 184
19. *मुक्तानंद काव्यम* (भाग-एक), श्री स्वामीनारायण मन्दिर प्रकाशन, अहमदाबाद, 2001 ई., पृ. 114-16
20. नेहा बैद, *संतकवि हरिरामदास का काव्यादर्श,* सम्मेलन प्रत्रिका (भाग 18, संख्या 2), सम्पादक—विभूति मिश्र, हिन्दी साहित्य सम्मेलन, इलाहाबाद, 2013 ई., पृ. 128
21. *राघवदास विरचित भक्तमाल,* सम्पादक और टीकाकार नारायणदास, श्री दादूदयाल महासभा, जयपुर, 1970 ई., पृ. 748-49
22. रमेशचन्द्र मिश्र, *सुन्दर ग्रंथावली* (भाग-दो), पृ. 1173-77
23. हरिनारायण शर्मा, *सुन्दर ग्रंथावली* (भाग-एक), पृ. 6
24. *रामचरितमानस,* 1-37 *(जुगति मंजु मनि सीप सोहाई),* गीताप्रेस गोरखपुर, 1992 ई.
25. हरिनारायण शर्मा, *सुन्दर ग्रंथावली* (भाग-एक), पृ. 10
26. *श्रीमद्‌भगवद्‌गीता,* 6: 8, गीताप्रेस गोरखपुर, 2007 ई.
27. श्रीधरशास्त्री पाठक (सम्पादक), *मुंडक उपनिषद्,* 2: 2: 9 शंकर रामचन्द्र दाते, पुणे, 1940 ई. रमेशचन्द्र मिश्र द्वारा सम्पादित सुन्दर ग्रंथावली में इस पद पर सम्पादक की टिप्पणी भी द्रष्टव्य।
28. अपनी एम. ए. थीसिस (कोलम्बिया यूनिवर्सिटी) में जस्टिन बैन-हैन पुष्टिमार्गियों के वार्ता साहित्य में भी टीकाओं के माध्यम से शास्त्रसम्मत और पारम्परिक ज्ञान को वल्लभ सम्प्रदाय का मान्यताओं के अनुरूप व्याख्यायित करने की प्रक्रिया को दर्शाते हैं।
29. रमेशचन्द्र मिश्र, सुन्दर ग्रंथावली (भाग-एक), पृ. 26
30. अर्थात् "हज़ारों मनुष्यों में कोई एक मेरी प्राप्ति के लिए यत्न करता है, और उन यत्न करने वाले योगियों में भी कोई एक मेरे परायण होकर मुझको तत्त्व से अर्थात् यथार्थ रूप से जानता है।" *श्रीमद्‌भगवद्‌गीता,* अध्याय-सात, श्लोक-तीन, गीताप्रेस गोरखपुर, पृ. 99
31. वही, पृ. 41
32. *राघवदास कृत भक्तमाल,* पूर्वोद्धृत, छप्पय 419
33. भगवत्तदास शास्त्री (सम्पादक), *दयालदास रचित भक्तमाल,* रामसनेही साहित्य शोध प्रतिष्ठान, जोधपुर, 1980 ई., छप्पय 410
34. फ़ील्ड वर्क के दौरान मुझे 'ज्ञान समुद्र' की क़रीब 81 पांडुलिपियों की जानकारी मिली। कुछेक को मैं स्वयं देख सका। ये पांडुलिपियाँ 17वीं से 20वीं सदी ई. तक राजस्थान, पंजाब, गुजरात और उत्तर प्रदेश के विस्तृत भू-भाग में फैली हुई हैं। पोथीखाना, सिटी पैलेस जयपुर में संगृहीत ज्ञान समुद्र की प्रति पर जयपुर राजदरबार और मुग़ल बादशाह औरंगज़ेब की शाही सीलें लगी हुई हैं। भुज (कच्छ राज्य, गुजरात) के आईना महल संग्रहालय में 'ज्ञान समुद्र' की प्रति देखने का अवसर भी मुझे मिला। यह प्रति कच्छ के महाराजा देसल जी के पठन हेतु बनाई गई थी।
35. फ्रांसुआस मालिसोन, *'द टीचिंग ऑफ़ ब्रज, गुजराती एंड बार्डिक पोइट्री एट द कोर्ट ऑफ़ कच्छ',* शेल्डन पोलक द्वारा सम्पादित 'फॉर्म्स ऑफ़ नॉलेज इन अर्ली मॉडर्न एशिया' में

संकलित, पूर्वोद्धृत, 2011 ई., दलपतराम डाह्याभाई (1820-1898 ई.) को गुजराती में आधुनिकता और आरम्भिक आधुनिकता के मिलन बिन्दु पर स्थित कवि माना जाता है। दलपतराम भुज की ब्रजभाषा पाठशाला के ही छात्र थे और इनके लेख भुज की ब्रजभाषा पाठशाला सम्बन्धी प्रामाणिक जानकारी, पाठ्यक्रम आदि के लिए प्राचीन स्रोत हैं। पाठ्यक्रम की जो सूची दलपतराम डाह्याभाई देते हैं उसमें 'ज्ञान समुद्र' का महत्त्व इसलिए बताया गया है कि 'इसमें ज्ञान के विषय की कविता है' और इसमें विभिन्न प्रकार के छंद हैं। अर्थात् भुज काव्यशाला में छंदों को 'ज्ञान समुद्र' से पढ़ाया जाता होगा।

36. देखें, सूरतराम दादू (सम्पादक), *श्री विचार सागर* का सम्पादकीय, संत साहित्य प्रकाशन ट्रस्ट, खेतड़ी, 1994 ई., बूँदी नरेश रामसिंह जो दादूपंथियों से काफ़ी प्रभावित थे, ने निश्चलदास को बूँदी बुलवाया था। राजा संतों को भी प्रसन्न होकर वृत्ति इत्यादि भी देते थे।
37. सूरतराम दादू (सम्पादक), *श्री विचार सागर,* पृ. 20, विवेकानंद द्वारा की गई निश्चलदास की प्रशंसा को विस्तार से देखें, माइकल ऐलन, *ग्रेटर अद्वैत वेदांत : द केस ऑफ़ निश्चलदास,* International Journal of Hindu Studies (2017) 21:275-297
38. एलेस्सांद्रो बटिस्टिनी, *चित्रकाव्य इन मेन्युस्क्रिप्ट्स : द केस ऑफ़ आनन्दवर्द्धन'स देवीशतक* कृति रक्षण, राष्ट्रीय पांडुलिपि मिशन, नई दिल्ली की द्वैमासिक पत्रिका, वॉल्यूम 9, नं. 5 अप्रैल-मई, सम्पादक—मृण्मय चक्रवर्ती, 2014 ई., पृ. 7-11
39. रमेशचन्द्र मिश्र, *सुन्दर ग्रंथावली* (भाग-दो), पृ. 1125
40. थानेशचन्द्र उत्प्रेती (सम्पादक), *मम्मटकृत काव्यप्रकाश:,* परिमल पब्लिकेशन्स, दिल्ली 2003 ई., पृ. 74
41. डॉ. नगेन्द्र (सम्पादक), *आनन्दवर्धनाचार्य विरचित : ध्वन्यालोक:,* ज्ञानमंडल लिमिटेड, वाराणसी, 1998 ई., पृ. 309
42. एलेस्सांद्रो बटिस्टिनी, *चित्रकाव्य इन मेन्युस्क्रिप्ट्स : द केस ऑफ़ आनन्दवर्द्धन'स देवीशतक,* पृ. 7-11, आनन्दवर्धन ने चित्र-काव्य के सभी भेदों का निर्वाह करते हुए अपने देवीशतक की रचना की है। देवी की प्रशस्ति के ग्रंथ देवीशतक में आनन्दवर्धन ने देवी की गौरी, पार्वती, भद्रकाली, सरस्वती, दुर्गा, भारती, चंडी, तारा आदि रूपों में उपासना की है। देवी शतक के अन्तिम श्लोक में आनन्दवर्धन कहते हैं कि स्वयं देवी ने उन्हें सपने में आकर इस ग्रंथ को बनाने का आदेश दिया।
43. रमेशचन्द्र मिश्र, *सुन्दर ग्रंथावली* (भाग-दो), पृ. 1137
44. वही
45. देखें, कठोपनिषद् (सानुवाद शांकरभाष्य सहित), द्वितीय अध्याय, तृतीया वल्ली, (संसार रूप अश्वत्थ वृक्ष), गीताप्रेस गोरखपुर, संवत् 2071, पृ. 131
46. रमेशचन्द्र मिश्र, *सुन्दर ग्रंथावली* (भाग-दो), पृ. 772
47. मुंडक उपनिषद् में यह दृष्टान्त आया है— *द्वा सुपर्णा सयुजा सखाया समानं वृक्षं परिषस्वजाते। तरोन्य पिप्पलं स्वाद्वत्त्यनश्नन्यो अभिचाकशीति॥* तृतीय मुंडकम्, प्रथम खंड मुंडकोपनिषद्, मंत्रपुष्पम्, परिष्कर्ता—स्वामी देवरूपानंद, रामकृष्ण मठ, मुम्बई, 2014 ई., पृ. 193
48. रमेशचन्द्र मिश्र, *सुन्दर ग्रंथावली* (भाग-दो), वही, पृ. 1135-36
49. वही, (भाग-एक), पृ. 81
50. वही, पृ. 82

51. हरिनारायण शर्मा, *सुन्दर ग्रंथावली* (भाग-एक), पृ. 126-40
52. नन्नूलाल खंडेलवाल, संत सुन्दरदास : *लोकोक्ति–मुहावरा–कोश,* (द्रष्टव्य-प्राक्कथन), भावना प्रकाशन, दिल्ली, 1996 ई.
53. रमेशचन्द्र मिश्र, *सुन्दर ग्रंथावली* (भाग-दो), पृ. 705
54. वही, पृ. 746
55. वही, पृ. 783
56. वही, पृ. 786
57. देखें, शार्लेट वाडविल, *बारहमासा इन इंडियन लिटरेचर्स,* मोतीलाल बनारसीदास, दिल्ली, 1986 ई., शार्लेट वाडविल ने बारहमासों पर अपनी बहुचर्चित पुस्तक में मारू-गुर्जर अपभ्रंश (पुरानी गुजराती या मारवाड़ी), बांग्ला, मराठी, डिंगल, ब्रज, अवधी आदि भाषाओं में बारहमासा की परम्परा का अध्ययन किया है। राजमती के नेमिनाथ के प्रति विरह से जुड़े, जैन मुनियों द्वारा लिखे गए, मारू-गुर्जर (पुरानी गुजराती-मारवाड़ी) के बारहमासों को शार्लेट वाडविल देशभाषा के सर्वाधिक प्राचीन बारहमासे कहती हैं।
58. जॉन हौली, योग एंड वियोग : सिंपल रिलिजन इन हिन्दुइज़्म, द हॉर्वर्ड थियोलॉजिकल रिव्यू, वॉल्यूम 74, नं. 1, जनवरी 1981 ई., पृ.1-20, सूरदास के विरह से जुड़े पदों पर चौमासा लोकगीतों और बारहमासा परम्परा के प्रभाव को जानने के लिए यह आलेख देखें। जायसी आदि सूफ़ी कवियों के अलावा मीरांबाई के माने जाने वाले बारहमासा का उल्लेख शार्लेट वाडविल अपनी किताब *बारहमासा इन इंडियन लिटरेचर्स* में करती हैं।
59. रमेशचन्द्र मिश्र, *सुन्दर ग्रंथावली* (भाग-एक), पृ. 317
60. वही, पृ. 320
61. *अकथ कहानी प्रेम की—कबीर की कविता और उनका समय,* पूर्वोद्धृत, विशेषकर देखें, 'काम मिलावे राम कूँ : नारी रूप धारण करते कबीर' पृ. 56-59 तथा अध्याय-9 "काम मिलावे राम कूँ : शाश्वत स्त्रीत्व और कबीर की प्रेम धारणा"
62. रमेशचन्द्र मिश्र, *सुन्दर ग्रंथावली* (भाग-एक), पृ. 1070-71
63. देखें, म. बजरंगदास शास्त्री (सम्पादक), *सवैया ग्रंथ* (सुन्दर विलास), परिशिष्ट-एक, श्री दादूवाणी परिषद्, नरैना 2007 ई., सुन्दरदास के विपर्यय के अंगों पर तीन टीकाएँ लिखी गईं। इनमें से दो हस्तलिखित ग्रंथों में मिलती हैं और तीसरी व सबसे लोकप्रिय टीका पं. श्री पीताम्बर जी (अहमदाबाद) की पीताम्बरी टीका है।
64. रमेशचन्द्र मिश्र, *सुन्दर ग्रंथावली* (भाग-दो), पृ. 843
65. वही, पृ. 843, सुन्दरदास के इस पद में जिन प्रतीकों का प्रयोग हुआ है उनके समानार्थी गोरखनाथ, कबीर, हरिदास निरंजनी, रज्जब आदि के पद देखने के लिए भी इस पद पर रमेशचन्द्र मिश्र की टिप्पणी द्रष्टव्य है।
66. वही, (भाग-एक), पृ. 278
67. सुन्दरदास ने कुल बारह अष्टक लिखे हैं। पांडुलिपि परम्परा में इन अष्टकों की अलग-अलग पांडुलिपियाँ भी मिलती हैं जिससे यह सिद्ध होता है कि ये अष्टक स्वतंत्र रूप में भी पढ़े जाते थे।
68. रमेशचन्द्र मिश्र, *सुन्दर ग्रंथावली* (भाग-एक), पृ. 224
69. हजारीप्रसाद द्विवेदी, *मध्यकालीन धर्म साधना,* पूर्वोद्धृत, पृ. 41

70. वही, पृ. 125
71. ऐलिसन बुश, *पोइट्री ऑफ़ किंग्स,* पूर्वोद्धृत, पृ. 44, छंदमाला (1602 ई.) देशभाषा काव्य का पहला छंद आधारित रीतिग्रंथ है। छंदमाला के आधे छंदों के उदाहरण रामचंद्रिका (1601 ई.) से शब्दश: लिए गए हैं। जिससे इस धारणा को बल मिलता है कि छंदमाला और रामचंद्रिका को केशवदास ने साथ-साथ पढ़ने के लिए लिखा होगा।
72. गोविन्द चातक (सम्पादक), *पीताम्बरदत्त बड़थ्वाल के श्रेष्ठ निबन्ध,* 'केशवदास और उनकी रामचंद्रिका', तक्षशिला प्रकाशन, नई दिल्ली, 1978 ई., पृ. 119, वेणीमाधवदास के मूल गोसाईंचरित में एक प्रसंग का उल्लेख है। जिसके अनुसार केशवदास जब तुलसीदास से मिलने गए तो तुलसी ने उन्हें 'प्राकृत कवि' अर्थात् राम को छोड़कर दुनियावी राजाओं की प्रशस्ति करने वाला कहकर सम्बोधित किया। केशवदास उलटे पाँव वापस चले गए। फिर क्या था केशवदास ने एक ही रात में रामचंद्रिका लिख डाली। तुलसी की भक्ति को केशवदास की पंडिताई का यही उत्तर था।
73. देखें, दयाशंकर शुक्ल, *हिन्दी का समस्यापूर्ति-काव्य,* गंगा पुस्तकमाला कार्यालय, लखनऊ, 1967 ई., मुग़ल बादशाह अकबर से लेकर भारतेन्दु युग तक राज-दरबारों और आश्रयदाताओं के यहाँ समस्यापूर्ति काव्य का प्रचलन था जिससे मुक्तक रचना को बढ़ावा मिलता था, यह काव्य मनोरंजन का प्रधान साधन हुआ करता था।
74. नामवर सिंह, *इतिहास और आलोचना,* पूर्वोद्धृत, पृ. 129, नामवर सिंह लिखते हैं कि कबीर ने प्रचलित ऐहिक गीतों को आध्यात्मिक छौंक देकर ज्यों का त्यों अपना लिया। सूरदास के पदों में अनेक प्रसंगधर्मी स्थल ऐसे हैं जो ब्रज प्रदेश की लोकवार्ताओं की ओर संकेत करते हैं। वे आगे लिखते हैं कि जायसी (पद्मावत का बारहमासा) और तुलसी (बरवै) का काव्य अवधखंड की लोकवार्ताओं की सूक्ष्म देन को प्रतिध्वनित करता है।
75. भोलाशंकर व्यास (सम्पादक), *प्राकृतपैंगलम* (भाग 1,2), प्राकृत ग्रंथ परिषद्, अहमदाबाद, 2007 ई., पृ. 404
76. वही, पृ. 391
77. गोपाल नारायण बहुरा (सम्पादक), मानचरितावली, सवाई मानसिंह संग्रहालय ट्रस्ट, सिटी पैलेस जयपुर, 1990 ई., पृ. 2
78. हजारीप्रसाद द्विवेदी और नामवर सिंह (सम्पादक), *संक्षिप्त पृथ्वीराज रासो,* साहित्य भवन लिमिटेड, इलाहाबाद 1998 ई., पृ. 197, पुरातन प्रबन्ध संग्रह (15वीं सदी) में मिले कैमास-वध सम्बन्धी छप्पयों, जो पृथ्वीराज रासो में भी समाहित हैं, के आधार पर हजारीप्रसाद द्विवेदी और नामवर सिंह ने पृथ्वीराज चौहान से जुड़े काव्य के 15वीं सदी में उपस्थित होने की बात कही है।
79. देखें, मोतीलाल मेनारिया, *राजस्थानी भाषा और साहित्य,* राजस्थानी ग्रंथागार, जोधपुर, 2006 ई. और नारायणसिंह भाटी, *प्राचीन डिंगल गीत साहित्य,* राजस्थानी ग्रंथागार, जोधपुर, 1989 ई., राजस्थानी भाषा और साहित्य के इतिहासकार मोतीलाल मेनारिया और नारायणसिंह भाटी डिंगल (मारवाड़ी) साहित्य का उद्भव और विकास भक्तिकाल से पहले मानते हैं। भक्ति के उदय से पहले का यह साहित्य ज़्यादातर आश्रयदाताओं की प्रशस्ति का होता था।
80. अबुल फ़ज़ल, एच. बेवेरिज (अनुवादक), *द अकबरनामा ऑफ़ अबुल फ़ज़ल,* भाग-3, पूर्वोद्धृत, पृ. 518 और इतिहासकार मुहता नैणसी, मुहता नैणसी री ख्यात (भाग-1),

पूर्वोद्धृत, पृ. 256, दोनों यह उल्लेख करते हैं कि पृथ्वीराज राठौड़ अकबर के मनसबदार थे। इनको गागरौन में एक जागीर मिली हुई थी।

81. नरोत्तमदास स्वामी (सम्पादक), *क्रिसन-रुकमणी री वेली* (राठौड़ पृथ्वीराज-री कही), राजस्थानी ग्रंथागार, जोधपुर, 1998 ई., पृ. 155

82. नरेन्द्र झा, *भक्तमाल-पाठानुशीलन एवं विवेचन, छप्पय 133,* अनुपम प्रकाशन, पटना, 1978 ई., पृ. 48 तथा राघवदास कृत भक्तमाल, छप्पय 452, पृ. 209 और *दो सौ बावन वैष्णवन की वार्ता,* भाग-3, शुद्धाद्वैत अकादमी, काकरोली, 1951-53 ई., पृ. 249-52

83. कवि वृंद का यह दोहा प्रसिद्ध है जिसमें अकबर अपने गुज़रे हुए नवरत्नों को याद करते हैं— *पीथल सू मजलिस गई तानसेन सू राग, हंसबो रमबो बोलबो गया वीरवर साथ।* द्रष्टव्य, रूपर्ट स्नैल, *ब्रज इन ब्रीफ़* - http://hindiurduflagship.org/assets/pdf/Braj-in-Brief.pdf

84. ब्रजनारायण पुरोहित (सम्पादक), *वचनिका अचलदास खींची री,* नवयुग ग्रंथ कुटीर, बीकानेर, 1976 ई., पृ. 7

85. मोतीलाल मेनारिया, *राजस्थानी भाषा और साहित्य,* पूर्वोद्धृत, पृ. 53. 'वयण सगाई' डिंगल का प्रधान 'शब्दालंकार' है। इसके अनुसार छंद के किसी चरण का प्रारम्भ जिस वर्ण से हुआ हो उस चरण का अन्तिम शब्द भी उसी वर्ण से शुरू होता है। 'वयण सगाई' तीन प्रकार (उत्तम, मध्यम और अधम) की होती हैं।

86. वही, पृ. 54-56, डिंगल में तीन तरह के दोहे (बड़ौ, तुंवेरी और खोड़ौ) पारम्परिक दोहे में मात्राओं के कुछ हेर-फेर से बनाए गए हैं। सोरठे को भी डिंगल में दोहा ही कहा जाता है। छप्पय को भी तीन तरह का माना जाता है, शुद्ध कवित्त (जो ब्रज के समान है), कवित्त (छप्पय) और डोढ़ौ कवित्त।

87. दलपत राजपुरोहित, *मेकिंग वार कम अलाइव—डिंगल पोइट्री एंड पद्माकर्स हिम्मतबहादुर विरुदावली,* संकलित—टेक्स्ट एंड ट्रेडिशन इन अर्ली मॉडर्न नॉर्थ इंडिया, (सम्पादक, हौली जॉन, अंशु मल्होत्रा और टाइलर विलियम्स), ओ.यू.पी. नई दिल्ली, 2018 ई., डिंगल काव्य के ब्रज और अवधी पर पड़े प्रभाव के अध्ययन के लिए द्रष्टव्य।

अध्याय : पाँच

काव्यशालाओं के संत

(i) मुग़लकालीन बनारस और संत शिक्षा

(ii) कच्छ-भुज की 'ब्रजभाषा-काव्यशाला', कवि-शिक्षा और सुन्दरदास

17वीं सदी के पहले दशक में ही रज्जब, जगजीवनदास आदि गुरु भाइयों के साथ सुन्दरदास काशी गए थे। उन्होंने वहाँ लगभग अठारह सालों तक अध्ययन किया था। काशी के अस्सीघाट पर दादूमठ के नाम से दादूपंथियों का स्थान भी रहा है, जिसे 20वीं सदी के पूर्वार्द्ध तक 'सूरेके' अग्रवाल महाजनों से आर्थिक सहयोग मिलता रहा।[1] सुन्दरदास का काशी जाकर वेदांत, योग, संस्कृत-काव्य व व्याकरण से जुड़े ग्रंथों का विधिवत् अध्ययन करना व ब्रजभाषा में उन पर काव्य रचना करना हमारे सामने कई सवाल छोड़ता है। क्या उस युग में उच्च शिक्षा पाने के लिए इन ग्रंथों के ज्ञान को अनिवार्य समझा जाता था? शास्त्र-ज्ञान के प्रति ऐसा रुझान सिर्फ़ दादूपंथ का ही था या अन्य पंथों में भी यही प्रवृत्ति दिखाई देती है? क्या सुन्दरदास के युग में संतों की पीढ़ी (जो कबीर, रैदास, नानक, दादू, आदि के बाद में आई) वह निर्गुण-भक्ति को शास्त्रीय आधार प्रदान करती है और उसे सगुण या वैष्णव भक्ति से जोड़ती है? इन सवालों में कुछ का जवाब हम पिछले अध्याय में सुन्दरदास की कविता पर चर्चा करते हुए दे चुके हैं, बाक़ी से हम इस अध्याय में गुज़रेंगे। इतना तो साफ़ है कि बनारस के इसी प्रशिक्षण का प्रभाव था कि सुन्दरदास ने संतों की कविता करने की शैली, प्रवचन और कथा आदि करने की विधियों को परम्परा-प्रसिद्ध काव्य और बौद्धिक उपादानों से समृद्ध किया। सुन्दरदास संत-समुदाय की शिक्षा को भी गम्भीरता से लेने वाले संत थे और ख़ासकर उनके लिए भी ग्रंथ-निर्माण करते हैं। मसलन अपने एक ग्रंथ 'अद्भुत उपदेश' की समाप्ति पर वे अपने गुरु-भाई रज्जब के शिष्य मोहनदास को उसे पढ़ने के लिए आमंत्रित करते हैं—

ग्रंथ एक अद्‌भुत भयो, जा महि वचन विलास।
कबहू कै तुम आई करि, सुनियो मोहनदास॥[2]

संस्कृत ग्रंथों की बजाय सुन्दरदास के ब्रजभाषा ग्रंथ संत समुदाय में कैसे लोकप्रिय हो रहे थे उसे सुन्दरदास और मोहनदास के इस पत्र-व्यवहार में देखा जा सकता है। संतों का यह संवाद 'देशभाषाकरण' या 'वर्नाकुलराइज़ेशन' की उस व्यापक प्रक्रिया का हिस्सा था जिसकी विस्तृत चर्चा हमने अगले अध्याय में की है। सुन्दरदास के काव्य में जितना शास्त्रीय पक्ष मिलता है उस पर बनारस में उनकी शिक्षा व शास्त्रों के पठन का गहरा प्रभाव है।

(i) मुग़लकालीन बनारस और संत शिक्षा

सुन्दरदास के युग में दरबारों, मठों, और पारम्परिक गुरुकुलों में शिक्षा दी जाती थी। शिक्षा का माध्यम संस्कृत के साथ अरबी-फ़ारसी हुआ करता था और देशभाषा जैसे ब्रज भी शिक्षा के क्षेत्र में अपना दायरा विकसित कर रही थी। कुछ नगर किसी विशेष दर्शन या सिद्धान्त की शिक्षा के केन्द्र के रूप में ही जाने जाते थे। जैसे मिथिला न्याय और तर्कशास्त्र का, नदिया (नवद्वीप) नव्य-न्याय का तो मथुरा दर्शनशास्त्र के अध्ययन का प्रमुख केन्द्र था। इनके अलावा उत्तर भारत में कश्मीर, मुल्तान, सरहिंद, थट्टा आदि शिक्षा के प्रमुख केन्द्र थे। बनारस परम्परा से वेदों और पुराणों की शिक्षा का प्रमुख केन्द्र था।[3] 16वीं के उत्तर भारत में जैसे ही मुग़ल साम्राज्य का सुदृढ़ीकरण होता है तब प्राचीन बनारस एक बार फिर शिक्षा का प्रमुख केन्द्र बन जाता है, जहाँ सुदूर प्रदेशों से छात्र पढ़ने आते थे।[4] 16वीं सदी से ही संस्कृत काव्य और व्याकरण के साथ-साथ वेदांत की शिक्षा के लिए बनारस विशेष रूप से जाना जाने लगा था।[5] बनारस को शिक्षा के केन्द्र में विकसित करने में मुग़ल-राजपूत अहम भूमिका निभा रहे थे। मुग़लकालीन इतिहासकारों जैसे अबुल फ़ज़ल तथा 17वीं सदी में बनारस की यात्रा करने वाले फ्रांसीसी चिकित्सक बर्नियर और फ्रांस के ही हीरों के व्यापारी ट्रेवर्नियर ने बनारस को वेदों, पुराणों या हिन्दू धर्म की शिक्षा का प्रमुख केन्द्र माना है।[6] आईने अकबरी के अनुसार बनारस इलाहाबाद 'सूबे' की एक 'सरकार' था।[7] फ्रांसीसी यात्री ट्रेवर्नियर, जिसने 1640-66 ई. के बीच भारत की यात्रा की थी, बनारस के एक सुदृढ़ कॉलेज का वर्णन करता है, जिसे आमेर के राजा जयसिंह (शासनकाल 1621-1667) ने बनवाया था। इस कॉलेज में राजसी अभिजात वर्ग के लोग और

ब्राह्मण संस्कृत के माध्यम से शिक्षा पाते थे। ट्रेवर्नियर कॉलेज देखने का अपना अनुभव लिखता है—

> "जैसे ही मैंने (कॉलेज में) प्रवेश किया, राजकुमारों ने किसी को पूछताछ करने के लिए भेजा कि मैं कौन हूँ, और जैसे ही उन्हें पता चला कि मैं एक फ्रांसीसी हूँ, उन्होंने मुझे अन्दर आने के लिए आमंत्रित किया। उन्होंने मुझसे यूरोप और विशेष रूप से फ्रांस के बारे में कई बातें पूछीं। ब्राह्मणों में से एक के पास दो ग्लोब थे, जो डच लोगों ने उन्हें दिए थे, मैंने उस ग्लोब पर फ्रांस की स्थिति को (ब्राह्मणों के लिए) इंगित किया।"[8]

16वीं सदी के उत्तरार्द्ध से ही बनारस में अद्वैत वेदांत से जुड़ी साहित्यिक गतिविधियाँ तेज़ हो जाती हैं। इसमें मधुसूदन सरस्वती (1570 ई. के आसपास) के बनारस में होने और उनकी शिष्य परम्परा ने बड़ी भूमिका निभाई। इससे पहले अद्वैत वेदांत में दक्षिण के आचार्य ज़्यादा रुचि रखते थे। इसलिए 16वीं सदी में अद्वैत-वेदांती भट्टो जी और रंगो जी दीक्षित बनारस से दक्षिण भारत गए थे और अप्पय दीक्षित तथा नृसिंह दीक्षित दक्षिण भारत से बनारस आए थे।[9] तात्पर्य यह है कि 16वीं सदी के अन्त से उत्तर भारत में अद्वैत वेदांत सम्बन्धी चर्चाएँ, ग्रंथ-लेखन जैसे कार्यकलाप तेज़ होने लगते हैं, और बनारस उसका मुख्य केन्द्र बन जाता है। 16वीं सदी के अन्त होते-होते शंकराचार्य के अद्वैतवाद को मानने वाले कई संन्यासियों का बनारस के पंडितों में बहुत प्रभुत्व था। नारायण भट्ट और उनके पुत्र शंकर भट्ट जो बनारस के पंडितों की सभा के मुखिया थे, उनका पद बाद में कविन्द्राचार्य सरस्वती ने लिया था। कविन्द्राचार्य सरस्वती अद्वैत-वेदांती थे और बनारस के पंडितों की सभा के प्रतिनिधि के रूप में उन्होंने मुग़ल बादशाह शाहजहाँ से बनारस और प्रयाग पर लगे तीर्थ-यात्रा कर को समाप्त करवाया था।[10] शाहजहाँ के पुत्र दाराशिकोह ने भी बनारस के पंडितों को संरक्षण दिया था और 50 के लगभग उपनिषदों का फ़ारसी में अनुवाद भी करवाया था। कुल मिलाकर 16वीं सदी के अन्त से लेकर 18वीं सदी तक बनारस में अद्वैत-वेदांती संन्यासियों और गृहस्थों ने साहित्यिक संस्थाओं और लोक पर प्रभुत्व जमाए रखा था। मध्वाचार्य के कुछेक मतानुयायियों को छोड़कर पंडितों की सभी सभाओं में इन्हीं अद्वैत-वेदांतियों को प्रमुख स्थान मिलता था।[11]

अपने ग्रंथों की तारीखों के अनुसार 17वीं सदी की शुरुआत में वेदांत के प्रसिद्ध आचार्यों में भट्टो जी दीक्षित (1590 ई.), पुरुषोत्तम सरस्वती (1600 ई.), अप्पदेव द्वितीय (1610 ई.), बालभद्र (1610 ई.), रामतीर्थ यति (1610 ई.), रंगोजी

भट्ट (1610 ई.), धर्मेय्य दीक्षित (1640 ई.), सदानन्द काश्मीरक (1650 ई.) बनारस में रह रहे थे। ये वेदांती कभी संस्कृत में टीकाएँ लिखते थे, तो कभी स्वतंत्र ग्रंथ लिखकर वेदांत पर चल रहे विमर्श में भाग ले रहे थे।[12] इन वेदांती ब्राह्मणों के पास 5-6 छात्र भी हुआ करते थे जो या तो उनके घर या मन्दिर, बाग़ या किसी सार्वजनिक जगह पर शिक्षा प्राप्त करते थे। अपनी शिक्षा पूर्ण करने पर स्मृति के आधार पर काव्यों को सुनाना और उनकी व्याख्या करना, द्योत-परीक्षा (दरबारी पंडित से शास्त्रार्थ), शलाका परीक्षा (जिस पृष्ठ पर सूई चुभोई हो उस पृष्ठ का अर्थ करना) आदि से छात्रों का मूल्यांकन होता था। सार्वभौम, सारयंत्री, उपाध्याय, महोपाध्याय, पीयूषवर्ष, पक्षधर, अकबरिया कालिदास आदि उपाधियों से परीक्षा में उत्तीर्ण छात्रों को विभूषित किया जाता था।[13]

अद्वैत-वेदांत के सबसे प्रतिष्ठित आचार्य जिस नगर में रहते हों, तथा उनमें से कुछ सुन्दरदास के समकालीन भी हों, ऐसे बनारस में शास्त्र-शिक्षा के जीवन्त माहौल का प्रभाव सुन्दरदास पर पड़ना आश्चर्य की बात नहीं थी। उनके साहित्य पर जो वेदांत, संस्कृत काव्य और व्याकरण का प्रभाव है उससे यह ज्ञात होता है कि हिन्दू-धर्म से जुड़ी मानी जाने वाली उस समय की उच्च-शिक्षा (हायर एजुकेशन) उन्हें मिली थी।[14] हालाँकि इस बात के उदाहरण नहीं मिलते जिसमें सुन्दरदास ने वेदांत के किसी ग्रंथ पर कोई टीका लिखी हो या किसी वेदांती से उनका कोई शास्त्रार्थ हुआ हो। लेकिन उनके समग्र काव्य में अद्वैत वेदांत को जो प्रतिष्ठा मिली उससे यह कहा जा सकता है कि सुन्दरदास इस दर्शन पर चल रही साहित्यिक गतिविधियों से गहरे में परिचित थे। संस्कृत काव्य, उपनिषदों और भगवद्गीता का ज्ञान उनकी कविता में जगह-जगह दिखता है। सुन्दरदास के 'सवैया' और 'साखी' ग्रंथों में आए 'अद्वैत-वेदांत' और 'सांख्य' वाले 'अंगों', 'पंचेन्द्रिय चरित्र', 'ज्ञान समुद्र' आदि ग्रंथों में उनका उपनिषदों का ज्ञान शामिल है। जब वे अद्वैत पर बात करते हैं तो एक वेदांती की तरह गुरु-शिष्य संवाद के माध्यम से उसके मुख्य तत्त्व समझाते हैं, और साधक को उसी अद्वैत वेदांत के माध्यम से 'तुरीयावस्था' की प्राप्ति या ब्रह्म के साक्षात्कार करने की बात करते हैं—

तुरिया साधन ब्रह्म कौ, अह्म ब्रह्म यों होइ।
तुरियातीत हि अनभवै, हूँ तूँ रहे न कोइ॥[15]

इतना ज़रूर है कि अद्वैत वेदांत को गहरे में जानते हुए भी सुन्दरदास पूरी तरह से किसी वेदांती की शैली में कविता नहीं रचते, बल्कि वे कबीर, दादू आदि संतों की परम्परा में ही स्वयं को स्थापित करते हैं।

अपनी कविता में सुन्दरदास एक ओर काव्यशास्त्र और व्याकरण की बनारस से मिली शिक्षा को आत्मसात् किए हुए नज़र आते हैं, वहीं दूसरी ओर ऐसे स्वतंत्र ग्रंथ भी लिखते हैं जिनका विचार सीधे उपनिषदों से लिया हुआ होता है। ऐसा ही एक छोटा ग्रंथ 'स्वप्न-प्रबोध' है, जिस पर 'मांडूक्य' उपनिषद् का प्रभाव है। 'मांडूक्य' उपनिषद् में संसार का मिथ्यातत्त्व सिद्ध करने के लिए सांसारिक जीवन जीने की तुलना स्वप्न से की हुई है। स्वप्न में भी इनसान एक दुनिया देखता है और जागने पर उसके मिथ्या होने का भान होता है। उसी प्रकार ब्रह्म के ज्ञान होने पर संसार के मिथ्या होने का भान होता है—

वैतथ्यं सर्वभावनां स्वप्न आहुर्मनीषिण।
अन्त स्तानात्तु भावनां संवृतत्वेन हेतुना॥[16]

सुन्दरदास ने 'मांडूक्य' उपनिषद् के इसी रूपक को आधार बनाते हुए अपना 'स्वप्न प्रबोध' लिखा है, जिसमें वे संसार के अस्तित्व को स्वप्न में देखी गई दुनिया, जो जागने पर अवास्तविक लगती है, से तुलना की है—

स्वप्नै में मेला भयौ, स्वप्नै मांहि बिछोह।
सुन्दर जाग्यौ स्वप्न तें, नहीं मोह निर्मोह॥[17]

सुन्दरदास के ऐसे ग्रंथ निस्सन्देह 'प्रवचन' के लिए प्रयोग होते थे। कथाकार अपने प्रवचन के दौरान सुन्दरदास के ऐसे ग्रंथों का सन्दर्भ देते थे। इसलिए सुन्दरदास का मंतव्य देशभाषा में ऐसे ग्रंथों की रचना करना था जिससे संत-समाज संस्कृत के ज्ञान को सहजता से अपनी प्रवचन कला, कथा आदि में भी ढाल सके।

इस प्रवृत्ति से संत-काव्य शास्त्र ज्ञान से समर्थित और सूचित हुआ। प्राचीन लीक से हटकर संतों की भक्ति के अनुसार शास्त्र की प्रासंगिकता खोजी जाने लगी। जो लोग संस्कृत नहीं पढ़ सकते थे, उनकी संख्या कम भी नहीं थी, उनके लिए सुन्दरदास के ये ब्रजभाषा ग्रंथ नितान्त उपयोगी सिद्ध हुए। राजस्थान प्राच्यविद्या प्रतिष्ठान के जोधपुर, जयपुर, बीकानेर, अलवर, भरतपुर केन्द्रों तथा मेहरानगढ़ क़िले जोधपुर और संजय शर्मा म्यूज़ियम तथा सिटी पैलेस जयपुर, गुजरात और उत्तर प्रदेश के संग्रहालयों में सुन्दरदास के काव्य की बड़ी उपस्थिति इस ओर इशारा करती है कि उन्होंने शास्त्र ज्ञान को देशभाषा-साहित्य में फैलाने में महती भूमिका निभाई। संत-समुदाय का शास्त्र तथा शिक्षा की तरफ़ झुकाव इस बात से भी साबित होता है कि सुन्दरदास की पूरी कविता में से उन्हीं ग्रंथों की पांडुलिपियाँ

ज़्यादा मिलती हैं जिनमें वे शास्त्र पर बात कर रहे होते हैं या कोई चेतावनी सम्बन्धी कविता कर रहे होते हैं। इन पांडुलिपियों की संख्या सुन्दरदास के पदों वाली प्रतियों से अपेक्षाकृत ज़्यादा है।

सुन्दरदास की कविता में जिस शास्त्र ज्ञान की बात ऊपर की गई है उसका वर्णन तब तक पूरा नहीं हो सकता जब तक हम यह नहीं जान लें कि उन्होंने कौन-सी विधियाँ कविता लेखन में अपनाईं जिनको उनके काल में विधिवत् रूप से सिखाया जाता था। काव्य-लेखन की कौन-सी शैलियाँ, काव्य-रूप आदि सीधे सुन्दरदास के शिक्षित होने से जुड़ते हैं?

इनमें पहला बिन्दु छंदशास्त्र, जो व्याकरण का हिस्सा था, का विधिवत् अध्ययन करना होता था जिसकी विस्तृत परम्परा की चर्चा हम पिछले अध्याय में कर चुके हैं। छंद एक तरह से कविता को स्मृति में रखने का सशक्त माध्यम होता था। छंद वैविध्य भाषा के नाद-सौन्दर्य को दिखाकर काव्य-पाठ में नीरसता को तोड़ता है और काव्य को याद रखने में भी सहायक होता है। उस समय की शिक्षा में ग्रंथों को कंठस्थ करना छात्रों को सिखाया जाता था। छंदशास्त्र के ग्रंथ पाठशालाओं में भी पढ़ाए जाते थे। छंदों के अलावा शिक्षा से जुड़ा दूसरा लक्षण जो सुन्दरदास के काव्य में प्रमुखता से दिखाई देता है वह है समस्यापूर्ति की प्रवृत्ति, जिसका सहारा सुन्दरदास ने ख़ूब लिया है। समस्यापूर्ति का पाठशालाओं और तत्कालीन दरबारों में बहुत प्रचलन था। आधुनिकता के दबाव के कारण इतिहासकारों ने समस्यापूर्ति को कोरा बुद्धि-विलास और कृत्रिम काव्य बताया है लेकिन समस्यापूर्ति काव्य-रचना का सुन्दरदास के समय में बहुत महत्त्व था। कवियों की प्रतिभा के परीक्षण के लिए उन्हें एक 'समस्या' दी जाती थी और कुशल कवि अपने काव्य ज्ञान से उसकी पूर्ति करता था। भगीरथ मिश्र समस्या पूर्ति के बारे में लिखते हैं कि "इसकी गणना चौंसठ कलाओं में की जाती है...इसका तो वास्तविक आनन्द किसी अटपटी समस्या को चतुराई से छंद में चमत्कारी ढंग से बैठाने में है, और किसी सामान्य लगनेवाली समस्या में किसी वैचित्र्य पूर्ण कल्पना या अप्रत्याशित भावना को भरकर चमत्कार की सृष्टि करने में है।"[18] सुन्दरदास के 'सवैया-ग्रंथ' में समस्यापूर्ति का सर्वाधिक प्रभाव देखा जा सकता है। सवैया नाम की व्युत्पत्ति 'स-पाद' से हुई है, जिसका मतलब एक 'पाद'(चरण) का अतिरिक्त होना है। इसीलिए सवैया छंद को पढ़ते समय अन्तिम चरण को पहले पढ़कर फिर पूरा सवैया पढ़ा जाता है।[19] कभी-कभी वह अन्तिम चरण एक 'समस्या' होता था। उदाहरण के लिए सुन्दरदास जब तृष्णा के अन्तहीन होने तथा इच्छाओं के दमन के प्रति लोगों को आगाह करते हैं, तो एक जैसे लगने वाले 'चरण' हर सवैये के

अन्त में आते हैं जो एक 'समस्या' की तरह रखे गए लगते हैं—

पेट पसार दियौ जित ही तित तें यह भूख कितीयक थापी।
वोर न छोर कछू नहीं आवत मैं बहु भाँति भली बिधि मापी॥
देखत देह भयौ सब जीरण तूं निति नौतन आहि अद्यापी।
सुन्दर तोहिं सदा समझावत 'हे तृष्णा अजहूँ नहिं धापी'॥[20]

तीनहूँ लोक अहार कियौ फिरि सात समुद्र पियौ सब पानी।
और जहाँ तहाँ ताक़त डोलत काढ़त आँखि डरावत प्रानी॥
दाँत दिखावत जीभ हलावत याहि तें मैं यह डायनि जानी।
सुन्दर खात भये कितने दिन 'हे तृष्णा अजहूँ न अघानी'॥[21]

सुन्दरदास के कई सवैयों पर समस्यापूर्ति की स्पष्ट छाप होना यह सिद्ध करता है कि उन्होंने समस्यापूर्ति, जो कवि प्रतिभा का स्वीकृत मानक था और जो मुख्यत: एक दरबारी परम्परा थी, को अपने सवैया ग्रंथ में संत संवेदना के अनुकूल बनाया है। सुन्दरदास ने उत्तर भारत में प्रचलित अनेक कहावतों को अपने सवैयों में स्थान दिया है। ऐसे सवैये जब पढ़े जाते होंगे तो संतों की भक्ति के साथ 'व्यंग्य' की छौंक लाते होंगे। संत-भक्ति और संवेदना का प्रमाण लोक से लेने की वजह से ये कहावतें और मुहावरे साहित्य में प्रविष्ट हुए जो एक तरह से सुन्दरदास का युगान्तरकारी कार्य था। इसी कौशल का एक उदाहरण देखा जा सकता है—

देह घटी पग भूमि मंडै नहिं औ लठिया पुनि हाथ लई जू।
आँखिहु नाक परै मुख तैं जल सीस हलै करि घींच नई जू॥
ईश्वर कौं कबहूँ न सँभारत दुख परै तब आहि दई जू।
सुन्दर तौहु बिषै सुख बंछत 'घोरे गए पै बगैं न गई जू'॥[22]

यानी बुढ़ापा आ गया है, शरीर का बल चला गया है, मृत्यु निकट है, लेकिन मनुष्य से विषय-वासनाएँ नहीं छूटतीं। ठीक वैसे ही जैसे बलशाली घोड़े तो चले गए लेकिन उनसे चिपकने वाली मक्खियाँ रह गईं।

'सवैया' लिखने में समस्यापूर्तियों का सहारा लिया जाता था इसका एक और उदाहरण रसखान (1557-1638 ई.) की कविता भी है। 'सवैया' भले ही रीति कवियों का प्रसिद्ध छंद हो लेकिन इसकी लोकप्रियता का कारण रसखान के सवैये ही हैं। रसखान को भिखारीदास अपने ग्रंथ 'काव्य निर्णय' में बड़े आदर के साथ

याद करते हैं।[23] रसखान के सवैयों की लोकप्रियता का कारण उनमें भावुकता के साथ-साथ गेयता का होना भी है। वे आज भी हिन्दी प्रदेश के लोकवृत्त का हिस्सा हैं। रसखान ने भी लगभग आठ ऐसे सवैये लिखे हैं जिनका अन्तिम चरण 'ताहि अहीर की छोहरिया छछिया भरि छाछ पै नाच नचावैं' है। इन सवैयों पर समस्यापूर्ति की छाप है—

सेस महेस गनेस दिनेस सुरेसहु जाहि निरन्तर गावैं।
जाहि अनादि अनंत अखंड अछेद अभेद सु बेद बतावैं॥
नारद से सुक व्यास रटें पचिहारे तऊ पुनि पार न पावैं।
ताहि अहीर की छोहरियाँ छछिया भरि छाछ पै नाच नचावैं॥[24]

सुन्दर जैसे बहुपठित, बहुश्रुत और देशाटन के शौक़ीन संत कवि ने रसखान के ये सवैये ज़रूर सुने होंगे। क्योंकि रसखान और सुन्दरदास के कुछेक सवैयों में 'अन्तःपाठकीय' (इंटरटेक्स्टुअल) तत्त्व मिलते हैं। रसखान के उपर्युक्त प्रसिद्ध सवैये के साथ सुन्दरदास का यह सवैया पढ़ें तो बात और स्पष्ट होगी—

शेष महेश गनेश जहाँ लग विष्णु विरंचिहु कै सिर स्वामी।
व्यापक ब्रह्म अखंड अनावृत बाहरि भीतर अन्तरयामी॥
वोर न छोर अनंत कहैं गुन याहि तैं सुन्दर है घन नांमी।
ऐसौ प्रभू जिनकै सिर ऊपर क्यौं परिहै तिनकी कहि षांमी॥[25]

रसखान और सुन्दरदास के उपर्युक्त सवैयों में शब्दों के अलावा भावों में भी समानता देखी जा सकती है। रसखान का सवैया स्वयं ही उनकी सगुण कृष्ण भक्ति के रूपक में नहीं समाता जो कृष्ण को अनादि, अनंत और अखंड बताता है, वहीं सुन्दर को अपने 'निर्गुण उपासना कौ अंग' में निर्गुण ब्रह्म के लिए ऐसा सवैया कहना उपयुक्त ही लगा होगा।

दूसरा लघुग्रंथ जो सुन्दरदास के काल में प्रचलित शिक्षण विधियों का सशक्त उदाहरण है वह है उनका 'बावनी' ग्रंथ। संतकाव्य में ककहरा, बारहखड़ी, तखती, कक्का, आदि काव्य रूपों का प्रयोग गोरख, कबीर, नानक, भीखा, पल्टू साहब आदि ने किया है, लेकिन सुन्दरदास ने विधिवत् रूप से देवनागरी वर्णमाला के बावन अक्षरों को लेकर ब्रह्म ज्ञान सम्बन्धी कविता लिखी है। रीतिकवियों ने बावन छंदों पर आधारित कविताएँ लिखी हैं जैसे केशवदास की 'रतनबावनी' और भूषण की 'शिवाबावनी'। लेकिन 'बावनी' ग्रंथ के द्वारा सुन्दरदास जैन साहित्य परम्परा से ज़्यादा जुड़ते हैं। हिन्दी के जैन-साहित्य में वर्णमाला के बावन अक्षरों को आधार

बनाकर 'बावनी' लिखने की स्थापित परम्परा थी। देशभाषा में 15वीं सदी के जैन आचार्य उपाध्याय जयसागर की 'अष्टापद-तीर्थ बावनी' बावनी परम्परा का प्राचीन उदाहरण है और अक्षरों को आधार बनाकर लिखी गई हिन्दी की ग्यारह जैन बावनियों में उदयराज जती की 'गुण-बावनी' प्रसिद्ध है। मिश्र बन्धुओं के मत का खंडन करते हुए प्रेमसागर जैन लिखते हैं कि उदयराज जती जोधपुर दरबार में राजा उदयसिंह के आश्रित थे। उदयराज जती स्वयं जोधपुर के पास के रहने वाले भी थे। उदयराज जती ने 'गुण-बावनी' की रचना 1619 ई. में की थी। प्रेमसागर जैन ने इस ग्रंथ की तीन पांडुलिपियों का हवाला दिया है जिनमें सबसे पुरानी पांडुलिपि 1679 ई. की है।[26] मतलब यह है कि सुन्दरदास के सामने जैन साहित्य में बावनी लिखने का आदर्श था और माना जा सकता है कि उससे प्रभावित होकर उन्होंने अपनी बावनी लिखी होगी। सुन्दरदास ने यह दिखाया है कि अपने अक्षर ज्ञान को वैचारिक ज्ञान से जोड़ना ही शिक्षा का उद्‌देश्य होना चाहिए। देवनागरी वर्णमाला पर आधारित कविता के अलावा सुन्दरदास ने अरबी-फारसी के वर्णों पर भी कविता लिखी है। जो सुन्दरदास के अरबी-फ़ारसी लिपि के ज्ञान को भी दिखाता है। वे सूफ़ी दर्शन को भक्ति के साथ जोड़ते हैं—

ऐंन नहीं अरु ऐंन नहीं है गैंन नहीं अरु गैंन।
सुन्दर नुकता आरसी दूरि किए तें ऐंन॥
सुन्दर नुकता भिन्न है मिल्यौ ऐंन सौं नाहिं।
मिलि करि दोऊ बाँचिये मिले अमिल यौं माहिं॥[27]

'बावनी' शैली में ग्रंथ रचना सुन्दरदास ने अपने फ़तेहपुर मठ में स्थित समकालीन संतकवि भीखन को भी सिखाई थी। उनकी 1626 ई. में लिखी 'बावनी' प्रसिद्ध है।[28] सुन्दरदास अपने समय की शिक्षण की विधियों और शिक्षण का प्रतिमान समझी गई ग्रंथन-कलाओं को विधिवत् रूप से संतों की परम्परा में ला रहे थे।

सुन्दरदास ने बनारस में किस गुरु के सान्निध्य में शिक्षा प्राप्त की होगी? और किन शिक्षण विधियों का सहारा लिया होगा? ठोस प्रमाणों के अभाव में उसे जान पाने की कुछ सीमाएँ हैं। लेकिन एक ऐसी अनोखी पाठशाला भी थी जहाँ सुन्दरदास के ग्रंथ 'सिलेबस' का हिस्सा थे। उसका अध्ययन करने के लिए हमारे पास पर्याप्त स्रोत हैं। यह पाठशाला आधुनिक गुजरात प्रदेश के कच्छ राज्य में 18वीं सदी के मध्य में स्थापित हुई थी और 'ब्रजभाषा पाठशाला' या 'भुज की काव्यशाला' के नाम से जानी जाती थी। इस पाठशाला की शिक्षण विधियों, परीक्षा प्रणाली की सुन्दरदास के काव्य से तुलना करके बनारस की संस्कृत आधारित पारम्परिक और

गुजरात की ब्रजभाषा आधारित आरम्भिक आधुनिक शिक्षा व्यवस्था का बेहतर ख़ाका खींच सकते हैं।

(ii) कच्छ-भुज की 'ब्रजभाषा-काव्यशाला', कवि-शिक्षा और सुन्दरदास

संस्कृत काव्यशास्त्र में दंडी, मम्मट आदि आचार्यों ने 'लोकशास्त्रकाव्याद्य-वेक्षणात्' को भी कविता करने का कारण या 'हेतु' माना है, अर्थात् जन्मजात 'प्रतिभा' ही नहीं, लोक-व्यवहार के ज्ञान, शास्त्रों और काव्य के अध्ययन-अन्वेषण द्वारा उत्पन्न निपुणता (व्युत्पत्ति) से भी काव्य रचना सम्भव है। सरल शब्दों में कहें तो कवि केवल जन्मजात प्रतिभा वाले ही नहीं होते, बल्कि निर्मित भी होते हैं। कुछ इन्हीं आदर्शों से प्रेरित हो, गुजरात के कच्छ राज्य की राजधानी भुज में 1749 ई. में एक स्कूल स्थापित हुआ जिसे 'ब्रजभाषा पाठशाला' या 'भुज की काव्यशाला' कहा जाता था।[29] गुजराती में ऐसा साहित्य उपलब्ध होता है जो इस पाठशाला को 'कच्छ की कीर्ति का मुकुट' मानता है।[30] इस पाठशाला के संस्थापक राव लखपतिसिंह (शासनकाल 1741-61 ई.) स्वयं ब्रजभाषा के कवि थे और साहित्य, स्थापत्य, संगीत आदि कलाओं को संरक्षण देनेवाले शासक भी।

कच्छ के जडेजा राजपूत वंश पर जैन यतियों का बड़ा प्रभाव रहा है। ये जैन यति संस्कृत, व्याकरण, वैद्यक, भूगर्भ-विज्ञान, गणित, ज्योतिष और सामुद्रिकशास्त्र के जानने वाले थे।[31] जैन यतियों के अलावा चारण-भाटों का सम्बन्ध भी इस पाठशाला से रहा है जिसका एक कारण कच्छ रियासत के राजाओं का राजस्थान की विभिन्न रियासतों के साथ वैवाहिक सम्बन्ध होना भी है। राजस्थान में डिंगल के चारण-भाट कवियों को प्रतिष्ठा प्राप्त थी। राव लखपतिसिंह का विवाह भी राजस्थान की राठौड़ कुल की रानी से हुआ था। जोधपुर के चारण हम्मीर जी रतनू कच्छ के राव देशल जी प्रथम (सक्रिय 1718-41 ई.) के राजकवि और युवराज लखपत के काव्य गुरु थे।[32]

कच्छ के मुग़ल साम्राज्य से मैत्रीपूर्ण सम्बन्ध थे और यहाँ के राजा मुग़ल बादशाहों की सैनिक सहायता के लिए भी जाते थे। मुग़ल साम्राज्य में हो रही साहित्यिक गतिविधियों तथा उनके अधीनस्थ राजपूत रजवाड़ों में पनप रही ब्रजभाषा काव्य संस्कृति ने निश्चय ही इस पाठशाला की स्थापना की प्रेरणा दी होगी।[33] इसके अलावा कच्छ, गुजरात के ज़रिये विदेशों से होने वाले समुद्री व्यापार का एक प्रमुख केन्द्र था। उत्तर भारत के दरबारों में ब्रजभाषा की प्रतिष्ठा और उसमें विकसित काव्य के ज्ञान को अगली पीढ़ी के कवियों तक पहुँचाने के लिए ही उत्तरी भारत से

दूर गुजरात में ब्रजभाषा पाठशाला की नींव पड़ी। दिलचस्प बात है कि ऐसी कोई पाठशाला उत्तर भारत में उस समय तक नहीं बनी थी।

कच्छ की ब्रजभाषा पाठशाला की स्थापना में मुख्य भूमिका तपागच्छ शाखा के जैन यति कनक कुशल और कुँवर कुशल ने निभाई थी जिनको महाराव लखपतिसिंह अपना काव्य गुरु मानते थे।[34] कनक कुशल इस पाठशाला के प्रथम आचार्य थे। इस पाठशाला में कच्छ, सिन्ध, सौराष्ट्र, काठियावाड़ आदि वर्तमान गुजरात और राजस्थान से कई विद्यार्थी पढ़ते थे जो बाद में कुशल कवि भी बने। एक शिक्षित कवि राजा का मित्र और पथ प्रदर्शक हुआ करता था।[35] देशभाषा काव्य और काव्यशास्त्र को महत्त्व देने वाली यह पाठशाला अपने में अप्रतिम थी जो आरम्भिक आधुनिक काल में ब्रजभाषा के अपने भौगोलिक क्षेत्र के बाहर भी विस्तृत प्रभाव को दिखाती है। इस पाठशाला से पढ़कर निकले कवियों को कहीं राज्याश्रय मिलता था तो कुछ कवि संत सम्प्रदायों में दीक्षित हो जाते थे। यह पाठशाला देश की आज़ादी तक चलती रही और 1948 ई. में आकर इसे ख़त्म कर दिया गया।[36] अपने अन्तिम दिनों में ब्रजभाषा पाठशाला इस भवन में चला करती थी।

भुज की ब्रजभाषा पाठशाला का अन्तिम भवन

भारत की आज़ादी के शुभ अवसर पर ब्रजभाषा पाठशाला से पढ़े हुए और इस पाठशाला के अन्तिम आचार्य शम्भुदान रतनु (गढ़वी) द्वारा तिरंगे और अशोक चक्र में लिखा गया 'चित्र काव्य' इस पर्चे में देखा जा सकता है—

आभार : पुष्पदान गढ़वी (पूर्व-सांसद, कच्छ)

पूर्व औपनिवेशिक काल में जहाँ शिक्षा का माध्यम साधारणतया संस्कृत या फ़ारसी हुआ करती थी, ब्रजभाषा जैसी जनभाषा में रचित काव्य के महत्त्व को समझकर, उसे औपचारिक शिक्षा का अंग बनाना वाक़ई कच्छ-दरबार का एक युगान्तरकारी

क़दम था। पाठशाला में हो रही गतिविधियों से हमें उस दरबार के राजाओं और शिक्षकों की जागरूकता का पता चलता है, जो देश-काल के साहित्यिक-सामाजिक परिवेश के गहरे ज्ञान से उपजी थी। इस पाठशाला में पढ़े हुए कवि दलपतराम डाह्याभाई (1820-98 ई.) का लेखन इस शाला के पाठ्यक्रम को जानने का मुख्य स्रोत है।[37] दलपतराम डाह्याभाई का विस्तृत काव्य संसार और सम्पादकीय के तौर पर उनका काम गुजरात में आरम्भिक आधुनिकता और आधुनिकता की संधि-वेला है। दलपतराम ने ब्रजभाषा पाठशाला के पाठ्यक्रम में पढ़ाए जाने वाले 28 ग्रंथों का उल्लेख किया है, जिनमें सुन्दरदास के 'सवैया ग्रंथ' और 'ज्ञान समुद्र' को प्रमुख स्थान मिला है। केशवदास, बिहारी, मतिराम, वृन्द, जसवंत सिंह, सुन्दर कविराय यानी उत्तर भारत के दरबारों में प्रचलित ब्रजभाषा रीति-कविता भुज की काव्यशाला में प्रमुख रूप से पढ़ाई जाती थी। रीति-कविता को इस पाठशाला में पढ़ाने का उद्देश्य देशभाषा की उस समय की सिद्धहस्त या कुशल काव्य परम्परा को भावी कवियों तक पहुँचना था। रीति-कवियों के साथ-साथ गुजराती और डिंगल-कविता तथा भक्त और संत कवि जैसे तुलसीदास और नंददास आदि की रचनाएँ भी पढ़ाई जाती थीं। नीति, युद्ध-कला, चिकित्सा और ज्योतिष के साथ-साथ अलंकार, छंद, कोश, व्याकरण आदि विषयों से जुड़े देशभाषा में रचित ग्रंथ इस पाठशाला के पाठ्यक्रम का हिस्सा थे। नए ग्रंथों को भी समाज में प्रचलन के आधार पर समय-समय पर पाठ्यक्रम में जोड़ा जाता था, जो इस पाठशाला के अपने साहित्यिक समाज में हो रही तत्कालीन गतिविधियों से गहरे जुड़ाव को दर्शाता है। पाठशाला में शिक्षित कवियों ने हिन्दी-उर्दू, फ़ारसी, कच्छी आदि का साहित्य भी लिखा जिसकी ओर बहुत कम विद्वानों का ध्यान गया है। इस पाठशाला में गद्य भी साहित्य लेखन का माध्यम हुआ करता था।

ग़ौरतलब है कि पूरे भक्ति-काव्य से सुन्दरदास अकेले कवि थे जिनको इस पाठशाला के पाठ्यक्रम में जगह दी गई थी। तुलसीदास को पाठ्यक्रम में बाद में जोड़ा गया।[38] रीति कवि व डिंगल के कवि जिनके ग्रंथ काव्यशास्त्र से ज़्यादा जुड़े हैं, के साथ सर्वप्रथम सुन्दरदास के ग्रंथों को पाठ्यक्रम में स्थान देना वाक़ई में कई दिलचस्प बातें सामने लाता है। एक वजह तो सुन्दरदास ने भक्ति, योग और वेदांत के सिद्धान्तों, जो उस समय चर्चित थे, पर साहित्यिक ब्रजभाषा में कविता की थी। दूसरी बात सुन्दरदास ने इन सिद्धान्तों को अपने 'ज्ञान समुद्र' ग्रंथ में गुरु-शिष्य संवाद के रूप में सरलता और सहजता से प्रस्तुत किया, जिससे वे पाठशाला के विद्यार्थियों की समझ में आसानी से आ सकते थे। तीसरी और महत्त्वपूर्ण बात जिसका उल्लेख दलपतराम डाह्याभाई अपने लेख में करते हैं कि 'ज्ञान समुद्र' में

नाना प्रकार के छंद हैं। यानी इस ग्रंथ को पढ़कर उस समय के चर्चित ज्ञान को तो पाया ही जाता है, इसके अलावा इसमें अनेक प्रकार के छंदों (संस्कृत, प्राकृत और अपभ्रंश की परम्परा के) को भी सीखा जा सकता है। छंदों के अध्ययन हेतु 'ज्ञान समुद्र' को विशेष रूप से पढ़ा जाता होगा। इस तरह देखा जाए तो एक संतकवि द्वारा प्रणीत ग्रंथ 18वीं सदी के मध्य में स्थापित पाठशाला में भावी कवियों को छंदशास्त्र की शिक्षा दे रहा था। यह बात इस अवधारणा के विरोध में जाती है कि निर्गुण संत पढ़े-लिखे नहीं थे। सच्चाई में वे दरबारी कवियों की शिक्षा के ग्रंथ लिख रहे थे। सुन्दरदास के 'सवैया ग्रंथ' को पाठ्यक्रम में स्थान मिलने की भी कुछ ख़ास वजहें रही होंगी। दलपतराम 'सवैया ग्रंथ' की महत्ता यह कहकर बताते हैं कि इसमें ज्ञान के विषय की कविता है। इसके साथ यह ग्रंथ भक्ति-काव्य को उस समय के प्रतिभाशाली कवियों में चर्चित कवित्त-सवैया शैली में भी प्रस्तुत करता था जो शिक्षा के लिए भी उपयोगी था। जहाँ पाठ्यक्रम के अन्य ग्रंथ राजनीति, रस, काव्यशास्त्र, कोश, व्याकरण, नीति, अलंकार, जैसे विषयों पर थे या चरित और रासो काव्य थे वहीं 'सवैया ग्रंथ' भक्ति-काव्य के जीव-ब्रह्म सम्बन्ध, विरह, गुरु, प्रेम, चेतावनी, विपर्यय आदि अनेक विषयों को कुशलता से प्रस्तुत करता था और पाठ्यक्रम में कुछ नया जोड़ता था। यही कारण रहा होगा कि कबीर, रैदास, नामदेव आदि के बजाय सुन्दरदास के काव्य को इस पाठशाला के पाठ्यक्रम में स्थान मिला होगा।

सुन्दरदास की कविता बनारस में मिली शिक्षा से प्रभावित थी इसलिए ब्रज पाठशाला से उनका सम्बन्ध सहज ही जुड़ गया। वे एक तरह से भारत की पारम्परिक शिक्षा परम्परा को जिसमें संस्कृत व्याकरण, काव्यशास्त्र और शास्त्र पढ़ाए जाते थे तथा जिनका माध्यम संस्कृत हुआ करती थी, उस नई पैदा हो रही देशभाषा की स्कूली शिक्षा में लाते हैं जिसका उदाहरण भुज की यह पाठशाला थी। कच्छ की ब्रजभाषा पाठशाला में पढ़े कवियों पर सुन्दरदास की कविता का क्या प्रभाव पड़ा? इसका सीधा उत्तर खोजना कठिन है लेकिन इस पाठशाला में कविता करने के कौन-से मानक हुआ करते थे? कवियों की कुशलता का परीक्षण कैसे होता था? आदि का अध्ययन करें तो इनका सम्बन्ध सुन्दरदास की कविता से भी जुड़ता है।

सुन्दरदास के काव्य की प्रवृत्तियों जैसे छंद अलंकारों से सुसज्जित कविता लिखना, छंद-वैविध्य के द्वारा सैद्धान्तिक बात कहना, काव्य लिखने में समस्यापूर्ति का सहारा लेना और 'बावनी' आदि लिखकर देवनागरी के अक्षर ज्ञान को वैचारिक और दार्शनिक ज्ञान से जोड़ना, इन सारी प्रवृत्तियों को ब्रजभाषा पाठशाला में विधिवत् रूप से सिखाया जाता था। ब्रजभाषा पाठशाला में जब कोई विद्यार्थी तीन से पाँच सालों तक अपना अध्ययन पूरा कर लेता था तो उसकी परीक्षा ली जाती थी। परीक्षा

उत्तीर्ण करने पर उसे कवि की उपाधि और अन्य स्मृति चिन्ह भेंट किए जाते थे। यह परीक्षा पहले कच्छ के राजदरबार में होती थी फिर पाठशाला भवन में ही होने लगी। परीक्षा वाचिक (मौखिक) और लिखित दोनों रूपों में होती थी। पाठशाला के पाठ्यक्रम में लगे ग्रंथों पर मौखिक परीक्षा ली जाती थी इसमें ग्रंथों को स्मृति से सुनाना होता था। जिससे छात्रों के छंद ज्ञान और काव्य-पाठ की परीक्षा होती थी। इस तरह की परीक्षा प्रणाली याद दिलाती है कि भारतीय संस्कृति में मौखिक परम्परा का अहम स्थान रहा है। इस पाठशाला ने मौखिक परम्परा और स्मृति को महत्त्व देकर उसे औपचारिक शिक्षा का अंग बनाया था। ब्रजभाषा पाठशाला में छंदों, अनेकार्थी और पर्यायवाची नामों पर 'लघु-संग्रह' नामक पाठ्यपुस्तक (जो पाठशाला की पाठ्यपुस्तकों जैसे नंददास कृत 'अनेकार्थी मानमंजरी' 'नाममाला कोश' तथा जयकृष्णदास कृत 'रूपदीप पिंगल' का संग्रह है) को देखने पर छात्रों को छंद सिखाने की उत्कृष्ट शैली का पता चलता है। मसलन 'त्रिभंगी' छंद को सिखाने की एक विधि है—

पहिले दस दीजे, दूजे तीजे आठो लीजे, खट चतुरा।
नागोके ईसं, जुगति कहीसं, विश्वेवीसं, एव तरा॥
बत्तीसो आणो, कला बखाणो, तुक तुक ठाणो, इस ढंगी।
चातुरको भावे, चित्त हुलसावे, छंद कहावे त्रीभंगी॥[39]

यह पद त्रिभंगी छंद की विशेषताएँ बताते हुए कहता है कि इसमें प्रत्येक चरण में 32 मात्राएँ लिखिए, तीन जगह यति होगी, पहली यति दस मात्राओं पर, दूसरी और तीसरी आठ-आठ पर और चौथी छह मात्राओं पर। तुक का विशेष ध्यान रखने को भी कहा है। पूरा छंद पहले से ही त्रिभंगी की विशेषताओं का निर्वाह करते हुए लिखा गया है जिसमें छंद की विशेषताएँ और उसका उदाहरण एक साथ मिलते हैं। संस्कृत और ब्रजभाषा में इसी शैली पर लक्षण ग्रंथ लिखे गए हैं।

भुज पाठशाला की लिखित परीक्षा और भी चुनौतीपूर्ण होती थी। लिखित भाग में छात्रों को एक निश्चित अवधि में एक ग्रंथ की रचना करनी पड़ती थी। यह ग्रंथ अक्सर देवनागरी वर्णमाला के बावन अक्षरों को आधार बनाकर किसी विषय पर लिखा जाने वाला 'बावनी' ग्रंथ होता था। महाराव प्रागमल्ल जी (शासनकाल 1860-76 ई.) और महाराव खेंगारजी तृतीय (शासनकाल 1876-1942 ई.) के दीवान मणिभाई जसभाई ने बावनी रचने पर इनाम की योजना भी रखी थी। इस पुरस्कार पद्धति ने पाठशाला में अनेक बावनियों को जन्म दिया। पाठशाला से पढ़े कवियों द्वारा रचित बीस के आसपास बावनी ग्रंथ मिलते हैं।[40] इन्हीं मणिभाई जसभाई की

प्रशस्ति में एक छंद पाठशाला से पढ़े चारण कवि नवलदान आशिया ने लिखा है जिनकी 'नीति रत्नावली बावनी' प्रसिद्ध है—

कीनो उपकार ब्रजभाषा सु विद्यालय को,
सकल विधि यातें कल कीर्ति विस्तारी है।
पाय प्रभुता की तें दिवान मनिलाल नित्य,
सकल विधि ऐसी कल रीति विचारी है॥ [41]

हालाँकि यह तो नहीं कहा जा सकता कि पाठशाला के आचार्यों ने सुन्दरदास की बावनी से प्रेरित होकर इस पाठशाला में बावनी रचने की परम्परा शुरू की लेकिन पाठशाला के आचार्य और विद्यार्थी कवि सुन्दरदास की बावनी से जरूर परिचित होंगे। सुन्दरदास का 'बावनी ग्रंथ' अपनी दार्शनिकता और तकनीकी उत्कृष्टता के कारण अपने आप में कवि प्रतिभा का पैमाना है। एक उदाहरण देखा जा सकता है—

ज्ञान उहै कोई जो पावै, ज्ञाता कैं हृदये ठहरावै।
ज्ञेय वस्तु कौं जानें सोई, ज्ञानी उन्है और नहीं कोई॥ [42]

भुज पाठशाला में लिखित परीक्षा का दूसरा हिस्सा किसी लोक प्रचलित कहावत या काव्यमय पंक्ति पर कविता करना होता था जिसे हम समस्यापूर्ति (पादपूर्ति) कहते हैं। इससे छात्र हाज़िरजवाबी का पता तो चलता ही था, इस बात का भी परीक्षण होता था कि कोई छात्र परम्परा प्रसिद्ध बात को अपने दिक्काल के सन्दर्भ में कैसे मौलिक रूप प्रदान करता है। सुन्दरदास के काव्य पर समस्यापूर्ति की छाप का अध्ययन पहले हो चुका है। सुन्दरदास के काव्य और ब्रजभाषा पाठशाला में औपचारिक रूप से समस्यापूर्ति द्वारा कवियों की परीक्षा विधि हमें उत्तर भारत में शिक्षा और काव्य रचना के प्रतिमानों की भुज की ब्रजभाषा से समानता दिखाती है।

ब्रजभाषा पाठशाला से पढ़े बहुत से छात्र-कवि किसी दरबार से संरक्षण पाकर राज-कवि हो गए और कुछ किसी सम्प्रदाय में दीक्षित होकर संत कवि हो गए। उनमें सर्वाधिक प्रतिष्ठित ब्रह्मानन्द हैं, जो पहले दरबारी कवि थे फिर गुजरात के प्रख्यात स्वामीनारायण सम्प्रदाय में दीक्षित हो गए थे।[43] स्वामीनारायण सम्प्रदाय के अष्ट-कवियों में ब्रह्मानन्द सर्वाधिक प्रतिष्ठित हैं। इन ब्रह्मानन्द के काव्य और सुन्दरदास की कविता में अद्‌भुत समानता है। दोनों की तुलना करने पर ब्रजभाषा पाठशाला में पढ़े संत-कवियों पर सुन्दरदास के ग्रंथों का प्रभाव स्पष्ट देखा जा सकता है। सुन्दरदास का ग्रंथ 'सुन्दरविलास' पाठ्यक्रम में लगा हुआ था उसी तर्ज़ पर ब्रह्मानन्द ने अपना 'ब्रह्मविलास' नामक ग्रंथ बनाया। इस ग्रंथ के 20 अंग हैं

और अधिकतर 'सुन्दरविलास' से मेल खाते हैं।[44] सुन्दरदास की तरह ब्रह्मानन्द ने भी इस ग्रंथ को छंद वैविध्य के साथ लिखा है। सुन्दरदास ने 'ज्ञान समुद्र' ग्रंथ में जिस ढंग से विविधि छंदों में कविता की उसी की तर्ज़ पर ब्रह्मानन्द ने 'छंद रत्नावली' नामक ग्रंथ लिखा।[45] ब्रह्मानन्द ने इस ग्रंथ में पिंगलशास्त्र में अपनी निपुणता दर्शाई है। ब्रह्मानन्द के प्रसिद्ध ग्रंथ 'उपदेश चिन्तामणि', 'सम्प्रदाय प्रदीप' और 'विवेक चिन्तामणि' आदि ग्रंथों में सुन्दरदास की 'चितावणियों' और 'गुरु सम्प्रदाय' ग्रंथ की झलक मिलती है।[46] जिस तरह सुन्दरदास ने लोक से 'बारहमासा' को लेकर उसमें ब्रह्म और जीव के विरह को दर्शाया है और उसमें विभिन्न प्रयोग किए हैं, उसी तरह ब्रह्मानन्द ने अपने 'बारहमासा' में अपने गुरु स्वामीनारायण के अक्षरधाम गमन पर उनसे बिछुड़ने को आधार बनाकर 'बारहमासा' लिखा है। अपने सम्प्रदाय के विकास और उसकी गतिविधियों को दर्शाते हुए ब्रह्मानन्द ने अपने बारहमासा में भरपूर नए प्रयोग किए हैं।[47] पाठशाला से पढ़े कवियों दलपतराम डाह्याभाई ने सुन्दरदास के 'ज्ञान समुद्र' के जैसे 'ज्ञान चातुरी' और जीवणभाई डोसाभाई झीवा ने 'ज्ञान चन्द्रिका' आदि ग्रंथ लिखे। ब्रजभाषा पाठशाला में भक्ति के ग्रंथों का प्रतिनिधित्व सुन्दरदास के ग्रंथ ही करते थे। ऐसे में उत्तर भारत के भक्ति काव्य को उस ब्रजभाषा पाठशाला, जिसमें ज़्यादातर रीति-कविता पढ़ाई जाती थी, में स्थान दिलवाने में सुन्दरदास के ग्रंथों की महती भूमिका है, जिनका प्रभाव भी इस पाठशाला के कवियों पर कम नहीं पड़ा है।

इस पाठशाला ने काव्य रचना के प्रतिमानों को विधिवत् रूप से शिक्षा व्यवस्था का अंग बनाया था। छंद-अलंकारों की विधिवत् शिक्षा, 'बावनी' और 'समस्यापूर्ति' के द्वारा कवियों की परीक्षा आदि इस बात का उदाहरण है कि कविता रचने के प्रतिमानों में दरबार, पंथ, सम्प्रदायों तथा औपचारिक पाठशालाओं में पर्याप्त समानताएँ होती थीं। इस पाठशाला ने भक्त, दरबारी कवि तो दिए ही 19वीं और 20वीं सदी के कवियों ने देशभक्ति की कविता भी लिखी। सुन्दरदास न केवल भक्ति और रीति कविता, मठ और दरबार, ब्रज और अन्य देशभाषाओं के बीच की कड़ी साबित होते हैं, वे एक तरह से बनारस की वेदांत आधारित शिक्षा और भुज की काव्यशास्त्र आधारित शिक्षा के बीच की कड़ी भी साबित होते हैं।

सन्दर्भ

1. हरिनारायण शर्मा, *सुन्दर ग्रंथावली* (भाग-एक), पूर्वोद्धृत, पृ. 29-30
2. वही, पृ. 66

3. जी.एन.जोशी, *मुग़लकाल में शिक्षा,* रैना बुक सेंटर, उदयपुर, 2001 ई., पृ. 93-95
4. कृष्णलाल राय, *एजुकेशन इन मिडिएवल इंडिया,* बी.आर. पब्लिशिंग दिल्ली, 1984 ई., पृ. 68
5. वही, पृ. 69
6. *मुग़लकाल में शिक्षा,* पृ. 93-94
7. *द आईने अकबरी बाय अबुल फ़ज़ल अलामी,* पूर्वोद्धृत, (भाग-2, बुक-3), पृ. 157
8. विलियम क्रुक (सम्पादक), ट्रेवल्स इन इंडिया, जाँ. बापटिस्ट ट्रेवर्नियर, मुंशीराम मनोहरलाल पब्लिशर्स, नई दिल्ली, 2001 ई., पृ.183
9. क्रिस्टोफ़र मिंकाव्स्की, अद्वैत वेदांत इन अर्ली मॉडर्न हिस्ट्री, पूर्वोद्धृत, पृ. 216
10. वही, पृ. 217
11. वही, पृ. 218
12. वही, पृ. 214-15
13. *मुग़लकाल में शिक्षा,* पृ. 90-91
14. *एजुकेशन इन मिडिएवल इंडिया,* पृ. 77, कृष्णलाल राय स्कूल ऑफ़ ओरियंटल स्टडीज़, लंदन के बुलेटिन पर अपनी शोध के अनुसार बताते हैं कि सुन्दरदास ने 30 वर्ष की आयु तक बनारस में शिक्षा प्राप्त की थी जो उस समय की हिन्दू धर्म की उच्च शिक्षा (हायर एजुकेशन) थी।
15. रमेशचन्द्र मिश्र, *सुन्दर ग्रंथावली* (भाग-एक), पृ. 67
16. अर्थात् "स्वप्न में प्रतीत होने वाले सभी पदार्थ शरीर के भीतर ही स्थित रहते हैं। वहाँ के संकुचित स्थान के कारण मनीषियों ने स्वप्न में दिखने वाले सभी पदार्थों का मिथ्यातत्त्व बतलाया है" उमेशानंद शास्त्री (सम्पादक), *मांडूक्य उपनिषद्* (द्वितीय प्रकरण, कारिका-एक) मांडूक्योपनिषद्, कैलाश विद्या भवन, ऋषिकेश, 2055 विक्रमी, पृ. 79
17. रमेशचन्द्र मिश्र (सम्पादक), *सुन्दर ग्रंथावली* (भाग-एक), पूर्वोद्धृत, पृ. 159-60
18. दयाशंकर शुक्ल, *हिन्दी का समस्यापूर्ति काव्य,* पुस्तकमाला कार्यालय, लखनऊ, 1967 ई., पृ. 6-7
19. विश्वनाथ प्रसाद मिश्र (सम्पादक), *घनानंद कवित्त* (प्रथम शतक), संजय बुक सेंटर, वाराणसी 2002 ई., पृ. 45
20. रमेशचन्द्र मिश्र, *सुन्दर ग्रंथावली* (भाग-एक), पृ. 736
21. वही, पृ. 737
22. वही, (भाग-दो), पृ. 709
23. विश्वनाथ प्रसाद मिश्र (सम्पादक), *भिखारीदास ग्रंथावली* (भाग-दो), नागरीप्रचारिणी सभा काशी, संवत् 2014, पृ. 5
24. देशराजसिंह भाटी (सम्पादक), *रसखान ग्रंथावली 'सटीक',* अशोक प्रकाशन, दिल्ली, 1966 ई., पृ. 160
25. रमेशचन्द्र मिश्र, *सुन्दर ग्रंथावली* (भाग-दो), पृ. 799
26. प्रेमसागर जैन, *हिन्दी जैन-भक्ति काव्य और कवि,* भारतीय ज्ञानपीठ प्रकाशन, वाराणसी, 1964 ई., पृ. 24-25, 151-52
27. रमेशचन्द्र मिश्र, *सुन्दर ग्रंथावली* (भाग-दो), पृ. 508

28. नारायणदास, *श्री दादूपंथ परिचय* (भाग-2), पृ. 394-96
29. निर्मला आसनानी, *कच्छ की ब्रजभाषा पाठशाला और उससे सम्बद्ध कवियों का कृतित्व*, हिन्दी साहित्य सम्मेलन, प्रयाग, 1996 ई., पृ. 93, इस ब्रजभाषा पाठशाला पर विस्तृत शोध करने वाली विदुषी निर्मला आसनानी ने कई विद्वानों के मतों का मूल्यांकन करते हुए 1749 ई. में इसकी स्थापना मानी है।
30. पुष्पदान शम्भुदान गढ़वी, *महाराओश्री लखपत जी ब्रजभाषा पाठशाला* (कच्छ नो किर्ती मुकुट), राजकवि श्री शंभुदान गढ़वी जन्म शताब्दी समिति, भुज, 2012 ई.
31. *कच्छ की ब्रजभाषा पाठशाला और उससे सम्बद्ध कवियों का कृतित्व*, पृ. 84
32. नारायणसिंह भाटी, *परम्परा* पत्रिका का भुज-कच्छ की काव्यशाला-अंक, राजस्थानी शोध संस्थान,चौपासनी-जोधपुर, 1989 ई., पृ. 17
33. *कच्छ की ब्रजभाषा पाठशाला और उससे सम्बद्ध कवियों का कृतित्व*, पृ. 44-45
34. वही, पृ. 87-89
35. पुष्पदान गढ़वी—जो ब्रजभाषा पाठशाला के अन्तिम आचार्य शंभुदान गढ़वी के पुत्र हैं—से भुज शहर में मेरी जून 20, 2016 ई. को हुई बातचीत का अंश। पुष्पदान गढ़वी भुज लोकसभा क्षेत्र के चार बार सांसद रह चुके हैं।
36. *कच्छ की ब्रजभाषा पाठशाला और उससे सम्बद्ध कवियों का कृतित्व*, पृ. 111, यह विडम्बना ही कही जाएगी कि आज़ादी के बाद इस पाठशाला को चारण-भाटों के राजशाही शौक़ से जुड़ी संस्था और आधुनिक भारत के लिए अनुपयोगी मानकर बन्द कर दिया गया। यह पाठशाला औपनिवेशिक काल की पूर्वसंध्या से लेकर भारत की आज़ादी तक के कालक्रम में हमारी सोच में हुए बदलाव की अनूठी दास्तान बयान करती है। इसे विडम्बना ही कहा जाएगा कि आज़ादी के बाद ऐसी पाठशाला को मध्यकालीन सोच की वाहक समझा गया। आज जब हम सोचने-समझने के उन तरीक़ों या ज्ञान की उन पद्धतियों की चर्चा करते हैं जिनको औपनिवेशिक सत्ता-तंत्र के दुश्चक्र और हमारे वर्तमान जीवन पर पड़ रहे उसके प्रभाव ने लील लिया है तब यह पाठशाला और इसका इतिहास बहुत कुछ कहता है।
37. *द टीचिंग ऑफ़ ब्रज, गुजराती एंड बार्डिक पोइट्री ऐट द कोर्ट ऑफ़ कच्छ—द भुज ब्रजभाषा पाठशाला* (1749-1948 ई.), पूर्वोद्धृत, पृ. 171-182, दलपतराम ने गुजरात के स्वामीनारायण सम्प्रदाय से संरक्षण पाया था और इसी सम्प्रदाय के अनुयायियों ने उन्हें ब्रजभाषा पाठशाला में पढ़ने भेजा था। दलपतराम को गुजरात का पहला आधुनिक कवि माना जाता है।
38. *कच्छ की ब्रजभाषा पाठशाला और उससे सम्बद्ध कवियों का कृतित्व*, पृ. 99-100, पाठशाला के पाठ्यक्रम पर दलपतराम डाह्याभाई ने अपने लेख *'भुजमां कविताशाला विषे'* में जिन 28 ग्रंथों का उल्लेख किया है उनमें भक्ति-साहित्य से सुन्दरदास के 'सुन्दरविलास' और 'ज्ञान समुद्र' का ही उल्लेख है। बाद में 'रामचरितमानस' को भी जोड़ा गया।
39. पुष्पदान गढ़वी और नीतुभाई जेठीदान झीबा (सम्पादक), लघु संग्रह, श्री शंभुदान गढ़वी जन्मशताब्दी समारोह समिति, भुज, 2010 ई., पृ. 64
40. *कच्छ की ब्रजभाषा पाठशाला और उससे सम्बद्ध कवियों का कृतित्व*, पृ. 106
41. वही, पृ. 104
42. रमेशचन्द्र मिश्र, सुन्दर ग्रंथावली (भाग-एक), पृ. 118

43. योगी त्रिवेदी, *भगवान स्वामीनारायण, द स्टोरी ऑफ़ हिज़ लाइफ़*, स्वामीनारायण अक्षरपीठ, अहमदाबाद, 2014 ई. ब्रह्मानन्द स्वामी (1772-1832 ई.) माउंट आबू के निकट खाण गाँव के रहने वाले थे। स्वामीनारायण सम्प्रदाय में दीक्षित होने से पहले इनका नाम लाडूदान था। ये गढ़वी चारण थे। इनकी काव्य प्रतिभा को पहचान कर सिरोही (राजस्थान) दरबार ने इनको भुज की ब्रजभाषा पाठशाला में पढ़ने भेजा। ये सिरोही, जामनगर, जूनागढ़ और भुज दरबारों से सम्मानित भी हुए और 1803 ई. के आसपास भावनगर (गुजरात) में स्वामीनारायण सम्प्रदाय में दीक्षित हो गए। अपनी काव्य प्रतिभा के कारण ब्रह्मानन्द को स्वामीनारायण सम्प्रदाय के अष्टकवियों में पहला स्थान दिया जाता है। इनके बारे में यह दोहा प्रसिद्ध है—*ब्रह्म मुनि कवि भानु सम, प्रेम मुक्त दोऊ चंद और कवि उडगण सम कहे कवि अविनाशानंद।*
44. *कच्छ की ब्रजभाषा पाठशाला और उससे सम्बद्ध कवियों का कृतित्व*, पृ. 211
45. वही, पृ. 216
46. नारायण सेवादास शास्त्री (सम्पादक), *ब्रह्मानन्द काव्य* (दो भागों में), श्री स्वामीनारायण विद्या भुवन, सुरेंद्रनगर, 2005 ई.
47. दलपत राजपुरोहित, *ब्रह्मानन्द एंड हिज़ इनोवेशन इन द बारहमासा ज़ान्रा*, स्वामीनारायण हिन्दुइज़्म, सम्पादक—रेमंड विलियम और योगी त्रिवेदी, ओ.यू.पी., नई दिल्ली, 2016 ई., पृ. 218-232

अध्याय : छह

बहुभाषिकता, 'प्रिंट-कल्चर' और हिन्दी के 'आधुनिक' कैनन

(i) त्रिभाषा और षट्भाषा
(ii) बहुभाषिकता और सुन्दरदास की कविता
(iii) 'प्रिंट-कल्चर' और सुन्दरदास की संत छवि का प्रचार
(iv) ब्रजभाषा की 'कॉस्मोपॉलिटन वर्नाक्यूलर' बनने की प्रक्रिया और पतन

आरम्भिक आधुनिक काल में सामान्यत: कवि अपनी काव्यभाषा को केवल 'भाषा' या 'भाखा' कहते थे। चाहे संतभाषा के कबीर हों *(संस्कीरत है कूप जल भाखा बहता नीर)*, अवधी के तुलसीदास हों *(भाषा भनिति, भोरि मति मोरी)* या ब्रज के केशवदास *(भाषा कवि भो मन्दमति, तिहिं कुल केसवदास)* या फिर डिंगल के पृथ्वीराज राठौड़ हों *(भाखा प्राक्रित संसक्रित भणताँ मूझ भारती अ मरम)* सभी क्षेत्रों के कवि अपनी काव्यभाषा को प्राय: भाषा या भाखा ही कहते हैं। भाषा शब्द से उस काल में एक सामान्य अर्थ निकलता था, अर्थात् वह भाषा जो संस्कृत या प्राकृत नहीं है। या कवि के अपने क्षेत्र की भाषा जिसमें कविता लिखने की परम्परा हो। अवधी प्रेमाख्यानों के कवि जब अपनी भाषा को 'हिन्दुकी' या 'हिन्दवी' कहते हैं तो सामान्य अर्थों में वे उनकी काव्यभाषा को अरबी-फ़ारसी से अलगा रहे होते हैं।[1] 'भाषा' शब्द के व्यवहार से कवि का क्या तात्पर्य होता था और कैसे देशभाषा काव्य-परम्परा इसे समझती-समझाती आई है, इसको गहराई से समझना ज़रूरी है।

(i) त्रिभाषा और षट्भाषा

जिस समय देशभाषा के कवि काव्य-रचना करने लगे तब काव्यभाषा को समझने-

समझाने की कुछ कोटियाँ बन चुकी थीं, जो पहले से यानी संस्कृत के भाषा-विमर्श से आ रही थीं। संस्कृत काव्य में प्रकारान्तर से कवि 'भाषा-त्रय' का उल्लेख करते थे, जिससे तीन भाषाओं की साहित्यिक परम्परा का बोध होता था। ये तीन साहित्यिक परम्पराएँ संस्कृत, प्राकृत और अपभ्रंश भाषाओं की होती थीं। यानी काव्य इन तीन भाषाओं में लिखा जा सकता है या एक ही ग्रंथ में प्रवीण कवि इन तीन भाषाओं का प्रयोग कर सकता था। इस 'भाषा-त्रय' के रूपक को 9वीं सदी में आचार्य रुद्रट अपने 'काव्यालंकार' में बदल देते हैं, या कहें तो पुन:निर्धारित करते हैं और 'षट्भाषा' की अवधारणा देते हैं। आचार्य रुद्रट के अनुसार ये छह भाषाएँ थीं—संस्कृत, प्राकृत, मागधी, पैशाची, शौरसेनी और अपभ्रंश। आचार्य रुद्रट से षट्भाषा की अवधारणा भोजदेव ('सरस्वतीकंठाभरण' में) और 12वीं सदी के हेमचंद्र ('सिद्धहेमचन्द्र' में) भी लेते हैं और धीरे-धीरे भाषा-त्रय के स्थान पर षट्भाषा का उल्लेख प्रसिद्धि पा जाता है। समय-समय पर मागधी, पैशाची और शौरसेनी को प्राकृत के क्षेत्रीय भेद कहकर पूर्व-प्रसिद्ध भाषा-त्रय की अवधारणा को फिर से स्थापित करने के प्रयास भी हुए, लेकिन रुद्रट के बाद भारतीय भाषाओं को व्याख्यायित करने में षट्भाषा का रूपक ही सबसे महत्त्वपूर्ण स्थान ले लेता है।[2] संस्कृत और अपभ्रंश की परम्पराओं से षट्भाषा का यह रूपक देशभाषा साहित्य में शुरू से प्रचलित हो जाता है लेकिन कुछ दूसरे अर्थों में।

संस्कृत में किसी एक ग्रंथ में तीन भाषाएँ मिल सकती हैं, लेकिन देशभाषा का कवि जब षट्भाषा रूपक का प्रयोग करता था तो उससे तात्पर्य षट्भाषा की साहित्यिक परम्परा से परिचित होना होता था, न कि छह भाषाओं में काव्य की रचना। मसलन 'पृथ्वीराज रासो' का यह श्लोक देखते हैं—

उक्ति धर्म विशालस्य राजनीति नवं रसं।
षट्भाषा पुराणं च कुरानं कथितं मया॥[3]

नामवर सिंह लिखते हैं कि षट्भाषा का उल्लेख करने वाला यह श्लोक किसी-न-किसी रूप में 'पृथ्वीराज रासो' के सभी रूपान्तरों में प्राप्त होता है।[4] वे आगे कहते हैं कि मध्ययुग में संस्कृत आलंकारिकों, प्राकृत वैयाकरणों तथा कवियों में षट्भाषा शब्द रूढ़ हो चला था। कवि जब कहता था कि उसने षट्भाषा में काव्य-रचना की है तो उससे तात्पर्य षट्भाषा में रचित साहित्य के सार को ग्रहण करना होता था, न कि भाषावैविध्य या किसी काव्य को अनेक भाषाओं में लिखना। नामवर सिंह के अनुसार 'पृथ्वीराज रासो' के षट्भाषा वाले श्लोक में 'कुरान' के उल्लेख से तात्पर्य अरबी-फ़ारसी के साहित्य के सार को ग्रहण करना है।[5] नामवर सिंह किसी

एक काव्य को अलग-अलग भाषाओं में लिखने को वैज्ञानिक नहीं मानते हैं, लेकिन अलग-अलग साहित्यिक शैलियों तथा अन्य भाषाओं से शब्दावली आदि को अपनाते हुए काव्य लिखना ज़रूर सम्भव मानते हैं। पृथ्वीराज रासो के अस्तित्व में आने तक षट्भाषा में लिखे साहित्य को किसी कवि के लिए जानना अपेक्षित होता था। कवि षट्भाषा के वर्गीकरण से परिचित-प्रभावित थे और कुशल कवि अपने काव्य को ऐसी शैली में रचते थे जिससे विविध भाषाई परम्पराओं का आभास हो। इस शैली में कुशल कवि उन छंदों का प्रयोग भी करते थे जो किसी भाषा विशेष के लिए रूढ़ हो चुके थे। उदाहरण के लिए देशभाषा का कवि जब 'गाहा' लिखता था तो प्राकृत की रूढ़ियों में छंद लिखता था, वैसे ही जब 'बरवै' लिखता था तो अवधी की विशेषताएँ लाकर। इस तरह देशभाषा का कवि यह आभास देता था कि वह इन साहित्यिक परम्पराओं से परिचित है। यही बात 'पृथ्वीराज रासो' की भाषा भी सिद्ध करती है।

देशभाषा काव्य की शुरुआत से ही एक और परम्परा बन जाती है कि जब कवि किसी क्षेत्र की बात कर रहा होता है तब उस क्षेत्र की भाषा या शब्दावली को अपने काव्य में स्थान देता है, जिससे पाठक या श्रोता को उस क्षेत्र के लोक व्यवहार या उसकी भाषा का आभास हो। किसी क्षेत्र का वर्णन करते समय वहाँ की भाषा के पुट को काव्य में स्थान देने की परम्परा में प्राकृत की 'कुवलयमाला' के बाद 12वीं सदी में लिखित शिलालेख रोड़ा कृत 'राउल वेल' (राजकुल-विलास) सबसे पुराना उदाहरण है। यह शिलालेख मालवा पर शासन करने वाले परमार शासक भोजराज के समय का भी बताया जाता है और स्थानीय परम्परा इसे भोजराज द्वारा स्थापित काव्यशाला (या भोजशाला), जो मालवा की 'कमाल-मौला मस्जिद' में चला करती थी, में लिखा हुआ मानती आई है।[6] यह शिलालेख छह भागों में विभाजित है जिसमें हर भाग किसी एक क्षेत्र की नायिका, नख-शिख और वेशभूषा, आभूषण आदि का वर्णन करता है और क्रमशः मैथिली, मराठी, पश्चिमी हिन्दी, पंजाबी, गौड़ी और मालवी भाषाओं का पुट भी देता है।[7] रोड़ा कृत 'राउल वेल' के तीसरे भाग में पश्चिमी हिन्दी या ब्रज का पुट देखा जा सकता है—

एहु कानोडउं का इसउ झांखइ, वेसु अमहाणउं ना जउ देखइ।
आउंडउ जो राउलु खोहइ, थइ नउ सो एथु कोक्कु न मोहइ॥[8]

(अर्थात् यह संकोची व्यक्ति हमारी तरफ़ क्यों झाँक रहा है, यदि यह हमारे वस्त्रों को न देख रहा है। वह (थइ नउ?) जिससे यह पूरा महल मंत्रमुग्ध है उस पर यहाँ कौन मोहित नहीं होगा?)[9]

उपर्युक्त उदाहरणों के आधार पर देखा जाए तो आरम्भिक आधुनिक काल में काव्य भाषा-विमर्श दो रूपों में चलता था। एक तो जैसा कि रोड़ा कृत 'राउल वेल' के उदाहरण में हमने देखा कि किसी क्षेत्र-विशेष की भाषाओं का पुट लाते हुए कविता लिखना, जिससे पाठक को उस क्षेत्र की बोली-व्यवहार का पता चले। दूसरा रूप जो काव्यभाषा को प्रभावित करता था वह था छंद-प्रयोग। यानी कवि जब एक ही ग्रंथ में 'छप्पय' लिखते थे तो अपभ्रंश जैसी शब्दावली प्रयोग करते थे क्योंकि 'छप्पय' की उत्पत्ति अपभ्रंश से बताई जाती है, वहीं 'श्लोक' और 'अनुष्टुप' में संस्कृत का व्यवहार करते थे तो 'गाहा' छंद में प्राकृत जैसी लगने वाली भाषा का व्यवहार करते थे। इसी तरह 'कवित्त-सवैया' ब्रजभाषा के लिए तो 'बरवै' अवधी के लिए, वहीं 'त्रिभंगी' आदि डिंगल के लिए रूढ़ हो जाते हैं। कारण यह है कि कवि, श्रोता या पाठक की स्मृति में कुछ छंद किसी काव्य-परम्परा के लिए बस गए थे और कवि अपने कौशल को दिखाने के लिए एक ही ग्रंथ में विभिन्न छंदों द्वारा बाक़ी काव्य-परम्पराओं से अपने परिचय होने को दिखाता था। आरम्भिक आधुनिक काल में उपर्युक्त दोनों भाषाई व्यवहार ब्रजभाषा काव्य में गहराई से देखे जा सकते हैं। इसलिए 15वीं सदी से 19वीं सदी तक ब्रजभाषा के साहित्य की प्रधान काव्यभाषा बनने की प्रक्रिया को समझना उत्तर भारत के पूरे भाषा-विमर्श को समझना है।

आरम्भिक आधुनिक काल में ब्रजभाषा केवल कृष्ण-भक्ति काव्य की भाषा ही न रहकर काव्यशास्त्र, धर्मशास्त्र, शिक्षा, ज्योतिष, नीति, वीर-रस प्रधान या ऐतिहासिक प्रबन्ध काव्यों की भाषा भी बनी। यह अपने भौगोलिक क्षेत्र (ब्रज प्रदेश) से बाहर निकलकर मुग़ल साम्राज्य के अनेक केन्द्रों में भी पहुँची तथा वृहत्तर उत्तर भारत के देशी रजवाड़ों जैसे मारवाड़, आमेर, बूँदी, बुंदेलखंड, दकन आदि में काव्य लेखन की प्रधान भाषा बनी।[10] इसीलिए भिखारीदास अपने 'काव्यनिर्णय' (1746 ई.) में भाषा के आधार पर कवियों की परम्परा की बात करते हैं तब सूरदास, केशवदास, रसखान, रहीम, भूषण आदि समान ब्रजभाषा की भूमि पर खड़े नज़र आते हैं—

सूर केसौ मंडन बिहारी कालिदास ब्रह्म, चिन्तामणि मतिराम भूषण सु ज्ञानिये।
लीलाधर सेनापति निपट नेवाज निधि,नीलकंठ मिश्र सुखदेव देव मानिये॥
आलम रहीम रसखानि सुंदरादिक,अनेकन सुमति भए कहाँ लौं बखानिये।
ब्रजभाषा हेत बृजबास ही न अनुमानो, ऐसे ऐसे कबिन की बानी हूँ सों जानिये॥[11]

भिखारीदास पहले ही यह घोषणा कर देते हैं कि *बृजभाषा हेत बृजबास ही न अनुमानो।* तात्पर्य यह है कि अभी केवल ब्रज में वास करने वाले ही ब्रजभाषा का

प्रयोग नहीं करते हैं। ब्रजभाषा कवि अनेक भौगोलिक क्षेत्रों और संवेदनाओं वाले कवि हो सकते हैं।

ब्रजभाषा के व्याकरण, शब्द-भंडार, काव्य-विधाओं की असली प्रकृति को सटीक रूप में बताना मुश्किल है, क्योंकि ब्रजभाषा भौगोलिक क्षेत्रों, काव्य-विधाओं, छंद, कविता की ज़रूरतों जैसे तुक, आन्तरिक लय आदि, आश्रयदाता की रुचियों और लोक के प्रभाव आदि के कारण अपना स्वरूप बदलती रहती थी।[12] एक ओर भक्ति-कविता के लोक से जुड़े बिम्ब, मुहावरे, कहावतें और अलग-अलग भौगोलिक क्षेत्रों में लिखे जाने ने ब्रजभाषा की प्रकृति निर्धारित की तो, वहीं ब्रजभाषा में 'तत्सम' और 'तद्भव' शब्दों का अतिशय प्रयोग हुआ क्योंकि रीति-ग्रंथों के विषय संस्कृत काव्यशास्त्र से लिए गए। प्रबन्ध काव्यों में बहुत सी विधाएँ संस्कृत से सम्बन्ध रखती हैं, इसलिए 'मंगलाचरण', 'नगर-वर्णन' आदि में संस्कृत से प्रभावित ब्रजभाषा लिखी गई। वहीं सूफ़ी काव्य के लोक में प्रभाव तथा मुग़ल साम्राज्य और देशी रजवाड़ों के सम्बन्ध के कारण नए राजनीतिक सन्दर्भों के अनुसार ब्रजभाषा में अरबी-फ़ारसी की शब्दावली प्रयोग करना भी कवियों को समीचीन लगा। कभी-कभी किसी क्षेत्र विशेष में ग्रंथ रचना के कारण उस जगह के शब्द, मुहावरे उस काव्य में आए, तो कभी-कभी ठेठ साहित्यिक कारण जैसे तुक, लय, छंद आदि भी ब्रजभाषा को प्रभावित करते थे। भाषा को जानने की जिन कोटियों से आज हम परिचित हैं, जिनमें एक व्यवस्थित व्याकरण तथा शब्द-भंडार होना आवश्यक है, उन आधुनिक कोटियों से ब्रजभाषा को परखना असम्भव ही नहीं, ग़ैरज़रूरी भी है। ब्रजभाषा की इसी प्रकृति से खीजकर आचार्य शुक्ल ने ब्रजभाषा को 'च्युतसंस्कृति दोष' से ग्रसित माना, उसमें भाषा की किसी सर्वमान्य व्यवस्था का अभाव माना और कहा कि ब्रजभाषा के रूप में "भाषा को वह स्थिरता न प्राप्त हो सकी जो किसी साहित्यिक भाषा के लिए आवश्यक है। रूपों के स्थिर न होने से यदि कोई विदेशी काव्य की ब्रजभाषा का अध्ययन करना चाहे तो उसे कितनी कठिनता होगी।"[13]

असल में देखा जाए तो जिसे आचार्य शुक्ल ब्रजभाषा की कमज़ोरी बता रहे हैं वही ब्रजभाषा की ताक़त थी। जिससे ब्रजभाषा अपने कलेवर में क्षेत्रीय भाषाओं की विविधता, काव्य विधाओं और छंदों के द्वारा चल रहे भाषा-विमर्श को समाहित कर रही थी। इसी वजह से ब्रजभाषा को इतनी व्यापक स्वीकृति मिली। ब्रजभाषा की इस लचीली भाषाई प्रकृति और संस्कृत से चले आ रहे षट्भाषा के रूपक को देशभाषा का कवि कैसे प्रयोग कर रहा था इसका उदाहरण जानने के लिए हमें एक बार फिर भिखारीदास के रीतिग्रंथ 'काव्य-निर्णय' को देखना पड़ेगा। क्योंकि

भिखारीदास ने सम्भवत: पहली बार ब्रजभाषा पर सैद्धान्तिक रूप से बात भी की है। ब्रजभाषा के लक्षण बताते हुए वे लिखते हैं—

भाषा ब्रजभाषा रुचिर, कहैं सुमति सब कोइ।
मिलै संस्कृत पारस्यौ, पै अति प्रगट जु होइ॥
बृज मागधी मिलै अमर, नाग जमन भाषानि।
सहज पारसीहूँ मिले, षट्विधि कवित बखानि॥[14]

भिखारीदास ब्रजभाषा में छह भाषाओं या साहित्य परम्पराओं के मिलने की बात कहते हैं, जिनमें संस्कृत, फ़ारसी, ब्रज, मागधी, अवधी और पूर्वी भाषाएँ शामिल हैं। इन भाषाओं के साथ ब्रज में प्राकृत और अपभ्रंश की विशेषताएँ भी मिल गई हैं। इसलिए ब्रजभाषा की कविता को पढ़कर छहों साहित्यिक परम्पराओं का आभास पाया जा सकता है, भिखारीदास के *'षट्विधि कवित बखानि'* का यही मंतव्य है। ग़ौरतलब है कि शुक्ल जी की मान्यता के विपरीत अन्य भाषाओं से काव्य शैलियाँ, छंद-प्रयोग, शब्दावली आदि को सरलता से ग्रहण करने *(सहज पारसीहूँ मिले)* पर भी कविता का मूल अर्थ नहीं खो जाए और वह काव्य को और भी शोभा प्रदान करे *(पै अति प्रगट जु होइ)* ऐसी ब्रजभाषा की प्रकृति को भिखारीदास ही नहीं, उनके समकालीन कवि और बुद्धिमान *(सुमति)*, रुचिकर *(रुचिर)* कह रहे हैं। आचार्य शुक्ल ने जिस प्रवृत्ति के कारण ब्रजभाषा की आलोचना की थी, ऐन उसी प्रवृत्ति को लक्षित करके भिखारीदास उसकी प्रशंसा करते हैं। अपने समय में विद्यमान साहित्यिक शैलियों, छंद-विमर्श और क्षेत्रीय भाषाओं से परिचित होकर साहित्य में उसका प्रयोग करना, आदि ही वे प्रतिमान थे जिनके आधार पर भिखारीदास ने तुलसीदास और कवि गंग को 'सुकवियों के सरदार' घोषित किया है—

तुलसी गंग दोऊ भये सुकबिन के सरदार।
इनकी काब्यनि में मिली, भाषा बिबिध प्रकार॥[15]

भिखारीदास तुलसीदास और रीतिकवि गंग को श्रेष्ठ कवियों के सरदार इसलिए कह रहे हैं कि इन कवियों में उस युग में उपस्थित अन्य भाषाओं और साहित्यिक विधाओं में कविता करने की क्षमता थी। आचार्य शुक्ल ने भी तुलसीदास को 'हिन्दी का जातीय कवि' इसलिए कहा है कि उन्होंने उस युग में उपस्थित हिन्दी की दो प्रधान काव्यभाषाओं (अवधी और ब्रज) तथा उनसे पूर्व निर्मित देशभाषा की सभी काव्य-शैलियों में कविता की थी।[16]

निष्कर्षतः देखा जाए तो जब सुन्दरदास ने काव्य-रचना शुरू की उस समय तक ब्रजभाषा में भक्ति-कविता, रीतिग्रंथ, प्रबन्ध-काव्य, ज्योतिष, विविध कलाओं जैसे संगीत और चित्रकला, नीति आदि सभी तरह का साहित्य लिखा जा रहा था। ब्रजभाषा अपना दायरा विकसित कर रही थी। ब्रजभाषा में सिद्धान्त कथन हो रहे थे, शिक्षा दी जा रही थी, संगीत गाये जा रहे थे आदि यानी देशभाषा की साहित्यिक संस्कृति पर ब्रजभाषा का ज़बरदस्त प्रभुत्व था। सुन्दरदास ब्रजभाषा की इस विविध साहित्यिक संस्कृति से परिचित थे, इसीलिए जब वे भाषा में सिद्धान्त कथन, शास्त्र आधारित कविता करते हैं, तब केशवदास की तरह कहीं से भी उन्हें 'भाषा-कवि' होने का मलाल नहीं था।[17] न ही सुन्दरदास ब्रजभाषा में काव्य-रचना को केशवदास की तरह 'मन्दमति' होने का प्रमाण समझते थे। सुन्दरदास की काव्यभाषा में ब्रज के व्याकरण में जिस प्रवीणता तथा सन्दर्भानुकूल फ़ारसी, संस्कृत, पूरबी, पंजाबी, गुजराती, मारवाड़ी आदि भाषाओं से शब्द और क्रिया पद लिये गए हैं वह इस बात का प्रमाण है कि कैसे केवल ब्रज ही उस समय के उत्तर भारत की प्रधान काव्यभाषा बनने की अधिकारी थी जिसका अन्य भाषाओं से ऐसा सहज सम्बन्ध था। ग़ौरतलब है कि सुन्दरदास की काव्यभाषा केवल मौखिक परम्परा से सुनी हुई बानियों या संतों के देशाटन से प्रभावित नहीं कही जा सकती। वरन् यह सुन्दरदास के विभिन्न भाषाओं के ग्रंथों को पढ़ने, साहित्य की पूर्व-स्थापित शैलियों से परिचित होने, विभिन्न भाषाओं में चल रहे ज्ञान-विमर्श को जानने या यों कहें कि विभिन्न भाषाओं के लिखित साहित्य से गहरे परिचय को दर्शाता है। पठन और अक्षर-ज्ञान पर सुन्दरदास ने सर्वत्र बल दिया है—

पढ़ै के न बैठ्यौ पास, आखिर न बांचि सकै।
बिन ही पढ़े तैं कैसैं, आवत है फारसी॥[18]

सुन्दरदास ने षट्भाषा वाले रूपक का अपनी कविता में कहीं नाम नहीं लिया है लेकिन उनके मठ में स्थित संत कवि भीखन के निम्नलिखित दोहे से स्पष्ट है कि रूपक यह मठ के संत-कवियों में प्रचलित था। भीखन 9वीं सदी के रुद्रट की शैली पर लिखते हैं—

संस्कृत, प्राकृत पुनः सूरसेनी अपभ्रंस।
और पिशाची मागधी, ये षट्भाष प्रशंस॥[19]

दोहे में विचारोत्तेजक बात यह भी है कि भीखन यहाँ अपभ्रंश से सूरसेनी (जिसका इशारा ब्रजभाषा की तरफ़ हो सकता है) को अलगा रहे हैं। संत भीखन और

भिखारीदास के षट्भाषा सम्बन्धी उल्लेख सबसे महत्त्वपूर्ण बात यह है कि फ़ारसी को जो स्थान भिखारीदास देते हैं वैसा भीखन नहीं। निष्कर्षतः कहा जा सकता है कि आरम्भिक आधुनिक काल के भाषा विमर्श को सुन्दरदास के मठ के और संत भी जानते थे तथा उन प्रतिमानों पर कविता भी करते थे। यही एक आचार्य के रूप में सुन्दरदास की सफलता की निशानी है। आरम्भिक आधुनिक काल में जिन कोटियों पर हमने बात की वे वर्तमान में बदल चुकी हैं। वे आजकल अकादमिक विमर्श में बहुभाषिकता पर चल रहे विमर्श में आती हैं। आगे के हिस्से में हम उसी की चर्चा करके सुन्दरदास की कविता में बहुभाषिकता पर लौटेंगे।

(ii) बहुभाषिकता और सुन्दरदास की कविता

15वीं सदी के कवि विद्यापति पर अपनी विचारोत्तेजक किताब में पंकज झा ने आरम्भिक आधुनिक काल में 'मल्टीलिंगुलिज़्म' या बहुभाषिकता पर सैद्धान्तिक रूप से बात की है।[20] उन्होंने 15वीं सदी में बहुभाषिकता के चार स्वरूपों की पड़ताल की है। ये सभी स्वरूप सुन्दरदास के युग में विस्तार ही पाते हैं। पंकज झा कहते हैं कि बहुभाषिकता का पहला स्वरूप भाषा की आन्तरिक संरचना या शब्द-भंडार से जुड़ा होता था। जिसमें कवि कई भाषाओं के शब्द, क्रिया-पद, भाषाओं की विधाओं, छंदों, या अनेक भाषाओं का प्रयोग करते थे।[21] दूसरे स्वरूप के बारे में पंकज झा कहते हैं कि यह बहुभाषिक परिवेश अनेक बड़ी और छोटी जगहों में फैला हुआ 'पोलिसेंट्रिक' परिवेश था। तीसरा प्रकार वे यह बताते हैं कि इस बहुभाषिक परिवेश ने संस्कृत, अपभ्रंश, फ़ारसी आदि भाषाओं जिनकी सशक्त परम्परा मौजूद थी उनको भी और उनके साथ-साथ देशभाषा साहित्य को भी प्रभावित किया जिनके नाम अभी पड़े नहीं थे। या कहें तो उन्हें केवल 'भाषा' या 'हिन्दवी' कहा जाता था। अन्त में चौथा और सबसे महत्त्वपूर्ण स्वरूप पंकज झा बताते हैं कि बहुभाषिक संस्कृति 'मल्टी-डायरेक्शनल' थी, मतलब कि देशभाषाओं ने भी संस्कृत, फ़ारसी आदि को प्रभावित किया न कि केवल वे ही उनसे प्रभावित हुईं। इसके साथ देशभाषाएँ स्वयं आपस में संवाद की स्थिति में थीं।[22]

वैसे तो इन चारों कोटियों से सुन्दरदास की कविता का अध्ययन किया जा सकता है लेकिन विशेषतः हम सुन्दरदास की कविता को पहली और चौथी कोटियों में रखेंगे। हालाँकि सुन्दरदास पंजाबी, पूरबी, गुजराती, रेख़्ता, फ़ारसी, मारवाड़ी आदि के भाषाई स्वरूप को प्रभावशाली तरीक़े से कविता में रखते थे लेकिन व्याकरण के हिसाब से ज़्यादातर वे ब्रजभाषा का ही 'टेम्पलेट' या व्याकरण अपनाते थे। सुन्दरदास

की काव्यभाषा की मोटा-मोटी दो कोटियाँ बना सकते हैं। एक तो सहज और चलती हुई ब्रजभाषा की कविता जो उनके 'सवैया ग्रंथ', 'पदावली' और 'साखी ग्रंथ' में मिलती है। 'सवैया ग्रंथ' को उनकी चलती हुई ब्रजभाषा के प्रयोग के कारण इतनी प्रसिद्धि भी मिली। दूसरी कोटि उस काव्यभाषा की है जिसमें सुन्दरदास विभिन्न सन्दर्भों के अनुसार, काव्य-विधाओं की माँग के आधार पर, देशभाषाओं की स्थापित काव्य-परम्पराओं को जानकर अपनी भाषा को उन ज़रूरतों के आधार पर ढालते हैं। काव्यभाषा की इस दूसरी कोटि में सुन्दरदास का भाषा पर ज़बरदस्त अधिकार सिद्ध होता है। पहली कोटि का संक्षेप में वर्णन कर, दूसरी कोटि का विस्तृत अध्ययन आगे किया जाएगा, जिसमें सुन्दरदास के बहाने ब्रजभाषा की समाहार-शक्ति और सुन्दरदास की अपनी अभिव्यक्ति-निपुणता सामने आएगी।

पहली कोटि में 'सवैया', 'साखी ग्रंथ' तथा 'पदावली' में सहज ब्रजभाषा में सुन्दरदास ने कविता की है। बात जहाँ संतों की संवेदना के अनुरूप कविता करने की हो वहाँ उन्होंने 'सवैया' छंद का बड़ा प्रभावशाली प्रयोग किया है। ब्रजभाषा की साधारण सी लगने वाली क्रियाओं में जो लय, नाद सौन्दर्य सुन्दरदास भरते हैं उससे कविता तो कर्णप्रिय होती ही है, संवेदना भी प्रभाव उत्पन्न करती है—

काल उपावत काल खपावत काल मिलावत है गहि माटी।
काल हलावत काल चलावत काल सिखावत है सब आटी॥
काल बुलावत काल भुलावत काल डुलावत है बन घाटी।
सुन्दर काल मिटै तब ही पुनि ब्रह्म बिचार पढ़ै जब पाटी॥[23]

इन्दव (या मतगयन्द) सवैया (विशेषता—सात 'भ-गण', अन्त में दो गुरु) अपनी आन्तरिक लय के कारण काव्य-पठन के लिए बहुचर्चित रहा है। सुन्दरदास ने उपर्युक्त छंद में उपावत, खपावत, चलावत आदि क्रियाओं का सटीक प्रयोग किया है और एक भी क्रिया की पुनरावृत्ति नहीं हुई है। सवैया जैसे शुद्ध साहित्यिक छंद में भाषा-कौशल और पंडिताई दिखाने का काम अनेक कवियों ने किया है। यह रीति-कवियों का प्रिय छंद रहा है। लेकिन कवि-प्रतिभा और भाषा पर अधिकार का पता तब चलता है जब कोई कवि बोलचाल के अन्दाज़ में जो ठाठ होता है उसे ही काव्यमय बना देता है। वह बोली के उस ठाठ को छंद के नियमानुसार प्रयोग करता है, उसमें इस तरह साहित्यिकता लाता है कि भाव व भाषा दोनों प्रभाव उत्पन्न करने में सहयोगी बन जाते हैं—

कै यह देह जराइ कै छार किया कि किया कि किया कि किया है।
कै यह देह जिमी मांहिं खोदि दिया कि दिया कि दिया कि दिया है॥

कै यह देह रहे दिन चारि जिया कि जिया कि जिया कि जिया है।
सुन्दर काल अचानक आइ लिया कि लिया कि लिया कि लिया है॥[24]

लोकभाषा में जब कोई घटना होते-होते रह गई हो उस घटना का वर्णन हम क्रियाओं को दोहराकर करते हैं। या किसी घटना के बार-बार होने, और अक्सर सभी लोगों के साथ एक सी बात होने की स्थिति में भी उसे दोहराकर कहते हैं। सुन्दरदास ने इसी भाषाई व्यवहार को उपर्युक्त पद में काल की चेतावनी के रूप में प्रयोग किया है। मनुष्य जिस देह पर घमंड कर रहा है उसे काल ने जला के 'अब राख किया कि अब किया' या मिट्टी में 'अब गाड़ा कि अब'। अथवा कइयों की देह को काल बार-बार, हमारे देखते-देखते नष्ट कर रहा है। इसलिए सुन्दरदास के अनुसार हमें मनुष्य जन्म के महत्त्व को पहचानना है क्योंकि जीवन बहुत थोड़ा है। जिया कि नहीं जिया इसका अन्तर समझते-समझते देर हो सकती है। एक ठेठ भाषाई व्यवहार को सवैया छंद में इतनी कुशलता से सुन्दरदास जैसा कवि ही प्रस्तुत कर सकता था।

अब सुन्दरदास की काव्यभाषा की दूसरी कोटि को लेते हैं जिसमें भाषा पर सुन्दरदास का ज़बरदस्त अधिकार सिद्ध होता है। इन काव्यों में वे विधा की माँग के आधार पर या किसी क्षेत्र की बोली के आधार पर या सन्दर्भ और प्रसंग के अनुकूल अन्य भाषाओं की शब्दावली को ब्रजभाषा के व्याकरण में ढालते हैं। ऐसे ग्रंथ अधिक हैं जिनमें से कुछ पर चर्चा हो सकती है, जिससे सुन्दरदास की काव्यभाषा का स्वरूप स्पष्ट हो सकेगा।

सुन्दरदास ने अपने दो छोटे काव्यों 'पीर मुरीद अष्टक' और 'अजब ख़याल अष्टक' में अरबी-फ़ारसी की क्लिष्ट, दार्शनिक और तकनीकी शब्दावली का प्रयोग किया है। 'पीर मुरीद अष्टक' एक 'दोहा' तथा आठ 'चामर' छंदों में लिखा गया है तथा 'अजब ख़याल अष्टक' दस 'दोहों' और आठ 'गीतक' छंदों में लिखा गया है। वैसे तो अरबी-फ़ारसी के शब्द सुन्दरदास के काव्य में सर्वत्र मिलते हैं लेकिन इन लघु-काव्यों में केवल व्याकरण ब्रजभाषा का है बाक़ी पूरे छंद ख़ालिस अरबी-फ़ारसी में लिखे गए हैं–

बेच्यून उसकौं कहत बुजरग बेनिमून उसै कहैं।
अरु औलिया अंबिया वै भी गौस कुतुब खड़े रहैं॥
को कहि सकै न कह्या न किनहूँ सखुन परै निराल है।
यौं कहत सुन्दर क़ब्ज़ दुन्दर अजब ऐसा ख़याल है॥[25]

इस पद में ब्रह्म या परवरदिगार को फ़ारसी के अल्फ़ाज़ बेच्यून (अद्वितीय) और बेनिमून (अनुपम) से व्याख्यायित किया है। जिसे औलिया, नबी, क़ाज़ी, धर्म-ग्रंथ और वाणी व्याख्यायित नहीं कर सकते। सुन्दरदास कहते हैं कि जो दुन्दर (द्वंद्व या द्वैत) की गिरफ़्त (क़ब्ज़) से मुक्त हो गए हैं वे इस अजब ख़याल को समझ सकते हैं। 'अजब ख़याल अष्टक' में सुन्दरदास ने सूफ़ी शब्दावली तथा अध्यात्म को समझाने के लिए एक शैली अपनाई है जिसमें दोहा जिस शब्द से ख़त्म होता है, गीतक उसी से शुरू होता है—

सुन्दर इस औजूद मौं अजब चीज़ है वाद।
तब पाबै इस भेद कौं ख़ूब मिलै उस्ताद॥
उस्ताद सिर पर चुस्त दम कर इश्क अल्लह लाइये।
गुजरान उसकी बंदगी मौं इश्क बिन क्यों पाइये॥
यह दिल फकीरी उस्तगीरी गस्त गुंज सिनाल है।
यौं कहत सुन्दर क़ब्ज़ दुन्दर अजब ऐसा ख़याल है॥[26]

उपर्युक्त पद के दोहे में उस्ताद की ज़रूरत समझाई गई है और छंद में उस्ताद के बताए वे रास्ते हैं जो तालिब को महबूब से मिलन की 'इश्क़' की राह बता रहे हैं। 'पीर मुरीद अष्टक' में सूफ़ी मत की चार अवस्थाओं की बात भी स्पष्ट है। इनमें अन्तिम 'हैरान' की दशा के आधार पर 'हक' की अवस्था का संकेत किया है—

हैरान है हैरान है हैरान निकट न दूर।
भी सखुन क्यौं करि कहै तिसकौं सकल है भरपूर॥
संबाद पीर मुरीद का यह भेद पावै कोइ।
जो कहै सुन्दर सुनै सुन्दर उही सुन्दर होइ॥[27]

जैसा कि कवि अपने नाम के शाब्दिक अर्थ और छाप में श्लेष के द्वारा प्रभाव उत्पन्न करते हैं सुन्दरदास ने भी परवरदिगार को सुन्दर कहा है, जैसा कि सूफ़ी काव्य में परमात्मा को 'सुन्दर' कहा भी जाता है। परमात्मा को जानने के अनुभव को भी अपने नाम के अर्थ से व्याख्यायित किया है। इसे सुन्दरदास का कवित्व ही कहा जाएगा कि वे फ़ारसी के अल्फ़ाज़ के साथ ब्रज के शब्दों की संगति से छंद में आन्तरिक लय पैदा करते हैं।

कुल मिलाकर सुन्दरदास को फ़ारसी रस्मो-ख़त के साथ पीर, शेख़, फ़क़ीर और औलियों की सूफ़ी-कविता का भी गहरा ज्ञान था। वे अरबी-फ़ारसी के हुरूफ़ जैसे 'ऐन' 'ग़ैन' और 'नुक़्तों' को लेकर संतों के मुहावरे में कविता करते हैं। खड़ी

बोली हिन्दी (या रेख़्ता) में कविता किस तरह लिखी जा रही थी या ब्रजभाषा किस तरह आधुनिक हिन्दी-उर्दू के तत्त्वों को अपने अन्दर समाहित कर रही थी, सुन्दरदास की कविता उसका भी दिलचस्प उदाहरण देती है। उनके 'ज्ञान-झूलना अष्टक' से एक उदाहरण देखा जा सकता है—

उस्ताद के कदम सिर पै धरौं अब झूलना खूब बखानता हूँ।
अरवाह मैं आप बिराजता है वह जान का जान है जानता हूँ॥
उसही के डुलाये डोलता हूँ दिल खोलता बोलता मानता हूँ।
उसही के दिखाये मैं देखता सुनता सुन्दर यौं पहिचानता हूँ॥[28]

सुन्दरदास ने अन्य संत-कवियों की तरह तत्कालीन भारत का भ्रमण किया था। भ्रमण या संतों की शब्दावली में कहें तो 'रामत' के अनुभवों को सुन्दरदास ने 'देशाटन के सवैयों' में लिखा है। इन सवैयों में आए क्षेत्रों और क़स्बों के नामों के आधार पर कहा जा सकता है कि सुन्दरदास ने पूर्व देश (बंगाल तक), दक्षिण, उत्तर में हिमालय, पंजाब, लाहौर, गुजरात, मारवाड़, मालवा, कुरसाना और फ़तेहपुर आदि की यात्रा की थी। इस क्षेत्रों के लोग, आचार-विचार, खान-पान, हवा-पानी, कुरीतियों पर सुन्दरदास ने जो सटीक सवैये लिखे हैं उनके आधार पर इन्हें 'हिन्दी के प्रथम यात्रा-वृत्तान्त' कहा जा सकता है। भ्रमण के कारण ही सुन्दरदास को इन क्षेत्रों की भाषाओं का अनुभव हुआ होगा। वे अपने देशाटन के सवैयों में उस क्षेत्र की बोली का पुट भी लाते हैं—

हिक्क लाहोर दा नीर भी उत्तम हिक्क लाहोर दा बाग सिराहे।
हिक्क लाहोर दा चीर भी उत्तम हिक्क लाहोर दा मेवा सिराहे॥
हिक्क लाहोर दे हैं बिरही जन हिक्क लाहोर दे सेवग भाये।
कितइक बात भली लाहोर दी ताहि तैं सुन्दर देखन आये॥[29]

इस तरह सुन्दरदास पंजाबी मिश्रित ब्रज में 'पंजाबी भाषा अष्टक' लिखते हैं। वे परमात्मा की खोज करते हैं और किस तरह उस ब्रह्म को व्याख्यायित किया जाना चाहिए इसके लिए शास्त्र ज्ञान का सहारा लेते हैं—

वहु दिलदा मालिक दिलदी जाणैं दिल मौं बैठा देखै।
हुंण तिसनौं कोई क्यौं करि पावै जिसदै रूप न रेषै॥
वै गौस कुतुब पैकम्बर थक्कै पीर अवलिया सेखै।
भी सुन्दर कहि न सकै कोइ तिसनौं सिफ़्ति अलेखै॥[30]

भाषा की अपनी प्रकृति, उसके लहज़े, मुहावरों आदि का उसके सुनने वाले पर क्या प्रभाव पड़ता है इसका महत्त्व भी वे जानते हैं इसलिए वे लोक में बसे कुछ ख़ास शब्दों को पकड़ते हैं और उनका प्रयोग अपनी कविता में करते हैं यह सुन्दरदास की भाषा के प्रति सजगता को दर्शाता है। मसलन देशाटन के सवैयों में सुन्दरदास ने गुजरात के अपने अनुभव पर एक सवैया लिखते हैं जिसमें गांडी (गांडा) शब्द का प्रयोग करते हैं। 'गांडा' गुजरात में मूर्ख, पागल आदि के लिए प्रयोग होता है—

और तौ देस भले सब ही हम देखि भया गुजरातहू गांडी।[31]

गुजराती भाषा और वहाँ की लोक-संस्कृति का सुन्दरदास को गहरा ज्ञान था। अपने पदावली ग्रंथ में वे 'राग काल्हेड़ौ' में चार पद गुजराती में लिखते हैं—

जो वो पूरण ब्रह्म अखंड अनाबृत एक छै।
नथी बीजौं अवर न कोइ यह बिबेक छै॥
इम बाह्याभ्यन्तर ब्योम तिम ब्यापी रह्यौ।
जेन्हौं आदि न अन्त न मध्य महाबाक्यें कह्यौ॥[32]

गुजराती भाषा में पद रचने और उनकी कविता में गुजराती के मिश्रण से सुन्दरदास को गुजरात में बहुत प्रसिद्धि मिली। बरवै छंद, पूर्वी भाषा विशेषकर अवधी का प्रिय छंद रहा है। तुलसीदास आदि अवधी कवियों के बरवै बहुत प्रसिद्ध भी हैं। सुन्दरदास ने संत-कवियों में प्रसिद्ध उलटबाँसी विधा (या विपर्यय) को बड़े सरस ढंग से अपने उन्नीस बरवै छंदों में मिश्रित किया है—

पंडित होइ सु पावइ अरथ अनूप। हेठ भरलय (प-) निहारिय ऊपर कूप॥
कुम्भ भरल सम्पूरन निर्मल नीर। पंखि तिसाई गइले सागर तीर॥
गंगा जमुन दोउ बहइय तीक्षण धार। सुमति नवरिया बैसल उतरब पार॥[33]

यहाँ ब्रजभाषा के व्याकरण में भरलय, गइले, नवरिया, उतरब आदि प्रयोग पूरबी भाषा की छौंक देते हैं। प्रतीकात्मक भाषा द्वारा यहाँ उस शरीर का ज़िक्र है जिसकी परम्परा हठयोग से आती है। सुन्दरदास की काव्यभाषा का दूसरा बड़ा पहलू संस्कृत मिश्रित शब्दावली, सन्दर्भों और विधाओं के आधार पर शब्द चयन, शुद्ध कविता करने (तुक, छंद आदि) के अनुसार शब्दों के प्रयोग को हम इस पुस्तक के अध्याय चार में देख आए हैं।

कुल मिलाकर सुन्दरदास का काव्य हमें याद दिलाता है कि 17वीं सदी में ब्रजभाषा का दायरा बहुत विकसित हो चुका था, और यह 19वीं सदी के पूर्वार्द्ध

तक उत्तर भारत की प्रधान काव्यभाषा बनी रही।[34] ब्रजभाषा सभी तरह के भावों, सिद्धान्तों, विमर्शों को वहन करने में समर्थ थी और इसकी पहुँच केवल ब्रज क्षेत्र न रहकर पूरे उत्तर भारत में फैल चुकी थी व गुजरात और पूर्वांचल तक इसकी पैठ बन चुकी थी। इस तरह यह एक ऐसी देशभाषा थी जिसे हम 'कॉस्मोपॉलिटन वर्नाक्यूलर' (सार्वदेशिक देशभाषा) की संज्ञा दे सकते हैं, जिसकी चर्चा हम इस अध्याय के आख़िरी हिस्से में करेंगे।

(iii) 'प्रिंट-कल्चर' और सुन्दरदास की संत छवि का प्रचार

हमने तीसरे अध्याय में देखा कि आरम्भिक आधुनिक काल में पांडुलिपि 'सर्कुलेशन' में 'ज्ञान समुद्र' ही सुन्दरदास का सर्वाधिक प्रसिद्ध ग्रंथ था। जिसकी जगह 19वीं सदी में उनका 'सुन्दरविलास' ले लेता है जो छापेख़ानों में विशेष रूप से लोकप्रिय हो जाता है। हिन्दी क्षेत्र के बाहर बम्बई में ज़रूर सुन्दरदास के दूसरे ग्रंथ छपे। लेकिन पांडुलिपि संस्कृति में बनी एक आचार्य, ज्ञानी की सुन्दरदास की छवि को 'सुन्दरविलास' कबीर आदि संतों के अनुकूल एक 'संत' की छवि में ढालता है। 19वीं सदी के प्रकाशन व्यवसायियों को भक्ति-काव्य विशेष रूप से आकर्षित करता था क्योंकि यह कविता समाज की बुराइयों पर चोट करती है और हमें कबीर, मीरां, तुलसी जैसे नायक भी देती है। प्रकाशन उद्योग से जुड़े व्यवसायी समाज-सुधार, साहित्य और सांस्कृतिक

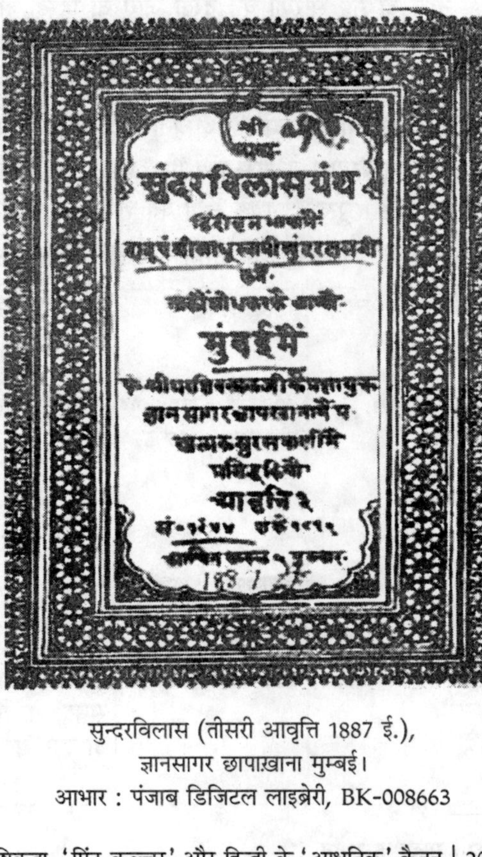

सुन्दरविलास (तीसरी आवृत्ति 1887 ई.),
ज्ञानसागर छापाख़ाना मुम्बई।
आभार : पंजाब डिजिटल लाइब्रेरी, BK-008663

परम्पराओं में दिलचस्पी लेते थे और पश्चिमी ज्ञानोदय से भी प्रभावित थे। ऐसे ही एक प्रकाशन-व्यवसायी मुंशी नवल किशोर थे। मुंशी नवल किशोर मथुरा-वृंदावन क्षेत्र के थे और वल्लभ सम्प्रदाय के प्रति उनका बहुत झुकाव था जो उनके भक्ति-साहित्य के प्रकाशन से दिखता है। संत काव्यधारा में से चरणदास (1703-82 ई.) के ग्रंथों के प्रकाशन में दिलचस्पी लेते हैं जिसका भी एक व्यक्तिगत कारण माना जा सकता है। चरणदास, दूसर-भार्गव समुदाय से थे जिस समुदाय से स्वयं नवल किशोर भी थे।[35] ये प्रकाशन भवन संतों-भक्तों के काव्य की जटिलता को नकारकर, जनोपयोगी, लोकप्रिय भक्ति संवेदना वाले साहित्य में दिलचस्पी लेते थे। इससे एक ख़ास तरह के भक्ति-काव्य को जनस्वीकृति मिलती थी। 'नवल किशोर प्रेस, लखनऊ' से ही 1882 ई. में पहली बार सुन्दरदास का 'सुन्दरविलास' प्रकाशित हुआ था। हिन्दी क्षेत्र के बाहर मुम्बई का ज्ञानसागर प्रेस 'सुन्दरविलास' को बहुधा छाप रहा था, जहाँ से 1887 ई. में ही सुन्दरविलास का तीसरा 'एडिशन' छप चुका था।

नीचे दी गई सारणी को देखा जाए तो हिन्दी क्षेत्र, लखनऊ और प्रयाग, के प्रकाशन भवनों में सुन्दरदास का केवल 'सुन्दरविलास' ही छपता था। नवलकिशोर प्रेस लखनऊ ने सर्वप्रथम 'सुन्दरविलास' को छापकर इस ग्रंथ को एक तरह से सुन्दरदास का परिचयात्मक ग्रंथ बना दिया। 'सुन्दरविलास' की अत्यधिक प्रसिद्धि के कारण सुन्दरदास के ऐसे ग्रंथ पीछे छूट गए जिनमें उन्होंने अपने आचार्यत्व की छाप छोड़ी है। सुन्दरदास के ग्रंथों का शुरुआती प्रकाशन इस प्रकार था[36]—

प्रकाशक	समय	मुद्रित ग्रंथ	टिप्पणी
नवलकिशोर प्रेस, लखनऊ	1882 ई.	केवल सुन्दरविलास	प्रकाशन-भवनों में सुन्दरदास का पहला ग्रंथ
ज्ञानसागर प्रेस, बम्बई	1887 ई. (दो संस्करण 1887 ई. से पहले)	केवल सुन्दरविलास	बहुत चर्चित रहा और इसके कई संस्करण निकले, गुजराती प्रिंट में भी छपा, 1887 ई. में तीसरी आवृत्ति 1897 ई. में छठी आवृत्ति।
तत्त्वविवेचक प्रेस, बम्बई	1889 ई.	सुन्दरविलास, ज्ञान समुद्र, साखी, 13 अष्टक, पद	बहुत से ग्रंथ जैसे चित्र काव्य, फुटकर रचनाएँ नहीं प्रकाशित कीं।

			यहाँ से छपी एक आवृत्ति में गुजराती टीका लिखी गई थी। 1927 ई. में दूसरी आवृत्ति।
निर्णयसागर प्रेस, बम्बई	1890 ई.	सुन्दरविलास, ज्ञान समुद्र, साखी ग्रंथ, पद, 13 अष्टक, लघु ग्रंथ-10	यह प्रकाशन एक तरह से तत्त्वविवेचक प्रेस के प्रकाशन के आधार पर किया गया था।
बेलवेडियर प्रेस, प्रयाग	1914 ई.	केवल सुन्दरविलास	
वेंकटेश्वर प्रेस, बम्बई	1910-11, 1914 ई.	सुन्दरविलास, ज्ञान-समुद्र, अष्टक, साखी पंचेन्द्रिय चरित्र	
नवलकिशोर प्रेस	1926 ई.	केवल सुन्दरविलास	
राजस्थान रिसर्च सोसायटी, कलकत्ता	1937 ई.	सुन्दर ग्रंथावली (सम्पूर्ण ग्रंथ)	सम्पादक-पुरोहित हरिनारायण शर्मा

प्रकाशन भवनों में 'सुन्दरविलास' को जो प्रमुखता मिली उसका प्रभाव हिन्दी साहित्य के इतिहास में निर्गुण-सगुण और भक्ति-रीति विभाजन पर भी पड़ा। अंगों में विभाजित यह ग्रंथ ठेठ संत-परम्परा का ग्रंथ है जो आधुनिक युग में सुन्दरदास की एक संत की छवि को लोक में प्रतिष्ठित करता है। अंगों में विभाजित यह ग्रंथ अन्य संत-कवियों जैसे कबीर, रैदास आदि की 'वाणी' से जुड़ता है। यह ग्रंथ सुन्दरदास की काव्य-प्रतिभा का अच्छा नमूना है और इसके विविध सवैयों में होने से उनके काव्यत्व से पाठकों का अच्छा परिचय भी होता है। लेकिन सुन्दरदास का आचार्यत्व या शास्त्र-ज्ञान सम्पन्न कवि वाला वह रूप पाठकों के सामने कम आता है, जिसे हम उनके 'ज्ञान समुद्र', 'सर्वांगयोग प्रदीपिका', 'चित्र-काव्य', पवंगम, बारहमासा, चौबोला, अडिल्ला, मडिल्ला छंद आदि अनेक ग्रंथों में देखते हैं। छापेख़ाने की संस्कृति से पहले के युग में सुन्दरदास अपने देशकाल में प्रचलित ब्रजभाषा के उस 'कवि-कुल' से भी संवाद करते हैं जिसे हिन्दी साहित्य की रीति-धारा निर्मित कर रही थी। पांडुलिपि सर्कुलेशन और प्रिंट कल्चर के ग्रंथों की तुलना करें तो सुन्दरदास का रीति-कविता से सम्बन्ध अंगों में विभाजित 'सुन्दरविलास'

में स्पष्ट नहीं होता। प्रकाशन संस्कृति के फैलने से 'सुन्दरविलास' एक तरह से सुन्दरदास का परिचयात्मक ग्रंथ बन जाता है और संत-कवि की छवि वाले सुन्दरदास इतिहास-ग्रंथों में बस जाते हैं। 'ज्ञान समुद्र' का नाम भी हिन्दी के इतिहास ग्रंथों में नहीं आता। आचार्य रामचन्द्र शुक्ल लिखते हैं, "यों तो छोटे-मोटे इनके अनेक ग्रंथ हैं पर 'सुन्दरविलास' ही सबसे अधिक प्रसिद्ध है।"[37]

(iv) ब्रजभाषा की 'कॉस्मोपॉलिटन वर्नाक्यूलर' बनने की प्रक्रिया और पतन

संस्कृत तथा कन्नड़ साहित्य के विद्वान् शेल्डन पोलक ने 'कॉस्मोपॉलिटन वर्नाक्यूलर' या सार्वदेशिक भाषा और 'वर्नाक्यूलराइज़ेशन' या देशभाषाकरण की अवधारणाओं पर विस्तृत शोध किया है। उनका मानना है कि दक्षिण एशिया में कुछ क्षेत्रों में 1000 ई. और कुछ क्षेत्रों में 1500 ई. के आसपास लेखक वैश्विक भाषा (संस्कृत) या अन्त:क्षेत्रीय भाषाओं (प्राकृत, अपभ्रंश) जो पिछले हज़ार वर्षों तक साहित्य की प्रधान भाषाएँ थीं को छोड़कर देशभाषा में साहित्य लिखने लगे। दक्षिण एशिया में देशभाषाओं में काव्य रचना करना सांस्कृतिक धरातल पर एक बड़ा बदलाव था। शेल्डन पोलक के अनुसार ईसा की पहली सहस्राब्दी में पूरे दक्षिण एशिया और दक्षिण-पूर्वी एशिया में समझी जाने वाली 'कॉस्मोपॉलिटन' संस्कृत से एक विश्व-व्यवस्था बनी थी। फिर दूसरी सहस्राब्दी के अन्त (यानी 1800 ई. के आसपास) या औपनिवेशिक काल में एक और विश्व-व्यवस्था के बनने की प्रक्रिया शुरू हुई। इन दोनों के बीच का जो समय है यानी क़रीब 9वीं सदी से लेकर 18वीं सदी तक के काल में देशभाषाओं में काव्य रचने की संस्कृति एक दूसरी भाषाई व्यवस्था की ओर इशारा कर रही थी।[38]

कन्नड़ के लोकप्रिय ग्रंथों जैसे 'कविराजमार्ग' (875 ई., जो पूर्णत: दंडी के 'काव्यादर्श' पर आधारित ग्रंथ है), 'काव्यावलोकम्', 'विक्रमार्जुनविजय' जो कन्नड़ महाभारत है और अन्य ग्रंथों का शेल्डन पोलक विस्तृत अध्ययन करते हैं और यह बताते हैं कि कैसे संस्कृत-काव्य के आदर्श देशभाषा में काव्य करने का मार्ग प्रशस्त करने लगे। कन्नड़ के ग्रंथ 'कविराजमार्ग' को वे वैश्विक भाषा के बरक्स देशभाषा में लिखित भारत ही नहीं विश्व का पहला काव्यशास्त्रीय ग्रंथ बताते हैं, जिसे वे 'दांते' के 'दे वुलगारी ऐलोक्वेंतिया' जितना प्रभावशाली मानते हैं। उनके अनुसार तमिल का 'तोलकाप्पियम' कालक्रमानुसार 'कविराजमार्ग' से पहले का है लेकिन उस ग्रंथ में देश-भाषा और वैश्विक-भाषा का वैसा टकराव नहीं है जैसा 'कविराजमार्ग' में है।[39]

शेल्डन पोलक संस्कृत काव्य परम्परा को देशभाषा में प्रस्तुत करने तथा उसे विभिन्न भाषाई क्षेत्रों के लिए प्रासंगिक बनाने की देशभाषाकरण की प्रक्रिया को भी समझाते हैं। देशभाषाकरण की यह प्रक्रिया जहाँ-जहाँ साहित्य की प्रधान भाषा संस्कृत थी उन क्षेत्रों में दूसरी सहस्राब्दी की शुरुआत से ही प्रारम्भ हो जाती है, जिसमें आसाम, आन्ध्र, तमिल, तेलगू, उड़ीसा से लेकर श्रीलंका और जावा तथा उत्तर और पूर्वी भारत, केरल, महाराष्ट्र और गुजरात से लेकर तिब्बत तक का भू-भाग शामिल था। दूसरी सहस्राब्दी को शेल्डन पोलक 'देशभाषाओं की सहस्राब्दी' या 'वर्नाक्यूलर मिलेनियम' कहते हैं।[40] देशभाषा के कवियों ने 'प्रशस्ति' आदि राजनैतिक जीवन से सम्बन्धित शिलालेखों और अभिलेखों को अपने क्षेत्र की भाषा में प्रस्तुत किया और संस्कृत-काव्य के आदर्शों, काव्यशास्त्र की परम्परा तथा सौन्दर्यबोध को अपने क्षेत्र की भाषाओं, कल्पना, लोकरंग या कहें तो पूरे देशभाषा के मुहावरे में प्रस्तुत किया। इस प्रक्रिया में अनेक बार संस्कृत के प्रतिमानों को खंडन करके देशभाषा कवियों ने अपने प्रतिमान भी बनाए।[41] देशभाषाकरण की इसी प्रक्रिया के द्वारा संस्कृत से काव्य के आदर्शों को लेकर सर्जना के सभी क्षेत्रों में संस्कृत के प्रभुत्व को धीरे-धीरे देशभाषाएँ हमेशा के लिए अपदस्थ कर लेती हैं।

शेल्डन पोलक के इन मानदंडों पर ब्रजभाषा को देखा जाए तो ब्रज को निस्सन्देह उत्तर भारत की 'कॉस्मोपॉलिटन वर्नाक्यूलर' या सार्वदेशिक देशभाषा कहा जा सकता है। तोमर साम्राज्य से प्रश्रय पाने वाले विष्णुदास (15वीं सदी के मध्य में) ब्रजभाषा में 'रामायणकथा' और 'पांडवचरित' (महाभारत) लिखकर पहले ही संस्कृत के दो महान् ग्रंथों को देशभाषा में रच चुके थे। फिर ब्रजभाषा में वर्तमान के राजस्थान, गुजरात, दकन, मध्य और उत्तर प्रदेश से लेकर बंगाल और आसाम तक ग्रंथ लिखे जाते हैं। वैसे शेल्डन पोलक का मानना है कि देशभाषाकरण की प्रक्रिया का भक्ति संवेदना या आन्दोलन के उद्भव से कोई सीधा जुड़ाव नहीं था वरन् यह दरबारी सहयोग से पैदा होने वाली प्रक्रिया थी।[42] लेकिन ब्रजभाषा के सन्दर्भ में पोलक की यह अवधारणा खरी नहीं उतरती। कालक्रमानुसार भले ही विष्णुदास के 'रामायणकथा' और 'पांडवचरित' पहले लिखे गए हों और भले ही विष्णुदास अपने ग्रंथों की रचना दरबारी प्रश्रय में कर रहे हों, लेकिन विष्णुदास अपने पीछे वह परम्परा नहीं बना सके जो भक्त और संत-कवि बना रहे थे। विष्णुदास की तरह के ग्रंथ इतने प्रतिष्ठित हो नहीं पाए जितनी बाद की भक्ति कविता। शेल्डन पोलक की अवधारणा मराठी के सन्दर्भ में भी खरी नहीं उतरती जहाँ के वारकरी संतों ने ही मराठी का लोकप्रिय परिवेश बनाया। उत्तर भारत में भक्ति के प्रधान कवियों ने ब्रजभाषा कविता को लोकप्रिय बनाने का महत्त्वपूर्ण कार्य किया और दरबारी

कवियों के लिए ब्रजभाषा में काव्य लिखने का आधार तैयार किया। ऐलिसन बुश के अनुसार मुग़ल और राजपूत राजाओं ने ब्रजभाषा कवियों को प्रश्रय दिया जिससे ब्रज केवल भक्ति ही नहीं काव्यशास्त्र, प्रशस्ति, ज्योतिष, धर्मशास्त्र, कोश, टीका आदि की भी भाषा बनी।[43] विष्णुदास, सूरदास, केशवदास, भूषण, भिखारीदास, प्रतापसाहि, पद्माकर और सुन्दरदास आदि अनेक कवि विभिन्न क्षेत्रों के रहने वाले थे जहाँ की अपनी क्षेत्रीय भाषाएँ थीं, लेकिन सभी ने ब्रज को काव्यभाषा के रूप में स्वीकारा। स्वामीनारायण सम्प्रदाय के कवि गुजरात में रहते थे, लेकिन उस सम्प्रदाय के अनेक कवियों ने ब्रजभाषा में काव्य रचना की। ये सब उदाहरण काव्यभाषा के रूप में ब्रज की विस्तृत भू-भाग में स्वीकृति को दर्शाते हैं। ब्रजभाषा में काव्य-सिद्धान्तों पर चर्चा करने वाले तथा संस्कृत की चली आ रही काव्य-परम्परा से अपना सम्बन्ध जोड़ने वाले 'कवि-कुल' की भी निर्मिति हुई।[44] ब्रज से कोसों दूर सुदूर कच्छ-प्रदेश में ब्रजभाषा की पाठशाला भी स्थापित हुई, जिसे ब्रज की ही नहीं देशभाषा की भारत की पहली औपचारिक पाठशाला कहें तो अतिशयोक्ति नहीं होगी। मिर्ज़ा ख़ान ने 'तुहफ़त अल-हिन्द' (1675 ई.) और गुजरात के कवि रत्नजीत ने 'भाषा व्याकरण' (1717 ई.) लिखकर ब्रजभाषा के व्याकरण, छंद-अलंकारों का परिचय भी दिया। औपनिवेशिक भारत में एक ब्रिटिश सैनिक अधिकारी थॉमस डूर ब्रूटन का 1814 ई. में प्रकाशित 'हिन्दी का पहला कविता-संग्रह' ब्रजभाषा कविता की लोकप्रियता को ही दर्शाता है।[45] ब्रज ने केवल कविता ही नहीं, वार्ताओं आदि विधाओं द्वारा गद्य के रूप में भी अपना दायरा विकसित किया और 19वीं सदी के मध्य तक हिन्दी साहित्य की प्रधान भाषा बनी रही।

सुन्दरदास का समग्र काव्य जिस पर भाषाई दृष्टिकोण से इस अध्याय में विचार किया गया है, वह यह प्रमाण देता है कि केवल दरबारी कवि ही नहीं संतकवि भी अपने सिद्धान्त कथन, काव्यशास्त्रीय विमर्श, दर्शन, साधना पद्धति आदि को ब्रजभाषा में प्रस्तुत करते थे। ब्रज का लचीला व्याकरणिक ढाँचा अन्य भाषाओं के शब्दों को सन्दर्भानुसार अपने में समाहित कर लेता था। सुन्दरदास जैसे संत कवि उत्तर भारत में देशभाषाकरण की प्रक्रिया में वह बीच की कड़ी थे जो एक तरफ ब्रजभाषा की दरबारी अभिजात वर्ग में लिखी कविता को अपनी ज़रूरतों के अनुसार लोक के परिवेश में ला रहे थे, वहीं दूसरी तरफ़ भक्ति ही उनके लिए वह माध्यम था जिसके द्वारा वे संस्कृत की शास्त्र और दर्शन की परम्परा को ब्रजभाषा में प्रस्तुत कर रहे थे।

ब्रजभाषा के इतने विविध और बहुआयामी साहित्यिक परिवेश का 19वीं सदी के अन्त होते-होते सिमट जाना और 19वीं सदी के पूर्वार्द्ध तक लगभग अप्रासंगिक

सा हो जाना हमारे सामने बहुत से सवाल छोड़ता है। इन सवालों का कोई एक उत्तर नहीं हो सकता वरन् हमें उस युग का अध्ययन करना पड़ेगा जहाँ से हिन्दी साहित्य में तथाकथित 'आधुनिकता' का आगमन होता है। हिन्दी के लेखकों पर सुधारवादी आन्दोलनों का प्रभाव बढ़ता है, साहित्य की उपयोगिता सम्बन्धी विमर्श और राष्ट्रवादी विचार लोकप्रिय होने लगते हैं, ईसाइयत के प्रोटेस्टेंटवाद और नैतिकता भी साहित्य पर हावी होने लगते हैं। इस काल में बने काव्य रचना के प्रतिमानों, काव्यभाषा सम्बन्धी विमर्श, इतिहास लेखन का संक्षेप में अध्ययन हमें ब्रजभाषा के परिवेश के पतन के कारणों को समझने में मदद करेगा।

इतिहासकार मिश्रबन्धुओं ने भारतेन्दु हरिश्चन्द्र (1850-85 ई.) को हिन्दी के 'नवरत्नों' में स्थान देते हुए जातीयता यानी 'नेशन' को जगाने के भाव को उनके साहित्य का प्रधान सन्देश माना है।[46] 'भारतवर्ष की उन्नति कैसे हो सकती है' नामक अपने बलिया वाले प्रसिद्ध व्याख्यान में भारतेन्दु 'अपनी भाषा' या 'निज भाषा' में उन्नति करने की बात कहते हैं।[47] यह निज भाषा खड़ी बोली हिन्दी थी जिसे भारतेन्दु और उनके समकालीन लेखक विकसित कर रहे थे। इस काल पर प्रभावशाली शोध करने वाली इतिहासकार वसुधा डालमिया लिखती हैं कि पूरे देश की एक भाषा होने की अवधारणा एक ब्रिटिश अवधारणा थी जिसे अंग्रेज़ भारत में लागू कर रहे थे। यह बात भारत जैसे भाषाई विविधता वाले देश के लिए एकदम नई थी। वसुधा डालमिया के अनुसार भारतेन्दु ने हिन्दू परम्पराओं को राष्ट्रीयकृत करके निश्चय ही औपनिवेशिक शासन के प्रतिरोध की एक भाषा और साहित्य को विकसित किया लेकिन इस समय का साहित्य और भाषा अपने पूर्ववर्ती साहित्य से अलग हो गई।[48] भारतेन्दु के नेतृत्व में ही हिन्दी को सीधा संस्कृत से जोड़ा गया और उसको अन्य देशभाषाओं से अलगाया जाने लगा। जहाँ तक ब्रजभाषा के बरक्स खड़ीबोली हिन्दी साहित्य के प्रयोग की बात है तो 19वीं सदी के मध्य तक भारत में केवल ईसाई मिशनरियाँ और पाठ्यपुस्तकों के लेखक ही मानक खड़ीबोली हिन्दी का देवनागरी लिपि में विकास कर रहे थे।[49] देवनागरी लिपि में लिखित खड़ी बोली हिन्दी भारतेन्दु के पहले भी 19वीं सदी में प्रयोग तो हो रही थी, लेकिन इस हिन्दी को राष्ट्रभाषा की सभी ज़रूरतें पूरा करने वाली बताना और भाषा के सवाल का राजनीतिकरण करना तथा उसे विचारधारात्मक रूप देने का काम हिन्दी को अदालतों की भाषा बनाने के संघर्ष में सशक्त तरह से व्यक्त हुआ। वे अदालतें जिन्हें औपनिवेशिक सत्ता स्थापित कर रही थीं, इसलिए खड़ीबोली हिन्दी को पूरे देश की भाषा मानने की अवधारणा विकसित करने में उपनिवेशवादियों और राष्ट्रवादियों दोनों का हाथ था।[50] हिन्दू जाति की एक भाषा

होने की यह अवधारणा बनारस में राष्ट्रवादी भारतेन्दु और उनके मंडल के लेखकों द्वारा सशक्त तरह से विकसित हुई। वसुधा डालमिया लिखती हैं कि इसी समय यानी 19वीं सदी के अन्त में ब्रज जैसी विशाल भाषा को पहली बार एक बोली के रूप में देखा गया।[51]

वसुधा डालमिया के शोध से हम यह समझ सकते हैं कि आरम्भिक आधुनिक काल में जहाँ काव्य-विधाएँ, पाठक या श्रोता-वर्ग, छंद और काव्यशास्त्र के अन्य नियम आदि काव्यभाषा की प्रकृति को तय करते थे, वहीं भारतेन्दु के समय में आते-आते राष्ट्रवाद और जातीय पहचान को जगाने वाले भाव भी साहित्य की भाषा को निर्धारित करने लगे। यह साहित्य की भाषा से सम्बन्धित बड़ा बदलाव था। हालाँकि जब स्वयं भारतेन्दु 19वीं सदी के काव्यभाषा विमर्श पर बात करते तो कहते हैं कि "मैंने आप कई बेरे परिश्रम किया कि खड़ी बोली में कुछ कविता बनाऊँ पर वह मेरे नित्तानुसार नहीं बनी इससे यह निश्चय होता है कि ब्रजभाषा में ही कविता करना उत्तम होता है और इसी से सब कविता ब्रजभाषा में ही उत्तम होती है।"[52] यहाँ यह स्पष्ट होता है कि भारतेन्दु युग के हिन्दी लेखक भी ब्रजभाषा कविता के इतने अभ्यस्त थे कि खड़ी बोली हिन्दी की कविता उनको कर्णप्रिय नहीं लगती थी। इसलिए भले ही गद्य की भाषा खड़ी बोली हिन्दी थी लेकिन भारतेन्दु युग में काव्यभाषा पर ब्रज का ही प्रभुत्व था। गद्य और पद्य की दो भाषाओं का यह अलगाव महावीर प्रसाद द्विवेदी (1864-1938 ई.) के युग में आकर ख़त्म हुआ और ब्रजभाषा काव्यभाषा के रूप में भी एक एकदम अपदस्थ हो गई।

महावीर प्रसाद द्विवेदी, जुलाई 1901 ई. में अपने प्रसिद्ध लेख 'कवि-कर्तव्य' में कवियों से गद्य और पद्य के लिए दो अलग-अलग भाषाओं के व्यवहार को छोड़ने का आह्वान करते हुए कहते हैं, "सभ्य समाज की जो भाषा हो उसी भाषा में गद्य-पद्यात्मक साहित्य होना चाहिए।...गद्य साहित्य की उत्पत्ति से पहले ब्रजभाषा का ही सार्वदेशिक प्रयोग होता था।...कवियों को चाहिए कि वे क्रम-क्रम से गद्य की भाषा में भी कविता करना आरम्भ करें...पद्य में ब्रज की भाषा का आधिक्य बहुत दिनों तक नहीं रह सकता।"[53] द्विवेदी युग के अनेक कवि, जिनमें मैथिलीशरण गुप्त प्रमुख हैं, द्विवेदी जी के आह्वान पर ही खड़ीबोली में काव्य लिखने को प्रवृत्त हुए और उन्हें सफलता भी बहुत मिली। इसी युग में ब्रजभाषा कविता को केवल रीति प्रवृत्ति या कहें तो शृंगारिकता जिसे संकीर्ण करके अश्लीलता से जोड़ा गया। महावीर प्रसाद द्विवेदी लिखते हैं, "अश्लीलता और ग्राम्यता-गर्भित अर्थों से कविता को कभी दूषित नहीं करना चाहिए।...यमुना के किनारे-किनारे केलि कौतूहल का अद्भुत-अद्भुत वर्णन बहुत हो चुका। न परकीयाओं पर पद प्रबन्ध लिखने की

कोई आवश्यकता है, न स्वकीयाओं के गतागत की पहेली बुझाने की।"[54] हालाँकि 20वीं सदी में भी रीति-काव्य के प्रशंसक, आलोचक, और जगन्नाथदास रत्नाकर जैसे कवि हुए लेकिन कवियों के युगबोध की अवधारणा अब बदल चुकी थी। ब्रज कविता को आश्रयदाताओं की ख़ुशामद करने वाली पहले ही बताया जा चुका था क्योंकि इसी समय देश में शासक वर्ग के ख़िलाफ़ राष्ट्रवादी आन्दोलन की लहर बढ़ रही थी।

इसी काल में अपने शासन को जायज़ ठहराने के लिए औपनिवेशिक सत्ता ने मुस्लिम शासन को भारतीयों के लिए, ख़ासकर हिन्दुओं के हाल के लिए ज़िम्मेदार ठहराया और उन्हीं के द्वारा भारत के प्राचीन स्वर्णिम अतीत की खोज की जाने लगी। जैसा कि रोमिला थापर 'शकुन्तला' सम्बन्धी अपने विचारोत्तेजक अध्ययन में महाभारत से शुरू करके गुप्तकाल से होते हुए ब्रजभाषा, उर्दू तथा 20वीं सदी तक विकसित हुए शकुन्तला सम्बन्धी अलग-अलग आख्यानों द्वारा सिद्ध करती हैं कि भारत में कोई एक परम्परा कभी नहीं रही है वरन् एक ही आख्यान को लेकर अनेक परम्पराएँ रही हैं।[55] हम किस परम्परा को चुनते हैं वह बहुत कुछ हमारे स्वयं का युग और विचारधारा निर्धारित करती है। रोमिला थापर लिखती हैं कि प्राच्यविदों का यह तर्क होता था कि वे भारत के बारे में लिखकर भारत के उस स्वर्णिम अतीत और 'भारतीय परम्परा' को पुनर्जीवित कर रहे हैं जिससे भारतीय लोग अपने इतिहास को जान सकें। प्राच्यविद् केवल एक ही परम्परा या नज़रिये को जो उन्हें प्राच्यवादी व्याख्या के क़रीब लगता था, उसे ही वास्तविक भारतीय परम्परा बता देते थे। प्राच्यविदों ने कालिदास के नाटकों जैसे 'अभिज्ञानशाकुन्तलम्' आदि के अनुवाद, व्याख्या और संस्कृत 'अतीत' को खोजकर यह तर्क पूरे बल के साथ रखा कि मुसलमानों के आने से पहले भारत की 'सभ्य' संस्कृति हिन्दू थी और कालिदास जैसे कवियों का गुप्त-काल भारतीय इतिहास का 'क्लैसिक एज' या 'स्वर्ण युग' था।[56]

प्राच्यवादी विचारधारा का प्रभाव भारतीय प्रबुद्ध वर्ग पर भी पड़ा। इसी विचारधारा के आलोक में लिखे गए भारतीय इतिहास में मुस्लिम काल को भारत में घोर पतन का काल माना जाने लगा। इस विमर्श में यह माना जाने लगा कि मुस्लिम शासक वर्ग से देशी राजपूत रजवाड़े संधि कर चुके थे जो ब्रजभाषा की रीति-कविता का आश्रयदाता वर्ग था। इसलिए रीति-कविता के सृजन के सामन्ती आधार होने की व्याख्या को प्रमुखता मिली। इसी समय भक्ति-काव्य को हिन्दी का स्वर्णयुग माने जाने की धारणा बलवती होती जाती है। भक्ति के उद्भव को पराजित जाति के भगवान के प्रति आश्रय खोजने वाली बात पहली बार महावीर प्रसाद द्विवेदी के

लेखों में ही दिखाई देती है। 'कविता का भविष्य' नामक लेख में वे लिखते हैं, "क्षीणशक्ति और राजनैतिक स्वत्व से हीन हिन्दू जाति भगवान का आश्रय खोजे और भक्ति-रस के काव्यों में तल्लीन हो जाए तो आश्चर्य नहीं है।"[57] हिन्दी के 'पब्लिक–स्फ़ियर' (लोकवृत्त) 1920-1940 ई. पर बात करते हुए फ्रांचेस्का ऑर्सिनी इन्हीं निष्कर्षों पर पहुँचती हैं कि "हिन्दी राष्ट्रवाद के अन्तर्निहित अंगों में ऐतिहासिक संस्कार अहम बिन्दु था, जिसमें भारत की बहुलतावादी संस्कृति को नकार दिया जाता है, उर्दू और फ़ारसी के साहित्यिक परिवेश को विदेशी बताया जाता है, शुद्धतावादी विचारों के प्रबल होने से लोकप्रिय मौखिक परम्पराओं का बहिष्कार होता है और कबीर आदि रेडिकल कवियों की संवेदनाओं का सामान्यीकरण हो जाता है। दरबारी-श्रृंगारिक रीति कविता को दुराचारी या वल्गर टेस्ट का बताया जाता है।"[58] द्विवेदी युग के इन सभी भावों की व्यवस्थित और परिमार्जित परिणति आचार्य रामचन्द्र शुक्ल के हिन्दी साहित्य के इतिहास में होती है। जिसमें रीतिकालीन ब्रजभाषा में "वाग्धारा बँधी हुई नालियों में ही प्रवाहित होने लगी...श्रृंगार के वर्णन को बहुतेरे कवियों ने अश्लीलता की सीमा तक पहुँचा दिया था। इसका कारण जनता की रुचि थी जिनके लिए कर्मण्यता और वीरता का जीवन बहुत कम रह गया था।"[59] आचार्य शुक्ल के काव्य रचना सम्बन्धी प्रतिमान, काल-विभाजन, साहित्य का आधार सम्बन्धी स्थापनाएँ कमोबेश हिन्दी साहित्य के इतिहास को समझने का प्रस्थान बिन्दु बन जाते हैं। शुक्ल जी के प्रतिमानों को ही दोहराते हुए रीति-कविता के सहृदय आलोचक नगेंद्र जी भी इस काल में धर्म की दयनीय स्थिति देखते हैं, जिसमें हिन्दुस्तानियों का बौद्धिक ह्रास हो चुका था और उन्हें इस काल में सर्वत्र नैतिक अधोगति लक्षित होती है।[60]

ब्रजभाषा के बरक्स खड़ी बोली को कविता के सशक्त माध्यम के रूप में स्थापित करने के लिए 'छायावाद' का बहुत बड़ा योगदान है। सुमित्रानंदन पंत के काव्य-संग्रह 'पल्लव' की भूमिका खड़ीबोली हिन्दी कविता के काव्यभाषा के रूप में प्रतिष्ठित होने का शंखनाद है, पंत जी लिखते हैं—"अब ब्रजभाषा और खड़ी बोली के बीच जीवन संग्राम का युद्ध बीत गया...हिन्दी ने अब तुतलाना छोड़ दिया, वह 'पिय' को 'प्रिय' कहने लगी है...अब भारत के कृष्ण मुरली छोड़ पांचजन्य उठा लिया, सुप्तदेश की वाणी जाग्रत हो उठी, खड़ी बोली उस जाग्रति की शंखध्वनि है। ब्रजभाषा में नींद की मिठास थी, इसमें जाग्रति का स्पंदन, उसमें रात्रि की अकर्मण्य स्वप्नमय ज्योत्स्ना, इसमें दिवस का सशब्द कार्यव्यग्र प्रकाश।"[61] पंत जी ने स्पष्ट कहा कि "हमें भाषा नहीं राष्ट्रभाषा की आवश्यकता है।"[62] पंत जी की इस घोषणा के साथ किसी को कोई संशय नहीं रह जाता कि खड़ी बोली में सरस-सहज कविता

नहीं हो सकती। इसी तरह ब्रजभाषा और उसकी अधिकांश कविता तथा उसका साहित्यिक परिवेश इतिहास की वस्तु बन जाते हैं।

यूरोकेन्द्रित आधुनिकता के आने से पहले भारत में साहित्य की भाषा कैसी हो और उसको निर्धारित करने वाले तत्त्व क्या हों, इनकी गहरी समझ विकसित हो गई थी। कवियों के पास अभिव्यक्ति के वे तरीक़े मौजूद थे जिनसे वे पूर्व-प्रचलित परम्परा से स्वयं को जोड़ते थे और अपने आसपास के साहित्यिक परिवेश से संवाद करते थे। काव्यभाषा को समझने-समझाने के तरीक़ों में निरन्तर विकास भी हुआ जिसका पता हमें षट्भाषा सम्बन्धी विमर्श से चलता है। मानीख़ेज़ बात यह है कि देशभाषा का कवि संस्कृत-प्राकृत और अपभ्रंश से बहुत कुछ ग्रहण करते हुए भी अपनी स्वतंत्रता बनाए रखता था। सुन्दरदास का काव्य इस बात का भी प्रमाण देता है कि काव्य-विधा, छंद-प्रयोग, श्रोता या पाठक वर्ग की रुचियाँ और सन्दर्भ, राग, तुक, आन्तरिक लय, काव्य-चमत्कार आदि वे तत्त्व होते थे, जिनसे आरम्भिक आधुनिक काल में काव्य की भाषा का निर्धारण होता था। ब्रजभाषा का विशाल काव्य-संसार जो इसे एक सार्वदेशिक देशभाषा बनाता है वह 19वीं सदी के अन्त तक सिमटकर आधुनिक हिन्दी की एक बोली का साहित्य बनकर रह जाता है।

किसी देश में एक भाषा, एक जाति और एक ही तरह का साहित्य हो, यह औपनिवेशिक काल में भारत पर थोपा गया विचार था। यह विचार भारत के उस समय के विविधता भरे काव्य संसार जो संस्कृत, प्राकृत, अपभ्रंश, फ़ारसी से प्रभावित ब्रज, अवधी, भोजपुरी, बुंदेलखंडी, उर्दू, मारवाड़ी आदि अनेक भाषाओं के आपसी संवाद से बना था उसके एकदम विपरीत था। राष्ट्रवादी भावों को काव्य रचना के लिए प्रेरक मानने से हिन्दी में अपने युगबोध के अनुकूल साहित्य का निर्माण हुआ इसमें कोई सन्देह नहीं, लेकिन 19वीं-20वीं सदी में साहित्य के जो प्रतिमान बने, हिन्दी शिक्षण के जो अनुशासन अस्तित्व में आए, जिन हिन्दी सेवी संस्थाओं का निर्माण हुआ और जो इतिहास निर्मित हुए उनका दूरगामी प्रभाव यह पड़ा कि आधुनिक काल की उसके पहले के काल के साहित्यिक परिवेश के बीच एक गहरी खाई आ गई। हम उस साहित्यिक व भाषिक परिवेश से दूर चले गए जो हमें पढ़ने, सोचने और अपने होने के कई अलग दृष्टिकोण दे सकता है।

सन्दर्भ

1. माताप्रसाद गुप्त (सम्पादक), *चांदायन* (मौलाना दाऊद विरचित प्रथम हिन्दी सूफ़ी प्रेमकाव्य), प्रामाणिक प्रकाशन, आगरा 1967 ई., पृ. 8, सूफ़ी कवियों ने अपनी काव्यभाषा को हिन्दवी या हिन्दुकी कहा है—*पुनि मैं आखिर की सुधि पाई, तुरकी लिखि लिखि हिन्दुकी गाई।*

2. देखें, ऐंड्रू ऑलेट, *गोस्ट्स फ्रॉम द पास्ट—इंडियाज़ अनडेड लैंग्वेजेज़,* पृ. 16, *द इंडियन इकोनॉमिक एंड सोशल हिस्ट्री रिव्यू,* 51, 4 (2014 ई.) : 1-52
3. हजारीप्रसाद द्विवेदी और नामवर सिंह (सम्पादक), *संक्षिप्त पृथ्वीराज रासो,* पूर्वोद्धृत, पृ. 20
4. वही, पृ. 172-74, उपलब्ध पांडुलिपियों के आधार पर पृथ्वीराज रासो के चार रूपान्तर बताए जाते हैं—वृहद्, मध्यम, लघु और लघुतम।
5. वही, पृ. 201
6. टिमथी लेन्ज़, ए न्यू इंटरप्रिटेशन ऑफ़ द राउल-वेल इन्सक्रिप्शन, संकलित—*स्टडीज़ इन अर्ली मॉडर्न इंडो आर्यन लैंग्वेजेज़, लिटरेचर एंड कल्चर्स,* ऐलन एंटविसल तथा अन्य (सम्पादक), मनोहर प्रकाशन, दिल्ली 1999 ई., पृ. 200
7. देखें, एच. सी. भायाणी (सम्पादक), *राउलवेल ऑफ़ रोड़ा* की भूमिका, पार्श्व प्रकाशन, अहमदाबाद, 1994 ई.
8. माताप्रसाद गुप्त (सम्पादक), *राउलवेल और उसकी भाषा,* मित्र प्रकाशन, इलाहाबाद, 1962 ई., पृ. 88, यह पूरी रचना एक शिला पर उत्कीर्ण है जो धार (मालवा) में प्राप्त हुई थी। इस समय यह प्रिंस ऑफ़ वेल्स म्यूज़ियम बम्बई में रखी हुई है। इसमें कलचुरि राजवंश के किसी सामन्त की नायिकाओं का वर्णन है।
9. इस अनुवाद को हमने अपभ्रंश के विद्वान् डॉ. ऐंड्रू ऑलेट की मदद तथा एच. सी. भायाणी, *राउलवेल ऑफ़ रोड़ा,* अनुवाद, पृ. 10, के आधार पर लिखा है।
10. देखें, ऐलिसन बुश, *पोइट्री ऑफ़ किंग्स,* पूर्वोद्धृत, अध्याय 4 और 5
11. विश्वनाथ प्रसाद मिश्र (सम्पादक), *भिखारीदास ग्रंथावली* (भाग-दो), नागरीप्रचारिणी सभा, काशी,1957 ई., पृ. 5
12. देखें, ऐलिसन बुश, 'रीति एंड रेजिस्टर', फ्रांचेस्का ऑर्सिनी सम्पादित *बिफ़ोर द डिवाइड – हिन्दी एंड उर्दू लिटरेरी कल्चर,* ओरियंट ब्लैकस्वान, नई दिल्ली, 2010 ई., पृ. 84-120
13. रामचन्द्र शुक्ल, *हिन्दी साहित्य का इतिहास,* पूर्वोद्धृत, पृ. 132
14. विश्वनाथ प्रसाद मिश्र, *भिखारीदास ग्रंथावली* (भाग-दो), पृ. 5
15. वही, पृ. 6
16. रामचन्द्र शुक्ल, *हिन्दी साहित्य का इतिहास,* पृ. 73, शुक्ल जी लिखते हैं कि तुलसीदास ने हिन्दी की पाँच प्रमुख शैलियों (1) वीरगाथा काल की छप्पय पद्धति, (2) विद्यापति और सूरदास की गीतपद्धति, (3) गंग आदि भाटों की कवित्त-सवैया पद्धति, (4) कबीरदास की नीति सम्बन्धी बानी की दोहा पद्धति जो अपभ्रंश से चली आ रही थी, (5) ईश्वरदास की दोहा-चौपाई वाली प्रबन्ध पद्धति में कविता की। इसीलिए शुक्ल जी के अनुसार तुलसीदास हिन्दी कविता में प्रथम पद के अधिकारी हुए।
17. केशवदास का यह दोहा प्रसिद्ध है, *भाखा बोलि न जानहिं जिनके कुल के दास। भाखा-कवि भो मंदमति तिहिं कुल केसवदास॥*
18. रमेशचन्द्र मिश्र, *सुन्दर ग्रंथावली* (भाग-दो), पूर्वोद्धृत, पृ. 694
19. नारायणदास, *श्री दादूपंथ परिचय* (भाग-2), पूर्वोद्धृत, पृ. 398
20. देखें, पंकज झा, *ए पॉलिटिकल हिस्ट्री ऑफ़ लिटरेचर, विद्यापति एंड द फ़िफ़्टींथ सेंचुरी,* ऑक्सफ़ोर्ड यूनिवर्सिटी प्रेस, नई दिल्ली, 2019 ई.

21. वही, पृ. 232
22. वही,
23. रमेशचन्द्र मिश्र, *सुन्दर ग्रंथावली* (भाग-दो), पृ. 728
24. वही, पृ. 719
25. वही, (भाग-एक), पृ. 264
26. वही, पृ. 259-60
27. वही, पृ. 258
28. वही, पृ. 265
29. वही, (भाग-दो), पृ. 1169
30. वही, (भाग-एक), पृ. 250
31. वही, (भाग-दो), पृ. 1170
32. वही, पृ. 1007
33. वही, (भाग-एक), पृ. 326-27
34. पद्माकर (1753-1833 ई.) ब्रजभाषा के अन्तिम सिद्धहस्त कवि माने जाते हैं।
35. उलरिका स्टार्क, *एन एम्पायर ऑफ़ बुक्स—द नवलकिशोर प्रेस एंड द डिफ़्यूज़न ऑफ़ प्रिंटेड वर्ल्ड इन कालोनियल इंडिया,* परमानेंट ब्लेक, रानीखेत 2008 ई., पृ. 396-97
36. हरिनारायण शर्मा, *सुन्दर ग्रंथावली* (भाग-एक), पूर्वोद्धत, भूमिका, पृ. 16-20, यह सारणी हरिनारायण शर्मा द्वारा दी गई सूचनाओं के आधार पर बनाई गई है।
37. रामचन्द्र शुक्ल, *हिन्दी साहित्य का इतिहास,* पृ. 48-49
38. शेल्डन पोलक, द *कॉस्मोपॉलिटन वर्नाक्यूलर,* द *जर्नल ऑफ़ एशियन स्टडीज़-57,* नं. 1, (फरवरी 1998 ई.) – 6-37 वही, पृ. 6
39. वही, पृ. 20
40. देखें, शेल्डन पोलक, *द लैंग्वेज ऑफ़ द गॉड्स इन द वर्ल्ड ऑफ़ मेन (संस्कृत, कल्चर एंड पावर इन प्री-मॉडर्न इंडिया),* यूनिवर्सिटी ऑफ़ कैलिफ़ोर्निया प्रेस, 2006
41. द *कॉस्मोपॉलिटन वर्नाक्यूलर,* पृ. 28
42. वही, पृ. 29
43. देखें, *पोइट्री ऑफ़ किंग्स*
44. वही, पृ. 127, ऐलिसन बुश ने ब्रजभाषा के 'कवि-कुल' पर विस्तृत चर्चा अपनी पुस्तक में की है। उनका मानना है कि ब्रजभाषा के कवि न केवल आपस में बल्कि अपने पूर्ववर्ती संस्कृत आचार्यों तथा कवियों से भी संवाद रखते थे। जिस सुपरिभाषित और सुघड़ सैद्धान्तिक काव्य विमर्श को संस्कृत के आचार्यों ने निर्मित किया था वह ब्रजभाषा के रीतिकवियों की कॉस्मोपॉलिटन साहित्यिक परिवेश के लिए उचित बैठता था।
45. देखें, इमरे बंघा (सम्पादक), द *फ़र्स्ट पब्लिश्ड एंथोलॉजी ऑफ़ हिन्दी पोएट्स-थॉमस डूर ब्रूटन'स सेलेक्शन फ्राम द पॉपुलर पोइट्री ऑफ़ द हिन्दूज़ 1814 ई.,* रेनबो पब्लिशर्स, दिल्ली, 2000 ई.
46. मिश्रबन्धु, *हिन्दी नवरत्न,* गंगा ग्रंथागार, हैदराबाद, 1975 ई., पृ. 32
47. हेमंत शर्मा (सम्पादक), *भारतेन्दु समग्र,* प्रचारक ग्रंथावली परियोजना, वाराणसी, 1989 ई., पृ. 1013

48. वसुधा डालमिया, *द नेशनलाइजेशन ऑफ़ हिन्दू ट्रेडिशंस,* ओ.यू.पी., दिल्ली, 1997 ई., पृ. 436
49. वही, पृ. 146-47
50. वही, पृ. 433
51. वही, पृ. 156
52. *भारतेन्दु समग्र,* पृ. 1048, जिस लेख में भारतेन्दु यह बात कहते हैं वह खड्ग-विलास प्रेस से 1883 में छपा था।
53. भारत यायावर (सम्पादक), *महावीर प्रसाद द्विवेदी रचनावली* (भाग-2), किताबघर, नई दिल्ली, 1995 ई., पृ. 47
54. वही, पृ. 49
55. रोमिला थापर, *शकुन्तला-टेक्स्ट्स, रीडिंग्स, हिस्ट्री,* काली फ़ॉर वुमेन, नई दिल्ली, 1999 ई., पृ. 260
56. वही, पृ. 236
57. *महावीर प्रसाद द्विवेदी रचनावली* (भाग-2), पृ. 97
58. फ्रांचेस्का ऑर्सिनी, *हिन्दी पब्लिक स्फ़ियर* 1920-1940, ओ.यू.पी. नई दिल्ली, 2002 ई., पृ. 381
59. रामचन्द्र शुक्ल, *हिन्दी साहित्य का इतिहास,* पृ. 131-33
60. देखें, डॉ. नगेन्द्र, *रीतिकाव्य की भूमिका,* (अध्याय एक—रीतिकाव्य की ऐतिहासिक पृष्ठभूमि), नेशनल पब्लिशिंग हाउस, दिल्ली, 1969 ई.
61. सुमित्रानंदन पंत, *पल्लव की भूमिका,* राजकमल प्रकाशन, दिल्ली, 1967 ई., पृ. 16
62. वही, पृ. 24

परिशिष्ट

सुन्दर संचयन

सवैया

(गुरुदेव)

मौज करी गुरुदेव दया करि शब्द सुनाइ कह्यौ हरि नेरौ।
ज्यौं रविकैं प्रगट्ये निशि जात सु दूरि कियौ भ्रम भांनि अंधेरौ।
काइक बाइक मानस हू करि है गुरुदेवहि बंदन मेरौ।
सुन्दरदास कहै कर जोरि जु दादूदयाल कौ हूं नित चेरौ॥

सवैया

(काल चितावनी)

ये मेरे देश बिलाइति हैं गज ये मेरे मंदिर या मेरी थाती।
ये मेरे मात पिता पुनि बंधव ये मेरे पूत सु ये मेरे नाती॥
ये मेरि कामिनी केलि करैं नित ये मेरे सेवक हैं दिन राती।
सुन्दर वैसैंहिं छाडि गयौ सब तेल जर्यौ रु बुझी जब बाती॥

सवैया

(विपर्यय)

बैल उलटि नायक कौं लाद्यौ बस्तु मांहि भरि गौंनि अपार।
भली भांति कौ सौदा कियौ आइ दिसंतर या संसार॥
नाइकनी पुनि हरषत डोलै मोहि मिल्यौ नीकौ भरतार।
पूंजी जाइ साह कौं सौंपी सुन्दर सर तैं उतर्या भार॥

बनिक एक बनिजी कौं आयौ परैं तावरा भारी भैठि।
भली बस्तु कछु लीनी दीनी षैंचि गठिरिया बांधी ऐंठि॥
सौदा कियौ चल्यौ पुनि घर कौं लेषा कियौ बरीतर बैठि।
सुन्दर साह षुसी अति हूवा बैल गया पूंजी मैं पैठि॥

कवित्त

(वचन विवेक)

एक बांणी रूपवंत भूषन बसन अंग, अधिक बिराजमान कहियत ऐसी है।
एक बांणी फाटे टूटे अंबर उढ़ाये आंनि, ताहू मांहि बिपरीति सुनियत तैसी है॥
एक बांणी मृतकहि बहुत सिंगार किये, लोकनि कौ नीकी लगै संतनि को भैसी है।
सुन्दर कहत बांणी त्रिबिध जगत मांहि, जानै कोऊ चतुर प्रबीन जाकै जैसी है॥

बोलिये तौ तब जब बोलिबे की सुधि होइ, न तौ मुष मौंन करि चुप होइ रहिये।
जोरिये ऊ तब जब जोरिबौ ऊ जांनि परै, तुक छंद अरथ अनूप जामैं लहिये॥
गाइये ऊ तब जब गाइबे कौ कंठ होइ, श्रवण के सुनत ही मन जाइ गहिये।
तुक भंग छंद भंग अरथ न मिले कछु, सुन्दर कहत ऐसी बांनी नहिं कहिये॥

कुंडलिया

रसिकप्रिया रसमंजरी और सिंगारहि जांनि।
चतुराई करि बहुत बिधि विषैं बनाई आंनि॥
विषैं बनाई आंनि लगत विषयिन कौं प्यारी।
जागै मदन प्रचंड सराहैं नषशिष नारी॥
ज्यौं रोगी मिष्ठान षाइ रोगहि बिस्तारै।
सुन्दर यह गति होइ जुतौ रसिकप्रिया धारै॥

छप्पय

नषशिष शुद्ध कवित्त पढ़त अति नीकौ लग्गै।
अंगहीन जो पढ़ै सुनत कविजन उठि भग्गै॥
अक्षर घटि बढ़ि होइ षुड़ावत नर ज्यौं चल्लै।
मात घटै बढ़ि कोइ मनौ मतवारौ हल्लै॥

औढेर कांण सो तुक अमिल, अर्थहीन अंधो यथा।
कहि सुन्दर हरिजस जीव है, हरिजस बिन मृतकहि तथा॥

पद

कोई पिवै राम रस प्यासा रे।
गगन मंडल मैं अंमृत सरवै उनमनि कै घर बासा रे॥ टेक॥
सीस उतारि धरै धरती पर करै न तन की आसा रे।
ऐसा महिंगा अमी बिकावै छह रिति बारह मासा रे॥ 1॥
मोल करै सो छकै दूर तैं तोलत छूटै बासा रे।
जो पीवै सो जुग जुग जीवै कबहुं न होइ बिनासा रे॥ 2॥
या रस काजि भये नृप जोगी छाडै भोग बिलासा रे।
सेज सिंघासन बैठे रहते भस्म लगाइ उदासा रे॥ 3॥
गोरषनाथ भरथरी रसिया सोई कबीर अभ्यासा रे।
गुरु दादू परसाद कछूइक पायौ सुन्दरदासा रे॥ 4॥

पहली हम होते छोहरा।
कौड़ी बेच पेट निठि भरते अब तौ हूए बोहरा॥ टेक॥
दे इकोतरासई सबनि कौं ताही तें भये सोहरा।
ऊंचौ महल रच्यौ अबिनाशी तज्यौ परायौ नौहरा॥ 1॥
हीरा लाल जवाहिर घर में मानिक मोती चौहरा।
कौंन बात की कमी हमारै भरि भरि राषै भौंहरा॥ 2॥
आगै बिपति सही बहुतेरी वै दिन काटे दोहरा।
सुन्दरदास आस सब पूगी मिलियौ राम मनोहरा॥ 3॥

पहली हम होते छोकरा।
ब्रह्म विचार बनिज हम कीयौ ताही तैं भये डोकरा॥ टेक॥
भली बस्तु संचय करि राषी लेनें आवै लोकरा।
यह उधारि कौं सौदा नाहीं दीजे लीजे रोकरा॥ 1॥
जो कोइ गाहक लेत प्यार सौं ताकौ भागै सोकरा।
सुन्दर बस्तु सत्य यह यौंही और बात सब फोकरा॥ 2॥

हमारै साहु रमइया मौटा, हम ताके आहि बनौटा॥ टेक॥
यह हाट दई जिनि काया, अपना करि जांनि बैठाया।
पूंजी कौ अंत न पारा, हम बहुत करी भंडसारा॥ 1॥
लई बस्तु अमोलक सारी, सब छाड़ि बिषै षलि षारी।
भरि राष्यौ सबही भौंना, कोई षाली रह्यौ न कौंना॥ 2॥
जो गाहक लेनै आवै, मन मान्यौ सौदा पावै।
देषै भांति किरांना, उठि जाइ न और दुकांना॥ 3॥
सम्रथ की कोठी आये, तब कोठीवाल कहाये।
बनिजै हरि नांव निवासा, यह बनिया सुन्दरदासा॥ 4॥

देषहु साह रमइया ऐसा, सो रहै अपरछन बैसा॥ टेक॥
यहु हाट कियौ संसारा, तामैं बिबिध भांति ब्यौपारा।
सब जीव सौदागर आया, जिनि बनज्या तैसा पाया॥ 1॥
किनहूं बनिजी षलि षारी, किनहूं लइ लौंग सुपारी।
किनहूं लिये मूंगा मोती, किनहूं लइ काच की पोती॥ 2॥
किनहूं लइ औषध मूरी, किनहूं केसर कस्तूरी।
किनहूं लियौ बहुत अनाजा, किनहूं लियौ ल्हसण प्याजा॥ 3॥
संतनि लीयौ हरि हीरा, तिनस्यौं कीयौ हम सीरा।
दुष दालिद्र निकट न आवै, यौं सुन्दर बनिया गावै॥ 4॥

स्वप्न प्रबोध

स्वप्ने मे मेला भया, स्वप्ने माहि विछोह।
'सुन्दर' जागा स्वप्न से, नही मोह निर्मोह॥

स्वप्ने शूरातन किया, स्वप्ने चाला भाग।
दोऊ मिथ्या हो गये, 'सुन्दर' देखा जाग॥

स्वप्ने मे ब्राह्मण भया, स्वप्ने मे शुद्रत्व।
'सुन्दर' जागा स्वप्न से, एक सत्य भगवान॥

स्वप्ने मे मथुरा गया, स्वप्ने मे हरिद्वार।
'सुन्दर' जागा स्वप्न से नहिं बदरी केदार॥

स्वप्ने मे काशी मुवा, स्वप्ने मगहर माहि।
'सुन्दर' जागा स्वप्न से मुक्ति रासभा नाहि॥

स्वप्न सकल संसार है, स्वप्ना तीनो लोक।
सुन्दर जागा स्वप्न से, तब सव जाना फोक॥

अजब ष्याल अष्टक

दोहा

सिजदा सिरजनहार कौं, मुरसिद कौं ताजीम।
सुन्दर तालिब करत है, बन्दौं कौ तसलीम॥ 1॥

सुन्दर इस औजूद मौं, अजब चीज है वाद।
तब पावै इस भेद कौं, षूब मिलै उस्ताद॥ 2॥

छंद

उस्ताद सिर पर चुस्तदम कर, इश्क अल्लह लाइये।
गुजरान उसकी बंदगी मौं, इश्क बिन क्यौं पाइये॥
यह दिल फकीरी दस्तगीरी, गस्त गुंज सिनाल है।
यौं कहत सुन्दर कब्ज दुन्दर, अजब ऐसा ष्याल है॥ 1॥

दोहा

सुन्दर रत्त एक सौं, दिल मौं दूजा नेश।
इश्क महब्बति बन्दगी, सो कहिये दुरवेश॥ 3॥

छंद

दुरवेश दर की षबर जानै दूर दिल की काफिरी।
दर दरदबन्द षरा दरूनैं उसी बीच मुसाफिरी॥
है बेतमा इसमाइ हदुर्दम पाक दिल दर हाल है।
यौं कहत सुन्दर कब्ज दुन्दर अजब ऐसा ष्याल है॥ 2॥

दोहा

सुन्दर सीनै बीच है, वन्दे का चौगांन।
पहुंचावै उस हाल कौं, इहै गोइ मैदान॥ 4॥

छंद

काब्दस्त इस मैदान मैं चौगांन षेलै षूब है।
असवार ऐसा तुरी वैसा प्यार उस महबूब है॥
इस गोइ कौं लै जाइकै पहुँचाइ दे उस हाल है।
यौं कहत सुन्दर कब्ज दुन्दर अजब ऐसा ष्याल है॥ 3॥

दोहा

सुन्दर उसका नांव ले एक उसी की चाह।
रब्बु रहीम करीम वह वह कहिये अल्लाह॥ 5॥

गीतक

अल्लाह षुदाइ करीम कादिर पाक प्रवर्द्दिगार है।
सुबिहान तूं सत्तार साहिब साफ सिरजनहार है॥
मुस्ताक तेरे नांव ऊपर षूब षूबां लाल है।
यौं कहत सुन्दर कब्ज दुन्दर अजब ऐसा ष्याल है॥ 4॥

दोहा

सुन्दर इस औजूद मौं, इश्क लगाई ऊक।
आशिक ठंड होइ तब, आइ मिलै माशूक॥ 6॥

छंद

माशूक मौला हक्क ताला तूं जिमी असमान मौं।
है आब आतश बाद म्यानै षबरदार जिहान मौं॥
मालिक मलूक मालूम जिसकौं दुरस दिल हर साल है।
यौं कहत सुन्दर कब्ज दुन्दर अजब ऐसा ष्याल है॥ 5॥

दोहा

सुन्दर जो गाफिल हुवा, तौ वह सांईं दूर।
जो बन्दा हाजिर हुवा, तौ हाजरां हजूर॥ 7॥

छंद

हाजर हजूर कहैं गुसैया गाफिलों कौं दूर है।
निरसंध इकलस आप वोही तालिबां भरपूर है॥
बारीक सौं बारीक कहिये बड़ौं बड़ा बिसाल है।
यौं कहत सुन्दर कब्ज दुन्दर अजब ऐसा ष्याल है॥ 6॥

दोहा

सुन्दर सांईं हक्क है, जहाँ तहाँ भरपूर।
एक उसी के नूर सौं, दीसै सारे नूर॥ 8॥

छंद

उस नूर तैं सब नूर दीसै तेज तैं सब तेज हैं।
उस जोति सौं सब जोति चमकै हेज सौं सब हेज हैं॥
आफताब अरु महताब तारे हुकम उसके चाल है।
यौं कहत सुन्दर कब्ज दुन्दर अजब ऐसा ष्याल है॥ 7॥

दोहा

सुन्दर आलिम इलम सब, षूब पढ्या आंषूंन।
परि उसकौं क्यौं कहि सकै, जो कहिये बेच्यूंन॥ 9॥

छंद

बेच्यूंन उसकौं कहत बुजरग बेनिमून उसै कहैं।
अरु औलिया अंबिया वै भी गोस कुतब षड़ै रहैं॥
को कहि सकै न कह्या न किनहूँ सषुन परै निराल है।
यौं कहत सुन्दर कब्ज दुन्दर अजब ऐसा ष्याल है॥ 8॥

दोहा

ष्याल अजब उस एक का, सुन्दर कह्या न जै।
सषुन तहां पहुचै नहीं, थक्या उरै ही आइ॥ 10॥6

पीर मुरीद अष्टक

दोहा

सुन्दर षोजत षोजतें पाया मुरसिद पीर।
कदम जाइ उसके गहे देष्या अति गम्भीर॥ 1॥

चामर

औवलि कदम उस्ताद के मैं गहे दोऊ दस्त।
उनि मिहर मुझ पर करी ऐसा ह्वै गया मैं मस्त॥
जब सषुन करि मुझकौं कह्या तू बन्दिगी करि षूब।
इस राह सीधा जाइगा तब मिलैगा महबूब॥ 1॥

अब उठि अरज उस्ताद सौं मैं करी ऐसी रौस।
तुम मिहर मुझ पर करौ मुरसिद मैं तुम्हारी कौस॥
वह बन्दगी किस रौस करिये मुझै देहु बताइ।
वह राह सीधा कौन है जिस राह बन्दा जाइ॥ 2॥

तब कहै पीर मुरीद सौं तूं हिरस रा बुगुजार।
यह बन्दगी तब होइगी इस नप्स कौं गहि मार॥
भी दुई दिल तैं दूर करिये और कुछ न चाह।
यह राह तेरा तुझी भीतर चल्या तूंहीं जाइ॥ 3॥

तब फिरि कह्या उस्ताद सौं मैं राह यह बारीक।
क्यौं चलै बन्दा बिगरि देषैं सबौं सौं फारीक॥
अब मिहिरि करि उस राह कौं दिषलाइ दीजै पीर।
मुझ तलब है उस राह की ज्यौं पिवै प्यासा नीर॥ 4॥

तब कहै पीर मुरीद सेती बन्दगी है येह।
इस राह पहुंचै चुस्तदम करि नांव उसका लेह॥
तूं नांव उसका लेहगा तब जाइगा उस ठौर।
जहां अरस ऊपर आप बैठा दूसरा नहिं और॥ 5॥

तब कहै तालिब सुनौं मुरसिद जहाँ बैठा आप।
वह होइ जैसा कहौ तैसा जिसै माइ न बाप॥
बैठा उठा कहिये तिसै औजूद जिसके होइ।
बेचूंन उसकौ कहत हैं अरु बेनिमूनै सोइ॥ 6॥

जब कह्या तालिब सषुन ऐसा पीर पकरी मौन।
कौ कहेगा न कह्या न किनहूं अब कहै कहि कौन॥
तब देषि बोर मुरीद की उन पीर मूंदे नैंन।
जौ षूब तालिब होइगा तौ समझि लेगा सैन॥ 7॥

हैरान है हैरान है हैरान निकट न दूर।
भी सषुन क्यौं करि कहै तिसकौं सकल है भरपूर॥
सम्बाद पीर मुरीद का यह भेद पावै कोइ।
जो कहै सुन्दर सुनै सुन्दर उही सुन्दर होइ॥ 8॥

देशाटन सवैया

लोग मलीन षरे चरकीन दया करि हीन लै जीव संघारत,
ब्राह्मण क्षत्रिय वैश्य रु सूदर चारुहि वर्ण के मंछ बघारत।
कारो है अंग सिंदूर की मांग सु संषनि रांड बुरे दृग फारत,
ताहितें जांनि कही जन सुन्दर पूरब देस न संत पधारत॥ 1॥

दया नहि लेस रु लील के भेष रु ऊभसै केसन रांड कुलच्छ,
रांधत प्याज बिगारत नाज न आवत लाज करै सब भच्छन।
बैठिये पास तौ आवत बास सु सुन्दरदास तजौ न ततच्छन,
लोग कठोर फिरैं जैसैं ढोर सु संत सिधार करैं कहा दच्छन॥ 2॥

बात तहाँ की सुनी श्रवनौं हम रीति पछाँह की दूरितैं जांनी,
बोलि बिकार लगै नहिं नीकी असाडे तुसाडे करैं षतरांनी।
काहु की छौति न मानत कोउ जी भट्ठ दी रोटी रु षूह दा पानी,
सुन्दरदास करै कहा जाइकै संग तैं होइ जु बुद्धि की हानी॥ 3॥

हिक्क लाहोर दा नीर भी उत्तम हिक्क लाहोर दा बाग सिराहे,
हिक्क लाहोर दा चीर भी उत्तम हिक्क लाहोर दा मेवा सिराहे।
हिक्क लाहोर दे हैं बिरही जन हिक्क लाहोर दे सेवग भाये,
कितइक बात भली लाहोर दी ताहितैं सुन्दर देषनैं आये॥ 4॥

और तौ देस भले सबही हम देषि भया गुजरात हू गांडी,
आभत छोत अतीत सौ कीजै बिलाई रु कूकर चाटत हांडी।
बिवेक बिचार कछू नहिं दीसत डोलत जूथ जहाँ तहाँ रांडी,
सुन्दरदास चलौ अब छांडि कै और रहोगे तो होइगी भांडी॥ 5॥

बृच्छ न नीर न उत्तम चीर सु देसन मैं गत देस है मारू,
पांव मैं गोषरू भुर्ट गडै अरु आंषि मैं आइ परै उडि बारू।
राबरि छाछि पिवै सब कोइ जु ताहि तैं षाज रतैंधुर न्हारू,
सुन्दरदास रहौ जिन बैठिकै बेगि करौ चलिबे कौ बिचारू॥ 6॥

भूमि पवित्रहु लोग विचित्रहु राग रु रंग उठत्त वहीं तैं,
उत्तम अन्न असन्न बसन्न प्रसन्न ह्वै मन्न ज षात तहीं तैं।
बृच्छ अनंत रु नीर बहंत सु सुन्दर संत बिराजै जहीं तैं,
नित्य सुकाल पडै न दुकाल सु मालव देस भलौ सबहीं तैं॥ 7॥

पूरब पच्छिम उत्तर दच्छिन देस बिदेस फिरे सब जाने,
केतक द्यौस फतेपुर मांहि सु केतक द्यौस रहे डिंडवाने।
केतक द्यौस रहे गुजरात उहां हुं कछू नहिं आयौ है ठाने,
सोच बिचारि कै सुन्दरदास जु याहि तें आनि रहे कुरसाने॥ 8॥

सुच्चि अचार कछू न बिचारत मास छठै कबहूं क सन्हांहीं,
मूंड षुजावत बार परैं गिरते सब आटे मैं वोसनि जांहीं।

बेटी रु बेटन कौ मल धोवत वैसैंहिं हाथन सौं अंन षांहीं,
सुन्दरदास उदास भयौ मन फूहड़ नारि फतेपुर मांहीं॥ 9॥

कंद रु मूल भले फल फूल सुरस्सरि कूल बने जु पवित्तर,
आधि न ब्याधि उपाधि नहीं कछु तारि लगें तें टरै जु मनत्तर।
ज्ञान प्रकास सदाइ निवास सु सुन्दरदास तिरै भव दुस्तर,
गोरषनाथ सराहि हैं जाहि जु जोग कै जोग भली दिस उत्तर॥ 10॥

अनुक्रमणिका

✪✪✪

_भक्ति-मीमांसा_ शृंखला की अन्य पुस्तकें

निर्गुण संतों के स्वप्न
डेविड एन. लॉरेंज़न
अनुवाद : धीरेन्द्र बहादुर सिंह

रामचरितमानस : पाठ : लीला : चित्र : संगीत
रमण सिन्हा

भक्ति के तीन स्वर : मीराँ • सूर • कबीर
जॉन स्ट्रैटन हौली
अनुवाद : अशोक कुमार

शृंखला सम्पादक : **पुरुषोत्तम अग्रवाल**